재외동포 사회의 현황과 정책과제

**재외동포 사회의 현황과 정책과제**

**초판 인쇄** 2018년 11월 25일
**초판 발행** 2018년 11월 30일

**엮은이** 윤인진
**펴낸이** 이찬규
**펴낸곳** 북코리아
**등록번호** 제03-01240호
**주소** 13209 경기도 성남시 중원구 사기막골로 45번길 14
우림2차 A동 1007호
**전화** 02-704-7840
**팩스** 02-704-7848
**이메일** sunhaksa@korea.com
**홈페이지** www.북코리아.kr
**ISBN** 978-89-6324-620-8(93300)

값 22,000원

# 재외동포 사회의 현황과 정책과제

윤인진 엮음

북코리아

# 서문

모든 생명체는 생애 주기를 갖는다. 출생해서 성장하다 시간이 지나면 노쇠하여 생을 마치게 된다. 인간사회도 마찬가지로 성장과 퇴보의 주기를 갖게 되는데 재외동포 사회도 예외일 수 없다. 코리안 디아스포라의 시점을 1860년대 초로 잡을 경우 지금까지 150년을 넘는 시간의 흐름 속에서 재외동포 사회는 성공과 침체의 상반된 기억과 경험을 축적해 왔다. 근대 한인 이민의 출발이 1960년대 초라고 할 경우 20대 또는 30대에 청운의 꿈을 안고 해외 이민을 개척했던 이민 1세대는 현재 70대 또는 80대의 고령자가 되었다. 고국인 한국사회가 이미 고령사회를 넘어서 초고령사회로 진입하고 있는 것과 마찬가지로 재외동포 사회도 고령화의 추세에서 벗어날 수 없다. 1970년대부터 본격화된 해외 이민의 결과로 남미, 북미, 유럽, 오세아니아의 한인사회는 성장기를 맞이했으나 1980년대 후반부터 해외 이민이 감소하고 1990년대 초부터 재외동포의 귀환 이민이 증가하면서 2000년대에 들어서는 본격적으로 정체기로 접어든 것으로 보인다. 재외동포의 성장기에 중요했던 개념들, 예를 들어, 적응, 정착, 동화, 종족 정체성의 유지 등은 이제 그 의미와 중요성이 퇴

색된 것 같다. 다시 말해 현재 재외동포 사회는 '성장모델의 종언'이라고 할 수 있을 만큼 중요한 전환기에 놓여 있다. 성장이 멈춘 재외동포 사회의 제 문제들과 이슈들을 설득력 있게 설명할 수 있는 새로운 모델이 필요한 시점이다.

재외동포를 둘러싼 급변하는 국내외 환경 변화에 효과적으로 대처하기 위해서는 재외동포 사회에 대한 정확한 현황 파악과 맞춤형 정책개발이 필수적이다. 이를 위해 고려대학교 해외한인연구 중앙허브 사업단은 고려대 한민족공동체연구센터, 한국사회연구소, 뉴욕 퀸즈칼리지 재외한인연구소, UC Riverside 김영옥 재미동포연구소와 함께 2013년에 '재외동포 사회의 현황과 정책과제'라는 제목의 국제학술대회를 개최하였다. 이를 통해 국내외의 재외동포 전문가들을 초청해서 재외동포 사회에 대한 종합적인 정보와 지식을 형성하고 현실 적합하고 미래지향적인 재외동포 정책을 개발하여 제언하는 기회를 가졌다. 이 책에 포함된 장들은 2013년 국제학술대회에서 발표됐던 논문들을 업데이트하고 내용을 보완해서 작성된 것이다. 이 외에도 재외동포 사회의 현황을 파악하고 필요한 정책을 개발하는 데 도움이 될 수 있는 관련된 주제의 논문들이 추가되었다.

본 편저서의 구성은 제1부에서 아시아의 재외동포 사회, 제2부에서는 미주의 재외동포 사회, 제3부에서는 유럽과 오세아니아의 재외동포 사회를 다루는 방식으로 구성되었다.

제1부의 1장에서는 국내로 귀환하는 재외동포들의 공동체를 다룬다. 재외한인의 이주는 1990년대를 맞이해서 '밖으로의 이산'으로부터 '안으로의 이산'으로 전환되었다. 1990년대 초 한국 정부가 구소련과 중국과의 국교를 수립한 이후 그동안 '잊혔던 동포'들이 다시 재외동포의

범주에 포함되면서 중국 동포(또는 조선족)와 고려인 동포의 귀환 이주가 증가하였고 그로 인해 국내에 귀환동포 공동체가 형성되기 시작하였다. 재외동포 귀환 이주민 공동체로는 중국 동포, 고려인 동포, 사할린 동포의 공동체가 있고, 비록 재외동포는 아니지만 귀환 이주민 공동체의 성격을 갖는 탈북민 공동체가 있다. 위의 공동체는 성격상 중국 동포와 고려인 동포의 '이주노동자 공동체'와 사할린 동포와 탈북민의 '정책 보호 대상자 공동체'로 구분할 수 있다.

귀환 이주노동자 공동체는 외국 국적 재외동포가 외국인 근로자의 신분으로 한국에서 사회경제 활동을 하면서 형성된 것이다. 취업이 주된 이주 동기이다 보니 공단 근처의 교통이 편리하고 저렴한 임대 주택이 있는 곳에 형성되었다. 이주노동자 공동체의 형성과 성장은 낙후된 지역 경제를 활성화하는 데 기여했지만 지역사회가 게토화하거나 범죄율이 증가하는 등의 사회문제를 야기하고 있다. 또한 이주민과 내국인 간의 마찰과 갈등, 내국인 간에도 이주민에 경제적으로 의존하는 주민과 그렇지 않은 주민 간에 이해의 불일치와 갈등이 존재한다. 한편 사할린 동포와 탈북민의 공동체는 귀환 이주민들이 자발적으로 형성했다기보다 정부의 정책적 배려에 의해 주거지가 무상으로 제공되기 때문에 특별히 경제학적 · 생태학적 요인들이 중요하게 작용하지 않는다. 가장 중요한 요인은 영구 임대 아파트 단지가 건설된 곳에 사할린 동포와 탈북민들의 아파트가 배정된다는 것이다. 사할린 동포 공동체는 규모가 매우 작고 대부분이 70세 이상의 노인들이기 때문에 지역사회에 고립적인 생활을 하고 있다. 이들은 경제활동은 하지 못하고 주로 자신들끼리 모여서 친교활동을 하는 데 주력하고 있다. 반면 탈북민은 지역사회에서 어느 정도 규모를 이루기 때문에 일반 남한 주민과 접촉하고 교류하는 정도가 비교적 크다. 아직 남한사회의 문화에 익숙하지 않은 이유로 일상생활에서 일반 남한 주민과 마찰과 갈등이 발생하는 경우가 있다. 전체적으로 탈북민은 지역사회에 적극적으로 참여하지 않고 고립적인 생활을 하고 있다.

2장에서는 중국 조선족의 대도시로의 이주와 글로벌라이제이션이 결합되고 여기에 시장과 국가의 개입으로 북경 내 조선족 공동체가 형성된 과정을 분석하고 있다. 북경 조선족 공동체는 네 시기에 걸쳐 동화, 층화, 종족성의 재집중화의 과정을 거쳐 형성되고 변모한 것으로 밝혀졌다. 첫 번째 시기는 1949년 중화인민공화국의 설립에서 1978년 개혁개방까지인데, 이때 일부 엘리트들이 국가정책에 의해 수도로 이주하면서 조선족이 북경으로 진출했다. 두 번째 시기는 1978년부터 1992년 한중수교 전인데, 북경에서 공부하던 대학생들이 졸업 후 북경에 정착하면서 조선족 집거지가 확장되었다. 세 번째 시기는 1992년 이후부터 2000년 초반인데, 한국인의 국제이주와 조선족의 국내이주가 북경에서 결합되고 서로의 경제적 필요성으로 종족 엔클레이브가 형성되고 왕징 신도시가 성장하였다. 네 번째 시기는 2000년 초부터 현재까지인데, 이때 북경에서 부동산 산업이 급속히 성장하면서 왕징은 한국인들의 주거 집거지역으로, 조선족에게는 생활터전과 휴식공간으로 자리 잡았다. 결과적으로 조선족은 '과경민족'으로서 1992년 한중 수교 이후의 종족자원을 충분히 활용하여 북경에 정착한 대표적 종족집단이며, 중국의 국가, 시장, 글로벌라이제이션과 종족 공동체의 관계를 잘 반영할 수 있는 집단이다.

3장에서는 재일한인 사회의 정치적 대응양상과 인구 현황, 그리고 가장 중요한 정책적 과제로서 일본의 지방참정권 문제를 거론하고 있다. 서론에서 필자는 민족 커뮤니티로서 재일한인 사회가 일본 정부에 대해

어떠한 정치적 대응을 보이고 있는지를 도표화했다. 또한 본론에서 한국 외교부와 일본 법무성이 제시하고 있는 최근 인구 통계를 통하여 재일 한인 사회의 인구 현황을 정리했다. 이어 재일한인 사회가 당면하고 있는 문제로서 민단과 총련이 조직적으로 내세우고 있는 과제를 들었으며, 일본 정부와 관련하여 가장 중요한 정책적 과제로서 지방참정권 획득 문제를 제시했다. 2010년을 전후한 민주당 정권 시기를 필두로 하여 그 후, 국회에서 지방참정권 관련 법안 심의도 전혀 이루어지고 있지 않을 뿐 아니라 당 대표 선출 과정에서조차 재일한인의 참여가 원천적으로 차단되고 있음을 지적했다. 이 장은 끝부분에서 오늘날 일본의 지방자치단체에서 2.07%만이 조례를 통하여 재일한인을 비롯한 외국인 주민에게 주민투표권을 인정하고 있음을 나타냈다. 결과적으로 일본의 정치권으로부터 재일한인 사회가 지방선거권뿐 아니라 주민투표권조차 인정받지 못하고 있는 불합리한 현실을 강조한 것이다.

4장에서는 우즈베키스탄 고려인 사회의 현황과 당면 문제를 진단하고 있다. 중앙아시아를 포함한 독립국가연합의 고려인은 1989년의 구소련의 해체로 인한 심각한 경제난, 1991년의 중앙아시아 국가들의 독립 이후 비등한 원주민 우대의 민족주의로 인한 차별, 민족어의 상실과 민족문화의 소멸과 같은 문제들을 직면하고 있다. 연해주 또는 러시아 볼고그라드 지역으로 이주한 한인들은 직업, 주택, 소득, 교육 등에서 어려움을 겪고 있다. 중앙아시아에서 가장 많은 고려인이 거주하는 우즈베키스탄에서 고려인이 현재 직면하는 가장 큰 문제는 교육과 이주노동이다. 구소련 체제에서 고려인은 무상교육의 혜택을 받으며 고학력, 전문직으로 진출했지만 중앙아시아 국가들의 독립 이후 무상교육이 사라지고 교육 부문에 대한 정부 투자가 급감하면서 공교육이 붕괴되었다. 현지 민족을 우대하는 교육 및 고용정책의 환경에서 고등교육을 받지 못한 고려인 차세대의 미래는 암울할 수밖에 없다. 이러한 문제를 극복하고자 우즈베키스탄 고려인을 중심으로 한국으로 이주하는 사례가 증가하고 있다. 하지만 한국에 체류할 수 있는 법적 지위가 불안정하고 체류 기한도 제한적이어서 정착하는 데 어려움을 겪고 있다. 또한 언어 문제, 자녀 교육 문제, 가족이산 문제 등이 맞물려서 체제 전환의 후유증에서 벗어나지 못하고 있다.

제2부의 5장에서는 21세기 재미한인 공동체의 변화를 시기적으로 기술하고 있다. 앞으로 재미한인 사회의 성격을 결정적으로 바꿀 수 있는 트렌드는 다른 인종 및 종족집단과의 결혼을 의미하는 족외혼의 증가이다. 2010년 미국 인구센서스에 기록된 170만 명의 재미한인 중에서 약 17%에 해당하는 28만 명이 다인종 · 다종족 배경을 갖고 있다. 미국에서 출생한 재미한인의 54%는 한인이 아닌 타인종 또는 타종족과 결혼하기 때문에 다인종 · 다종족 한인의 비율은 앞으로 계속 증가할 것이다.

또 한 가지 주목할 트렌드는 고령화이다. 앞서 언급했듯이 1970년대 초에 청운의 꿈을 안고 해외 이민을 개척했던 이민 1세대는 현재 70대 또는 80대의 고령자가 되었다. 2010년 미국 인구센서스에 보고된 재미한인 노인 인구는 9%였는데 이 수치는 1990년의 5%에 비해 급격히 증가한 것이다. 2018년 현재 한국의 고령화 지수는 14%인데 재미한인의 고령화 수준은 고국과 같은 방향으로 증가할 것으로 예측된다. 미국으로의 신규 이민자는 감소하는데 기존의 한인들은 고령화되는 상황이 지속되면 재미한인 사회는 성장엔진이 멈춘 채 주류화의 물결에 흘러갈 것이다. 이러한 전망은 비단 미국만이 아니라 캐나다, 호주, 뉴질랜드, 유럽, 중남미 국가들의 재외한인 사회에 공통적으로 적용될 것이다. 고령화로 인해 이민 1세대의 영향력이 감소하는 것과 대조적으로 1.5세와 2세들의 인구 증가와 이들의 영향력이 재미한인 사회에서 증대하고 있다. 초국가주의의 확대로 인해 이제 재미한인 사회는 고국과 밀접하게 연계되어 있고, 주류 사회에 적극 참여하면서도 한인의 민족문화와 정체성을 유지하는 것이 개인과 집단의 발전에 도움이 되는 시대가 되었다.

6장에서는 캐나다 한인의 인구 사회 경제적 변화를 살펴보고 있다. 재캐나다 한인은 이민과 정착의 역사가 미국에 비교해서 짧기 때문에 아직 초기 정착단계에 있다. 가장 최근 통계자료인 2016년 캐나다 인구센서스 결과를 중심으로 캐나다 한인의 사회인구학적 특성을 살펴보면 한인은 지난 35년 동안 10배 이상 증가해서 2016년 기준으로 190,794명으로 비 유럽계 민족집단 중 7위를 차지하고 있다. 하지만 최근 들어 신규 이민자의 감소로 인해 캐나다 한인의 인구 성장률은 감소하는 추세이다. 전체 캐나다 인구와 비교했을 때, 한인의 연령은 훨씬 젊어서 25세 미만 인구 비율이 40% 이상을 차지한다. 결혼 지위면에서 일반 캐나다인보다 기혼자일 가능성이 높아서 안정된 가족구조를 갖고 있다. 한인의 91%가 공용어인 영어나 프랑스어를 구사할 수 있다고 보고하였고, 한인의 50% 이상이 대학교 학사 이상의 학력을 갖고 있어서 인적자본의 측면에서 보면 유리한 특성을 갖고 있다. 하지만 높은 교육 수준에도 불구하고 한인의 평균 수입은 전체 캐나다인의 약 70%에 불과하고 한인 가정의 35% 이상이 저소득층에 속했다. 이런 경제적 문제는 이민 1세대에서 두드러지는데 이들이 자신들의 교육과 직업 경험과 같은 인적자본을 캐나다 노동시장에서 제대로 활용하지 못한 결과로 볼 수 있다. 하지만 2세에 들어서서는 부모 세대보다 높은 교육 수준과 언어를 포함한 주류 사회문화에 대한 높은 수준의 이해로 인해 이들의 사회경제적 지위가 개선되고 있는 것으로 나타났다.

7장에서는 재브라질 한인사회의 문제점과 향후 전망을 다룬다. 대한민국 최초의 공식 이민으로 형성된 브라질 한인사회가 2013년 2월 12일 이민 50주년을 맞았을 때 브라질 한인사회는 세계 이민 역사상 가장 짧은 기간에 경제적으로 가장 성공한 이민 집단으로 볼 수 있었다. 하지만 2013년 후반기부터 브라질 한인사회의 모습은 완전히 바뀌었다. 그것은 2008년 미국발 세계 재정 위기가 이때부터 브라질 경기에 악영향을 미쳤기 때문이다. 브라질의 경제 위기는 정치문제로 비화되어, 2016년 8월 31일 지우마 호세프 대통령이 탄핵되었다. 신자유주의 경제체제의 어두운 측면에서 촉발된 브라질의 경제적 · 정치적 위기는 브라질인들의 해외 이주를 증가시켰는데, 브라질 한인들의 경우도 예외는 아니어서, 최근 한국으로의 역이민자 혹은 귀환자의 수가 급증하는 추세이다.

7장에서는 브라질의 경기침체 현상이 가시화된 이후, 최근 5년 동안 브라질 한인사회의 변화된 모습과 문제점, 그리고 이를 타개해 나가고자 하는 그들의 노력을 살펴보고 향후 전망을 해보았다. 브라질 경제 위기의 원인과 결과를 살펴보면서, 그것이 브라질 한인사회의 중추 산업인 여성의류 제조업을 어떻게 붕괴시키고 있는지, 이 분야에서 타민족 — 볼리비아인과 중국인 — 과의 관계는 어떠한지를 살펴보았다. 그리고 그것의 결과 한인사회의 경제중심지가 브라스(Brás)구(區)의 새벽시장으로 이동했다는 것을 확인했다. 그리고 21세기 중국이 브라질 최대의 아시아 무역국이 됨에 따라서, 동아시아 3국 — 일본 · 중국 · 한국 — 의 '문화전쟁'이 치열해졌는데, 이에 '한인회'는 한류를 앞세운 문화마케팅에 앞장서고 있다. 또한 2010년 상파울루 시(市)정부에 의해서 지정된 코리아타운 '봉헤치루(Bom Retiro)'구(區)는 향후에도 K-Food를 비롯한 한국문화를 브라질 사회에 전파하는 산실로서의 역할을 담당해야 한다는 것을 강조했다.

제3부의 8장에서는 독일 한인사회의 과거와 현재를 조명한다. 독일 한인은 한국사회에 매우 특별한 의미로 기억된다. '한국경제 발전을 위해 자신을 희생한 이들'이라는 이미지가 그것이다. 한국의 경제개발 시기에 가장 집단적으로 이주가 이루어졌고 이민보다는 한국에 둔 가족과의 경제적 유대가 있었던 이주노동자로서 독일로 갔던 이들이 중심을 이루고 있었던 면과 관련이 있다. 하지만 한국과 독일 사이의 역사적 관계 속에서 더 많은 한인의 이주가 있었고 그런 만큼 독일 한인의 구성원은 다양하다. 독일 이주자로서의 삶은 그들이 먼 거리로 새로운 여정을 선택했던 그 용기 못지않은 역동적 경험을 거치면서 변화하였다. 독일사회에서 한인들은 전역으로 분산되어 잘 적응하며 살고 있고 다양한 직업적 변화를 경험하기도 했다. 그러면서 한국의 사회 · 정치적 문제들에 재외한인으로서의 적극적인 관심을 잊지 않았다. 그리고 동시에 독일 내의 소수문화인으로서의 고유성을 상실하지 않고 살아가고 있다.

9장에서는 뉴질랜드와 호주 한인의 경제생활과 정치 참여 현황을 통해 주류 사회 진출의 정도를 조사한다. 뉴질랜드와 호주의 한인 이민 역사는 짧지만 1.5세와 2세는 높은 교육 수준을 기록하고 의사, 변호사, 교수, 연구자 등 전문직 진출이 활발하다. 그 밖에 선거를 통한 정치인, 그리고 경찰 등을 포함한 공무원 등 전형적인 주류 사회의 직업을 가지고 성공적으로 살고 있는 한인들의 수도 지속적으로 늘어나고 있다. 비즈니스에 종사하는 경우에도 이전과 달리 한인 에스닉 커뮤니티를 벗어나 주류 사회로 진출하는 사람들도 늘고 있다. 특히 호주에서는 한인 청소업체들의 성공담이 늘고 있으며 이들 가운데 큰 회사들은 호주 전역을 대상으로 비즈니스를 하며 청소라는 서비스업뿐만 아니라 청소도구, 약품 등의 조달 등의 비즈니스를 모두 장악하고 있는 경우가 많다. 한인의 빠른 주류 사회 진출은 한인의 높은 교육 수준과 강한 주류화 욕구에 의해 추동되고 있다. 하지만 이민 1세는 주류 사회로 진출하지 못하고 에스닉 커뮤니티에 머무는 경우가 많아서 세대 간 주류화 차이가 크게 벌어지고 있다.

본 편저서는 한국학중앙연구원 한국학진흥사업의 2011년도 선정 한국학 특정 분야 기획연구(해외한인 연구)의 연구과제인 '한인 디아스포라 연구 네트워크, DB 및 정책 개발을 위한 중앙허브 구축사업'의 두 번째 결과물로서 출간되었다. 첫 번째 성과물은 『디아스포라와 초국가주의의 이론과 실태』라는 제목으로 북코리아에서 2017년 12월 30일에 출간되었다. 5년간 연구활동을 후원해 준 한국학중앙연구원 한국학진흥사업단에 감사를 드리며, 고려대학교 한인 디아스포라 중앙허브사업단의 연구성과들이 재외한인 연구와 재외동포 정책 개발에 일조하기를 희망한다.

2018년 11월 10일

편집자 윤인진

# 차례

**〈표 차례〉**

## 〈그림 차례〉

# 제1부
# 아시아의 재외동포 사회

# 제1장
# 재외동포의 귀환 이주와 이주민 공동체의 형성

윤인진(고려대) · 김희상(도쿄대)

## 1. 서론

한민족의 해외 이주의 역사를 시대적으로 대별하면 19세기 중엽부터 1945년 해방 이전까지 중국, 러시아, 일본, 미국, 멕시코, 쿠바 등지로 이주한 구이민, 해방 이후부터 1990년 한소 수교 이전까지 북미, 중남미, 유럽, 오세아니아, 동남아시아 등지로 이주한 신이민, 1990년 한소 수교와 1992년 한중 수교 이후 재외동포들이 모국으로 귀환하는 귀환 이민으로 구분할 수 있다. 21세기에 들어서 모국과 거주국을 연결하는 초국가적 네트워크가 발전하면서 재외동포는 더 이상 해외에 머무는 존재가 아니라 모국의 정치, 경제, 사회, 문화에 과거보다 더욱 강하게 연관되고 영향력을 미치고 있다.

한 예로 2012년 4월 제19대 국회의원선거와 12월 제18대 대통령선거에서 재외국민선거가 실시되어 재외동포는 국내 정치의 중요한 행위자로 부상하였다. 아울러 국내에 체류하는 외국 국적 동포들이 증가하면서 재외동포는 모국의 중요한 사회구성원으로 살아가고 있다. 국내에 거주하는 외국 국적 동포의 수는 2011년 550,931명에서 2017년 말 841,308명으로 52.7% 증가하였으며, 이는 전체 체류 외국인 2,180,498명의 38.6%를 차지했다(법무부 출입국외국인정책본부, 2018). 재외동포는 외국인 노동자, 결혼이민자, 유학생, 전문 인력 등 다양한 모습으로 일상생활에서 과거와 비교해서 일반 국민과 더욱 긴밀하게 접촉하고 교류하고 있다. 이들과 일반 국민과의 관계는 동포애에 기반을 둔 우호적인 경우도 있지만 때로는 일자리를 두고 경쟁하는 갈등적인 경우도 적지 않다. 재외동포가 모국에서 중요한 사회구성원으로 자리 잡고 일반 국민과 긴밀한 상호작용을 하는 현 상황에서 앞으로의 재외한인 연구 중 국내의 재외동포에 대한 연구를 더욱 활성화할 필요가 있다.

국내의 재외동포에 관한 연구를 본격화하면서 연구자들이 우선적으로 해야 할 과제는 연구 주제와 방향을 설정하는 것이다. 이와 관련하여 국내의 재외동포에 관한 연구는 크게 재외동포에 관한 연구와 재외동포와 일반 국민 간의 관계에 관한 연구로 대별할 수 있다. 이 두 가지가 중첩되는 경우도 있지만 재외동포에 관한 연구는 재외동포의 인구 및 사회경제적 특성, 지리적 분포 및 종족 공동체, 전반적인 이민자 사회 적응과 통합을 다루는 것으로 볼 수 있다. 반면 재외동포와 일반 국민 간의 관계에 관한 연구는 두 집단 간의 상호 인식, 접촉, 교류 및 사회적 관계를 다룬다. 재외동포는 한국에서 소수자이고 다수자의 인식과 사회적 관계의 내용이 재외동포의 사회 적응과 통합에 지대한 영향을 미치기 때문에 재외동포와 일반 국민 간의 관계를 다루는 것은 매우 중요하다.

두 번째로 중요한 과제는 연구의 대상을 정하는 것이다. 연구 대상으로 중국 동포, 고려인 동포, 사할린 동포 등과 같이 장기 거주 또는 정주의 성격을 가져 가시적인 집단이 있을 수 있고 재미동포와 재일동포와 같이 단기 체류의 성격으로 인해 비가시적인 집단이 있다. 여기서 문제가 될 수 있는 것은 탈북민(정부의 공식 명칭은 북한이탈주민이지만 현 시점에서 탈북민이라는 용어가 일반적으로 사용되고 있음)을 귀환동포로 보아야 하는 가이다. 당연히 탈북민은 입국 이전부터 한국인으로 간주되기 때문에 재외동포로 보는 것은 무리이다. 하지만 이들 역시 이주민이고 다문화 소수자이기 때문에 국내에서 정착하는 데 큰 어려움을 경험하고 있다. 이런 이유로 탈북민을 귀환동포로 보지 않더라도 비교 차원에서 포함하여 재외동포와의 차이점과 공통점을 분석하는 것은 의의가 있다. 또한 외국인 이주노동자, 결혼이주 여성 등은 한민족이 아니기 때문에 재외동포의 범주에 포함될 수 없지만 이들 역시 이주민이고 다문화 소수자이다. 따라서 재외동포와의 비교를 통해서 종족성, 국민성, 이민자 지위라는 요인들이 어떻게 이민자의 사회 적응과 통합에 영향을 미치는지를 조사하는 것은 학술적 가치가 있다.

국내의 재외동포에 관한 연구가 아직 초기 단계인 현 시점에서 연구자들이 우선적으로 주목하고 실제 경험적인 연구를 진행할 필요가 있는 주제는 귀환동포 공동체라고 할 수 있다. 외국의 이민자 연구 또는 소수 종족 집단에 관한 연구에서 종족 공동체 연구(ethnic community studies)는 가장 먼저 진행됐으며 계속해서 핵심적인 주제로 남아 있다. 그 주된 이유는 이민자들이 초기 정착단계에서 자신들의 종족 공동체에서 기반을 다지고 점진적으로 주류 사회로 진출하는 과정을 밟았기 때문이다. 따라서 종족 공동체는 이민자들의 거주국 사회 정착과 통합의 디딤돌이라고 볼 수 있다. 또한 종족 공동체는 이민자와 선주민 간의 상호작용이 발생하는 일종의 '접촉지대(contact zone)'이다. 대부분의 종족 공동체는 이전에 정착했던 이민자 집단이 다른 지역으로 이주하면서 생겨난 공백을 새로운 이민자 집단이 메우는 일종의 '종족 계승(ethnic succession)'의 양상을 보이고 있다(양한순 외, 2013). 이런 방식은 서울 서남권 지역의 중국 동포 밀집 지역에서도 유사하게 재현되고 있다. 이주민과 선주민이 접촉하는 지대에서는 편견, 고정관념, 문화 충돌, 이해 갈등 등이 복잡하게 얽혀서 나타난다. 따라서 귀환동포 공동체는 재외동포 자체에 대한 연구뿐만 아니라 재외동포와 일반 국민 간의 관계에 대한 연구를 동시에 실행할 수 있는 최적의 주제이다.

이런 이유로 본 장에서는 정부의 재외동포 정책의 전개 과정에 따라 한국에 입국한 귀환동포들의 이주와 적응의 양상, 현안 과제를 연구하고자 한다. 연구 대상으로는 중국 동포, 고려인 동포, 사할린 동포를 다루되 앞서 설명했듯이 탈북민을 비교집단으로 포함하겠다. 특별히 귀환동포 공동체의 분포, 형성 및 변화 과정, 선주민과의 관계에 대해서 심도 있는 연구를 진행하도록 하겠다.

## 2. 재외동포의 귀환 이주

### 1) 귀환 이주의 개념 정의

이주에 관한 연구들을 살펴보면 인류는 다양한 패턴의 이주를 경험해 왔다는 것을 알 수 있다. 초기 연구들은 '이주'를 특정 지역에서 다른 지역으로 이동하는 '일방향적(one-way) 현상'으로 간주하여 이주의 동기 및 거주국에서의 적응 등에 초점을 맞추어 왔다. 그러나 점차 복합적이고 새로운 이주 패턴이 출현하면서, 이주의 메커니즘을 규명하고 이를 이론화하려는 움직임과 함께 귀환 이주도 주목을 받게 되었다. 그러나 귀환 이주(return migration)가 그동안 역이주(back migration), 유턴이주(u-turn migration) 등 다양한 용어로 설명되어 왔으며(King, 2000: 8-9), 관련 연구가 경제학, 사회학, 인류학, 지리학, 심리학 등 여러 분야에서 지속적으로 축적되어 온 만큼(Kunuroglu, et al., 2016: 4) 합의된 정의가 존재하는 것은 아니다. 게다가 오늘날과 같이 초국적(transnational) 이동이 빈번한 상황에서는 최종 목적지로서의 '귀환(return)'이라는 개념 자체가 애매해졌고, 귀환 이주의 적응도 단선적 모델에서 순환적 모델로 이행하고 있다(Ley and Kobayashi, 2005: 5). 그럼에도 불구하고 본 장에서 다루게 될 국내 귀환 이주 동포에 대한 논의의 이해를 돕기 위해, 개념 위주로 그동안 귀환 이주가 어떻게 논의되어 왔는지 개괄하고자 한다.

일반적으로 학문 분야에서 논의되고 있는 귀환 이주는 '다른 문화권으로 이주한 자들이 재정착하기 위해 고향으로 돌아오는 이동'으로 정의된다(Gmelch, 1980: 136; King, 2000: 8). 여기에서 중요한 특징은 '문화적 경계(cultural boundaries)', '재정착(resettle)', '자발적 이동(voluntary return)'이다. 귀환 이주는 국민국가의 경계를 넘어 이루어지는 전 지구적 현상이기 때문에 동일한 문화 체계 내에서 발생하는 도시 간 이동은 귀환 이주로 여기지 않는다. 또한 단기간 모국을 방문한 후 이전의 기원국으로 다시 돌아가는 '재이주(re-emigration)'나, 다른 국가로 새롭게 이주하는 '2차 이주(second time emigration)'와는 구분된다(Gmelch, 1980: 136-137). 그리고 귀환 이주는 본인의 의지에 의한 자발적 이동이라는 점에서 정치적 요인이나 자연재해로 인한 비자발적 이동을 의미하는 '송환(repatriation)'과도 다르다(King, 2000: 8). 다만, 광범위한 의미의 귀환 이주는 불법체류자의 강제추방과 같은 비자발적 귀환을 포함하는 경우도 있으나, "각 국가별로 귀환 이주에 대한 이해가 상이하기 때문에 강제적 귀환과 자발적 귀환의 경계가 명확하지 않다"고 보는 견해도 있다(European Migration Network, 2007: 5).

한편, 귀환 이주자는 정책의 대상이라는 점에서 국가별 및 국제기구별로 '귀환 이주'를 구체적으로 정의하고 있는 경우도 있다. 예컨대, 국제이주기구(IOM)는 "다른 국가에서 최소 1년 이상을 거주한 후, 기원국(country of origin) 혹은 종전의 거주지(habitual residence)로 돌아가는 자의 이동"으로 정의하고 있으며(IOM, 2011: 86), 국제연합(UN)에서는 "다른 국가에서 거주한 후(단기 거주와 장기 거주의 관계없이), 자신의 시민권이 귀속된 국가로 돌아가는 사람들 및 본국(their own country)에서 최소 1년 이상 거주할 의향이 있는 사람들"로 규정하고 있다(UNSD, 1998: 94). 이 외에도 난민의 유입과 불법체류자의 수가 상대적으로 많은 유럽 국가들에서는 귀환 이주를 각기 조금씩 다르게 정의하고 있는데, 영국, 이탈리아, 독일, 네덜란드 등 많은 국가들이 '자발적 본국귀환 지원 프로그램(AVR: Assisted Voluntary Return)'을 통해 난민 및 이민자들의 귀환을 유도하는 정책을 실시하고 있다는 점에서 공통된 특징을 발견할 수 있다.

이와 같은 귀환 이주자들은 몇 가지 기준에 따라 분류할 수 있는데, 대표적으로 체류기간에 따라 '단기적 이주 후 귀환한 자'와 '영구적 이주 후 귀환한 자'로 구분된다. 단기적 이주의 경우, 특정 목표를 달성하는 것이 이주의 목적이기 때문에 목표를 달성한 후에는 자연스럽게 본국으로 돌아오게 된다. 개발도상국에서 선진국으로 이주한 외국인 노동자나 유학생의 귀환이 여기에 해당된다. 한편, 영구적 이주는 대체로 더 나은 삶을 추구해서 떠나는 경우가 많기 때문에 본국으로 돌아오는 것은 당초에는 계획되어 있지 않았으나 여러 가지 이유로 인해 귀환하는 경우를 말한다. 영구적 이주자들의 귀환 이유에 대해서는 많은 논의들이 있으나, '외부적 요인(가족 상황, 이주국의 경기 악화 등)'과 '이주국에서의 부적응(언어적,

문화적 차이 등)'을 지적할 수 있다. 그러나 이주는 본인의 의지와 상관없이 비자발적으로 이루어지는 경우도 많으며, 처음부터 체류 기간을 정하지 않은 채 이주하는 경우도 많다는 점에서 단기적 이주와 영구적 이주를 구분하기 힘들다는 지적도 있다(Gmelch, 1980: 137-138).

지금까지의 논의를 종합하면, 귀환 이주는 이주의 목적, 귀환 이주의 이유, 거주국에서의 체류기간, 모국에서의 체류 예정기간 등에 따라 다양하게 정의될 수 있으며, 귀환 이주자도 여러 유형으로 제시되고 있다는 것을 확인할 수 있었다. 기존 연구들을 토대로, 본 연구에서는 귀환 이주를 '정치적, 사회적, 경제적, 문화적, 개인적 요인 등으로 인해 다른 국가로(자발적 및 비자발적으로) 이주한 자 및 이주국에서 출생한 그 자손들이, 본인의 의지로 본국으로 돌아오는 이동'으로 정의하고, 불법체류자의 강제송환 및 난민의 귀환과 같은 비자발적 귀환은 본 연구에서 직접적으로 다루지 않기로 한다.

### 2) 외국의 귀환 이주 사례

국내 귀환 이주 동포를 검토하기 전에, 한국과 사회적 · 문화적 배경이 유사하고 역사적으로 밀접한 관련이 있는 일본의 귀환 이주에 대해 간략히 검토하고자 한다. 일본의 귀환 이주는 해외 집단이민이 본격화된 1868년 메이지 유신부터 1970년대 중반까지 하와이, 시애틀, 브라질 등의 지역으로 이주했다가 돌아온 '데카세기형(出稼ぎ型)'과 20세기 초 식민지 확대를 계기로 만주, 중국, 한반도 등 동북아시아 지역으로 건너갔다가 귀환한 '입식자형(入植者型)'으로 나뉜다(大川, 2011).

먼저 '데카세기형' 귀환에 대해 살펴보고자 한다. 대표적인 데카세기

(돈벌이)형 귀환 이주자는 일본에서 태어나서 중남미 지역으로 이주한 이민 1세대 및 배우자, 그 후손들(이민 2세대, 3세대)을 말하며, 일반적으로 '일계인(日系人)'으로 불리고 있다. 일계인들의 귀환은 초국적 인구이동을 설명하는 고전적 모델이라 할 수 있는 '배출-흡인 요인(push and pull factors)' 이론으로 설명된다. 1990년 전후로 일본의 경기 호황과 남미지역 국가들의 경제 악화로 인해 임금격차가 발생했는데, 1980년대 초에 먼저 귀환한 이민 1세대들이 이러한 기회를 이용하였다. 일본에서 태어나서 제2차 세계대전 후 남미로 이주했다가 돌아온 이민 1세대들은 일본 국적 혹은 이중 국적을 보유하고 있어서 브라질, 페루 등 라틴아메리카 국가와 일본을 자유롭게 왕래할 수 있었다. 또한 이들은 일본어와 스페인어, 포르투갈어를 구사할 수 있다는 장점을 활용하여 남미지역에 인력알선회사를 설립하고 남미의 저렴한 노동력을 일본의 기업들에 제공하는 시스템을 구축하였다(稲葉 · 樋口, 2013: 2). 이 같은 노동시장의 변화와 더불어 일본 정부는 저출산 · 고령화에 따른 노동력 부족 문제를 해소하기 위한 정책의 일환으로 1990년 '출입국 관리 및 난민 인정법'을 개정하고, 일계인들(이민 3세대까지)에게 일본 국내의 모든 직종의 취업이 가능한 '정주자(定住者)'라는 체류자격을 부여하였다. 이는 비자의 갱신 횟수에 제한을 두지 않고 가족 단위의 체류도 허용하고 있다는 점에서 다른 외국인들에 비해 특혜적이고 혈통주의적인 정책이라 할 수 있다.

이처럼 1990년대부터 귀환 이주를 가능케 하는 제도가 마련되면서 일본 국적이 없는 일계인들의 유입이 급격히 증가하였다. 이들은 주로 제조업과 같은 노동집약적 산업들이 밀집해 있는 키타칸토(北関東) 및 토카이 지방(東海地方)의 공업지대를 중심으로 인력 알선업자들이 마련해 준 곳에 거주하기 때문에 공간적으로 분리된 형태의 일계인 집거지(enclaves)

를 형성하고 있다. 그러나 거주지 분리 현상은 지역 주민과의 빈번한 마찰 및 치안 악화를 초래하여, 지구대의 정기적 순찰이 강화되고 일부 주민들은 타 지역으로 떠나는 등 심각한 사회문제로 부상하고 있다. 실제로 일계인 집거지에 거주하는 일본 주민들의 인식을 살펴보면, '브라질 출신 일계인들의 유입은 범죄 발생의 증가로 이어진다'고 생각하는 비율이 응답자의 80%에 달했으며, '일계인들로 인해 거주지 환경이 악화되었다'고 느끼는 응답자도 70% 이상인 것으로 나타났다(浅田, 2003: 60). 이러한 부정적 인식은 제한된 접촉 기회로 인한 상호 이해 부족에서 비롯된다. 그 배경에는 일계인 노동자들의 일상생활을 지원하고 관리하는 '업무 청부업자(業務請負業者)'가 지역 주민과 일계인 간의 중간역할자로서 존재하고 있으며, 이로 인해 일계인들은 일본사회에서 이른바 '보이지 않는 정주화(顔の見えない定住化)' 형태로 거주하고 있기 때문으로 해석된다(梶田 외, 2005).

그러나 2008년 리먼 사태 이후, 수출 의존도가 높은 자동차, 전기산업 등에서 비정규직으로 근무하던 일계인들의 30~40%가 일자리를 잃고 브라질과 아르헨티나 등으로 돌아갔고, 현재까지 남아 있는 일계인들 역시도 불안정하고 열악한 노동시장에서 벗어나지 못하고 있다. 일계인들은 다른 외국인 노동자들에 비해 상대적으로 유리한 위치에 있음에도 불구하고, 어째서 일본 주류 사회로 편입되지 못하고 불안정한 고용 상태를 유지하고 있는 것일까?

그 이유에 대해서 이나바와 히구치(稲葉・樋口, 2013)는 일계인들이 상승이동에 도움을 주는 인적자본과 사회관계 자본을 축적하지 못했다는 점을 지적한다. 일본어를 능숙하게 구사하지 못하는 일계인 2세와 3세의 경우, 일본 내의 인적 네트워크가 없기 때문에 대부분 인력알선회사를 통해 일자리를 구한다. 그러나 이 같은 간접고용 형태는 비정규직 혹은 파견 노동자 비중이 높으며, 일본어 능력을 필요로 하지 않는 업종에 배정되기 때문에 일본인과 교류할 기회가 상당히 제한적이다. 이러한 직종 분리 현상이 일계인들의 인적자본과 사회관계 자본의 축적을 어렵게 하는데, 근본적인 요인은 무엇보다도 일본 정부의 이민정책에 있다. 리먼 사태 이후 '취로준비 연수(就労準備研修)'를 도입하여 무상 일본어 교육 등의 지원체계를 제도화하기 전까지, 일본 정부는 지난 20년간 일계인에게 별도의 어학교육 프로그램과 직업훈련을 제공하지 않았다. 이는 그간 일본 정부가 '단순노동자를 수용하지 않는다'는 외국인 정책의 기본방침을 유지한 채, 일계인들의 귀환을 '친족방문'이라는 명목하에 실질적으로는 국내 노동력 부족 문제를 해결하기 위해 '사이드 도어(side door)'로 미숙련 단순노동자를 받아들여 왔다는 사실에 기인한다. 그 결과, 일계인들은 노동시장의 원리에 지배된 채, 지난 20년간 일본의 공적 기관의 무관심 속에서 방치되어 왔다.

이후, 일계인들의 생활 및 고용활동을 지원하는 다양한 법적 · 제도적 장치들이 마련됨과 더불어 2018년 7월에는 일계인 이민 4세대(18세 이상 30세 이하에 한정)의 체류를 최장 5년간 보장하는 새로운 체류자격인 '특정활동(特定活動)'이 신설되어 일계인의 귀환 이주는 앞으로도 더욱 늘어날 것으로 예상된다.

한편, 입식자형 귀환 이주자(colonial return migrants)는 일본 제국주의에 의한 식민지 확장 시기에 중국, 만주, 한반도 등지로 이주했다가 종전 후 일본 본토로 송환된 일본인 및 그 자손들을 말하며, 역사학과 인류학에서는 '히키아게(引揚)' 담론으로 논의되기도 한다. '히키아게(인양)'의 사전적 의미는 "현재의 장소에서 본래 있던 곳으로 되돌아감"인데, 종전 후에는 '외지(外地)'에서 '내지(内地)'로 귀환한 사람들을 일컫는 말로 일반화되었다(이연식, 2013: 82; 安岡, 2014: 4). 히키아게를 귀환 이주로 일반화하는 것에 대해서 논쟁의 여지가 있으나, 오늘날 일본의 다문화 공생이라는 현대적 과제에 역사적 시점을 제공해 주고(辻, 2013), 국제적 이동을 유발하는 정치적 · 경제적 요인과 같은 다양한 구조적 맥락들을 파악할 수 있게 한다는 점에서(松田, 2015: 97) 본 절에서는 히키아게를 귀환 이주로 접근하고자 한다.

전후 귀환자를 추계한 이연식(2013: 75-78)에 따르면, 1945년 8월 15일 제2차 세계대전 종전 후, 구 식민지에서 일본 본토로 돌아온 사람들은 약 630만 명에서 700만 명으로 추정된다. 이들 중 만주와 중국 본토에서 귀환한 자가 전체의 약 40%로 가장 높았으며, 그다음이 한반도(14.6%), 대만(7.6%) 등의 순이었다. 이러한 전통적 구 식민지역에서 귀환한 사람들 대부분은 민간인이 절대다수를 차지한 반면, 소련 점령지구나 인도차이나, 태평양 지역에서 귀환한 자들은 군인 · 군속 비율이 높았다. 그러나 이렇게 많은 인구가 짧은 시기에 유입되다 보니 일본 사회는 적잖은 충격과 혼란을 경험하게 되었다.

당시 일본 정부는 대량의 인구를 수용하기 위해서 일본 본토로 송환되는 사람들의 소지 가능한 재산을 1인당 1,000엔 이하로 제한하는 등 엄격한 통제와 관리하에서 히키아게를 진행하였다(安岡, 2014: 6). 그렇기 때문에 본토로 돌아온 자들은 새로운 터전에서 삶을 시작하기 위한 재정과 자원이 없었으며, 정부의 구호정책에 전적으로 의존할 수밖에 없었다. 그러나 귀환자 수가 급증하여 정부의 구호능력 수준을 초과하면서, 귀환 자녀의 학교 진학 문제, 주택 부족 문제, 건강 문제, 물자 지원 부족 등 다양한 문제들이 복합적으로 발생했다. 특히 연고가 없는 사람들이 상대적으로 생계유지 수단이 다양한 대도시 지역으로 집중되면서 이러한 문제들은 더욱 가속화되었다. 이에, 당국은 귀환자들을 분산시키기 위해서 귀농을 유도하여 자활을 돕는 정책을 실시하였으나, 본토인들의 식량 부족과 실업 문제와 맞물려 귀환자들의 자활은 쉽게 이루어지지 않았다(이연식, 2013: 87-88). 이처럼 전후 귀환자들은 새로운 환경에 적응하는 과정에서 많은 어려움과 도전에 직면했는데, 그중에서도 그들의 정착을 더욱 어렵게 만든 것은 일본사회의 차별적 시선과 냉대였다. '내지(內地)'에서 총력전이 한창 진행 중이던 시기에 귀환자들은 '외지(外地)'에서 현지인들을 착취하며 특권을 누렸다는 인식이 본토사회에 만연해 있었으며, 이러한 이질적 경험과 공유기억의 부재가 이들에 대한 질시와 비난으로 이어졌다(이연식, 2013: 89-90). 이러한 점에서 귀환자들은 전후 일본사회에서 '타자성'을 가진 존재였다고 할 수 있다(安岡, 2014: 7-8).

그러나 열악한 처우와 차별이 지속되면서 귀환자들 사이에서 불만이 고조되자, 귀환자들은 차츰 정치세력화를 통해서 '전쟁 희생의 균등화'를 주장하며 일본 정부의 구호정책 추진에 대한 막강한 영향력을 행사하였다. 그리고 마침내 1957년 '인양자급부금 등 지급법(引揚者給付金等支給法)', 1960년 '인양자 집단수용시설 정리 방침(引揚者集団収容施設整理方針)' 등 다양한 후속 법안을 이끌어 내는 데 성공하였다.

이후, 1972년 일본과 중국의 국교정상화를 계기로, 히키아게 문제는 이미 귀환한 사람들의 정착 문제에서 아직까지 돌아오지 못한 미귀환자의 문제로 초점이 이동하게 된다. 이들은 '중국잔류고아(中國殘留孤兒)' 혹은 '잔류부인(殘留婦人)'으로 불리며, 최근 연구에서는 '잔류일본인'이란 명칭으로 사용되고 있다(安岡, 2014: 12). 잔류일본인들 중에는 중국에서의 생활을 지속하기를 희망하는 사람들도 있었는데, 이들에게는 육친을 찾는 목적으로 일시 귀국이 허용되었다. 반면, 영주귀국의 경우는 오랜 기간 동안 여러 차례에 걸쳐 이루어졌는데, 귀국한 대부분의 중국잔류 일본인들이 "어렸을 때부터 현지에서 노동력으로 취급되어 충분한 교육을 받지 못하거나 중국인으로 양육됨으로써 거의 일본어를 알지 못하고," 고령화와 낮은 생활수준으로 인해 일본에서의 생활 적응에 많은 어려움을 겪고 있다(송석원, 2013: 168-173).

지금까지 남미 이민 1세대와 일계인, 히키아게 사례를 통해 일본 귀환 이주자들의 귀환 과정 및 정착 실태에 관해서 간략하게 살펴보았다. 이를 통해 이주자의 귀환은 이주 당사자들의 자발적 의지는 물론, 경제적 · 정치적 맥락과 같은 구조적 요인들에 의해 직간접적으로 영향을 받는다는 사실을 알 수 있었다. 또한 혈통을 중시하는 일본사회에서 귀환 이주민에 대한 일본 국민들의 부정적 인식과 태도가 상당한 것을 확인할 수 있었으며, 귀환 이주자들이 새로운 사회에 적응하는 데 커다란 장애물로 작용한다는 점이 다수의 실증 연구를 통해 드러났다. 이는 정부가 귀환 이주자들을 단순히 본국으로 귀환시키는 것에 머물러서는 안 되고, 이들이 성공적으로 정착하고 지역사회의 일원으로 살아갈 수 있도록 지방자치단체 및 지역 주민들과의 긴밀한 연계를 통한 장기적인 지원이 필요함을 보여 준다고 할 수 있다. 이러한 점은 우리나라의 귀환 이주 동포의 정착에도 많은 시사점을 제시해 준다. 이후 절에서는 이주민 공동체 형성에 관한 이론적 논의를 검토한 후, 국내 귀환 이주민의 이주 실태 및 공동체 형성이 어떻게 변화되어 왔는지에 대해 고찰할 것이다.

## 3. 이주민 공동체 형성의 이론과 모형

인류의 이주가 시작된 이래, 전 세계 많은 지역에서 계층, 소득, 인종, 종교 등 다양한 요인들의 차이에 의해 거주지의 공간적 분화를 경험해 왔다. 많은 연구자들이 지적하듯이, 거주지의 분화(residential differentiation)는 특정 공동체의 유대와 연대감의 강화를 통한 지역경제의 활성화 및 문화 다양성 창출이라는 긍정적 측면이 있는 반면, 사회적 배제와 갈등, 사회통합의 약화, 도시 불평등 유발 등과 같은 부정적 측면을 야기하기도 한다. 이러한 양가적인 측면은 많은 연구자들의 주목을 끌었으며, 학문적 관심만큼이나 다양한 이론들도 제시되었다.

그중에서 도시의 공간적 분화 및 이주민 공동체 형성에 관한 논의는 20세기 초 로버트 파크(Robert Park), 어네스트 버제스(Ernest Burgess), 루이스 워스(Louis Wirth) 등 이른바 '시카고학파'로 불리는 도시사회학자들의 도시생태학적 이론에 기원한다. 인간생태학에 바탕을 둔 도시생태학적 관점에 따르면, 이주민 공동체 형성 및 거주지 분화는 자연스러운 현상으로 이해된다고 보았다. 이를 처음으로 구체화시킨 파크는 사회과정을 경쟁(competition), 투쟁(struggles), 적응(accommodation), 동화(assimilation)로 분류한 후, 이 과정에서 공동체와 사회가 형성된다고 보았다. 이후 버제스, 매켄지(Roderick Mckenzie) 등은 파크의 논의를 더욱 발전시켰는데, 이들에 따르면 개인이나 집단은 경쟁, 지배, 침입, 계승 등과 같은 일련의 생태적 과정을 통해 도시환경에 적응하며, 이 과정에서 도시공간이 분화된다고 설명하였다(조명래, 2002: 73-77). 이와 같은 도시의 공간적 분화에 관한 시카고학파들의 선구적 연구는 후속 연구자들에게 상당한 영향력을 끼쳤으며, 본격적인 도시 연구의 막을 열었다는 점에서 높이 평가받는다.

하지만 1940년대 말에 이르러 고전적 도시생태학적 이론은 개인의 동기나 문화적 요인 등을 배제하였다는 비판을 받으면서 그 한계성을 드러냈다. 그리고 전후 도시사회학자들은 이를 보완하기 위해 신고전생태학, 사회문화생태학, 조직생태학 등 다양한 형태의 이론들을 제시했으며, 사회의 변동과 더불어 도시사회학 이론도 더욱 다양한 방식으로 발전하였다. 특히 이주민 거주지의 분화 이유 및 존속 가능성, 사회통합에 미치는 영향 등(박세훈, 2010: 72)을 둘러싸고 상이한 주장들이 전개되어 왔으며, 이는 학자들 간의 격렬한 논쟁을 불러일으켰다. 여기서는 이주민 거주지 분화를 설명하는 대표적인 미시적 이론들을 몇 가지 설명하고자 한다.

먼저, 시카고 도시생태학에 뿌리를 두고 있는 '지리적 동화론(spatial assimilation)'은 소수종족 집단 혹은 그 구성원이 종족 집거지(ethnic enclave)를 벗어나서 주류 사회로 이동하는 과정을 설명한다. 이 이론에 따르면 소수종족 집단이 주류 사회에 동화되지 않았기 때문에 거주지 분화가 발생한다고 설명한다. 이주 초기에는 노동시장, 주거, 언어, 문화적 장벽 등에 대한 제약 때문에 동일한 종족들이 많이 거주하는 지역에 살면서 노동시장에 대한 정보와 인적 네트워크 등을 획득한다. 하지만 주류 사회의 가치와 언어, 문화 등을 습득하고 사회경제적 지위가 상승함에 따라 더 나은 주거 환경을 찾기 위해 백인들이 다수 거주하는 도시 교외지역으로 이동하며, 그 결과 거주지 분화는 자연적으로 사라질 것이라고 바라본다(Massey, 1981; Massey and Denton, 1985; Alba, et al., 1999; Wen, et al., 2009). 하지만 이주 집단이 다양해짐에 따라 몇몇 연구자들이 지리적 동화론의 적용 가능성을 검증했는데, 이러한 경험적 연구들에 따르면 지리적 동화를 야기하는 요인들이 인종 · 민족별로 큰 편차를 보이며, 어떤 경우에는 이주 기간보다는 종족적 정체성(ethnic identity)이 거주지 동화에 더욱 큰 영향을 미치기도 한 것으로 나타났다(Alba and Logan, 1991; Alba and Logan, 1993; Logan and Alba, 1993; Allen and Turner, 1996). 이는 전통적인 지리적 동화론을 수정하도록 만들었는데, 대표적인 예로 다양한 동화의 패턴을 포함하는 '분절된 동화론(segmented assimilation)' 등이 새롭게 제안되었다.

이주민 공동체의 거주지 분화를 설명하는 또 다른 이론으로는 '재기적 종족성론(resurgent ethnicity)'이 있다. 이 모델은 이주민 공동체 혹은 그 구성원의 사회경제적 지위가 향상되고 인종적 차별적 구조가 완화되었음에도 불구하고 거주지 분화가 지속되는 이유를 설명하는데, 동일종족에 대한 선호(in-group attraction)와 타종족에 대한 혐오(out-group aversion)가 결합하여 특정 거주지에 인종적 · 종족적 선호를 만들어 낸다고 한다(Logan, et al., 2002; Charles, 2003; Chung and Brown, 2007).

이러한 관점에 근거하여, 로건과 그의 동료들(2002)은 뉴욕과 LA 지역에 거주하는 이민자들을 관찰하였는데, 그 결과 영어가 유창하고 전문적인 직업을 가진 이민자들 중에서 여전히 종족 고유의 문화적 특성을 유지하고 있었다. 또한 새로운 이민자들 중에서 풍부한 사회경제적 자원을 이용하여 문화적 동화 없이 다양한 문화적 배경을 가진 지역이나 주류 사회의 구성원들이 다수 거주하는 교외지역으로 바로 정착한다는 사실이 드러났다. 로건과 그의 동료들은 분화된 지역(segregated neighborhood)을 세 종류로 구분하여 이를 설명하는데,[1] 이주민 공동체의 낮은 사회경제

1 Logan, et al.(2002)에 따르면, '이민자 집거지(immigrant enclave)'는 소수민족 집단의 거주지 선택이 경제적 필요성(necessity)이나 제약(constraint)에 기인한 것이며, '종족 공동체(ethnic community)'는 취향(taste)이나 선호(preference)에 의해 결정되며, 마지막으로, '소수집단 게토(minority ghetto)'는 개인적 자원이나 선호와 상관없이 특정 지역으로부터 배제된 지역을 일컫는다. 세 가지 유형은 모두 이상형(ideal types)이며, 각각 중복된 특징을 가지고 있기도 한다. 이러한 구분에 근거하면, 지리적 동화론에서 설명하는 거주지 분화는 이민자 집거지

적 지위 때문에 형성된 이민자 집거지(immigrant enclave)와 동일종족에 대한 선호에 의해 형성되는 종족 공동체(ethnic community)가 존재한다고 말한다. 즉 도심에는 이주민 노동자 집단으로 구성된 이민자 집거지와 교외에는 사회경제적 지위가 높고 풍부한 자원을 가진 집단이 거주하는 종족 공동체가 있으며, 이처럼 양극화된 두 종류의 이주민 거주지가 한 도시에 공존할 수 있음을 보여 준다(Allen and Turner, 1996; Logan, et al., 2002).

한편, 좀 더 구조적 제약에 초점을 두는 '층화론(place stratification)' 모델은 주택 차별, 인종적 고정관념 등의 차별적 관행이 분절된 주택 시장과 거주지 분화를 야기한다고 주장한다. 구체적으로 '조정(steering)'과 '지역 지위 강등(blockbusting)', '특정 경계지역 지정(redlining)'이 소수종족 집단을 도시의 특정 지역에 거주하도록 만드는데, 부동산 업자들과 지방 정부에 의해서 투자와 주택담보대출이 제한됨에 따라 해당 지역의 환경은 더욱 악화되는 경향이 있다. 따라서 소수종족 집단의 사회경제적 지위가 상승됨에도 불구하고 원하는 지역에 쉽게 거주할 수 없게 된다(Chung and Brown, 2007; 정수열, 2008: 514). 가장 대표적인 사례가 미국에 거주하는 아프리카계 흑인들이다. 1968년 공정주거법(Fair Housing Act)이 통과되었음에도 불구하고 흑인들에 대한 백인들의 선입견과 사회적 거리감은 거주지 분화를 지속시켰으며, 부동산 업계에서도 여전히 상당한 수준의 인종적 차별 관행이 남아 있는 것으로 나타났다(Charles, 2003). 이러한 점에서 층화론은 이주민들의 사회경제적 특성이나 개인적 선호가 아니라, 오히려 소수인종에 대한 주류 사회의 차별이 거주지 분화를 야기한다고 설명한다.

이상의 세 가지 이론들은 다인종 · 다종족국가 중 하나인 미국에서

---

에 해당되며, 재기적 종족성론에서는 종족 공동체에 해당된다고 볼 수 있다.

이주민들이 왜 한정된 공간에 공동체를 이루어서 사는가에 대한 메커니즘을 분석하는 데 가장 널리 논의되고 있는 접근법이며, 실제로 다수의 실증적 분석에 의해서 지지받고 있다. 하지만 이 외에도 '세계도시론(global city theory)', '사회자본 이론(social capital theory)' 등 이주민들의 공간적 분포와 그 특성을 설명하는 다양한 이론적 모델들이 존재한다.

이처럼 오랜 이민 역사를 가진 해외에서는 이주민 공동체의 형성 및 변화 양상을 설명하고자 하는 노력들이 활발하게 전개되어 온 것에 반해, 국내 연구는 아직 초기 단계에 불과하다고 할 수 있다. 그 이유는 국내에 이주민들이 본격적으로 유입되기 시작한 것이 1990년대 초로서 비교적 짧은 이주 역사를 가졌으며, 이에 따라 외국인 공간 분포에 대한 데이터 확보의 어려움과 외국인을 정주 인구가 아닌 단기 체류자로 보는 사회적 시각에 기인한다고 할 수 있다(박세훈 · 정소양, 2010: 63). 그럼에도 불구하고 최근 10여 년간 이주민 공동체에 대한 공간 분포 연구들이 급증하고 있는데, 관련 연구들을 주제별로 개괄하면, 대체로 결혼이주 여성이나 중국 동포와 같은 특정 이주민 집단(방성훈 · 김수현, 2012; 윤진희 외, 2014; 이석준 · 김경민, 2014)이나 특정 지역에서 이주민 공동체가 밀집된 원인 분석 연구(박배균 · 정건화, 2004; 이정현 · 정수열, 2015), 인종별 · 체류자격별 밀집거주지의 공간분포 특성 연구(박세훈 · 정소양, 2010; 하성규 외, 2011; 민성희 외, 2015), 외국인 인구에 대한 거주지 분리 측정 연구(박윤환, 2011) 등으로 세분화할 수 있다.

하지만 해당 연구들은 대부분 이주민 집단들의 내부적 다양성을 고려하지 않았다. 예컨대, 수도권 외국인 밀집지역에서 가장 높은 비율을 차지하는 중국 동포는 한국어와 문화에 익숙하기 때문에 다른 외국인 집단들과는 상이한 거주 패턴을 보인다. 그렇기 때문에 귀환동포집단을 단순히 외국인 이주민으로 일반화시키는 것은 그들의 공간적 분포와 특성을 분석함에 있어서 큰 오류를 범할 가능성이 있다. 따라서 본 연구에서는 기존의 논의를 확장시켜서 외국인 집단과는 구별되는 귀환동포 공동체에 대해 고찰하고자 한다.

앞서 언급했듯이, 국내에 거주하는 귀환동포는 크게 정주의 성격을 지닌 가시적 집단과 단기 체류의 성격의 비가시적 집단으로 나눌 수 있다. 전자는 중국 동포, 고려인 동포, 사할린 동포 등이 해당되며, 후자는 재미동포, 재일동포 등이 포함된다. 탈북민의 경우 법적인 지위상으로는 귀환동포에 해당되지는 않지만, 이들 역시 이주민 집단으로서 국내 정착에 어려움을 겪고 있다는 점에서 비교대상으로 포함시킬 수 있다. 본 연구에서는 이주민 공동체 형성과 공간적 패턴에 관한 이론들에 근거하여, 가시적 귀환동포와 탈북민의 이주 및 정착에 관해 고찰할 것이다.

먼저, 집단별 거주지역을 살펴보면, 중국 동포는 서울시 가리봉동과 대림동, 안산시 원곡동, 경기도 시흥시 등 수도권에 많이 밀집해 있으며, 중앙아시아 고려인 동포는 서울시 광희동, 경기도 시흥시, 안산시 원곡동, 광주시 광산구에서 고려인 마을을 형성하고 있다. 두 집단의 거주지에서 나타나는 공통된 특성은 주거비용이 저렴하고 한국인들과 경쟁이 적으며, 인근에 공장이 많아 일자리를 쉽게 구할 수 있다는 점이다. 실제로 광주 지역 고려인 마을 형성과 위치 선택에 관해 연구한 김영술 · 홍인화(2013)에 따르면, 같은 종족, 같은 지역 네트워크의 동질성, 임금, 일자리 등 경제적 요인이 위치 선택을 결정하는 요인으로 나타났다. 중국동포 역시도 저렴한 방값과 풍부한 일자리, 편리한 교통망 등과 같은 입지적 특성이 주거지 선택에 영향을 받는 것으로 나타났다(박배균 · 정건화, 2004; 박세훈, 2010; 방성훈 · 김수현, 2012; 이석준 · 김경민, 2014).

이처럼 중국 동포와 고려인 동포는 상대적으로 공단 인근에 공동체를 형성한 반면, 탈북민과 사할린 동포는 임대 주택이 있는 전국 각지에 분산되어 있기 때문에 집단 거주현상이 두드러지지 않는다.[2] 비록 인천 논현동이나 서울 양천구 등 수도권 일부 지역에 탈북민이 많이 거주하긴 하지만, 같은 임대 아파트에 살고 있는 탈북민끼리의 왕래는 물론 공식적인 모임도 별로 없는 것으로 나타났다(이우영, 2003: 48). 이러한 차이는 이들의 이주 동기와 깊은 연관성이 있다.

중국 동포와 고려인 동포는 출신국의 저임금, 높은 실업률과 같은 경제적 어려움과, 제조업 분야의 인력난 해소를 위해 한국 정부가 제정한 '외국인 산업연수생 제도', '외국인 고용 허가제'의 시행이 각각 배출요인(push factor)과 흡인요인(pull factor)으로 상호작용하여 이들의 국제이주를 발생시켰다. 반면, 탈북민은 정치 · 경제 · 사회 · 문화적 요소가 복합적으로 결합한 결과로, 사할린 동포는 정부의 영주귀국 사업에 의해 국내로 이주하게 되었다.[3] 따라서 방문취업(H-2)이나 재외동포(F-4) 비자를

2 북한이탈주민에게 임대 아파트 배정 시, 원칙적으로는 희망 거주지역에 따라 배치하지만 한국 정부의 지방분산 배치 정책 및 주택 사정 등에 따라 희망하지 않는 지역으로 배정받기도 한다. 그럼에도 불구하고 상대적으로 서울 · 인천 · 경기도의 수도권 일대에 몰려 있는 이유는 "북한에서는 평양 시민이 특별하게 취급받기 때문에 많은 북한이탈주민들이 수도권 거주를 희망"하고 있으며(이우영, 2003: 24), 지방에 거주지를 배정받은 경우에도 진학과 취업 등의 사유로 수도권으로 이주하는 경향이 있기 때문이다(박광득 · 윤여상, 2002: 255).

3 부산시 정관 신도시에 거주하는 사할린 영주귀국 동포를 대상으로 귀국 동기를 조사한 배수한(2010)에 따르면, "고향 · 친지가 그리워서가 44.7%(51명), 뼈라도 (고향에) 묻히고 싶어서가 29.8%(34명), 자식에게 짐이 되지 않기 위해서가 13.1%(15명), 러시아에서의 생활이 어려워서가 8.8%(10명) 순으로 나타났다. 즉 사할린 영주귀국 동포들은 경제적 이유보다는 정서적, 심리적 이유인 본능적인 귀향 욕구가 귀국 결정에 더 많은 영향을 끼친 것으로 보인다"(배수한, 2010: 16).

발급받아서 입국한 중국 동포와 고려인 동포의 생활양식은 다른 외국인 이주노동자 집단과 유사한 측면이 있는 반면, 탈북민과 사할린 동포는 한국 정부의 정책에 따른 특별 지원과 보호를 받고 있기 때문에 구별되는 특성을 가진다. 이와 같은 차이점들을 고려했을 때, 중국 동포와 고려인 동포는 '이주노동자 공동체', 탈북민과 사할린 귀환동포는 '정책보호대상자 공동체'로 명명할 수 있다.

〈표 1-1〉은 이주노동자 공동체와 정책보호대상자 공동체의 특징을 간략하게 정리한 것이다. 세부적으로 살펴보면, 이주노동자 공동체의 형성과 발전은 앞서 소개한 이주민의 공간적 분화를 설명하는 이론들과 부분적으로 일치한다. 먼저, 이주 초기에 공단과의 지리적 근접성이 높고 주거비가 저렴한 지역에 거주하는 것은 소득 수준이 낮고 사회적 하위계

**〈표 1-1〉 귀환동포 공동체 유형**

| 구 분 | 이주노동자 공동체 | 정책보호대상자 공동체 |
|---|---|---|
| 귀환동포 집단 | 중국 동포, 고려인 동포 | 사할린 동포, 탈북민 |
| 이주 동기 | 취업 | 사할린 동포: 영주귀국<br>탈북민: 정치 · 경제 · 사회 · 문화적 요인이 복합적 작용 |
| 위치 | 공단 주변 주거지 | 정부 임대 주택 아파트 단지 |
| 공동체 형성 요인 | 경제적, 생태학적 요인 | 정부 정책 |
| 기여도 | 낙후지역의 활성화 | 크지 않음 |
| 문제점 | 게토화, 우범화, 선주민과 마찰 | 사할린 동포는 소수이고 노인이라 선주민과 교류 제한, 탈북민은 선주민과 마찰, 역차별 논란 |

층을 형성하는 이주민 공동체가 자연적으로 밀집지를 형성한다는 지리적 동화론의 내용과 일치한다. 예컨대, 가리봉동은 중국 동포들에게 초기 정착지 역할을 하는 반면, 자양동은 이주 기간이 길고 한국 생활에 정착하여 상대적으로 사회경제적 수준이 높은 사람들이 보다 쾌적한 환경(amenity)을 추구한 주거 상향 이동으로 볼 수 있다. 즉 자양동과 가리봉동에 거주하는 중국 동포들은 이주 기간, 거주지역 선택 이유, 소득 수준, 주거 만족도, 사회경제적 특성에서 뚜렷한 차이를 보이며, "아직 주류 사회와 동화된 단계라고 할 수는 없지만, 주류 사회와 섞이는 현상이 자연스럽게 나타나고 있다"(방성훈 · 김수현, 2012: 62). 이러한 현상이 주류 사회 동화에 따른 이주민 집적지의 소멸로 이어질 것인지, 아니면 재기적 종족성론이 말하는 동일한 이주공동체 내에서 양분화되는 현상으로 볼 것인지는 이주 역사가 짧은 현 시점에서 명확하게 드러나지 않는다. 동화는 오랜 시간이 걸리기 때문에 향후 과정이 주목된다.

한편, 문화적 차이와 인종주의적 편견에 의한 배제가 이주노동자 공동체를 한정된 장소에 거주하게 만들고 있는 사례는 층화론의 설명과 일치한다. 가리봉동의 경우 "2000년 이후 재개발 예정지가 되면서 개량이 이루어지지 않아 더욱 쇠락해 갔으며", 이러한 물리적인 낙후성과 재개발 이슈는 주거 환경 개선에 대한 자발적 의지를 감소시키고 지역에 대한 불안정성을 증가시켰다(박세훈 · 이영아, 2010: 87). 또한 한국인들의 부정적이고 차별적인 인식은 언론에 의해 확대 재생산되면서(박배균 · 정건화, 2004) 지역사회와의 상대적 고립을 강화시켜 일종의 격리 현상을 낳고 있다. 즉 차별적이고 구조적인 외부 요인들이 결합하여 공간적 분리를 고착화시켰다고 볼 수 있다. 물론, 밀집지의 형성 및 성장과정에서 지역경제의 활성화를 통한 도시 내 낙후 · 쇠퇴지역 재생과 같은 긍정적인 결과를 낳기도 하지만, 동시에 광주 월곡동이나 서울 가리봉동 일대에서는 쓰레기 무단투기, 도난사건 등의 불미스러운 사건들이 발생하면서 게토화 및 선주민과의 마찰도 확인할 수 있었다(김경학, 2014; 이석준 · 김경민, 2014).

이에 반해, 정책보호대상자 공동체에 해당하는 사할린 동포와 탈북민의 경우는 조금 다른 양상을 보인다. 이들 대부분이 한국 정부로부터 지원금과 공공임대 주택을 제공받으면서 전국 각지에 분산해서 거주하고 있다. 특히 영주귀국 사할린 한인 1세의 경우, 대부분 70세 이상의 고령이기 때문에 건강 상태가 좋지 않으며 요양원에 사는 경우도 적지 않다. 그렇기 때문에 중국 동포와 같이 특정 공간에 집거지를 형성해서 적극적으로 외부활동을 하는 경우는 좀처럼 찾아보기 힘들다. 하지만 정부의 지방분산 배치정책에도 불구하고 상대적으로 수도권 지역에 많이 거주하고 있는데, 대표적으로 인천시 논현동에는 다수의 탈북민과 사할린 귀환동포가 거주하고 있다. 그 이유는 이들이 자발적으로 거주지를 옮겨서 공동체를 형성한 것이 아니라, 인천시 남동구에는 "2006년부터 조성되어 온 논현 신규 택지개발지구 내에 2,601세대의 임대 아파트가 자리잡고 있기 때문이다"(유해숙 · 이현숙, 2014: 9).

탈북민의 경우는 다른 이주민 집단과는 달리, 일반 국민으로부터의 차별적 시선을 우려해서 자신들의 존재를 적극적으로 드러내려고 하지 않는다. 하지만 국내에 거주하는 탈북민의 수가 꾸준히 증가하고 있고, 정부의 지원정책에도 한계가 있다는 점을 고려하면, 향후 특정 지역으로 이주하여 공동체를 형성할 가능성도 배제할 수 없다. 탈북민과 같이 정부로부터 지원을 받는 미국의 난민의 경우도 처음 정착한 지역을 벗어나서 다른 지역으로 재이주(secondary migration)하는 경우가 빈번하게 나타나는데, 여기에는 사회적, 경제적, 가족적 요인들이 영향을 미친다(Weine, et al., 2011: 28). 탈북민은 법적으로 난민으로 규정되지는 않지만, 돌아갈 고향이 없다는 점에서 난민과 유사한 특성을 공유하기도 한다. 또한, 다수의 탈북민이 경제적 빈곤에 어려움을 호소하고 있으며, 최근에는 가족 단위로 입국하는 경우도 많다는 점을 고려한다면, 탈북민도 미국의 난민과 같이 최초의 거주지를 벗어나서 특정한 공간에 집거지를 형성할 가능성이 있다.

## 4. 재외동포 정책의 전개와 귀환 이주민의 입국

이승만 정부 이후 역대 정부 중에서 가장 먼저 포용적이고 적극적인 재외동포 정책을 시작한 것은 김영삼 정부였다. 그 배경에는 1990년대 초 냉전체제의 종식과 한소 · 한중 수교의 수립으로 인해 구공산권에 거주하는 동포들과의 교류가 가능해졌다는 점이 있다. 이에 따라 이들을 재외동포 정책의 대상으로 포함시키면서 재외동포에 대해 새로운 인식을 가지게 되었다. 게다가, 한인사회도 1세대 중심에서 2세대 중심으로 넘어가는 세대 교체를 경험하고 있었다.

이러한 변화의 흐름 속에서 출범한 김영삼 정부는 1993년 취임연설문에서 '신한국의 창조'를 강조하면서 재외동포 정책을 최초로 공론화하는 이른바 '신교포 정책'을 수립하였다. 정책 목표로는 재외동포의 거주국에서의 성공적인 경제적, 사회적 적응을 지원하고, 재외동포와 모국과의 정신적 유대를 강화하는 것을 삼았다. 제도적인 성과로는 재미동포를 중심으로 재외동포 사회에서 오랫동안 요구했던 교민청 대신 민간기구 성격을 지닌 재외동포재단이 설립되었으며, "그동안 혼동되었던 교민,

교포, 재외국민, 해외동포 등의 용어를 정리하여 우리 국적을 보유하고 있는 해외 이주민과 체류민을 '재외국민'으로, 우리 국적을 보유하지 않은 한민족까지 포괄하여 '재외동포'로 공식화하였다(이용재, 2015: 8)". 또한, 1989년 구소련과 합의한 사할린 동포의 한국 방문 및 영주귀국 사업에 이어서, 1994년에는 한일 양국 정부가 사할린 동포의 영주귀국 시범사업을 실시하기로 합의하였다. 1996년에는 국무총리 주재 재외동포 정책위원회에서 해당 사업에 필요한 대책이 마련되었다(나형욱, 2009: 109).

한편, 세계화가 진전됨에 따라 자본시장 개방과 민영화 등 신자유주의 정책을 추진하던 김영삼 정부는 국내 산업구조의 변화와 인력난에 대응하기 위한 강구책의 일환으로 1993년 '산업연수생 제도'를 도입하였다. 이에 따라 중국 동포와 고려인 동포를 포함하여 다양한 국적의 외국인 노동자들이 본격적으로 유입되기 시작하였다. 1993년 2천 명 정도에 불과했던 장기 체류(90일 이상) 중국 동포는 매해 2, 3천 명 가량씩 증대하여, 1997년에는 처음으로 1만 명을 넘어섰다(김현선, 2010: 236). 하지만 산업연수생 제도는 저임금 체계와 특정 사업장에 한정되어 있었고, 외국인 노동자들은 기본적인 인권조차 보장받지 못할 만큼 열악한 환경에 놓여 있었기 때문에 작업장을 이탈하는 연수생 비율이 점차 늘어났다. 이 같은 제도적 결함은 대량의 불법체류자를 양산하는 결과를 낳았다. 게다가, 이 시기에는 북한의 경제상황이 악화되면서 국내로 입국하는 탈북민의 수도 조금씩 증가하기 시작하였다. 한국 정부는 이들의 정착을 체계적으로 지원하기 위해서 1997년에 「북한이탈주민의 보호 및 정착 지원에 관한 법률」을 제정하였다.

1998년에 출범한 김대중 정부는 1997년에 발생한 외환 위기를 재외동포의 도움으로 극복하고자 했고, 그 결과로 1999년에 「재외동포의 출입국 및 법적 지위에 관한 법률」(이하 재외동포법)이 제정되었다. 김대중 정부의 재외동포 정책은 김영삼 정부의 재외동포 정책의 연장선이다, 또는 대동소이하다는 평가를 받는다. 정책의 기본목표는 첫째, 거주국 내의 안정적 생활 영위와 존경받는 구성원으로의 성장 지원, 둘째, 한민족으로서의 정체성 유지와 모국과의 유대 강화 지원, 셋째, 국가발전에의 재외동포 역량 활용이다. 새롭게 제정된 재외동포법에 따라 5년 기한의 재외동포 비자(F-4)를 발급받은 자는 출입국 및 경제활동이 자유롭게 허용되었으며, 이후에도 체류기간의 연장을 통해 계속해서 국내에 체류할 수 있게 되었다. 이러한 성과는 재외동포 포용의 시발점을 마련했다는 점에서 그 의의를 찾을 수 있다. 그러나 재외동포법은 국내 노동시장 보호와 중국과의 외교 마찰을 우려해서 정부 수립 이전 국외이주 동포(중국, CIS 지역 동포)를 재외동포법 적용 대상에서 제외하여 차별적인 정책이라는 비판을 받았다. 헌법재판소는 재중동포가 청구한 헌법소원 사건에서 재외동포법이 평등의 원칙에 위배된다고 헌법 불합치 결정(2001. 11.)을 내리고 2003년 12월 31일까지 관련 법규를 개정하도록 하였다.

한편, 1990년대 말에는 산업연수생으로 국내 노동시장에 들어와 있던 외국인 노동자들의 인권 문제와 불법체류 문제가 심각한 사회문제로 부상하였다. 비판적 여론을 잠재우고자, 한국 정부는 일본의 기능실습제를 차용하여 2000년 4월 기존의 산업연수생 제도를 '연수취업제'로 수정하였다. 그러나 이 역시 일본의 외국인 연수제도의 본래 취지를 이해하지 못한 채 외형적인 모방에만 그쳤으며, 그 결과 산업연수생 제도가 갖고 있는 문제점들을 해결하는 데 그다지 효과적이지 못했다. 다시 말해, 연수취업제는 "고용허가제의 목소리가 점점 커져 가는 상황에서 현장의 인력 부족 호소에도 대응하려는 다소 어정쩡한 조치"라고 할 수 있다(전윤구, 2014: 384). 이에 정부는 또다시 연수취업제를 일부 수정하여, 중국, 구소련 동포들에 대한 취업우대 정책의 일환으로 2002년 '취업관리제'를 도입하였다. 그 결과, 외국 국적을 가진 동포들이 일부 서비스 부문에 합법적으로 취업하는 것이 허용되었고, 공단 주변뿐 아니라 서비스 업종이 많은 수도권 일대의 거주비용이 저렴한 지역을 중심으로 중국 동포 커뮤니티가 형성되기 시작하였다. 이와 더불어, 불법체류 노동자 문제를 해결하기 위해 2002년 3월 25일부터 5월 29일에 걸쳐 '불법체류자 자진 신고'를 실시했다. 그리고 자진 신고한 중국 동포는 귀국 후 재입국하여 취업을 할 수 있게 되었다(김판준, 2014). 이러한 노력 덕분에 2002년 88,092명이었던 불법체류자 수는 2003년 38,256명으로 급감하였다.[4]

이와 더불어, 2000년을 기점으로 국내에 체류하는 사할린 동포와 탈북민의 수가 급격하게 증가하기 시작했다. 이전 정부가 일본 정부와 합의한 사할린 동포의 정착 시범사업을 이행하기 위하여 1999년에는 이들을 수용하기 위한 아파트 489세대와 100명 수용 규모의 요양원이 완공되었다(나형욱, 2009). 이에 따라 2000년 816명, 2001년 178명이 일시에 귀국하였으며, 이들은 인천 연수동 사할린 한인 복지회관과 안산시 고향마을을 중심으로 정착하였다. 그러나 2002년 이후에는 사업 수행에 필요한 재정 부담의 책임이 한일 양국 정부 간에 조율되지 않아 후속 귀국 사업은 정체에 빠졌다(김성종, 2006: 208). 탈북민의 경우, 1990년대 초반에는 국내입국자 수가 10명 내외로 매우 적었으나, 1999년 148명, 2000년 312명, 2001년 583명, 2002년 1,141명으로, 2000년을 전후로 매년 입국자

---

4 불법체류자의 합법화를 위한 자진귀국 프로그램을 여러 차례 실시했음에도 불구하고, 불법체류자의 수는 3만 명 이상을 유지했는데, 이는 "체류 기한 만료 후 재입국에 대한 정책 신뢰가 부족했고 장기간 불법체류로 지내 온 관성이 있었기 때문"으로 해석된다(김판준, 2014: 124).

가 꾸준히 증가하고 있는 추세다. 이러한 흐름에 부응해, 정부는 2000년부터 탈북민을 고용하는 사업주에게 임금의 50%에 해당하는 금액을 70만 원 범위 안에서 2년 동안 지급하는 고용지원금 제도를 실시하였다(통일부, 2005: 171-175).

2002년에 '참여정부'의 이름으로 출범한 노무현 정부 역시 김영삼 정부에서 설정한 정책 목표를 계승하였다. 참여정부의 재외동포 정책은 재외동포의 거주국 내 안정적 정착을 의미하는 현지화뿐만 아니라 모국과의 유대 강화를 균형 있게 추구하는 것을 목표로 삼았다. 그래서 3대 기본목표로 첫째, 거주국 내 권익 신장과 역량 강화, 둘째, 한민족으로서의 정체성과 자긍심 고양, 셋째, 동포 간 화합과 모국과 동포사회 간 호혜적 발전으로 설정되었다. 참여정부 시기 재외동포 정책의 성과로는 중국과 독립국가연합 동포들에게 차별적이라고 비판받았던 재외동포법을 개정한 것이다. 2003년 12월 동법 및 하위 시행령을 개정하면서 해외 이주 시점에 따른 외국 국적 동포 간 차별 규정을 폐지하였고, 2004년 2월 재외동포법의 제2조인 재외동포 범위를 수정하여 대한민국 정부 수립 이후에 이주한 자를 포함한다는 내용을 명시적으로 법안에 포함시켰다. 이러한 법안 개정으로 그동안 배제되어 왔던 중국, 러시아 · CIS 지역 등의 재외동포도 재외동포법의 적용대상이 되었다.

무엇보다도 참여정부 시기에 주목할 만한 정책은 고용허가제와 방문취업제의 시행이라고 할 수 있다. 정부는 지난 10여 년간 실시해 온 산업연수생 제도를 폐지하고 2004년 '고용허가제'를 실시하였다. 이로써 그동안 연수생의 신분으로 각종 착취를 받아 온 외국인 노동자들도 근로자의 신분으로 규정됨에 따라 기본적인 권리를 누릴 수 있게 되었다. 또한 소외지역 동포들에 대한 배려와 지원이 강화되어서 2007년부터 특별 고용허가제인 '방문취업제'가 시행되었고 이 제도를 통해 중국 및 구소련 동포들의 국내 노동시장 진출이 용이하게 되었으며, 국내에 친인척이 없는 무연고 동포들도 입국이 가능해졌다. 그 결과, 국내에 체류하는 외국 국적 동포의 수는 2005년 194,413명에서 2009년 430,104명으로 121%(235,691명) 급격하게 증가했으며, 구체적으로 2005년부터 2008년 사이에 중국 동포의 수는 약 21만 명이나 증가하였고, 우즈베키스탄과 카자흐스탄 국적의 고려인 동포도 각각 67명에서 737명, 1명에서 139명으로 늘어났다(법무부 출입국외국인정책본부, 2009: 736).

방문취업제의 실시는 "기존의 '외국인력 정책' 차원에서 전개된 중국 동포의 한국 이주와 체류 유형에 변화를 가져왔으며, 중국 동포의 이주 관리가 외국인 이주노동자 집단과 차별화되고 분화되는 계기를 맞게 된다"(김판준, 2014: 125). 이는 공간적 분포를 통해서도 명확하게 드러나는데, 박세훈 · 정소양(2010)이 조사한 외국인의 유형별 · 국적별 공간분포를 살펴보면, 방문비자(H-2)를 통해 입국한 중국 동포들은 서울의 남서부 지역(구로, 영등포)에 집중 분포하는 반면, 고용허가제(E-9) 비자를 소유한 외국인 노동자들은 상대적으로 수도권 외곽과 동남권의 산업단지(김해, 양산, 울산, 전남, 양주 등)가 입지한 지역에 많이 체류하고 있는 것으로 나타났다(박세훈 · 정소양, 2010: 67). 이는 중국과 구소련 국가 출신의 동포들이 제조업 외에 각종 서비스업에도 취업이 가능해진 것과 연관이 있는데, 특히 중국 동포들은 다른 이주민 집단과는 달리 언어소통에 큰 어려움이 없기 때문에 요식업, 가사도우미, 간병인 등 의사소통이 필요한 서비스 직종이 많은 서울 시내에 집중 거주하고 있는 것으로 파악된다. 이에 반해, 중국 동포만큼 한국어 구사능력이 뛰어나지 않은 고려인의 경우에는 2004년부터 공단지역과의 접근성이 좋은 광주시 광산구 일대에 집거지를 형성하여, 현재는 '고려인 마을'로 알려질 만큼 많은 고려인 동포들이 거주하고 있다.

이처럼 참여정부는 적극적이고 포용적인 재외동포 정책을 펼쳐 왔으며, 뿐만 아니라 2002년 이후 일시적으로 정체된 사할린 동포 영주귀국사업의 재개에도 노력을 기울였다. 2005년 정부 합동조사단을 파견하여 사할린에 잔류하고 있는 한인 1세들에 대한 실태조사를 실시하였고, 위원회 발족 및 관련법 제정 등 체계적인 지원에 나섰다(배수한, 2010: 8). 이에 따라 2007년부터 영주귀국 사업이 재개되었고, 2008년에는 영주귀국자들의 조건을 완화하는 등 사업을 대폭 확대하였다. 그 결과, 영주귀국자의 수는 2005년 37명, 2006년 49명, 2007년 611명, 2008명 647명, 2009년 837명으로 꾸준히 증가하였다(우복남, 2012: 412). 한편, 2000년 이후 탈북민의 수도 급증함에 따라 이들의 정착에도 관심을 기울이게 되었다. 정부는 탈북민의 자립과 자활을 촉진하기 위해 정착기본금을 축소하고 2005년 정착장려금 제도를 신설하였으며, 정착도우미 제도를 도입하여 지역사회 적응을 지원하고 있다.

참여정부의 뒤를 이어 이명박 정부는 창조적 실용정부를 표방하며 선진인류국가와 성숙한 한인사회의 구현이라는 비전하에 모국과 동포사회 간 호혜적 발전을 목표로 첫째, 모국과 거주국과의 관계 증진을 위한 동포사회의 전략적 기여 확대, 둘째, 재외동포 네트워크 활성화, 셋째, 모국과의 유대 증진을 위한 국내법적 · 제도적 기반 강화, 넷째, 한인 정체성 고양을 위한 교육, 문화교류 확대를 기본구상으로 하였다. 이를 실현하기 위해 구체적으로 '모국과의 유대 증진을 위한 국내법적 · 제도적 기반 강화의 일환'으로 방문취업제의 보완(2008), 제한적 이중국적 허용 추진(2009), 국적법 개정안 시행(2010), 그리고 재외국민 선거제도 도입(2009)

및 실시(2012) 등을 추진했다. 특히 2010년부터는 재외동포 기술 연수가 활성화되어 재외동포 자격이 중국 동포에도 확대되었고, 이로써 공인기능사 이상의 국가기술자격을 취득한 자는 한국에서 장기 체류와 가족 초청이 가능해졌다. 실제로 한국 체류에 대한 중국 동포의 열망을 반영하듯 2013년 가리봉동 지역에는 각종 자격증 취득을 선전하는 학원이 넘쳐났다(김영화, 2014: 46). 재외동포 비자(F-4)의 확대는 고려인의 증가에도 영향을 끼쳤는데, 2010년에는 전체 고려인 중에서 F-4 비자 소지자는 6%에 불과했지만, 2013년에는 26%로 크게 증가하였다. 재외동포 비자 소지자는 출신국에 남아 있는 미성년 자녀를 한국으로 초청할 수 있기 때문에 앞으로도 고려인들의 증가는 지속될 것으로 예상된다(김경학, 2015: 45-46).

대선 후보 당시에 박근혜 전 대통령은 재외국민용 주민등록증 발급, 한글 · 역사교육 등 차세대 정체성 확립 지원 확대, 동포사회 인재를 위한 기회 제공, 현장 중심의 맞춤형 재외공관 영사 서비스 제공, 글로벌 한민족 네트워크 확충 등 여러 재외동포 정책 공약을 쏟아 냈다(연합뉴스, 2013). 이후 박근혜 정부는 재외동포 정책의 기본목표로 맞춤형 동포 서비스를 통한 국민 행복 실현, 모국 발전을 위한 동포사회의 역할 확대, 지역별 · 특성별 · 직능별로 특화된 맞춤형 동포정책 추진을 내세웠다. 국정 비전 및 목표로 국민 행복, 희망의 새 시대를 표방했던 박근혜 정부는 재외동포 정책의 핵심 단어로 '맞춤형'을 내세우며 이를 강조하였다. 당시에 재외국민 주민등록제가 실시되면서 외국 국적 취득 동포는 외국 국적 동포 거소증을 유지하고, 외국 국적 미취득 동포는 주민등록제로 이원화하였다. 또한 한국학교 신설과 저소득층 자녀에 대한 학비 지원, 방과 후 학교 운영 등 재외동포에 대한 교육 서비스를 확대하고자 하였다.

재외공관에 무료 법률상담 서비스와 대한법률구조공단 등을 통한 화상 법률 지원 등을 실시하였고, 재외동포 관련 용어를 정리했으며, 재외선거제도를 개선하여 선거에의 참여를 확대하고자 하였다(법무부 출입국외국인정책본부, 2017).

문재인 정부는 지난해 12월에 개최된 제18차 재외동포 정책위원회에서 새 정부의 재외동포 정책에 대하여 논의한 바 있다. 문재인 정부는 재외동포 사회와 모국 간 연대 강화 및 상생 발전 실현이라는 비전하에 재외동포의 정체성 함양 및 역량 강화를 위한 지원 확대, 글로벌 민족 네트워크 활성화, 소외된 동포들에 대한 지원 강화, 재외국민 보호 강화 및 영사 서비스 혁신을 추진하겠다고 발표하였다. 그중에서도 그간 정책 추진 과정에서 소외되었던 고려인 동포, 해외 한인 입양인, 조선적 재일동포에 대한 지원을 강화하겠다고 밝혔다. 특히 고려인 동포의 체류자격 완화 방안을 강구하고, 조선적 재일동포의 자유로운 모국 방문을 위해 현행 여행증명서 발급 제도를 개선하겠다고 전달하였다. 올해 7월 26일에는 외교정책비서관 산하에 재외동포 정책을 전담하는 재외동포 담당관을 새로 만들겠다고 발표하였다(국무조정실 외교안보정책관실, 2017). 이는 지난해 정부가 밝힌 100대 국정과제 중 열 번째 과제인 재외국민 지원 확대를 실천하기 위한 조치이며, 기관을 통해 소통을 강화하고 적극적인 지원을 해나갈 방침이라고 한다.

## 5. 귀환 이주민 공동체의 형성과 현황

### 1) 중국 동포

#### (1) 이주와 실태

중국 동포의 한국으로의 이주는 1982년에 중국 정부가 공식적으로 중국 동포의 한국 친척 방문을 허용하고, 1986년에 KBS 라디오 사회교육방송이 중국 동포를 상대로 이산가족 찾기 프로그램을 시작하면서 이산가족의 일원으로 홍콩을 경유해서 한국을 방문하면서 시작되었다(이진영 · 박우, 2009: 104). 그리고 1988년 서울 올림픽 대회 이후 한국에 있는 친척 방문의 형식으로 한국행은 증가하기 시작했는데, 그 이유는 체류 30일 이하의 입국은 재외공관장이 발급하는 입국사증만으로 입국이 가능해졌기 때문이다.

당시 중국 동포가 한국을 방문하면서 선물로 갖고 온 한약재가 한국인들로부터 큰 인기를 끌자 소위 한약재 보따리 장사꾼들이 등장했다. 한약상들은 1991년부터 1993년까지 서울역, 덕수궁 앞, 파고다 공원 등에서 한약 및 보신재들을 팔아 큰 수입을 벌었다. 그러나 1994년에 수입 한약재들이 가짜이거나 유해물질이 함유되었다는 보도가 나오면서 한약상들은 크게 줄어들었다. 대신 깨, 고춧가루, 참기름 등 농산물을 한국으로 반입하고 의류, 잡화, 생활용품 등 경공업 제품을 중국으로 반출하는 보따리 무역은 성장했다(심의섭, 2005).

1992년 한중 수교를 계기로 더욱 많은 중국 동포들이 '코리안 드림'을 꿈꾸며 한국으로 입국하기 시작했다. 동포 간 화합과 자긍심을 고양한다는 기조 아래, 한국에 연고가 있는 중국 동포들을 대상으로 6개월의 여행비자나 외국인 산업연수생 제도를 통한 입국을 허용하였다. 하지만 한국에 입국한 중국 동포들은 비자 만료 이후에도 불법체류자 신분으로 3D 업종에 종사하기 시작했는데, 당시 한국에서의 한 달 치 월급은 중국에서 세 달 치 월급에 해당할 만큼 높아 불법체류를 하려는 주된 동기였다. 더욱이 동일한 언어와 문화적 유사성은 중국 동포들이 한국사회에서 적응하는 데 이점으로 작용해서 다른 외국인보다 빠르게 인구 증가를 기록했다. 이에 정부는 출입국을 체계적으로 규제하기 위해 1992년 사증심사 제도를 도입하였고, 이로 인해 중국 동포의 한국 입국은 제한 받게 된다.

한국으로 입국하는 통로가 제한되자 다양한 형태의 불법 이주 브로커 시장이 생겨났다. 중국 동포들은 입국 브로커들에게 일인당 1천만 원을 주고 입국하려고 하였으나 브로커들이 행방을 감추자 고스란히 사기 피해를 당하게 되었다. 대부분이 가족, 친척, 이웃들로부터 돈을 빌렸기 때문에 입국 사기 피해는 재중동포 사회뿐 아니라 국내에서도 큰 사회문제가 되었다. 중국 조선족 사기 피해자 협회에 따르면 사기 피해 문제가 표면화된 1996년에 피해자 수가 17,000명에 달하고 피해액은 450억 원에 달한다고 한다(이영숙, 2001). 한국에서 종교계를 포함한 시민사회가 정부를 상대로 구제책을 강하게 요구하면서 정부는 1998년 6월에 피해자 1,000명을 산업연수생으로 초청하는 방식으로 사태를 일단락 지으려 했다.

이후 중국 동포의 불법체류와 국내 노동시장 교란 문제가 대두되면서 중국 동포는 1999년 제정된 「재외동포의 출입국과 법적 지위에 대한 법률(재외동포법)」의 적용 대상에서 배제됐다. 당시 정부는 재외동포의 범위를 1948년 대한민국 정부 수립 이전에 해외로 이주한 자 및 그 직계비속으로 제한함으로써 실제적으로 중국과 독립국가연합에 거주하는 재외동포들을 제외한 것이다. 이후 헌법재판소는 2001년 11월에 "해외로 진출한 동포를 정부 수립 이전과 이후로 나누어 차별하는 것은 평등원칙에 위배된다"는 판결을 내렸고, 2004년 3월에 재외동포법에 대한 개정이 이루어지면서 재외동포로서의 법률이 정하는 법적 지위를 획득하게 되었다.

2002년 12월에는 취업관리제(특례고용허가제)가 도입되면서 방문동거 비자를 받고 입국한 중국 동포가 입국 후 취업자격 비자를 받아 건설업 등 8개 분야에서 합법적으로 일할 수 있게 되었다. 이 제도를 통해서 중국 동포는 방문동거(F-1-4)로 입국 후 취업자격(E-9)으로 전환하였으며, 노동부에 의무적으로 취업 알선을 받았고, 건설업 등 8개 분야에 취업이 가능한 3년 단수 비자를 발급받을 수 있게 되었다. 더불어 정부는 2005년 불법으로 체류하는 중국 동포 수를 줄이기 위해 자진 출국 프로그램을 실시하였다. 그 결과 2005년 약 5만 8,000명의 불법체류자들이 귀국했고, 2006년에는 밀입국, 형사처벌 대상자를 포함하여 약 2만 6,000명이 자진 귀국하였다.

그리고 2007년부터는 '방문취업제'가 도입되었는데, 이 정책은 연고가 없는 해외 거주 한인동포를 포함한 재입국자에게도 3년에서 5년까지 자유롭게 한국을 방문하여 취업할 수 있는 기회를 제공하는 제도이다. 즉 방문취업제는 중국 및 구소련 동포들에 대해 단순노무 분야에서 취업을 허용해 온 종전의 특례고용허가제가 연고 동포뿐만 아니라 무연고 동포들에 대해 입국 문호를 확대하는 차원에서 실시된 제도이다. 이 제도는 '재외동포법'의 실질적 적용에서 상대적으로 소외받아 온 중국 및 구소련 동포 등에 대한 차별 해소 및 포용정책의 일환으로 도입된 측면이 크다고 할 수 있다. 25세 이상의 동포 중에서 한국에 연고가 있는 경우는 무제한으로, 없는 경우는 한국어 능력시험에 합격한 자 중 정해진 인원의 범위 안에서 국내 입국을 허용하였다. 이 제도에 의해서 발급받은 방문취업복수사증(H-2)은 5년간 유효하고, 1회 입국할 경우 최장 3년간 체류할 수 있게 되었다. 방문취업사증(H-2)으로 신규 입국한 13만 5천 명의 동포와 기존 체류 동포 14만 5천 명에게 방문취업 자격으로 전환을 유도함으로써 약 27만 5천 명이 방문취업 자격으로 한국에 최대 5년간 체류할 수 있게 되었다. 또한 입국하는 동포들이 취업을 원할 경우 제조업, 건설업, 서비스업 등의 32개 업종(단순노무 분야)에 취업이 가능하도록 하였다. 이후 무연고 동포 3만 명 이상이 한국에 입국하였고, 국내 중소기업, 공장, 서비스업, 가사도우미 등으로 한국사회 곳곳에 정착하였다. 더 나아가 2008년 1월에는 재외동포(F-4) 비자제도를 도입함으로써 중국 동포가 장기간 한국에 거주할 수 있는 길을 열었다.

초기 한국으로 입국한 중국 동포들은 한국인들이 기피하는 업종에 기여해 왔다. 남성들은 주로 건축업, 경비, 목욕탕 같은 서비스업에 종사했고, 여성들은 음식점, 가사도우미, 청소부와 같은 직종을 차지했다. 그리고 2000년 중반 이후부터는 노동에 대한 적응과 경험의 축적으로 조선족 남성들과 여성들은 숙련공으로 변모하기 시작했다. 기능 보유의 결과로 이들은 월평균 120만 원의 급여를 얻고 있는 것으로 나타났다(박광성, 2007). 더 나아가 방문취업제를 실시한 2007년 이후 합법체류자가 늘게 되며 중국 동포의 자영업 비율도 증가하게 된다. 2008년 5월에서 10월까지의 조사에 따르면, 서울시의 중국 동포 요식업소는 413개소, 유흥업소는 68개소, 식품업소는 138개소, 서비스업은 122개소로 총 741개에 달하였고, 서울의 9개구에 분포되었다(이진영, 2010). 더불어 부모 세대의 3D 업종과 자영업으로의 편입과 달리 한국으로 유학한 3세대 중국 동포 청년 세대는 한국에서 취업하는 수가 늘고 있으며, 이들 중 대학교수와 대기업에 채용되는 소수의 엘리트층이 형성되고 있다. 또한 중국인 여행객의 증가와 함께 백화점, 고급상가, 레스토랑, 여행가이드, 통역 등으로 취직하는 중국 동포들이 늘어나며 취직 차원의 향상이 드러나고 있다.

중국 동포의 문화적 · 민족적 동질성은 한국 진출을 용이하게 했지만 한국사회에서 편견과 차별의 벽을 넘지 못했다. 동포와의 상봉이라는 감격은, 곧 고용과 피고용 관계로 전환되었고, 중국 동포는 낙후된 주택 구역과 기피직종에 종사하는 하위 노동계층으로 한국사회에 인식되었다. 그리고 중국 동포와 한국인의 상호작용 과정에서 상이한 언어, 노동 개념, 행동방식, 가치관의 차이로 인해 갈등을 빚었고, 노동현장에서 사회적 차별, 임금차별, 부당대우 등을 겪으면서 중국 동포의 한국인과 한국사회에 대한 불신이 심화되었다. 더 나아가 미디어를 통하여 비추어진 중국 동포의 이미지는 불법체류, 범죄, 조폭, 위장결혼, 가정 파괴, 편부모 자녀 등으로 형성되었고, 2012년 중국 동포 오원춘과 박춘봉의 토막살인 사건으로 인하여 한국사회의 중국 동포에 대한 혐오증은 심각한 수준에 이르렀다.

### (2) 중국 동포 공동체의 형성과 현황

한국에서 가장 큰 재외동포 집단은 단연 중국 동포이다. 법무부 출입국외국인정책본부의 통계자료에 따르면 2017년 말 기준으로 국내에 체류하는 2,180,498명의 외국인 중 중국 동포는 679,729명이며, 전체 외국 국적 동포 841,308명 중에서 약 83.6%(702,932명)을 차지한다(법무부 출입국외국인정책본부, 2018). 그간 한국사회의 중국 동포에 대한 인식과 대우가 우호적이지 않았음에도 한국으로의 유입은 꾸준히 증가하는 추세다. 국내에 거주하고 있는 중국 동포들은 전국적으로 분포되어 있으며, 특히 전국의 농어촌과 지방의 공장 등에는 이들의 비율이 높다(이정은, 2013).

서울에서는 서남권(구로구, 영등포구, 금천구, 관악구)에 중국 동포 밀집지역들이 형성되었다. 2015년 기준으로 자치구별 중국 동포 현황을 분석했을 때, 영등포구가 56,227명으로 중국 동포가 가장 많았고, 구로구 44,684명, 금천구 27,419명, 관악구 23,838명 순서로 집계되었다. 그중 영등포구 대림동에 26,652명의 중국 동포가 거주하는 것으로 파악되었으며, 이는 서울 거주 중국 동포의 10.2%에 달하는 숫자라고 한다(여성가족정책실 외국인다문화담당관, 2015).

이정은(2013)의 연구에 따르면 2011년에 중국 동포의 38%에 달하는 인구가 구로구와 영등포구에 거주하는 것으로 밝혀졌다. 역사 · 지리적 특성으로 볼 때 구로구에는 1960년대에는 수출공업단지가 조성되면서 이농한 여공들이 거주하였다. 하지만 1980년대 말에 한국의 산업구조가 중화학 공업으로 개편되면서 제조업 공장이 외국으로 이전, 주거지 공동화 현상이 일어났다. 1990년대 중반부터 내국인 노동자들이 빠져나간 자리를 외국인 노동자들과 중국 동포들이 채우게 되었다. 외국인 노동자들은 수도권의 공단지역으로 이동한 반면 중국 동포들은 상대적으로 집값이 저렴하고 이동이 편리한 구로, 가리봉 지역에 계속 거주하였다. 이 지역은 1970~1980년대 공단노동자를 수용하기 위해 만든 일명 '벌집방' 구조를 현재까지도 그대로 유지하고 있어서 어느 지역보다도 임대료가 저렴하다(이정은, 2013). 한편 대림동 일대 조선족 거리는 2004년 즈음부터 형성되기 시작했다. 가리봉동의 재개발 사업으로 인해 중국 동포들은 지가가 저렴하고 일터와 가깝고 대중교통의 이용이 편리한 대림동 지역으로 이동하게 되었다.

이석준 · 김경민(2014)은 초기 중국 동포 중심 밀집지인 구로구 가리봉동과, 중국 동포 관련 상업시설이 가장 많이 밀집한 영등포구 대림

〈그림 1-1〉 서울시 영등포구 대림2동 중국 동포거리(출처: 윤인진)

2동, 그리고 조선족 양꼬치 거리가 형성된 광진구 자양4동을 중심으로 각 중국 동포 밀집지 간 특성을 비교하였다. 구로구 가리봉동에 집중되어 있던 중국 동포 거주지가 영등포구 대림동과 관악구 일대로 확장되는 한편, 광진구 자양4동에는 약 40여 개의 중국 동포 음식점들이 군집하여 '건대입구 양꼬치 거리'라 불리며 한국인들이 많이 찾는 이색 음식문화거리로 성장하고 있다. 또한 가리봉동에 비해 자양동의 경우 비교적 적응한 중국 동포들의 2차 정착지로 수입에 있어서도 상대적으로 높은 것으로 나타났으며, 한국인의 중국 동포 음식점 이용이 일반적이며 다른 지역에 비해서 한국인 방문객의 비율이 높게 나타난다(이석준 · 김경민, 2014). 비록 중국 동포 타운은 여전히 일반 한국인들에게 우범지역으로 인식되는 등 부정적인 측면에서 바라보거나 타자화되거나 단절된 측면이 강하다. 하지만 최근에는 한국인들 중에 중국 동포 음식문화를 즐기거나 중국 동포 단체나 모임을 통해서 교류 및 연대를 하는 이들도 늘어가고 있다.

중국 동포가 서울 서남권 거주를 선호한 데에는 다음과 같은 이유들이 있다. 첫째, 일자리로의 용이한 접근성이다. 가리봉동과 대림동은 구로공단에 인접하여 제조업과 건설업에 대한 노동 수요가 존재했다. 둘째, 서남권 지역의 주거비가 상대적으로 저렴했기 때문이다. 셋째, 중국 동포에게 편리한 부동산 서비스가 제공되었는데, 대림2동의 부동산 소개소들이 중국 동포를 대림2동으로 유도했다는 것이다. 넷째, 중국 동포의 인적 네트워크가 형성되어 친족과 지인들을 통해 정보를 교환하며 정착하게 되었다는 것이다. 다섯째, 중국식품 판매 식료품점, 직업소개소, 환전소, 여행사, 전문기술학원 등등 중국 동포를 위한 생활 편의시설이 갖추어져 있었기 때문이다. 대림2동은 거주지가 아닌 사업장소로 활용되기도 하는데 중국 동포가 대림2동 사무실을 통해 중국에 재투자하는 경우도 있다고 한다(오정은 외, 2016).

한편, 『서울 서남권 중국 동포 밀집지역 발전 방안 연구』(오정은 외, 2016)에서 조사한 바에 따르면 서울 서남권 이외에도 여러 지역에 중국 동포 공동체가 형성되고 있다. 성남시 수정구 수진1동은 수정구 신흥동과 중원구 상대원동 일대의 성남공업단지를 배경으로 저층 연립주택단지가 조성되어 있어 저렴한 주거 공간이 마련되어 있고, 수도권 지하철이 지나간다. 2015년 기준으로 수진1동의 주민등록인구 대비 외국인 주민 비율은 26.8%(3,996명)이고, 그중 중국 동포가 전체 외국인의 90.2%(3,603명)를 차지했다. 3,603명의 중국 동포 중 외국인 근로자는 1,559명, 결혼이민자가 81명, 유학생이 1명이었다. 성남시는 2013년 10

월에 「성남시 거주외국인 지원 조례」를 제정하고 성남시 외국인 주민복지지원센터와 성남시 다문화가족 지원센터를 설립하여 생활 안정, 공공질서 유지, 교육지원, 주민통합 등의 주요 사업을 진행하고 있다.

서울시 광진구 자양4동은 중소 규모의 공장들이 밀집해 있는 성수동 공단과 인접해 있고, 임대료가 저렴한 단독 및 다세대 주택이 많으며, 서울시를 순환하는 지하철 2호선과 7호선이 지나간다. 중국 동포 여성들이 주로 종사하는 돌봄 서비스 노동에 대한 수요가 많은 강남지역과도 지리적 연결성이 좋다. 성수동 공단과 주변 공장지대 근로자를 대상으로 영업하던 식당이 많았는데, 이후 중국식당이 급증하게 되면서 광진구가 2011년에 중국음식 문화거리로 지정하였다. 자양4동의 주민등록인구 대비 외국인 주민 비율은 31%이고, 6,200명의 중국 동포와 1,004명의 중국인이 전체 외국인의 97.3%를 차지한다. 6,200명의 중국 동포 중 외국인 근로자가 2,710명, 결혼이민자가 125명, 유학생이 7명인 것으로 집계되었다. 그러나 광진구청 다문화팀 담당자는 중국 동포의 수가 공식통계보다 약 5배 많을 것으로 추측된다고 말한 바 있다. 광진구 역시 외국인 주민 관련 사업을 진행하고 있으나 2016년도의 경우 예산이 2,500만 원에 불과하여 사업 추진이 한계적이었다고 한다.

안산시 단원구 원곡본동은 반월산업단지 그리고 안산역과 인접해 있을 뿐만 아니라 집세가 저렴한 다세대 주택이나 원룸이 많았다. 뿐만 아니라 외국인 노동자를 지원하는 시민단체의 활동과 안산시의 이주민 행정 역시 이주민을 원곡동으로 유인하였다. 원곡본동과 원곡1동에 거주하는 외국인 주민의 비율은 각각 100.4%, 96.3%이다. 원곡본동의 경우 중국 동포는 26,524명으로 79.1%를 차지하고 중국 한족이 3,733명(11.1%)인 것으로 나타났다. 원곡동에 위치한 안산시 다문화 지원본부에서도 생활 안정, 공공질서 유지, 교육지원, 주민통합 등의 여러 사업을 진행하고 있다.

2015년 기준으로 수원시 팔달구 고등동의 주민등록인구 대비 외국인 주민 비율은 39.1%이고, 이 중 중국 출신 외국인 주민이 86.1%(3,894명)를 차지한다. 중국 동포는 3,586명이고 중국 한족은 308명이라고 한다. 매산동의 주민등록인구 대비 외국인 주민 비율은 28.1%이다. 이 중 중국 동포 2,622명과 중국 한족 239명이 수원시 매산동 전체 외국인 주민의 78.2%를 차지한다.

다음과 같은 중국 동포 밀집지역들은 단순노무 인력에 대한 수요, 서울 시내와 수도권에 접근성이 좋은 교통의 요지, 그리고 임대료가 저렴한 주거 공간이라는 공통의 요건들을 갖고 있다. 또한, 한국인 선주민과 중국 동포 주민 간에 갈등이 발생하고 이로 인해 한국인 선주민이 지역을 이탈하는 경우가 발생하거나 발생할 가능성이 높은 상황에 있다. 이 지역의 지자체 대부분은 외국인 지원의 법적 형태를 마련하고 있지만 특별히 중국 동포를 대상으로 하는 사업이 거의 없는 실정이다. 관련 부서 담당자들은 전체 이주민을 위한 사업예산 자체가 극히 부족하고 담당 인력이 부족하기 때문이라고 밝혔다. 뿐만 아니라 중국 동포 밀집지역에서 시행하는 사업 내용이 매우 유사한데, 예컨대 건강 의료 서비스, 범죄 예방 및 치안 유지, 중도입국 청소년 교육, 다문화 행사 등이 주요 사업안을 이룬다.

이처럼 비교적 잘 발달된 중국 동포 밀집지역은 고유의 정체성과 문화를 표현하고 향유할 수 있는 공간이자 경제중심지인 동시에 사회적 · 정치적 활동까지도 결집되어 행해지고 있다. 그중에서도 특히 중국 동포의 권익 문제는 미등록 동포들이 많았던 1990년대 초부터 국내 종교단체들의 지원을 받으며 외국인 노동자의 인권 문제와 함께 논의되어 왔는데, 2005년 재외동포법 개정의 영향으로 불법체류에서 합법적인 체류자격을 획득한 중국 동포들은 종교단체로부터 독립하거나 스스로가 권익단체를 만들어 활동하게 되었다. 이들 단체들은 법률구조와 노동상담, 한국 생활 정착지원이나 친목 도모뿐 아니라, 중국 동포사회에서 정보교환과 소통의 중요한 역할을 담당하고 있다(이정은, 2013).

2014년, 여성가족정책실 외국인 다문화 담당관에서 서남권 중국 동포 밀집지역의 지원 및 활용 계획을 마련한 바 있다. 중국 동포가 지역사회 구성원으로 정착할 수 있도록 자립 역량을 지원하고, 지역 주민 간 상생 분위기를 조성해야 한다는 점에서 계획을 추진하겠다고 밝혔다. 또한 중국 동포의 고유한 문화를 관광 자원화함으로써 지역 경제를 활성화할 수 있도록 제고해야 한다고 제시하였다. 이에 대한 대안으로 대림동 차이나타운 조성을 제안했는데, 중국식당 운영, 명절 축제 개최, 경극 공연 극장, 중국 문화원, 중국어 학원 유치 등을 구체적인 사업안으로 제시하였다.

그러나 중국 동포의 지역 특수성을 고려하였을 때 차이나타운이라는 명칭 사용이 부적합하고, 추진 시 소유자-세입자, 중국 동포 상인 등 주민 간의 이해 상충이 발생할 것이며, 관광 개발 이전에 기본 생활환경 개선이 우선시되어야 한다는 지적을 받았다. 특히나 지역 공동체 내에서 담배꽁초 및 생활쓰레기 무단투기를 둘러싼 불화 및 생활안전에 대한 불안이 발생함에 따라 공공질서를 확립하고 범죄예방 디자인으로 생활안전 환경을 조성하는 것이 시급하다는 의견이 제시되었다. 또한 중국 동포 자녀에 대한 맞춤형 교육으로 학교 이탈 및 교육 격차 해소가 필요하며, 중국 동포와 지역 주민 간에 상호 문화에 대한 이해를 증진하여 정체성을 존중하는 분위기를 마련하는 것이 필요하다는 비판을 받았다. 결과적으로 문화 관광 거리 조성은 지역 공동체 내 현안 문제 지원 후 추진 고려되어야 한다는 방향으로 합의되었다.

양한순 · 박우 · 예동근 · 강주원(2013)은 서울에 거주하는 중국 동포와 선주민을 대상으로 주거 환경, 주민들 간의 관계, 경제적 수준, 의료와 교육, 사회 참여, 고용관계 및 경제활동 등에 관하여 설문조사 및 인터뷰를 진행하였다. 주거 및 주변 환경에 관해서는 중국 동포가 거주지 선택 시 고려하는 요인으로 먼저 정착한 가족의 거주지 위치(27.2%)가 중요했다. 그다음으로 중요한 요인들은 교통의 편의성과 직장과의 접근성(23.4%, 20.7%)이었다. 최근에는 개인 단위의 주거에서 가족 단위의 주거로 변화함에 따라 주거범위가 구 공단지역이 아닌 일반지역으로 확장되었고, 지하나 반지하의 주거에서 지상 주거로 변화하는 추세라고 한다. 응답자의 절반 이상(56%)이 빌라에 거주하는 것으로 나타났다. 중국 동포 중에도 전문직 종사자들은 높은 보증금과 낮은 월세를 지불하고, 사업가나 자영업자의 경우에는 사업체 혹은 가게가 거주 공간인 경우도 있어 지불하는 월세가 상대적으로 높게 집계되었다. 개별 이주자, 고령자와 같이 상대적으로 소득이 적은 경우에는 쉼터, 고시원, '벌집'과 같은 주거시설을 이용하는 것으로 나타났다. 주거를 위한 은행 대출은 한국 국적을 취득한 경우 혹은 전문직 종사자와 같은 특정 직업군에만 해당되었다. 대부분의 중국 동포가 공공임대 주택을 신청하지 않은 것으로 드러났다. 일반지역에 거주하는 중국 동포들이 밀집지역에 거주하는 중국 동포에 비해 상대적으로 높은 만족도를 나타냈다. 전체적으로 거주지 주변 환경이나 본인의 주거에 대한 만족도에 있어 만족이 불만족보다 높게 집계되었다.

지역 주민과의 관계에 있어서는 중국 동포 지역 주민과의 관계에 있어 접촉이 있는 경우(70% 전후) 관계가 좋다는 응답이 나쁘다는 응답보다 높게 집계되었다. 한족 지역 주민과의 관계에 있어 접촉이 있는 경우(50% 전후) 관계가 좋다는 응답이 나쁘다는 응답보다 높게 집계되었다. 한국인 지역 주민과의 관계에 있어 접촉이 있는 경우(95% 전후) 관계가 좋다는 응답이 나쁘다는 응답보다 높게 나타났다.

중국 동포 집거지는 주로 요식업 중심의 서비스업이 발달해 있다. 집거지 식당을 찾는 중국 동포가 많고 이들이 유동인구의 대부분을 차지한다. 중국 동포의 소비와 저축은 증가 추세에 있지만, 송금은 감소 추세에 있다. 출산이나 자녀 교육이 완료된 사람들의 비율이 증가했고, 가족 단위로 이주했기 때문이다. 절반 정도가 송금을 하지 않는 것으로 집계되었다.

중국 동포의 가족 단위의 이주가 증가했기 때문에 대부분의 경우 가족 내에서 돌봄 문제를 해결한다. 보험 가입률이 절반 이상이었고, 주관적 건강의식은 보통 이상, 의료복지 만족도 역시 보통 이상인 것으로 드러났다. 그러나 일반근로자는 보험 미가입률이 높고, 건강검진이나 병원 방문 시 어려움을 겪으며 의료복지에 대한 만족도가 다른 직업군에 비해 상대적으로 낮았다. 중국 동포의 자녀 교육과 관련한 제도가 존재함에도 이용 절차나 정책에 대한 정보가 부족하여 이용하는 데 어려움을 겪는 것으로 나타났다. 자녀가 한국 교육기관에 다니지 않는 이유로는 학교를 다니다가 그만두었다(20.0%), 한국학교 학력이 중국에서 인정되지 않는다(17.1%) 순으로 높았다. 학교를 다니다가 그만둔 주된 이유는 경제적 어려움(20.8%)이었다.

중국 동포는 종교단체든 비종교 단체든 사회적 참여의 비율이 매우 낮았다. 참여하는 이들 중에서 비종교 단체에의 참여율이 종교단체 참여율보다 높았다. 주로 이용하는 미디어는 텔레비전과 핸드폰으로 나타났다. 한편 사회생활에서 차별을 받는다고 생각하는 중국 동포의 비율은 절반 이상이었고 자신이 차별받는 이유가 자신이 조선족이어서, 혹은 자신의 국적 때문이라고 응답하였다. 응답자 중 70%가 한국사회는 차별과 소외가 심한 사회라고 응답하였다.

중국 동포의 월수입은 150~250만 원 사이가 대부분인 것으로 집계되었다. 일자리를 찾는 방법은 가족, 지인, 신문광고(지역 무가지), 고용 중개 기관의 순위인 것으로 나타났다. 구직 시 어려움에는 경력 부족, 취업 정보 부족, 비자 연장 불가 등의 순위대로 집계되었다. 중국 동포의 하루 평균 근로시간은 일반근로자 11.44시간, 자영업 및 사업가 10시간, 전문직 8.98시간, 기타 직종 10.27시간 등으로 집계되었다. 월평균 휴식일은 일반근로자가 5.65일, 자영업자 및 사업가는 4.05일, 전문직은 7.22일, 기타 직업은 4.77일인 것으로 나타났다. 서울시에 대한 요구사항으로는 쉽고 저렴하게 의료 서비스를 받을 기회에 대한 요구가 가장 높게 집계되었고(53.5%), 그다음이 취업정보 및 기회 제공이었다(42.3%).(복수응답)

중국 동포 생활 실태에 영향을 미치는 거시적 요인들은 재외동포법의 제정 및 개정, 방문취업제를 통한 체류자격의 개선, 연쇄이주의 발생과 가족 단위 이주 증가, 중국 동포 내부의 사회경제적 분화 발생 등을 들 수 있다.

중국 동포들은 한국사회 내 노동자, 이주자, 재외동포라는 구조적 위치에서 동화 전략과 함께 자신의 정체성을 인정받기 위해 단체를 결성하여 여러 활동을 전개하고 있는 것으로 평가된다. 1990년대에는 한국 교회가 주로 중국 동포들의 문제를 해결하는 데 도움을 주었지만 2007

년 방문취업제 시행 이후에는 중국 동포들이 자체적으로 단체를 결성하며 다양한 활동을 하고 있다. 한국에 체류하고 있는 여타 이주자 집단과는 달리, 중국 동포는 언론단체를 결성하였다. 1999년 처음으로 출간된 한중동포신문을 시작으로, 서울조선족교회 내 월간 뉴스, 동북아신문, 중국 동포타운신문, 한중법률신문, 한민족신문, 흑룡강신문 중국주간, 길림신문 등등이 발간되었다. 이들은 중국 동포 공동체 내의 목소리를 공론화하고, 중국 동포의 부정적 인식과 이미지를 개선하며, 지역사회 구성원들과의 교류와 소통을 활성화한다. 이를 통해 재한중국 동포들이 한국사회에서 구성원으로서의 지위를 확보하기 위한 인정투쟁을 벌이고 있다고 해석될 수 있다(강지혜 외, 2018).

### 2) 고려인 동포

#### (1) 이주와 실태

구소련 해체와 독립국가연합의 형성 이후 중앙아시아, 특히 민족주의가 비등한 우즈베키스탄과 내전으로 혼란을 겪고 있는 타지키스탄의 고려인 동포 중에는 러시아 볼고그라드, 연해주 등으로 이주를 하는 사람들이 증가했다. 그리고 1991년에 체결된 한소 국교 수립은 그동안 단절되었던 모국으로의 귀환을 가능케 했다. 1990년대에 고려인 동포의 한국 체류는 단기방문에 머무는 경우가 대부분이었고 장기 체류는 전문직에 국한되었다(신현준, 2013). 그러나 2000년 중반부터 고려인 동포의 한국으로의 이주가 큰 폭으로 증가하기 시작하면서 이주 및 체류 유형도 다양화되었다. 2007년의 방문취업제의 시행은 고려인 동포의 이주를 제도적으로 촉진하는 계기가 되었고, 한국 교회 및 한국인 선교사들이 이주 및 정착 과정에서 실질적 편의를 제공하고 있다(신현준, 2013).

중국 동포와 마찬가지로 고려인 동포 역시 한국의 높은 경제발전 수준이 한국행을 추동하는 주요 원인으로 작동하고 있다. 카자흐스탄에 비교해서 경제발전 수준과 1인당 국민소득이 낮은 우즈베키스탄의 고려인 동포가 한국으로 이주하는 경우가 더욱 많다(윤영도, 2013). 특히 우즈베키스탄 동포들은 출신국의 정치경제적 낙후로 인해 한국에서 계속 거주하고 한국 국적을 취득하기를 원한다. 이러한 점에서 자유왕래를 선호하며 국적의 취득에는 관심이 적은 중국 동포와는 큰 차이를 보이고 있다.

2015년 법무부 통계자료에 따르면 재외동포에게만 발급되는 방문취업(H-2)과 재외동포 비자(F-4)를 기준으로 국내에 입국한 고려인 동포는 약 2만 3천 명 정도이며, 그 외 각종 비자로 들어온 이들과 불법체류자까지 합하면 한국에 거주하는 고려인 동포는 약 3만여 명에 이를 것으로 추정되고 있다(임채완, 2015). H-2 비자의 경우 단순노무에 종사할 수 있으나 3년 후에는 강제 출국해야 한다. 이 때문에 고려인 동포들은 3~5년마다 출신국으로 돌아가 비자를 갱신한다. 반면, F-4 비자의 경우 한국에 계속 거주할 수는 있으나, 일자리는 가질 수가 없어 단속의 불안에 떨어야 한다. 그나마도 19세에서 25세 사이의 청년들은 발급 대상이 아니다. 이들은 열악한 거주 환경과 불안정한 고용형태, 언어 등 다양한 이유로 삶의 질이 높지 못하다.

다른 한편으로는 재외동포 비자와 영주권 비자(F-5)를 소지한 고려인의 수가 증가하고 이들의 미성년 자녀와 노부모의 초청에 따른 가족 재결합 사례가 늘어나고 있는 추세이다. 이에 따라 고려인의 가족 규모와 유형도 소규모 단독 유형 또는 부부 유형에서 성인 부부와 자녀 유형 또는 성인 부부와 자녀와 조부모 유형이라는 다세대형으로 전환되고 있다(김경학, 2015).

고려인 동포는 현재 3만 명에 이르며 전국 각 지역에 산재하여 있으나 안산시에 최대 밀집 거주지역을 형성하고 있다. 일부는 유학과 사업상의 이유로 한국에 입국하지만 대부분은 방문취업과 재외동포 비자를 통해 한국에 입국해서 주로 저임금과 3D 업종에서 근무하고 있다. 또한, 러시아의 연해주와 사할린 지역의 고려인 동포들은 서울 동대문 시장 주변지역과 부산역 건너편에 점포를 열고 소규모 교역에 종사하기도 하고, 고려인 여성은 한국 남성과 결혼해 농어촌 지역으로 이주해서 결혼이주여성으로 살아가기도 한다(정병호, 2011).

일반적으로 고려인 동포는 한국어가 익숙하지 못해서 많은 어려움을 겪고 있을 뿐 아니라, 한국으로 재이주한 재외동포 가운데 후발자로서 중국 동포에 비해서 소규모이고 조직화되지 못해서 사회적인 지위도 낮은 편이다(김재기, 2014). 김재기가 광주 광산구 고려인을 대상으로 실시한 연구에 따르면 한국 국적 취득을 통한 정착 지원, 한국어 교육, 자녀보육지원이 절실하다고 한다. 특히 중도입국 자녀들은 위탁 대안학교인 새날학교에서 교육을 받고 있는데, 정규 보통 교과와 대안교육 교과를 함께 실시하고 있으나 한국어 구사능력이 낮아 정규 교육과정 이수에 한계가 있다고 한다. 고려인 자녀들은 이들을 받아 줄 교육기관이 없어 고교 진학이 불가능한 상황이며 진학하지 못하는 경우 만 18세가 되면 강제출국 대상이 된다고 한다. 이러한 점에서 김경학(2014)은 다수의 고려인 동포들이 한국에서의 영주 거주를 원하고 있는 점을 고려할 때 고려인 동포들이 한국사회로부터 격리되지 않도록 다양한 제도와 규범 및 한국어를 학습할 수 있도록 체계적인 지원이 필요하다고 지적한다.

고용형태를 살펴보면, 공단, 농어촌 지역 등 전국 각지에 거주하는 약 3만여 명 이상의 고려인 동포들은 대부분 단순노무 인력으로 일하고 있다. 고려인 동포 지원 시민단체인 '너머'가 교육생들을 대상으로 실시한 설문조사 결과에 따르면, 이들은 한국 입국 시 1,000~1,500달러를 가지고 입국하는데 항공료와 월세를 제외하면 빠듯한 생활비로 초기 정착을 시작한다. 따라서 안산에 난립한 직업소개소와 파견업체를 통해 바로 일을 구한다. 대부분 염색, 조립, 화학공장 같은 3D 업체에서 일용직 파견 노동자로 최저 임금을 받으며 하루 평균 10~12시간 일을 하는데, 월평균 임금으로 여성이 100~150만 원, 남성이 120~180만 원을 받는다. 건설 일용직과 같이 위험이 큰 직종은 비교적 높은 수당을 받는다. 이렇게 얻은 수입은 월세와 한 달 생활비 50~60여만 원을 제외하고 대부분을 본국으로 송금한다.

하지만 이들은 임금체불과 산업재해, 의료보험, 성희롱 등 다양한 문제에 노출되어 있는데, 실제로 임금체불을 경험한 적이 있다고 응답한 비율은 60% 이상이었고, 임금을 아예 못 받았다고 응답한 비율도 40%에 육박한다. 더욱이 임금체불을 당했을 경우 고용노동부에 진정 또는 고소해야 하지만 자신이 일하는 사업장의 이름과 주소, 진정 방법을 몰라 포기하는 경우가 많다고 한다. 또한 어렵게 진정을 하더라도 업주에게 부과하는 벌금이 체불임금의 10~20%밖에 안 된다. 민사소송은 6개월~1년의 기간이 소요되며 소송에 승소했을 경우에도 사업주가 임금을 지불하지 않으면 다시 압류신청을 해야 한다. 이처럼 언어적 어려움을 비롯한 각종 취약한 사회적 조건들로 인해 고려인 동포들은 기본 권리를 보장받지 못하고 있다.

### (2) 고려인 동포 공동체의 형성과 현황

국내의 고려인 동포 공동체는 여러 지역에 분포한다. 중앙아시아 고려인 마을은 서울시 동대문구 광희동에 있으며 광주광역시 광산구에 초기 형태의 고려인 마을을 형성해 가고 있다. 특히, 우즈베키스탄 고려인 동포들은 경기도 시흥시, 안산시 단원구 원곡동, 그리고 경남 김해시 서상동에 주로 거주하고 있다. 이 중 최대 밀집지역은 안산이다. 땟골(선부2동)에만 약 2,000여 명이 집단촌을 형성해 거주하고 있으며, 안산 각지에 약 5,000여 명이 살고 있다. 인근 원곡동이 다문화 거리로 개발되어 부동산 가격이 상승하고 포화상태에 이르자, 고려인 동포들은 자연스레 보증금과 월세가 싼(평균 보증금 50~100만 원, 월세 20~30만 원) 땟골 지역으로 밀려났다. 그리고 친지를 불러들여 자연스럽게 '고려인 마을'이 형성되었다.

〈그림 1-2〉 경기도 안산시 단원구 선부동 고려인 마을('땟골마을')(출처: 윤인진)

광주 거주 고려인은 2011년 448명에서 2012년 628명, 2013년 859명, 2014년 1,134명으로 지난 4년 동안 매년 30% 이상씩 급증 추세를 보이고 있다. 행정자치부가 발표한 「2015년도 외국인 주민현황」 조사결과에 의하면, 2015년 1월 1일 광주광역시 광산구의 외국인 주민은 12,712명으로, 광산구의 고려인 마을이 위치한 월곡2동의 외국인 주민은 1,757명으로 전체 주민등록인구 대비 외국인 주민의 비율이 8.8%이라고 한다(오정은 외, 2016). 광산구 월곡 1 · 2동 일대에 집단 거주하는 고려인 마을의 고려인 주민 인구 추이를 살펴봤을 때 2008년에 고려인 주민은 228명이었지만, 2014년에는 980명, 2015년에는 1,173명(6월 기준)이었고, 2016년 7월 말 광산구청의 추산에 의하면 외국인으로 등록한 고려인 1,792명과 외국 국적 동포 거소 신고를 한 고려인이 919명으로 전체 고려인 주민의 수가 2,711명으로 집계되고 있다.

고려인 마을 주민 중에는 우즈베키스탄 출신이 압도적으로 높은 비율을 차지하고 있는데, 광산구청의 자료에 의하면 2016년 기준 2,711명의 전체 고려인 주민 중 우즈베키스탄 출신이 1,763명, 카자흐스탄 출신이 246명, 키르기스스탄 출신 130명, 우크라이나 출신 120명, 한국계 러시아인 452명으로 나타났다. 우즈베키스탄 출신 고려인이 다수를 차지하는 이유는 중앙아시아 국가들 중에서 특히 우즈베키스탄에서 민족주의적 경향이 강하게 작동하고 있고, 경제 발전 수준이 낮기 때문이라고 볼 수 있다.

광주시 고려인 마을은 2000년대 초부터 고려인 노동자들이 하남공단과 밀접한 월곡동과 산정동에 거주하고 정착하기 시작하면서 형성되었다. 선봉규(2016)에 따르면, 국내 교회와 목사가 중심이 되어 고려인 노동자 체류 문제를 해결하고자 하였고 이후 고려인 동포 지원사업이 시작되었다. 2009년에 고려인 지원센터가 설립되어 고려인들의 정착을 지원하는 여러 프로그램들이 마련되었고 이에 따라 고려인들이 본격적으로 유입되기 시작했다. 2013년에 광주광역시의회는 「광주광역시 고려인 주민 지원조례」를 제정하여 고려인 주민들의 지역사회에의 적응과 권익 증진을 도모하고자 하였다. 조례의 주요 내용은 한국어와 기초 생활 적응 교육, 외국어 통 · 번역 서비스, 보건의료, 문화 · 체육행사, 자녀 돌봄 등에 필요한 예산을 편성하고 주민 지원을 총괄하는 고려인 주민통합 지원센터 설치 · 운영, 기념행사비 일부 지원, 포상, 명예시민 예우 등이 포함되어 있다. 2014년 4월에는 사단법인 고려인 마을이 설립되었다.

광주광역시 고려인 마을의 특징은 고려인들이 살고 있는 다른 지역에 비해 고려인이 주체로 참여하는 단체 혹은 조직들이 활발히 운영되고 있다는 점이다(선봉규, 2018). 광주 고려인 마을 내 주요 단체는 크게 다섯 가지 목적을 지니는데 고려인 동포 지원, 고려인 마을 이미지 개선, 고려인 동포 자녀 교육 지원, 미디어 매체, 문화예술 활동이 그러하다. 고려인 동포 지원 관련 단체에는 고려인 종합지원센터, 고려인 마을 협동조합, 사단법인 고려인 마을, 고려인 교회, 고려인 광주진료소, 고려인 마을 법률지원단 등이 있다. 고려인 마을 이미지 개선을 위한 단체는 고려인 마을 깔끔이 봉사단, 고려인 마을 자율방범대가 있다. 고려인 동포 자녀의 보육 및 교육 지원 관련 단체로는 어린이집, 바람개비 꿈터 공립 지역아동센터, 청소년 문화센터, 새날학교 등이 있다. 미디어 매체로서는 고려인 주민들이 직접 출연하고 방송하는 '고려FM'이 2016년 9월 6일에 첫 전파를 탔다. 이주민의 미디어는 이주민들의 여론을 형성하고 그들의 목소리를 공론화하여 선주민들과의 소통을 활성화한다(선봉규, 2016). 고려인 문화예술 활동과 관련하여 고려인 마을 합창단, 고려인 역사박물관, 고려인 마을 청소년 오케스트라 '아리랑' 등이 있다.

뿐만 아니라, 고려인 마을에서는 매년 10월 세 번째 일요일에 고려인의 날 축제를 개최하고 있는데, 이는 2013년 고려인 주민 지원조례 제정을 기념하기 위한 목적에서 시작되었다. 2014년 10월 19일에 제2회 고려인의 날 축제는 고려인 주민 한마당이라는 이름으로 개최되었고, 마을 주민 700여 명과 지자체 관련 인사들 다수가 참석하였다. 주로 고려인의 역사와 전통 및 문화를 공유하였으며 사진전, 음악 공연, 전통 음식 나누기 등의 형식으로 진행되었다. 고려인의 날 축제는 고려인 동포들이 정체성을 공유하고, 선주민 그리고 이주민들과도 교류하는 장이라고 할 수 있다. 광주 고려인 마을은 고려인 동포의 자생적 단체를 통해 지역 내 고려인들이 안정적으로 정착하는 데 지원활동을 벌이고 있으며, 이를 통해 고려인 동포의 결속을 강화하고 있다. 교회 네트워크를 적극적으로 활용하여 지자체와 고려인 지원 관련 지역 내 유관기관으로부터 적극적인 후원과 지원을 이끌어 내고 있다. 고려인 마을의 네트워크는 교회 이외에도 지자체, 병원, 시민단체 등의 협력 및 지원과 함께하고 있다.

경기도 안산시 고려인 마을에서는 고려인 지원 단체 '너머'가 지역 내 고려인 동포의 안정적인 사회 정착을 위해 주요 활동을 전개하고 있다. 안산시 고려인 마을은 지역사회와 국내 NGO들과 연대하여 안산시 고려인 문화센터를 설립하여 고려인 동포에 대한 지원활동과 고려인 특별법 개정, 고려인 동포 4세 문제 등 법과 제도적 개선활동을 진행하고 있다. 또한 국내 대표적 고려인 지원단체 '너머'를 중심으로 동북아 평화연대, 지자체 및 지역의 시민단체와 연대활동을 추진하고 있다. 뿐만 아니라 국내 고려인 동포들 간의 연대를 도모할 수 있도록 전국적 차원의 고려인 네트워크를 구축하는 활동 또한 추진 중이다.

광주광역시 하남, 평촌, 소촌공단이 비교적 취업여건이 좋기 때문에 경기도 안산, 수원 및 부산 등 전국으로 흩어져 있던 고려인 동포들이 2008년부터 광주시 광산구 월곡동 및 산정동 일대에 정착하기 시작했다. 주로 광산구 소재 하남공단에서 단순 근로를 하거나 공사현장에서 근무하며 월평균 160만 원 정도 소득을 얻고 있다. 주거형태로는 주로 원룸에서 거주하고 있으며 일부는 단독주택을 임대해 여러 세대가 거주하고 있다(김재기, 2014). 이로 인해 수요가 낮았던 이 일대의 부동산 경기가 활성화되었다. 고려인 수가 증가하면서 고려인을 지원하는 '고려인센터', 어린이집, 고려인 아동지원센터 등이 생기면서 월곡동과 산정동 일대가 광주 고려인 집거지의 모습을 갖추기 시작했다(김경학, 2014).

### 3) 사할린 동포

#### (1) 이주와 실태

사할린으로의 한인 이주는 1860년대에는 자발적인 농업 이주로 형성되었지만, 일제강점기 후반인 1939~1945년에는 강제징용에 의해 일본령인 남사할린으로 강제동원 되었다. 강제로 사할린으로 떠난 이들은 일시적인 계약기간 후 귀향할 것이라고 생각했지만, 계약이 강제로 연장되었다. 마침내 제2차 세계대전 패전국인 일본이 승전국인 러시아에게 이 지역을 넘겨 준 이후 귀향하지 못하고 잔류하여 살고 있다.

1988년 소련 정부가 사할린 한인의 모국 방문과 영주귀국을 허용함으로써 그다음 해인 1989년 일본 정부와 한국 정부 양국의 적십자사를 통해 재정을 지원하여 사할린 한인 1세들의 모국 방문사업이 추진되었다. 1990년 이후 영주귀국은 고령단신자에 한하여 소수로 진행되다가

1994년 한 · 일 정상회담에서 사할린 한인 문제 해결을 위한 영주귀국 시범사업에 합의한 이후 2000년 고향마을 입주를 앞두고 수십 명씩 대거로 이주하기 시작하였다(조재순, 2009).

2015년 영주귀국자 135명을 포함해 1990년부터 사할린 동포 영주귀국 사업으로 4,424명이 입국하였다. 2015년 기준 국내에 거주하는 한국계 러시아인 5,502명 중 4,710명이 F-4 재외동포 비자로 입국했다. 사할린 동포들은 국민기초생활보장 수급권자로 지정되었기 때문에 수입과 지출 면에서 정부 지원금에 전적으로 의존하고 있다. 정부는 이들의 생계 유지를 위해 기초생활수급권자로 책정하여 생계비와 의료보호 혜택을 주고 있고 아파트 내에는 이들의 생활을 돕고 관리할 수 있는 여러 서비스 기관이 상주하여 운영되고 있다. 하지만 제한된 지역에 국한하고 있으며 전문성과 인력 부족으로 인해 체계적인 서비스가 제공되지 못하고 있다. 또한, 이들이 국내에 거주하기 위해서는 2인 1가구로 입주해야 하며 부부가 아닌 경우에도 동거인과 함께 살아야 한다는 조건이 있다(박신규 · 이채문, 2016).

영주 귀환 사할린 동포의 가장 큰 문제점은 고령으로 인한 퇴행성 질환으로 신체적, 정신적 건강이 매우 열악하다는 점과 질환 치료에 드는 의료비 부담이 크다는 것이다. 고령과 언어 · 문화적 차이로 인해 취업하기가 어렵고 단순 시간제 일자리도 찾기 어렵다. 또한 교통편이 부족해서 이동의 제약이 크다. 재한 사할린 동포들은 한국 내에서 기초생활수급자라는 정체성과 사할린에서 지급되는 연금 수혜자라는 정체성을 가지고 있다. 기초생활수급자로서 지급받는 기본적인 생활비는 부족하고, 노동을 하게 되면 기초생활수급자의 자격요건을 박탈당할 수 있어 일할 수 없는 처지이기 때문에 사할린에서 지급되는 연금을 생계를 꾸리는 데 보태고 있다(박신규 · 이채문, 2016).

뿐만 아니라, 현행 영주귀국 사업이 한인 1세와 그 배우자, 그리고 장애자녀에게만 국한되어 있기 때문에 자녀들과 생이별을 해야 하는 이산의 아픔을 겪고 있다. 안미정(2014)이 진행한 인터뷰 대상자 중 1명은 사할린 한인들이 겪고 있는 이러한 어려움을 '이중 이산'이라고 표현하였는데, 1세대와 2세대 간의 이산이 영주귀국 이후에는 2세대와 3세대 간의 이산으로 나타나고 있기 때문이다. 정부는 가족이산으로 인한 문제를 부분적으로나마 해결하기 위해 영주귀국자로 하여금 일정기간 동안 사할린을 방문하여 자녀들을 만날 수 있도록 지원하고, 자녀들이 자비로 부모를 방문할 수 있도록 하고 있다. 그러나 사할린 동포들은 한국 정부에 영주귀국자 자녀들의 무비자 입국(자유왕래)을 요구하고 있다. 영주귀국 1세들이 고령으로 사망하는 경우 비자 발급 문제 등으로 임종을 지키지 못하거나 장례를 보지 못하는 경우가 많기 때문이다.

### (2) 사할린 동포 공동체의 형성과 현황

이들의 거주지역은 서울 수도권 지역에 몰려 있는데, 2014년 12월 31일 기준으로 안산에 1,042명으로 가장 많이 거주하고, 서울(785명), 부산(728명), 인천(279명), 안성(132명), 아산(88명), 광주(86명), 김해(77명), 청주(76명), 경주(56명) 등의 양로원 복지관 임대 아파트에 거주하고 있다. 대표적으로 안산시의 '고향마을'에는 2000년에 입주한 주공 1단지 주민 489세대 모두가 사할린에서 귀국한 동포들이다. 이 단지는 사할린 동포가 9백 명 가까이의 집단으로 거주하는 가장 큰 단지일 뿐 아니라 첫 사업지역으로 규모 집단거주의 시험적인 역할을 하고 있다.

충남 지역에는 아산, 천안, 서천에 거주지역이 있는데, 아산과 천안

〈그림 1-3〉 경기도 안산시 상록구 사동 사할린 동포 마을('고향마을')(출처: 윤인진)

은 안산과 근접하여 러시아 식당이 있고 대규모 거주지역인 아산 사할린 동포들과 가깝게 지낼 수 있다는 점, 의료 서비스를 받아야 하는 고연령층의 병원 접근성이 용이하다는 점이 장점이다. 서천은 바닷가가 가깝고 해산물이 많아 바닷가 출신자들에게 심적 위안을 준다. 서천의 단점으로는 대형마트의 접근성이 없어 유럽산 치즈류 같은 음식의 구입이 불편하다는 의견, 안산에의 접근성이 떨어진다는 의견 등이 있다. 농촌지역일수록 일거리도 없고 교통편도 불편하다는 지적도 나왔다.

### 4) 탈북민

#### (1) 이주와 실태

북한을 탈출해서 한국에 입국하여 살아가는 북한 출신 주민들은 탈북민이라고 불린다. 통상적으로는 탈북자 또는 새터민이라고도 불리고 일부 연구자들은 북한이주민이라고 부른다. 탈북민은 일반 남한 주민과 같은 한민족으로서 혈통과 문화를 공유한다는 차원에서 외국인 근로자와 결혼이주 여성과는 구별된다. 하지만 이들 역시 이주민이라는 특성을 공유하고 한국사회에서 경제적으로 불리하고 문화적 차이로 인해 편견과 차별의 대상이 된다는 차원에서 이주민의 관점에서 볼 필요가 있다.

탈북민의 한국 입국은 1990년대 중반부터 본격화되었다. 1994년 김일성의 사망과 1995년의 대홍수 발생으로 북한에서 식량난이 가중되고 통치체제가 이완되면서 많은 수의 북한 주민들이 중국, 러시아 등으로 이탈하였다. 이들 중 많은 수가 1990년대 중반부터 국내로 입국하기 시작했다. 1995년에 41명이었던 입국자 수는 1997년에 86명, 1999년에 148명으로 가파르게 증가했다. 정부는 대량 탈북사태를 대비해서 1997년에 「북한이탈주민의 보호 및 정착지원에 관한 법률」을 제정하면서 체계적인 지원정책을 시작했다. 2000년 이후 탈북 현상은 브로커의 등장, 가족 초청 연쇄이동의 증가 등으로 급성장하게 되었다. 2002년에 1,141명, 2006년 2,018명, 2008년 2,809명으로 급증했다가 2010년 이후 증가 속도는 주춤해져서 최근에는 매년 1,500~2,000명이 입국하고 있다. 통일부의 통계에 의하면 2018년 9월 말 기준으로 국내에 거주하는 탈북민의 수는 약 32,147명이다(통일부, 2018).

1990년대에 입국한 탈북민은 북한에서 노동자, 농장원, 하급 군인, 무직 등 낮은 계층에 속했던 사람들이 대부분이었고, 20~30대의 독신 남성들이 다수를 차지했다. 하지만 2000년 이후부터는 여성과 가족 동반 입국자들이 증가하기 시작했다. 남북하나재단이 2015년 7~9월에 2,419명의 탈북민을 대상으로 실시한 사회조사에 의하면 여성은 전체 응답자의 74%에 달할 정도로 탈북의 여성화가 두드러진다. 연령 분포에서는 30~40대가 전체 응답자의 58%를 차지할 정도로 청장년층 비율이 높다. 가족 동반 입국이 증가하면서 60대 이상의 노년층이 증가했고 2015년에는 전체 인구의 7.2%가량을 차지했다(남북하나재단, 2015). 출신지역별로는 여전히 국경지역인 함경북도(63.4%) 출신이 압도적으로 많고 그다음으로는 양강도(10.9%)와 함경남도(9.1%) 출신이 많았다. 현재 거주지는 경기도(30%), 서울(24.3%), 인천(9.7%) 등 수도권에 전체 인구의 64%가 집중되어 있고, 그다음으로는 경북(4.4%), 충남(4.3%)의 순으로 분포되어 있다(남북하나재단, 2014).

2014년 탈북민 실태조사에 따르면 북한에서의 생활수준은 하류층이 51%, 중간층이 36%, 상류층이 13%에 해당했다. 북한에서의 학력은 중학교 졸업이 61%로 가장 높고, 그다음으로 전문학교 졸업 10%, 중학교 중퇴 8%, 대학교 졸업 이상 8% 등의 순으로 나타나서 전체적으로 학력 수준이 높지 않다. 한국 입국 후 재학 경험이 없다고 응답한 비율이 72%에 달했고, 고등학교 졸업 12%, 중학교 졸업 3% 등의 순으로 나타났다. 한국에서 일반 대학교를 졸업한 비율은 1%에 불과해서 한국에서 고등교육을 받은 사람들의 비율이 매우 낮음을 알 수 있다. 탈북민은 학력 수준이 낮은 것 외에도 북한에서 학습한 교육의 질과 내용, 그리고 호환성에서도 불리한 위치에 있다. 주체사상에 입각한 이념 교육을 받아 온 탈북민이 한국의 자본주의 체제에서 경쟁력을 갖기는 어려울 수밖에 없다. 특히 탈북 청소년의 경우에는 북한과 제3국에서의 체류 과정에서 발생한 학력 결손 비율이 약 90%에 이르는 것으로 알려졌다. 위와 같이 학력, 직업, 계층배경을 통해 살펴본 탈북민의 인적자본 수준은 낮아서 한국의 노동시장에서 불리한 위치에 처해 있다(윤인진, 2009).

탈북민의 한국사회 적응실태에 관한 여러 종합적인 실태조사와 문헌연구 결과에 따르면 대부분의 탈북민이 사회 적응의 기본인 경제 적응에서 어려움을 보이고 있다. 남북하나재단이 2014년에 실시한 북한이탈주민 사회조사에 따르면 탈북민의 비경제활동 비율은 53.1%, 실업률은 6.2%로서 일반 국민(2014년 9월 기준)의 비경제활동 비율 37.2%, 실업률 3.2%보다 높다. 하지만 정부 통계에서 계산하는 실업률은 비현실적으로 낮은 경향이 있고, 실질적인 실업상태에 있는 사람들은 경제활동 가능인구 중 30~40%에 달할 것이라는 연구결과가 있다(윤인진, 2009). 취업 중인 사람도 대부분 비정규직에 종사하며 노동직 또는 개인 서비스업에 종사하고 있다. 2014년 사회조사에 따르면 취업자 중 단순노무 종사자 비율이 32.6%, 서비스 종사자 23.1%, 기능원 및 관련 기능 종사자 12.2%, 사무 종사자 8.3%의 순으로 나타났다. 월평균 임금은 145만 원이고, 101~150만 원을 버는 사람들이 42.7%로 가장 많고 그다음으로 151~200만 원(24.3%), 51~100만 원(17.5%)의 순이다.

문화적응에서 탈북민은 일반 남한 주민과의 대인관계에서 언어나 가치관, 사고방식 또는 사회제도 등의 사회문화적 차이에 따른 어려움을 겪고 있는 것으로 나타났다. 문화생활 중 여가활동으로 텔레비전, 라디오, 비디오 시청과 같은 대중매체를 가장 많이 이용하는 반면, 취미활동, 스포츠 및 집 밖의 레저활동, 학습활동 등 적극적이고 자기계발적인 여가활동을 잘 하지 못하고 있다. 특히 사회관계에서 남한에 연고가 없는 탈북민은 정보와 기회에 연결될 수 있는 사회연결망 부재의 문제를 안고 있으며, 교회를 제외하고 탈북민이 남한 주민들과 긴밀하게 접촉할 수 있는 모임과 단체는 별로 없다. 마음의 통합이라고 할 수 있는 사회심리적 측면에서의 사회통합 수준은 매우 낮고 심각한 것으로 보인다(윤인진

외, 2014).

소속감과 관련해서 탈북민은 자신을 남한 사람이라는 점에 방점을 두는 반면 일반 남한 주민은 탈북민을 북한 사람이라는 점에 방점을 두어 차이를 보이고 있다. 유대관계와 관련해서는 탈북민과 일반 국민 간의 접촉과 교류는 매우 미미하고, 대부분의 일반인은 매스미디어를 통해 간접적으로 탈북민에 대한 피상적인 인상과 이미지를 형성하고 있다. 일반인은 탈북민에 대해 관심이 거의 없고, 신뢰하거나 친밀한 존재로 인식하지 않고 있다. 또한 일반인은 탈북민을 비록 차별하려는 의도는 별로 없지만, 동등하게 대우하려는 의도도 없으며, 이들과 관계 맺기를 꺼려한다. 건강 측면에서도 마찬가지로 상당수 탈북민의 기본적 건강상태는 저하되어 있고, 만성질환 이환율과 질병수가 남한 주민에 비해 월등히 높은 수준이다. 이런 건강 상태는 취업은 물론 정상적인 사회경제적 생활을 영위하기도 어렵게 만든다(윤인진, 2007).

위와 같은 객관적으로 불리한 처지에 있으면서도 대다수의 탈북민은 남한생활에 만족하며 살아가고 있다. 2014년 실태조사에 따르면 전체 응답자의 68%가 남한생활에 만족한다, 29%가 보통이다, 3%가 불만족스럽다고 보고했다. 2010년에 실시한 실태조사에서도 대다수의 탈북민이 자신들의 초기 정착을 위해 정부가 다양한 방식으로 지원하는 것에 대해서 감사한 마음을 갖고 있으며, 어려운 생활여건에서도 포기하지 않고 자립하려는 의지가 강한 것으로 나타났다. 이를 통해 탈북민은 의존적이고 불평불만만 한다는 사회적 통념은 사실과 다르다는 것을 확인할 수 있다. 이와 같은 연구결과는 탈북민의 실업 및 빈곤의 원인을 자립의지의 결여보다는 인적자본의 부족, 기회구조의 부족, 일반 남한 주민의 편견과 차별 등에서 찾는 것이 우선되어야 한다는 것을 지적한다. 따라서 탈북민의 성공적인 사회 적응과 통합을 위해서는 탈북민 개인의 인적 자본 개발과 함께 탈북민에 대한 일반 남한 주민의 인식 개선과 차별 해소 노력도 병행되어야 할 것이다.

### (2) 탈북민 공동체의 형성과 현황

통일부 자료에 따르면, 2018년 9월 말 기준 국내에 거주하는 탈북민의 수는 총 29,645명이며(사망, 말소, 이민, 거주불명, 보호시설에 있는 인원 제외), 이 중에서 약 64%에 해당하는 19,107명이 수도권(서울, 경기, 인천)에 거주한다. 구체적으로 경기에 9,336명으로 가장 많이 거주하고 있으며, 그다음으로 서울(6,974명)과 인천(2,797명)이다. 수도권을 제외하면, 충남 · 세종에 1,495명, 충북 1,240명, 경북 1,086명 등의 순으로 분포되어 있다(통일부,

**〈그림 1-4〉 인천시 남동구 논현동 탈북민 집거 아파트 단지(출처: 윤인진)**

2018). 이처럼 탈북민이 수도권에 밀집해 있는 현상은 고려인 동포와 동일하게 정부에 의해 제공되는 임대 아파트가 상대적으로 수도권에 많다는 점에 기인한다.

그중에서도 인천시 논현동은 전국 기초자치단체 중에서 가장 많은 1,267세대 1,759명의 탈북민이 거주하고 있는 지역이다(인천광역시 남동구청, 2016). 원래 이 일대는 양어장, 습지, 과수 농가지역이었으나 2006년부터 LH공사의 택지개발 사업으로 인해 대규모 아파트 단지가 들어섰다. 이 중에서 논현 1 · 2동의 일부분이 국민 임대 아파트로 분양되면서 탈북민을 비롯하여 사할린 동포, 저소득 계층 등 사회적 약자 집단들이 다수 거주하게 되었다. 또한 논현동은 인천 남동공단과 시흥 시화공단이 인접해 있어서 상대적으로 일자리를 구하기 쉽다는 장점이 있다. 이 같은 지리적 특성이 탈북민의 수도권 선호와 결합하여 '작은 북한'이라고 불릴 만큼 국내 최대 탈북민 밀집 거주지가 형성되었다(이수정, 2014).

이와 같은 지리적 특수성에 주목하여 김영순(2014)은 논현동 탈북민 공동체가 지역사회와 어떻게 공존하고 있는지를 조사했는데, 상당수의 탈북민이 다양한 형태로 구별 짓기를 하고 있는 것으로 나타났다. 구체적으로 살펴보면, 경제적 이유와 신분 공개의 두려움으로 인해 공동체 구성원들 간 접촉 자체를 꺼려하거나, 출신 고향, 탈북 동기, 하나원 교육 동기, 탈북 경로 등을 통해서 공동체 내부에서 경계를 짓는 것으로 나타났다. 뿐만 아니라, 자신들만의 단체나 모임을 결성함으로써 다문화집단으로 간주되는 사할린 귀환동포, 외국인 이주노동자, 결혼이주 여성 등 외부 공동체에 대해서도 배타적인 태도를 취하는 것으로 나타났다. 그렇지만 최근에는 탈북민이 자발적으로 봉사활동 단체를 조직하여 거주지역의 환경 정비, 노인정 방문 등의 활동을 통해 지역 주민들과 교류하고 지역사회에 기여하는 모습도 확인할 수 있었다(김영순, 2014).

반면, 탈북민과 함께 논현동에 거주하고 있는 일반 남한 주민들은 대체로 이들을 게으르고 수동적인 사람들로 인식하고 있으며, 탈북민에 대한 정부의 제도적 지원에 대해서도 역차별적이라고 바라보는 경향이 강한 것으로 나타났다. 이는 비단 논현동에만 한정되지 않는다. 또 다른 탈북민 밀집지역인 서울시 강서구 가양동와 노원구 중계동, 양천구 신정동의 주민들 역시도 탈북민을 인색하고 몰상식한 사람으로 느끼는 것으로 나타났다.[5] 이러한 부정적인 인식은 탈북민을 기피하고 교류를 차단하는 요인으로 작용한다. 그러나 최근에는 지역사회에서 자녀를 매개로 탈북민과의 관계성을 형성하여 긍정적인 태도로 전환되는 경향도 발견되었는데(유해숙 · 이현숙, 2014), 대표적인 사례로 서울 양천구 신월6동에 '친정집'이라는 이름의 공동육아 프로그램이 운영되고 있다. 이러한 노력은 논현동에 거주하는 주민들을 대상으로 실시한 실증적 연구에 의해서도 지지되는데, 탈북민과의 접촉 빈도에 따른 태도 변화를 연구한 이수정 · 양계민(2013)에 따르면 탈북민과 일정 수준 이상으로 접촉을 거듭할수록 이들에 대한 이해도와 친밀감이 증가하는 것으로 나타났다.

한편, 국내에서 가장 많은 탈북민이 거주하는 경기도에는 탈북민 밀집지라고 할 만한 곳은 없지만 그래도 전국의 약 29%에 해당하는 탈북민이 도내 여러 지역에 거주하고 있다. 2014년 기준으로 도내 시 · 군별

5 동아일보와 통일부 산하 남북하나재단이 공동으로 북한이탈주민 밀집지역 네 곳에서 첫 남북 주민 실태조사를 실시했는데, 여전히 남한 주민과 북한이탈주민 간의 인식차가 상당히 큰 것으로 나타났다. 하지만 최근에는 지역사회 내에서 공동 육아모임, 체육모임, 남북노인대학 등 함께 공동체를 만들어 가려는 다양한 노력들이 전개되고 있는 것으로 확인되었다(동아닷컴, 검색일: 2016. 7. 24).

거주 현황을 살펴보면, 화성시가 647명으로 가장 많고, 그다음으로 수원시(628명), 안산시(564명), 용인시(541명), 부천시(535명), 평택시(478명) 등의 순이다(김동성 외, 2014: 11). 하지만 탈북민의 거주지 선택에 영향을 미치는 요인은 지역별로 조금씩 편차를 보인다. 최정호와 박선미가 실시한 연구에 따르면, 전반적으로 임대 아파트 공급률과 사회연결망, 제조 · 건설업체수, 고용 밀도가 탈북민 공동체 형성에 영향을 미치는 요인으로 나타났는데, 가장 대표적으로 화성시는 안정적 고용시장과 주택 공급을 제공하고 있다는 점에서 탈북민이 지속적으로 유입되고 있다.

그러나 고양시의 경우에는 서울과의 근접성과 높은 공공임대 주택 비율에도 불구하고 탈북민 증가율이 둔화되고 있는데, 그 이유는 대규모 제조업 단지가 발달하지 않아 일자리를 구하기 어렵고, 자발적으로 형성된 사회연결망보다는 한국사회가 관 주도적으로 제공하는 조직이 더 많기 때문인 것으로 해석된다(최종호 · 박선미, 2013: 80-83).

이에 반해, 안산시는 임대 아파트가 적지만, 시화 · 반월산업단지에서 저임금 노동력에 대한 수요가 많고, 안산 다문화거리에 거주하는 중국인 공동체(중국 동포 포함)로부터 거주지와 일자리에 대한 정보를 용이하게 얻을 수 있다는 점에서 탈북민의 유입이 더욱 가속화되고 있다. 즉 "안산시는 주로 중국인 남성 배우자가 이주노동민으로 먼저 정착한 후에 여성 배우자인 북한이탈주민을 데려오는 이주 패턴을 보인다. 한국에 입국하는 북한이탈주민의 70%가 여성인데, 이들 중에는 상당수가 탈북 과정에서 중국인(중국 동포, 한족) 남성과 결혼"을 하는 경우가 많다(최정호 · 박선미, 2014: 94).

최근에는 평택시로 이주하는 탈북민이 증가하고 있다. 평택시는 탈북민에게 잘 알려지지 않은 지역이지만, 경기도 서남부 벨트의 대규모

개발 사업이 진행되면서 저임금 노동력이 필요하게 되었고, 이에 따라 공공임대 주택의 공급도 증가하고 있다. 하지만 평택시는 다른 지역과는 달리, 타 지역에서 5년 이상 거주하다가 기술이 숙련되면서 한국인 사회 연결망에서 습득한 정보를 토대로 자발적으로 재이주한 탈북민이 더 많은 것으로 나타났다.

이상으로 경기도에 거주하는 탈북민 공동체의 분포 패턴을 정리하면, 2000년대 중반에는 부천시, 성남시, 용인시, 고양시 등 대체로 서울과 인접한 지역이 선호되었으나, 시간이 흐를수록 성남시, 고양시 등은 탈북민 유입이 감소 혹은 정체된 반면, 화성시, 안산시, 평택시 등 경기도 서남부 권역으로 확대되는 경향을 보인다. "이러한 현상은 초기 거주 공간 선택지역이 서울과 가까운 곳이면서 북한이탈주민에게 필요한 지역 기반이 갖추어진 구도심형 거주 공간이 선택의 대상지였다면, 이후 거주 공간의 선택지역은 주거 공급과 경제적 기반이 갖추어진 신도심형 거주 공간으로 확장되었다"고 볼 수 있다(최정호 · 박선미, 2013: 83).

탈북민은 다른 이주민 집단과 같이 남한사회에 새로이 적응해야 하는 과제를 안고 있지만, 법적으로는 '외국인 이주노동자'나 '귀환동포'가 아닌 '일반 국민'에 해당한다. 다시 말해, 탈북민은 일반 국민인 동시에 난민과 이주민의 이중적 특성을 모두 공유한다는 점에서 공동체 형성 및 거주 유형이 다른 귀환동포와는 구별되는 다양한 양상을 보인다. 일반적으로 탈북민은 주거비 부담능력이 부족하기 때문에 사할린 동포처럼 정착 초기에 배정받은 정부의 공공임대 주택에 대부분 거주하며, 중국 동포나 고려인 동포와 같이 경제적 자립을 위해 타 지역으로 자발적으로 재이주하는 경향은 두드러지지 않는 것으로 드러났다. 이는 박용순 · 신연희(2005)의 연구결과와도 일치하는데, 탈북민 응답자의 87.3%가 탈북민 집단거주시설의 건립에 반대하였으며, 입주할 의향이 전혀 없다고 대답한 응답자도 80%에 달하는 것으로 나타났다(박용순 · 신연희, 2005: 11). 이러한 점에서 탈북민은 '고려인 마을'이나 '조선족 거리'와 같은 형태의 탈북민 집거지를 형성하기보다는 정부에 의해 배정받은 임대 아파트에 거주하면서 지역 주민들과 교류하며 지낼 가능성이 크다고 할 수 있다.

## 6. 결론

국내에 거주하는 재외동포 귀환 이주민 공동체로는 중국 동포, 고려인 동포, 사할린 동포의 공동체가 있고, 비록 재외동포는 아니지만 귀환 이주민 공동체의 성격을 갖는 탈북민 공동체가 있다. 각 귀환 이주민 집단의 입국과 정착에는 송출국과 수용국의 배출 및 흡인 요인이 중요했지만 한국 정부의 재외동포 정책과 탈북민 정책이 직접적인 원인으로 작용했다. 중국 동포와 고려인 동포는 1997년의 재외동포의 출입국과 법적지위에 관한 법률에서 재외동포의 대상으로부터 제외됐지만 2002년의 취업관리제, 2007년 방문취업제에 의해 모국 방문과 모국에서의 취업 기회가 확대되면서 입국 인구가 증가하였다. 중국 동포와 고려인 동포의 한국행 이주의 주된 동기는 취업이며, 따라서 이주노동자의 성격이 강하다. 이들의 지역공동체는 공단 주변의 주거지에 형성되며 과거 내국인 노동자들이 주거하던 지역을 계승하는 양상을 보인다.

사할린 동포는 일제강점기 사할린섬으로 강제 징용된 한인들과 그 후손들의 모국 방문 사업으로 2000년부터 입국하기 시작했다. 귀환 사할린 동포는 정부가 무상으로 제공한 임대 아파트 단지에서 생활하고 있다. 탈북민은 탈북한 북한 주민을 전원 수용하는 한국 정부의 정책에 따라 입국과 동시에 남한 주민으로 인정받고 정착에 필요한 다양한 형태의 지원을 받는다. 이들의 한국행 이주에는 정치적 · 경제적 · 사회문화적 요인들이 복합적으로 작용하고 있고, 처음부터 정주를 목적으로 이주하기 때문에 이주노동자와는 성격이 다르다. 또한 사할린 동포와 마찬가지로 정부 지원정책의 일환으로 임대 아파트 단지에서 생활하지만 전체 아파트 단지에서 분산되어 생활하고 있어 밀집 현상을 보이지 않고 있다.

위의 네 가지 귀환 이주민 공동체는 성격상 중국 동포와 고려인 동포의 '이주노동자 공동체'와 사할린 동포와 탈북민의 '정책보호대상자 공동체'로 구분할 수 있다. 귀환 이주노동자 공동체는 외국 국적 재외동포가 외국인 근로자의 신분으로 한국에서 사회경제 활동을 하면서 형성된 것이다. 취업이 주된 이주 동기이다 보니 공단 근처의 교통이 편리하고 저렴한 임대 주택이 있는 곳에 형성된다. 이주노동자 공동체의 형성과 성장은 낙후된 지역경제를 활성화하는 데 기여했지만 지역사회가 게토화하거나 범죄율이 증가하는 등의 사회문제를 야기하고 있다. 또한 이주민과 내국인 간의 마찰과 갈등, 내국인 간에도 이주민에 경제적으로 의존하는 주민과 그렇지 않은 주민 간에 이해의 불일치와 갈등이 존재한다.

한편 사할린 동포와 탈북민의 공동체는 귀환 이주민들이 자발적으로 형성했다기보다 정부의 정책적 배려에 의해 주거지가 무상으로 제공되기 때문에 특별히 경제학적 · 생태학적 요인들이 중요하게 작용하지 않는다. 가장 중요한 요인은 영구 임대 아파트 단지가 건설된 곳에 사할린 동포와 탈북민의 아파트가 배정된다는 것이다. 안산시의 사할린 동포는 아파트 단지 내에 '고향마을'이라는 사할린 동포 전용 아파트 2동이 건설되어 이곳에서 집단적인 생활을 한다. 하지만 다른 곳의 사할린 동포는 아파트 단지 내에서 분산되어 생활하기 때문에 '고향마을'과 같은 집적효과의 혜택을 보지 못한다. 탈북민은 서울에서는 양천구, 강서구, 노원구 등의 영구 임대 주택에서 높은 집중도를 보이고, 인천시 남동구 논현동에서는 국내 최대 탈북민 밀집지역을 형성하고 있다. 하지만 논현동 아파트 단지 내에서도 전체적으로 분산하여 거주하기 때문에 이들만의 특별한 생활공간을 확보하지 못하고 있다.

사할린 동포는 규모가 매우 작고 대부분이 70세 이상의 노인들이기 때문에 지역사회에 고립적인 생활을 하고 있다. 이들은 경제활동은 하지 못하고 주로 자신들끼리 모여서 친교활동을 하는 데 주력하고 있다. 반면 탈북민은 지역사회에서 어느 정도 규모를 이루기 때문에 일반 남한 주민과 접촉하고 교류하는 정도가 비교적 크다. 아직 남한사회의 문화에 익숙하지 않은 이유로 일상생활에서 일반 남한 주민과 마찰과 갈등이 발생하는 경우가 있다. 전체적으로 탈북민은 지역사회에 적극적으로 참여하지 않고 고립적인 생활을 하고 있다. 또한 탈북민에 대한 정부와 시민사회의 온정적 지원정책으로 인해 그런 지원 서비스로부터 소외된 일반 남한 주민 등 저소득층과 소외계층으로부터 역차별 문제를 야기하고 있다.

현재 상태는 귀환 이주민 공동체가 형성되어 가고 있기 때문에 앞으로 일반 남한 주민들과 분리된 종족 집거지로 발전해 나갈지 아니면 주류 사회로 동화되어 편입될 것인지는 주의 깊게 살펴볼 필요가 있다. 지금까지 나타난 패턴으로는 각각의 이주민 공동체가 서로 교류하거나 연합하거나 하는 방식을 취하기보다 별도의 공동체로 발전해 갈 것으로 예측된다. 또한 대부분의 귀환 이주민들이 이민 1세이고 주류 사회에 정착하는 데는 많은 시간이 소요될 것이기 때문에 상당 기간 이주민 공동체는 경제활동, 주거, 정보, 사회적 지지, 단체활동의 중심지로 작동할 것이다. 이때 이주민 공동체가 주류 사회 진출의 교두보로서 이주민의 신분 상승에 기여할 것인지, 아니면 주류 사회와 담을 쌓는 게토가 되어 사회 분열과 갈등의 토대가 될 것인지는 매우 중요한 정책적 함의를 갖기 때문에 보다 체계적이고 엄밀한 후속 연구가 요구된다.

# 참고문헌


강지혜 · 장우권 · 선봉규. 2018. “한국 거주 조선족의 단체 형성과 활동 인식에 관한 연구”. 『로컬리티 인문학』 19: 65-94.

국무조정실 외교안보정책관실. 2017. “제18차 재외동포 정책위원회 보도자료”. http://www.korea.kr/common/download.do?tblKey=GMN&fileId=185800148.

김경학. 2014. “중앙아시아 고려인의 한국 이주와 정착: 광주 ‘고려인 마을’을 중심으로”. 『국제지역연구』 17: 259-281.

______. 2015. “우즈베키스탄 고려인의 한국 이주와 가족유형의 성격: 광주광역시 고려인 사례를 중심으로”. 『디아스포라연구』 9(2): 1-31.

김동성 · 최용환 · 고경빈 · 김소연 · 노진국. 2014. “경기도 북한이탈주민 지원 종합구상”. 정책연구보고서.

김성종. 2006. “사할린 한인동포 귀환과 정착의 정책과제”. 『한국동북아논총』 40: 195-218.

김영순. 2014. “인천 논현동 북한이탈주민 공동체의 경계 짓기와 경계 넘기”. 『로컬리티 인문학』 12: 121-154.

김영술 · 홍인화. 2013. “중앙아시아 고려인의 광주지역 이주와 문화변용에 관한 연구”. 『디아스포라연구』 7(1): 131-161.

김영화. 2014. “중국조선족 출입국관리정책의 변화와 과제: 해외노무의 장기화와 송출지역의 유수아동(留守兒童) 문제에 주목하며”. 『재외한인연구』 33: 29-62.

김재기. 2014. “광주광역시 광산구 지역 귀환 고려인의 이주배경과 특성”. 『재외한인연구』 32: 139-163.

김판준. 2014. “중국 동포의 한국 이주 및 체류 유형 변화에 대한 연구”. 『재외한인연구』 32: 109-138.

김현선. 2010. “한국체류 조선족의 밀집거주지역과 정주의식: 서울시 구로 · 영등포구를 중심으로”. 『사회와 역사』 87: 231-264.

나형욱. 2009. “사할린 영주귀국 동포 정착실태에 관한 연구”. 전남대학교 세계한상문화연구단 국내학술회의자료집. pp. 109-137.

동아닷컴. 2016. “[토요판 커버스토리] 한국 온 탈북자 3만 명… 함께 살 준비 됐나요”. 7월 23일.

http://news.donga.com/3/all/20160723/79342645/1.

민성희 · 안용진 · 박정호. 2015. "인종별 다문화가족 밀집거주지의 공간분포 특성". 『국토연구』 87: 115-130.

박광득 · 윤여상. 2002. "북한이탈주민의 생활실태와 지역정착 활성화 방안". 『통일전략』 2(1): 251-276.

박광성. 2007. "중국조선족의 초국적 인구이동과 경제생활의 변화". 『재외한인연구』 18: 131-164.

박배균 · 정건화. 2004. "세계화와 '잊어버림'의 정치: 안산시 원곡동의 외국인 노동자 거주지역에 대한 연구". 『한국지역지리학회지』 10(4): 800-823.

박세훈. 2010. "한국의 외국인 밀집지역: 역사적 형성과정과 사회공간적 변화". 『도시행정학보』 23(1): 69-100.

박세훈 · 이영아. 2010. "조선족의 공간집적과 지역정체성의 정치: 구로구 가리봉동 사례연구". 『다문화사회연구』 3(2): 71-101.

박세훈 · 정소양. 2010. "외국인 주거지의 공간분포 특성과 정책함의". 『국토연구』 64: 59-76.

박신규 · 이채문. 2016. "영주귀국 사할린 한인의 귀환 이후 삶과 적응과정에 대한 분석: 부산 정관 신도시 사례를 중심으로". 『한국민족문화』 60: 3-36.

박용순 · 신연희. 2005. "탈북자 주거복지실태와 주거 지원 방안에 관한 연구". 『한국사회복지행정학』 7(3): 95-122.

박윤환. 2011. "빈곤층과 외국인 주민 거주지분리에 대한 연구". 『서울도시연구』 12(4): 103-122.

방성훈 · 김수현. 2012. "한국계 중국인 밀집주거지의 분화에 관한 연구". 『한국사회정책』 19(2): 39-68.

배수한. 2010. "영주귀국 사할린 동포의 거주실태와 개선방향: 부산 정관 신도시 이주자 대상으로". 『국제정치연구』 13(2): 281-310.

법무부 출입국외국인정책본부. 2009. "출입국 · 외국인정책 통계연보 2009년".

______. 2015. "출입국 · 외국인정책 통계연보 2015년".

______. 2017. "재외동포의 장기적 활용 및 통합 제고 방안 연구".

______. 2018. "출입국 · 외국인정책 통계연보 2017년".

선봉규. 2016. "광주광역시 광산구 고려인 마을의 공간적 특성". 전남대학교 세계한상문화연구단 국제학술회의. 전남대학교 세계한상문화연구단 2016년 공동국제학술대회 발표 논문. pp. 44-57.

______. 2018. "한국 귀환 고려인의 네트워크 특성에 관한 연구". 전남대학교 세계한상문화연구단 국내학술회의. 전남대학교 세계한상문화연구단 2018년 영호남 춘계 학술대회 발표 논문. pp. 5-21.

송석원. 2013. "일본의 중국잔류일본인=중국귀국자 지원정책". 『한국동북아논총』 69: 165-181.

신현준. 2013. "포스트소비에트 공간에서 재한고려인들의 월경 이동과 과문화적 실천들". 신현준 엮음. 『귀환 혹은 순환: 아주 특별하고 불평등한 동포들』. 그린비.

심의섭. 2005. "韓 · 中間 보따리 무역의 추이와 발전방향". 『사회과학논총』 24: 81-98.

안미정. 2014. "부산 사할린 영주귀국자의 이주와 가족". 『지역과 역사』 34: 317-359.

양한순 · 박우 · 예동근 · 강주원. 2013. "서울 거주 중국 동포 실태조사 및 정책 수립". 서울시 연구 보고서.

여성가족정책실 외국인다문화담당관. 2015. "서남권 중국 동포 밀집지역 지원 및 활용 계획".

연합뉴스. 2013. "〈새 정부 재외동포 정책 점검〉(상) 무엇이 달라졌나". 12월 18일. http://www.yonhapnews.co.kr/politics/2013/12/16/0501000000AKR20131216169400371.HTML.

오정은 · 윤인진 · 이희정 · 김경미 · 김우경 · 반정화. 2016. 『서울 서남권 중국 동포 밀집지역 발전 방안 연구』. 서울특별시.

우복남. 2012. "영주귀국 사할린 동포 지역사회 정착문화 연구: 충남지역의 사례를 중심으로". 한국노어노문학회 학술대회 발표집. pp. 403-434.

유해숙 · 이현숙. 2014. "북한이탈주민과 남한 주민의 인식 비교연구: 인천지역을 중심으로". 『인천학연구』 20: 325-365.

윤영도. 2013. "조선족 · 고려인 초국적 역/이주와 포스트국민국가적 규제 국가장치". 신현준 엮음. 『귀환 혹은 순환: 아주 특별하고 불평등한 동포들』. 그린비.

윤인진. 2007. "북한이주민의 사회 적응 실태와 정착 지원 방안". 『아세아연구』 50(2): 106-143.

______. 2009. 『북한이주민』. 집문당.

윤인진 · 김춘석 · 김석향 · 김선화 · 김화순 · 윤여상 · 이원웅 · 임순희. 2014. "북한이탈주민에 대한 국민인식 및 차별실태조사". 국가인권위원회 연구용역과제 보고서.

윤진희 · 권오규 · 마강래. 2014. "서울시 중국국적외국인의 주거지 분포 변화에 관한 연구". 『한국지역개발학회지』 26(2): 39-54.

이석준 · 김경민. 2014. "서울시 조선족 밀집지 간 특성 분석과 정책적 함의". 『서울도시연구』 15(4): 1-16.

이수정. 2014. "접촉지대와 경계의 (재)구성: 임대 아파트 단지 남북한 출신 주민들의 갈등과 협상”.『현대북한연구』 17(2): 85-126.

이수정 · 양계민. 2013. “북한출신주민과의 지역사회 내 접촉수준에 따른 남한출신주민의 태도의 차이: 인천 논현동 지역 거주자를 중심으로”.『북한연구학회보』 17(1): 395-421.

이연식. 2013. “전후 일본의 히키아게(引揚) 담론 구조”.『일본사상』 24: 71-104.

이영숙. 2001. “중국 사기피해자 정황 및 청원내역”. 재중동포 사기피해자 2차 1,000명 산업연수생 입국에 관한 공청회 자료집.

이용재. 2015. “한국의 재외동포 정책의 과정과 과제”.『민족연구』 61: 4-25.

이우영. 2003. “북한이탈주민의 지역사회 정착”.『통일연구원 연구총서』 3(2): 1-71.

이정은. 2013. “한국 내 조선족동포 커뮤니티의 구성과 교류”. 신현준 옮김.『귀환 혹은 순환: 아주 특별하고 불평등한 동포들』. 그린비.

이정현 · 정수열. 2015. “국내 외국인 집중거주지의 유지 및 발달”.『한국지역지리학회지』 21(2): 304-318.

이진영. 2010.『한국에 살고 있는 중국 동포』. 재외동포재단.

이진영 · 박우. 2009. “재한 중국조선족 노동자집단의 형성과정에 관한 연구”.『한국동북아논총』 51: 99-119.

인천광역시 남동구청. “남동구 소개 기본현황”. http://www.namdong.go.kr/main/introduction/present/present.asp(검색일: 2016. 7. 15).

임채완. 2013. “고려인 동포사회의 발전 방향: 국내 거주 고려인 동포를 중심으로”. 2014 재외동포재단 자료집: 고려인 이주 150주년과 글로벌 한민족네트워크.

전윤구. 2014. “한국의 외국 인력 정책에서 일본제도의 변용과 문제점”.『江原法學』 42: 381-416.

정병호. 2011. “한국의 다문화 공간: 문화의 창구, 시대의 접점”. 정병호 · 송도영 엮음.『한국의 다문화 공간』. 현암사.

정수열. 2008. “인종 · 민족별 거주지 분화 이론에 대한 고찰과 평가: 미국 시카고 아시아인을 사례로”.『대한지리학회지』 43(4): 511-525.

조명래. 2002.『현대사회의 도시론』. 한울아카데미.

조재순. 2009. “사할린 영주귀국 동포의 주거생활사: 안산시 고향마을 거주 강제이주 동포를 중심으로”. 한국주거학회 논문집 20(4): 103-112.

최정호 · 박선미. 2013. “북한이탈주민 거주지 분포의 특성과 영향 요인: 경기도를 사례로”.『한국도시지리학회지』 16(3): 71-85.

______. 2014. “북한이탈주민의 사회연결망 특성이 거주지 선택에 미친 영향”.『한국도시지리학회

지』 17(2): 83-98.

통일부. 2005.『통일백서』.

______. 2018. "북한이탈주민정책(2018. 9)" https://www.unikorea.go.kr/unikorea/business/statistics(검색일: 2018. 11. 8).

하성규 · 마강래 · 안아림. 2011. "서울시 외국인 주거지의 공간적 분리패턴에 관한 연구".『서울도시연구』 12(3): 91-105.

浅田秀子. 2003. "日本人住民のブラジル人住民に対する意識: 愛知県西尾市県営緑町住宅の事例から".『異文化コミュニケーション研究』 6: 57-68.

稲葉奈々子 · 樋口直人. 2013. "失われた 20年: 在日南米人はなぜ急減したのか".『人文コミュニケ_ション学科論集』 14: 1-11.

梶田孝道 · 丹野清人 · 樋口直人. 2005.『顔の見えない定住化: 日系ブラジル人と国家 · 市場 · 移民ネットワ_ク』. 名古屋大学出版会.

松田ヒロ子. 2015. "引揚者を帰還移民として捉えるということ".『関西学院大学先端社会研究所紀要』 (12): 93-97.

大川真由子. 2011. "帰還移民の人類学的研究に向けて".『日本文化人類学会研究大会発表要旨集』. 日本文化人類学会第45回研究大会.

辻輝之. 2013. "第8章 戦後引揚げという〈方法〉—帰還移民研究への視座". 島村恭則 編.『引揚者の戦後』. 新曜社.

安岡健一. 2014. "引揚者と戦後日本社会".『社会科学』 44(3): 3-16.

Alba, R. D., and Logan, J. R. 1991. "Variations on Two Temes: Racial and Ehnic Patterns in the Attainment of Suburban Residence." *Demography,* 28(3): 431-453.

______. 1993. "Minority Proximity to Whites in Suburbs: An Individual-level Analysis of Segregation." *American Journal of Sociology,* 98(6): 1388-1427.

Alba, R. D., Logan, J. R., Stults, B. J., Marzan, G., and Zhang, W. 1999. "Immigrant Groups in the Suburbs: A Reexamination of Suburbanization and Spatial Assimilation." *American Sociological Review,* 64(3): 446-460.

Allen, J. P., and Turner, E. 1996. "Spatial Patterns of Immigrant Assimilation." *The Professional Geographer,* 48(2): 140-155.

Charles, C. Z. 2003. "The Dynamics of Racial Residential Segregation." *Annual Review of Sociology,* 29: 167-207.

Chung, S. Y., and Brown, L. A. 2007. "Racial/Ethnic Residential Sorting in Spatial Context:

Testing the Explanatory Frameworks." *Urban Geography,* 28(4): 312–339.

European Migration Network. 2007. "Return Migration: EMN Synthesis Report." European Union.

Gmelch, G. 1980. "Return Migration." *Annual Review of Anthropology,* 9(1): 135–159.

International Organization for Migration(IOM). 2011. "Glossary on Migration 2th Edition."

King, R. 2000. "Generalizations from the History of Return Migration." *Return Migration: Journey of Hope or Despair*, pp. 7–55.

Kunuroglu, F., van de Vijver, F., and Yagmur, K. 2016. "Return Migration." *Online Readings in Psychology and Culture,* 8(2): 1–28.

Ley, D., and Kobayashi, A. 2005. "Back to Hong Kong: Return Migration or Transnational Sojourn?" *Global Networks,* 5(2): 111–127.

Logan, J. R., and Alba, R. D. 1993. "Locational Returns to Human Capital: Minority Access to Suburban Community Resources." *Demography,* 30(2): 243–268.

Logan, J. R., Zhang, W., and Alba, R. D. 2002. "Immigrant Enclaves and Ethnic Communities in New York and Los Angeles." *American Sociological Review,* 67(2): 299–322.

Massey, D. S. 1981. "Social Class and Ethnic Segregation: A Reconsideration of Methods and Conclusion." *American Sociological Review,* 46(5): 641–650.

Massey, D. S., and Denton, N. A. 1985. "Spatial Assimilation as a Socioeconomic Outcome." *American Sociological Review,* 50(1): 94–106.

United Nations Statistics Division(UNSD). 1998. *Recommendations on Statistics of International Migration, Revision 1*, United Nations, New York.

Weine, S.M., Hoffman, Y., Ware, N., Tugenberg, T., Hakizimana, L., Dahnweigh, G., Currie, M., and Wagner, M. 2011. "Secondary Migration and Relocation among African Refugee Families in the United States." *Family Process,* 50(1): 27–46.

Wen, M., Lauderdale, D. S., and Kandula, N. R. 2009. "Ethnic Neighborhoods in Multi-ethnic America, 1990–2000: Resurgent Ethnicity in the Ethnoburbs?" *Social Forces,* 88(1): 425–460.

# 제2장
# 국가, 시장, 글로벌라이제이션: 북경 조선족 공동체 형성 연구[1]

예동근(부경대)

## 1. 서론

중국의 소수민족 문제는 외부세계의 큰 주목을 받고 있다. 최근에 티베트, 위구르 지역에서 분쟁사태가 발생하면서 '중국에서도 구소련의 국가 분열과 민족독립의 역사가 되풀이되지 않을까? 과연 중국 소수민족 정책은 성공적이라고 평가할 수 있는가? 설사 중국의 소수민족의 정책이 성공적이라고 평가하더라도 국가통제가 강한 시스템에서 성공한 것이지, 중국의 개혁개방 30년을 거친 시장체제 환경에서도 성공적이라고 평가할 수 있는가?'와 같은 의문이 제기된다. 이러한 의문을 불식하기 위해서인지 구소련 해체 이후 중국 정부는 구소련의 전철을 밟지 않으려고 부단히 자아 수정을 거쳐 조심스럽게 개혁을 진행하였고, 정치, 경제

---

1 본 글은 『중국학』 41집에 실린 "중국소수민족의 미래는 미국식모델로 가는가? 베이징 조선족공동체사례연구"를 수정 · 보완한 것이다.

뿐만 아니라 소수민족지역에 대해 고도의 발전전략을 갖고 개혁과 발전을 시도하였다. 그런 대표적인 프로젝트가 '서부대개발'이다.

중국의 서부에 소수민족이 집중하고, 경제가 낙후한 지역에서 국가가 '시장'을 육성하고, 시장체제를 통해 자금, 노동력, 기술을 투입하고 현지의 자원을 개발하면서 상당한 경제적 발전을 달성하였다. 하지만 소수민족지역의 소수민족 입장에서 볼 때 개발이냐, 보존이냐 양자택일로 미래의 운명을 결정해야 할지도 모른다. '보존'이란 의미에는 민족이 집거하는 공간, 문화, 정체성 등 다양한 부분들이 포함된다.

20여 년의 서부대개발로 서부지역의 도시들에 거대한 변화가 일어났다. 우루무치, 라싸, 쿤밍, 리장 등의 지역에 거주하는 소수민족들은 빠르게 자신들의 글과 언어를 잃어버리면서 한족에 동화되어 갔다. 또 다른 한편으로 소수민족들이 주류 사회 진출, 또는 생존을 위해 민족지역을 떠나 능동적으로 경제가 발전한 지역으로 이주하여 가는 현상도 뚜렷하게 증가하였다.

중국 연해지역의 거대한 대도시, 자치지역의 수부가 있는 도시지역의 민족 특징들이 감소되면서 정부는 더욱 조심스럽게 '개발' 문제를 다루게 되었다. 개발 문제가 민족 문제를 야기할 뿐만 아니라 개인 소유권을 침해하는 부작용이 발생하고, 개발 이익이 특정집단 중심으로 독점되면서 사회적 불만은 커가고 있기 때문이다. 이런 문제에 대한 대응으로 개발 일변도의 정책에서 보존을 중시하는 방향으로 정책이 전환되고 있다. 지난 20년 동안 중국 전체로 보면 8%의 GDP 성장률, 일부 소수민족지역에서는 12% 이상의 성장률을 기록하면서 경제적 부가 축적된 것이 점차 '보존'의 문제에 관심을 돌리게 된 배경이 되었다. 그리고 지속적인 발전을 위해 중앙정부가 제기한 '조화사회'는 허공에 뜨는 구호가 아니라 현실적으로 매우 필요한 것이 되었다.

초창기의 민족정책이 성공하였다고 중국 정부가 자평하고 있다면, 이런 낙관적 평가에 첫 번째로 도전하는 것은 위에서 설명한 '개발'에 참여하는 '시장'이라고 할 수 있다. 2000년대에 세계화의 물결이 확산되면서 중국 정부는 글로벌라이제이션이란 불확실성에 골머리를 앓고 있다. 신속히 확산되는 통신기술, 고속철도, 글로벌 차원의 관광객을 유치할 수 있지만, 소수민족들이 과거에 단절되었던 해외의 종족집단과 활발하게 교류하면서 '민족성의 재집중'이란 새로운 현상과 문제가 발생했다.

중국 정부는 '민족성의 재집중'이 나타날 수 있는 집단을 '과경민족'이라고 정의하고, 해외동포와의 민족 교류에 특별히 유의하고 있다. 한편으로 해외자본을 유입하는 수단으로 활용하지만, 다른 한편으로 민족독립을 지원하는 '문화침투', '경제침투'로 다루면서 통제수단이 더욱 다양화되었다.

중국 정부와 소수민족의 관계를 통치-피통치에서 볼 때 소수민족의 운명에서도 국가, 시장, 글로벌라이제이션은 핵심요소라고 볼 수 있다. 그럼 중국의 소수민족들은 국가, 시장, 글로벌라이제이션에 대응하면서 어떤 변화를 겪어 왔는가?

이런 질문에 대한 해답은 결국 종족 공동체와 국가, 시장, 글로벌라이제이션의 관계에서 찾을 수 있다. 중국에서 진행된 기존의 연구들을 살펴보면 1978년 이전에는 국가의 탄생과 종족의 형성에 초점을 맞추었으며, 1978년 개혁개방 이후와 1990년대 '서부대개발'이란 국가프로젝트가 시행된 이후에는 종족 공동체와 시장에 주목하였다. 또한 1994년에 '과경민족'이란 용어가 정리되면서 재외동포에 대해 국가안보의 차원에서 관심을 갖게 되었고 점차 국가 간의 문제, 글로벌화란 맥락에서 다루어지게 되었다. 하지만 중국의 종족 공동체 연구에서 종족 공동체와 글로벌화의 관계를 다룬 연구들은 거의 찾아보기 힘들다. 또한 과경민족 연구에서 해외에 거주하는 종족집단들의 무역, 결혼, 노동력 이동을 통한 '국경 넘기' 현상이 포착되지만, 이것을 세계화의 특징과 밀접한 연관성에서 다룬 연구들은 찾아보기 힘들다.

종족 공동체와 글로벌라이제이션과의 관계를 보여 줄 수 있는 중국의 소수민족 집단은 조선족이라고 할 수 있다. 조선족은 중국의 동북지역에 집거하고, 북한과 국경을 맞대면서 최근에 활발한 국경 이동과 중국 내의 대도시로의 이동을 경험하고 있다. 또한 중국 내의 70만 명이 넘는 한국인들과 혼주하면서 '민족 재집중화' 현상을 두드러지게 보여 주고 있다.

한국과 일본의 일부 연구자들, 그리고 한국에서 공부한 일부 조선족 학자들은 여기에 관심을 갖고 조선족의 이동을 글로벌라이제이션, 혹은 보다 낮은 관찰 단위인 초국가적 현상과 연결하면서 연구성과들을 생산하고 있다. 200만 명의 인구를 가진 조선족 집단의 1/4이 모국인 한국에서 노동자, 친지 방문, 국제결혼, 무역으로 장기 체류하고 있으며, 일본, 러시아, 미국 등 한국 이외의 해외지역에서 거의 10만 명이 넘는 사람들이 장기 체류하는 것으로 추정하고 있다. 특히 북경, 상해, 청도, 위하이, 광저우, 심천 등 경제가 발전한 지역으로 50만 명이 넘는 대규모 이동이 일어난 것으로 추정하고 있다. 이로 인한 전통집거지의 공동화, 전통 집거지 해체는 중국 공산당의 소수민족정책 성공의 치적으로 삼았던 '모범 소수민족지역'의 몰락으로 새롭게 재평가해야 할지도 모른다.

하나의 소수민족의 사례만으로 종족 공동체와 국가, 시장, 글로벌라이제이션의 관계를 잘 반영하는 연구대상 집단을 찾기는 쉽지 않다. 또한 중국의 소수민족 연구는 장기간 공산당의 이데올로기와 결합한 민족 이론이 주도하면서, 해석 부분에서 서구 이론과 상당히 큰 괴리가 존재하는 것을 발견할 수 있다. 서구 이론을 이용하여 중국의 민족 문제를 다룬 일부 연구에서도 '이식형 해석'으로 억지스러운 부분이 많다.

2000년 후반 이후 국내 소수민족들의 대도시 이동이 활성화되면서 일부 연구자들은 'ethnicity(민족성)' 부분에 초점을 맞추어 민족연구의 국제화를 시도하였다. 하지만 이런 노력은 중국 학계에서 큰 논쟁을 낳았다. 중국 전통적 민족 이론가들은 서구 민족 이론의 수용에 반발하면서 중국 국정을 전혀 모르는 '미국화' 작업이라고 비난하였고, 이에 대항해서 서구 이론을 적극적으로 수용해야 한다고 주장하는 학자들은 '새로운 현상을 해석할 수 없는 전통민족 이론의 수정'을 강하게 요구하고 있다.

필자는 이런 논쟁의 옳고 그름을 떠나서 논쟁이 무모하게 진행되기보다 서로 부족한 부분을 보완하고 경험적 연구를 착실하게 진행하면서 '이론 검증'을 우선시하는 것이 바람직하다고 생각한다. 본 연구는 이런 시도의 일환으로 '중국민족 현상'을 가장 제대로 설명할 수 있는 서구의 종족이론을 참고하여 해석할 것이다. 다르게 말하면 정확한 '연구대상'을 찾는 것이 무엇보다 중요하다는 것이다. 미국의 종족 이론도 종족 현상의 경험 연구에서 비롯된 것으로, 미국의 종족 현상과 제일 가까운 이론이다. 그리고 서구의 '종족 현상'을 찾아서 경험연구를 시도하는 작업이 중국의 민족 이론과 서구의 종족 이론의 만남의 장을 만들 수 있으며, 보다 생산적인 방향으로의 발전을 추진할 수 있다고 본다.

## 2. 종족 이론 검토와 분석대상으로서의 북경 조선족

미국의 대표적인 고전적 종족 이론은 민족용광로(melting pot)로 묘사되는 동화론이다. 동화론에서 동화는 경제적 지위에 의해 측정될 수 있는 '구조적 동화(structural assimilation)'와 이주국 언어 습득 정도와 체류기간으로 측정될 수 있는 '문화적 동화(cultural assimilation)'로 구성되어 있다(Gordon, 1964). 동화론을 정립한 고든의 저서는 중국어로 번역되었고 북경의 일부 대학에서 교재로 활용되고 있다. 하지만 중국에서 전통주의 공산당 이념에 근거한 민족 이론들은 '동화'란 용어를 부정적으로 보며 '융화'란 용어를 선호하고 있다.

동화의 관점에서 볼 때 현실적으로 중앙과 멀리 떨어진 변방지역의 소수민족들은 여전히 본 민족의 언어와 문자를 사용할지도 모르지만, 북경에 체류하는 소수민족의 2세들은 대부분 본 민족의 언어를 상실하며, 신속히 한족의 문화로 동화되고 있는 사실은 부인하기 힘들다. 중국은 미국보다 경제 발전의 지역불균형이 심각하며, 중국의 도시화 수준이 낮은 상황에서 '도시성'은 반드시 종족집단을 분석할 때 고려할 필요가 있다.

미국 종족 이론의 역사를 살펴보면 도시사회학과 종족 소수집단 연구를 발전시킨 시카고학파의 경우와 같이 도시연구와 밀접히 연계되어 있다. 특히 1965년 이후, 미국의 이민법 개정과 그로 인한 아시아계 이민자들의 대규모 유입은 서비스업과 연관된 업종의 발전과 대도시로의 인구 집중으로 이어졌다. 아시아계 이민자를 대상으로 한 연구성과들은 여전히 전통적 동화론을 근간으로 하여 이론적 발전을 모색하고 있다고 볼 수 있다.

1990년대 이후 아시아계와 라틴계 이민자들이 미국에 정착하면서 기존의 동화론으로 설명하기 어려운 새로운 정착 유형이 나타났다. 동화이론은 점차 종족집단의 층화 현상에 주목하면서 동화의 다양한 경로를 세밀하게 분석하였다. 예컨대, 포르테스 등의 학자들(Portes and Rumbaut, 1996; Zhou, 1997)은 분절동화론(segmented assimilation)을 제안하면서 동화의 경로가 크게 아래와 같은 세 가지 패턴으로 진행된다는 연구결과를 발표했다. 첫째는 주류 사회의 가치를 받아들여 중산층으로 편입되는 것이고, 둘째는 동화에 실패하여 하층민으로 전락하는 것이고, 셋째는 동족 집단 성원들과 유대를 지속하면서 사회경제적 지위를 향상시켜 가는 것이다(Wright and Ellis, 2000). 이런 미국의 종족의 사회계층화, 분화 등의 이론들은 중국의 도시에 유입한 소수민족들을 연구하는 데 중요한 이론적 기반이 되었고, 중요한 시사점을 주었다. 특히 2000년대 초반에 중국에서 본격적으로 도시화, 계층화 연구가 활발해지면서 서구의 이론들이 중국사회에 적용되는지를 두고 치열한 토론들이 있었다. 결론적으로 중국 농촌사회의 소수민족에 대한 연구 없이 서구이론을 직접 적용하는 것은 중국 농촌사회의 종족 계층연구를 하는 데 큰 도움이 되지 않을 뿐만 아니라 위험하다.

미국의 종족 이론 중 '도시성'에 기반을 두고 북경의 분석대상을 도시로 제한할 때, 종족 이론을 도시이론과 밀접한 관련이 있는 세부적 연구에 초점을 두고자 한다. 특히 중국의 종족 공동체와 '시장'의 관계에 초점을 둘 때, 층화론(place stratification framework)의 분석틀을 차용할 필요가 있다. 미국의 층화 이론이 광범하게 이루어진 것은 「주택담보대출 정보공개법(Home mortgage Disclosure)」이 공포된 이후이다. 로건과 몰로치(1987)가 주장한 층화론은 거주지 분화가 주택시장에서의 인종 · 민족적 고정관념에 기반을 둔 차별적 관행에 의해 유지된다고 본다. 중국의 부동산 중개업체가 소수민족의 주택 구입, 임대에서 차별을 주었는가 하는 경험적 연구는 없다. 하지만 북경과 같은 대도시에서 위구르족 등 인종 차이가 선명한 소수민족 집단들이 호텔 숙박, 주택 임대에서 차별을 받았다는 뉴스보도와 몇몇 연구들이 있다. 북경과 같은 대도시는 중국 경제의 시장화 과정에서 공간적 변화가 가장 뚜렷한 지역들이다. 국가에 의해 형성된 소수민족 집거지 공간이 시장화 과정에서 해체되고, 새로운 공간으로 이주하면서 주변화하는 과정을 직접 관찰할 수 있다. 하지만 과연 중국의 소수민족들이 중국의 체제와 시장화 과정에서 차별을 받았다는 연구는 거의 찾아볼 수 없다. 즉 북경 등 대도시의 소수민족의 전통적 집거지, 신집거지의 주택 계층화 현상들을 분석할 때 에스닉 엔클레이브(ethnic enclave)와 관련한 경험연구들은 어느 정도 대도시의 소수민족 집거지역(ethnic enclave) 연구에 중요한 시사점을 줄 수 있다.

본 연구에서는 북경의 조선족 커뮤니티 과정을 연구하면서 시기별로 국가, 시장, 글로벌라이제이션이 어떤 역할을 하였는지를 살펴보고자 한다.

〈표 2-1〉 북경 조선족 형성의 시기별 특징과 영향력 요인

| 시기 | 국가 | 시장 | 글로벌라이제이션 |
|---|---|---|---|
| 1949~1978 | ● | ◎ | ○ |
| 1978~1999 | ○ | ● | ◎ |
| 2000~현재 | ○ | ◎ | ● |

주: 영향력은 ● 〉◎ 〉○로 표시된다.

본 연구는 북경의 조선족을 분석대상으로 하여 중국 대도시의 소수민족의 종족성이 시기별로 뚜렷한 차이가 있는 것을 설명하고자 한다. 즉 재기적 종족성론(resurgent ethnicity framework)을 분석틀로 활용하여 조선족 집단의 집거지 분화, 재구성 과정에서 국가, 시장, 글로벌라이제이션의 영향을 분석한다. 미국에서 종족의 거주지는 국가, 시장, 글로벌라이제이션으로 정리하기가 힘든 부분이 있지만 북경의 조선족 사례연구를 통해 중국의 재기적 종족성이 어떻게 미국과 다른 메커니즘이 있는가를 설명하고자 한다.

특히 1990년 후반에 왕징 신도시 개발이 점차 마무리 단계에 이르면서 북경의 오도구, 해전구, 고려영 등의 지역에 거주하던 조선족이 왕징으로 집중적으로 이주하게 되었다. 또한 대규모의 한인들이 북경으로 이동하면서 전통적으로 집거하던 오도구, 해전구, 고려영 등의 지역을 거치는 것이 아니라, 직접 왕징 신도시로 이주하는 현상이 나타났다. 이런 현상은 종족성론이 도시 거주지 이론과 접목된 연구에서 밝혀진 패턴이라고 할 수 있는 ① 다수의 새로운 이민자들로 도시의 전통적 집거지가 포화상태가 되어 지리적으로 팽창하는 유출효과(spillover effect), ② 새로운 이민자가 친지 곁으로 정착하는 연쇄이민(chain migration), ③ 새로운 이민자의 높은 사회경제적 지위(high socio-economic status) 덕택에 전통적인 낙후한 거주지역을 거치지 않고 새로운 집거지에 정착하는 것(Allen and Tuner, 1996)과 유사하다. 이런 대규모 집거는 글로벌라이제이션이란 배경에서 일어나며, 또한 상대적으로 사회경제적 지위가 있는 이민자들의 유입으로 동족(co-ethnic) 집거지를 형성할 수 있는 집단에 제한되어 나타난다.

본 연구에서는 미국에서 도시성에 기반을 둔 동화, 층화, 종족성 이론을 보다 정교하게 정리하고 일관된 분석틀을 만들어 중국의 대도시에 이주하여 일정한 규모를 이루고 있는 과경민족을 대상으로 분석하려고 한다. 이때 북경에 거주한 역사를 가진 종족집단을 선정해서 도시 전반의 역사적 흐름과 변화 속에서 종족 커뮤니티가 어떻게 국가, 시장, 글로벌라이제이션의 영향을 받았는가를 분석하고자 한다. 다시 말하면 미국의 종족 이론이 역사적으로 동화 → 층화 → 종족성의 재집중화로 변화했다면 북경에서는 어떤 종족집단들이 동화, 층화, 종족성의 재집중화의 과정을 겪었는지를 시계열적으로 분석하는 작업을 진행하고자 한다.

이런 점들을 면밀하게 고려해 보면 북경의 조선족은 아래와 같은 네 시기에 걸쳐 동화, 층화, 종족성의 재집중화의 과정을 보여 주는 종족집단이다. 첫 번째 시기는 1949년 중화인민공화국의 설립에서 1978년 개혁개방까지인데, 이때 일부 엘리트들이 국가정책에 의해 수도로 이주하였으며, 북경에서 태어난 2세들은 현지에 동화되는 과정이 변방에 집거한 조선족 공동체보다 훨씬 빨랐다. 두 번째 시기는 1978년부터 1992년 한중 수교 전인데, 북경으로 이주한 조선족은 주로 북경에서 공부하던 조선족 대학생들이 졸업 후 북경에서 취직하여 직장인이 된 경우이다. 이들은 전통 집거지의 조선족 문화와 전통, 종족성을 유지하고 상징하는 조선족의 중요한 구성집단이다. 이들은 소수민족 관련 정부기관에서 중요한 직책을 맡고 있으며, 당시 느슨한 호구정책을 통해 친인척과 친구들이 북경에 정착하도록 하여 조선족 집거지가 확장되는 데 중요한 역할을 하였다.

세 번째 시기는 1992년 이후부터 2000년 초반인데, 이때 한국에서 같은 혈연민족으로 상징된 한인집단의 북경 이주와 종족 연결망에 의한 조선족 집단의 분산적 이동이 일어났다. 이 시기에 북경의 도시는 신속히 확장되면서 왕징 신도시가 나타났다. 점차 왕징 신도시로 한인(조선족과 한국 국적자)들이 집거하면서 북경 조선족 공동체 내부의 층화 현상이 나타났고 상이한 이익집단들이 발생했다. 네 번째 시기는 2000년 초부터 현재까지인데, 이때 북경에서 부동산 산업이 급속히 성장하면서 주택 임대와 구매가 자유로워지고 이주의 정착화가 나타났다. 또한 금융 위기를 겪으면서 조선족의 공동체 경제가 새롭게 재편되는 과정에서 종족성의 재집중 현상이 더욱 두드러졌다. 이 시기에 왕징은 한인들이 대거 집거하는 상징지역으로 나타났으며, 북경에 거주하는 조선족에게 있어서 왕징은 생활터전과 휴식공간으로 중요한 기능을 수행하였다.

결과적으로 조선족을 '과경민족'으로서 1992년 한중 수교 이후의 종족자원을 충분히 활용하여 북경에 정착한 대표적 종족집단이며, 중국의 국가, 시장, 글로벌라이제이션과 종족 공동체의 관계를 잘 반영할 수 있는 집단으로 판단하고 분석대상으로 선정하였다. 북경 조선족 공동체의 형성과 변화 과정을 국가, 시장, 글로벌라이제이션의 요인으로 설명하면 〈표 2-2〉와 같다.

**〈표 2-2〉 북경 조선족 공동체의 형성과정**

| 시기 | 이주 배경 | 이주집단 | 이주 집거지 특징 | 흡인요인 |
|---|---|---|---|---|
| 1949~1978 | 소수민족 정책 | 엘리트 | 산별적 집거 | 국가정책 |
| 1978~1999 | 시장 변화 | 시장 개척자 | 코리안 거리 | 호구정책 · 코리안 마켓 |
| 2000~현재 | 글로벌화 · 초국가화 | 모든 조선족 | 코리안 타운 | 조선족 마켓 · 글로벌 마켓 |

## 3. 국가: 엘리트 중심의 조선족 집거지의 형성(毛시대의 이주)

1949년~1978년은 마오쩌둥의 시대(毛시대)이다. 마오쩌둥 시대는 국가 독점의 시대이며, 국가 호출에 호응하는 시대이다. 북경의 조선족은 이런 국가 호출에 의해 북경으로 진출되었으며, 대부분 국가기관에 집중되었다. 중앙민족대학, 사회과학원, 중국과학원, 민족출판사, 민족사무위원회, 민족번역국, 민족방송국 국가기관에 집중되었으며, 군 고위간부 및 퇴직간부의 자녀들이 북경 조선족의 중심을 형성하였다. 1950년대부터 1978년 사이 문화 대혁명으로 대학 진출이 잠시 중단되었지만, 그래도 일부 대학생들이 북경에 남게 되어 소수의 대학생 집단도 형성되었다(예동근, 2009).

이 시기 중국은 엄격한 호구제도를 실시하였으며, 인구이동을 엄격하게 통제하였다. 소수민족 집단에 있어서 '수도=엘리트, 특수업종자'에 속하였다. 예컨대, 1978년에 연변 조선족 자치주 박물관에서 중국 민족

〈그림 2-1〉 화폐 도안에 있는 조선족 소녀

주: 왼쪽은 토가족 소녀 황기평, 오른쪽은 조선족 소녀 소춘희

문화궁에 파견되었던 소춘희 씨는 빼어난 외모와 우연한 기회로 1980년대 인민폐 2각의 주인공으로 등장하였고, 또 북경의 민족문화궁에 일자리를 갖게 되면서 북경에 정착할 수 있었다. 이처럼 국가의 호출에 의한 특수직종은 북경으로 이동할 수 있는 가장 직접적이고 핵심적인 요인이다. 예컨대, 중국의 소수민족정책을 실시하는 중추기관인 민족사무위원회, 북경 민족사무위원회 등의 직종, 조선어 관련 방송, 중국 민족 등 민족언어 관련 등의 국가기관, 대학의 조선어문 관련 부처 등이 대표적이라고 할 수 있다.

민족문화궁과 같은 기관으로 파견되어 정착하는 북경 진출의 경우는 상당히 특별하고 다른 국가기관의 호출과 비교하여 사례가 매우 적다. 비교적 빈번한 이동과 정착경로는 언어, 문자와 관련한 교육, 문화, 언론기관으로의 파견이다. 예컨대, 북경대학 동방언어학부(한국의 단과대학에 해당)의 조선어학부의 설립과 교원 충원, 중앙민족대학교 조선어학부의 설립과 교원 충원, 민족번역국의 조선어 부서의 교원 충원 등 많은 문화, 교육, 출판업계에서 민족정책 실시의 일환으로 조선족 엘리트들이 동원되어 북경으로 진출하는 경우가 그 당시 비교적 일반적인 이동경로였다.

그 당시 북한과 중국은 같은 사회주의 국가로서 문화교류가 빈번하였고, 북한과 교류가 많은 부처에 조선족들이 배정되었다. 군 장교 출신의 고급 간부들은 북경의 중남해와 가까운 핵심지역에 거주하였지만, 인구수는 매우 적었다. 당시 조선족이 비교적 많이 집중한 지역은 민족대학교를 중심으로 대학들이 집중한 북경의 서북지역인 해전구이다. 그때 당시 중국은 '단위'제도를 실시하였으며, 학교기관과 주거지역의 공간이 중첩되는 도시건설 기획이 실행되고 있었다. 이슬람교를 믿는 회교도를 포함한 여타 소수민족 집단들도 '뉴제(牛街)'에 집중되었다. 고유한 종교적 절차를 거쳐야 하는 이슬람의 음식문화로 인해 이슬람 국가의 외빈 대접을 위해 요리, 민족호텔 관리, 종교생활 재생산 등과 관련한 필요로 관련 인력들이 국가 호출로 이동했다. 이런 이동과 정착 유형은 개인의 이동과 관련해 국가가 개입하는 정도가 미미한 미국의 경우와는 매우 다르다. 중국의 유형은 냉전 전 사회주의 국가의 인구이동의 특징이라고 볼 수 있다. 조선족의 이주는 국가 주도의 개발정책에 의해 시작되었고 그 결과로 북경의 조선족 사회가 형성되었다.

## 4. 시장: 집거지의 마켓형 분산화와 다층화 연결망 형성(鄧시대의 이주)

1978년부터 1992년은 중국에서 덩샤오핑의 시대(鄧시대)이다. 덩샤오핑 시대에 북경 조선족의 이주와 관련하여 국가는 여전히 중요한 역할을 담당했지만, 개혁개방이란 시장체제의 도입과 함께 시장의 역할이 갈수록 중요해졌다. 1980년대 초 이동은 상대적으로 자유로워졌지만, 6개월 이상 장기거주에는 친척, 친구, 고향 사람의 도움이 없이는 매우 힘들었다.

1982년도에 북경에 거주하는 조선족의 인구는 3,734명으로 집계되었는데, 1949년부터 조선족이 100명도 넘지 않았다는 증언에 따르면, 국가에 의한 기계적 유입이 주된 형태라고 볼 수 있다. 하지만 1990년의 인구조사에 따르면 북경 조선족 인구는 1990년도에는 7,375명으로 증가했다(중국국가통계국, 1993).[2] 이 시기에는 국가의 역할이 여전히 중요했지만 단순히 국가의 기계적 유입으로 설명할 수 없는 부분은 당시 개혁개방 정책과 밀접히 관련된 '시장'적 요인에 의해 추동되었다. 1989년 천안문 사태 이후, 잠시 중단되었던 이동이 1992년부터 갑자기 폭증하면서 '농민공'이란 형태의 노동력 이동이 큰 폭으로 증가했다. 그런데 소수민족의 이동은 소수민족지역의 특수요인과 언어와 문화의 장벽으로 인해 한족보다 더 어려웠고 진척도 더디었다. 인구이동으로 소수민족들의 언어와 문화가 사라지고 민족 공동체가 해체될 수 있다는 위기의식이 작용했고 인구이동으로 인한 사회적 · 정치적 지위의 상승효과가 나타나지 않은 것이 인구이동의 규모와 속도를 줄이게 된 중요한 요인이었다. 이들과는 달리 조선족은 1992년부터 인구이동이 매우 빠르게 증가하였고 신거주지에서 종족 커뮤니티를 형성한 것으로 보고되고 있다(예동근, 2009; 2010; 2012).

그럼 1990년 이후 조선족 이주는 다른 민족집단들과 비교하여 왜 빨랐으며, 어떤 경로로 일어났고, 이전의 국가 중심의 엘리트 이주와 어떤 차이가 있는가?

이런 질문들에 대한 해답은 예동근(2009; 2010; 2012)과 박광성(2007)의 연구에서 찾을 수 있다. 이들의 연구에 따르면 1992년 한중 수교로 한국인들이 북경, 청도 등 대도시로 집중적으로 이주한 것이 '종족성 흡입이동'이란 특이한 형태를 띠게 되었다고 한다. 즉 북경에 진출한 유학생과 주재원 등의 생필품 소비에서 '언어'와 '문화'의 코드가 중요시되는 노동

2 제3차, 제4차 통계자료는 대부분 북경 호구를 갖고 있는 인구를 표집으로 하였다. 80년대 초반에 여전히 엄격한 인구통제가 실시되었으므로 북경 조선족 인구는 5천 명을 넘지 않는 것으로 추측한다.

력이 필요하였는데 이를 충족한 집단이 '조선족' 종족집단이라는 것이다.

한중 수교 이전에는 주로 조선족이 개혁개방과 산업화, 도시화의 확산으로 북경으로 진출하였다. 위에서 논의하였지만 1982년에 북경에 상주하는 조선족은 3,734명이었으나, 1990년대에는 7,375명으로 두 배 이상으로 빠르게 증가하였다. 북경의 조선족 인구증가의 중요한 원인 중의 하나는 조선족이 집중적으로 거주해 왔던 동북지역이 중국 전역의 산업화, 도시화의 물결 속에서 낙후된 것이 인구배출의 압력으로 작동했던 것이다.

북경의 조선족 이동과 커뮤니티 형성에서 다소 주목받지 못한 것이 여성의 이주와 정착이다. 1980년대 초~1900년대 말 조선족의 이동과 커뮤니티 형성과 밀접하게 관련된 것이 여성 노동력의 이동이다. 우선 1980년대 초반에 이동이 비교적 자유로웠던 것은 남성이 아닌 여성이었다. 이는 중국의 도시화, 산업화 과정에서 서비스 업종의 확장으로 인해 여성 노동력에 대한 수요가 더 커졌기 때문이다. 그리고 조선족 여성은 음식업, 관광업, 숙박업 등에 빠르게 적응하였다. 특히 외지에서의 강한 적응력은 농촌의 남성보다 여성이 더욱 강했다. 동북 3성의 조선족 여성은 조선족이 집거하는 해전구의 학교 근처 등에서 '짠지장사'란 자영업에 주로 종사하는 형태로 북경으로 이주를 시작하였고, 점차 사업이 확장되면서 가족 이동으로 변하는 경우가 많았다.

북경 호구를 가진 조선족들이 모두 국가기관에 일자리를 갖고 있는 것은 아니었다. 가족의 일부는 시장에서 자영업을 하는 경우도 많았다. 처음에는 자영업을 혼자 했지만 점차 규모가 확대되면서 친척, 동향, 친구들이 참여하게 되었고 이런 과정을 거치면서 시장에서의 서비스 업종은 특정한 공간에 집중되는 경향을 보였다. 예컨대, 중앙민족대 뒷골목에 조선족 관련 음식업체들과 중국언어대학이 위치한 지역 주변의 조선족 관련 업소들은 시간이 지나면서 연고와 종족성을 중심으로 확장되었다.

북경의 조선족의 이동이 시장 분산형으로 다층화되는 것은 북경의 도시건설과 한국인의 이주 및 거주환경에 대한 수요가 맞물리면서 늘어난 인구가 여러 지역으로 분산되는 것과 깊은 관련이 있다. 북경의 한국인 인구의 증가는 한국기업의 중국 진출, 한국인 관광객의 증가, 중국 유학 붐 등으로 인해 비교적 다양한 계층의 한국인들이 북경으로 이주하게 되면서 발생하였다. 1990년대 말까지 북경시 정부는 엄격한 외국인 격리 정책을 실시하였다. 외국인은 대부분 국가가 지정한 특정 호텔을 중심으로 거주해야만 했고, 민간집에서 거주하는 것은 엄격하게 금지되었다. 그러나 1997년까지 중국에 진출한 한국인 유학생들이 일정한 규모를 형성하면서, 집값이 싼 북경시 해전구 오도구(五道口)의 북경 어언대학 중심으로 코리안 거리가 형성되었다. 한글 간판이 쓰인 음식점, 병원, PC방들이 생기기 시작하면서 한국인들이 살기에 편리한 환경이 조성된 것이다. 더불어 중국이 아시안 게임을 개최하면서 '아시아촌'이 새롭게 개발되었다. 이 지역은 비싼 집값, 우수한 거주환경으로 인해 대부분 주재원들과 그들의 가족들이 거주하는 곳으로 변해 갔다. 이렇게 오도구의 북경 어언대학과 '아시아촌'이 코리아타운의 두 결집점이 되었던 것이다(예동근, 2009; 2010; 2012).

코리아타운의 발달에 힘입어 동북 3성의 조선족도 북경으로 활발히 진출하게 되었다. 우선 한중 수교와 중국의 시장개혁의 하나의 결과로 나타났던 '하해(下海) 바람', 즉 공무원들이 공직을 버리고 시장경제에 뛰어들어 비국유 기업에서 종사하는 현상이 나타났다. 조선족 대학생들도 졸업 후 '철밥통'을 버리고 월급이 많은 한국기업에 취업하거나, 여행사의 가이드로 출발하여 사업을 시작하는 사람들이 많아졌던 것이다(예동근, 2009; 2010; 2012).

현재 북경에서 일정한 규모의 재산을 모은 자산가들을 보면 대부분 1990년대 초 한국기업 혹은 여행사를 통하여 자본 축적을 한 사람들이다. 하지만 이들은 공무원 생활을 할 당시 배분된 주거 공간을 중심으로 생활하였기에 코리아타운과 격리되어 있었다고 할 수 있다. 코리아타운에 거주하는 사람들은 주로 유학생과 주재원이었고, 이들이 중국생활 적응을 위해 조선족 보모(保母)를 고용하면서 가정부의 수요가 증가했다(예동근, 2009; 2010; 2012).

오도구 지역 코리아타운의 강제 철거, 왕징 신성의 입주 시작으로 인하여, 오도구 지역과 '아시아촌'에 살던 한국인은 집값이 저렴한 '화가지' 지역과 왕징 신성에 새로이 모여들었다. 이것이 '뉴 코리아타운', 즉 '왕징 코리아타운'의 시작이었다(예동근, 2009; 2010; 2012).

덩샤오핑 시대의 조선족의 북경 이주를 정리하여 보면, 1978년부터 1989년 천안문 사태 전까지 이동은 제한적이었으며, 북경 조선족의 친인척 중심으로 일부 모험 정신이 있는 개척자들이 북경으로 진출하였지만 그 수는 소수였다. 1992년 덩샤오핑의 남순강화와 함께 제2차 개혁시대가 열리면서 시장화란 거대한 사회적 변혁이 일어났으며, 국유기업 민영화, 도시 주택의 상품화를 통해 주택 거주지의 차별화가 일어났다. 특히 1994년부터 첫 번째 상품화로 개발한 왕징4구, 왕징3구 고급 아파트 단지가 개발되면서 한국인들이 선호하는 주택 거주지로 자리 잡기 시작하였다.

이 시기에 조선족의 이동은 탄력을 받게 되었다. 특히 1992년 한중수교를 맞이하면서 조선족 이동은 한민족이란 종족성의 재집중화로 이동경로가 점차 종족화되는 경향이 강하게 나타났다. 1992년 이후부터 오도구(五道口) 중심으로 코리안 거리가 형성되었고, 점차 서쪽으로 확산되면서 화갑지(花甲地)로 확장되었다. 1990년대 말에 왕징이란 신도시가 확장되면서 일부 한인들이 왕징에 집거하기 시작하였고, 종족 집거지가 형성됨으로 인해 조선족들의 왕징 진출이 본격화되었다.

또한 주택의 상품화와 함께 계층이 분화되면서 다양한 계층들이 출현하였다. 조선족 커뮤니티에서도 일찍 정착한 조선족(老北京), 개혁개방 이후 정착한 조선족(新北京), 그리고 2000년 후반에 왕징을 중심으로 집거지를 형성한 왕징 조선족(望京朝鮮族)으로 서로 다른 문화코드를 가진 집단들로 계층 분화가 일어나고 있다. 그리고 조선족 이주자들은 여타 소수민족들과 한족보다 교육과 임금 수준이 높다. 미국의 코리아타운 한인들이 선주민들과 비교해서 사회경제적 지위가 높지 않은 것과 대비가 되는 점이다. 즉 조선족의 이동은 신분 상승을 가져오고 선주민과 여타 이주자들보다 유리한 비교 우위를 갖는다는 점이 주목할 만하다.

이동경로와 주거지 특징으로 볼 때 조선족의 북경 도시 이주는 점, 선, 원으로 집거지가 점진적으로 확장되면서 'ㄴ'을 위로 뒤집은 모습인 'ㄱ' 형태로 지속적으로 집거지가 확장되는 경향이 있다. 북경에 있는 여타 이주민들의 집거지는 철거되면서 사라지는 반면 조선족의 집거지는 한인 종족성이 기반한 집거지로 확장되는 측면이 있고 이런 점에서 미국의 코리아타운과 구별되는 특징이 있다. 많은 경우에 신 집거지의 형성은 이전 집거지의 해체 또는 쇠락으로 이어지는데 조선족의 집거지는 점-선-면으로 연결되면서 기능적 분화가 강화되는 특징이 있다.

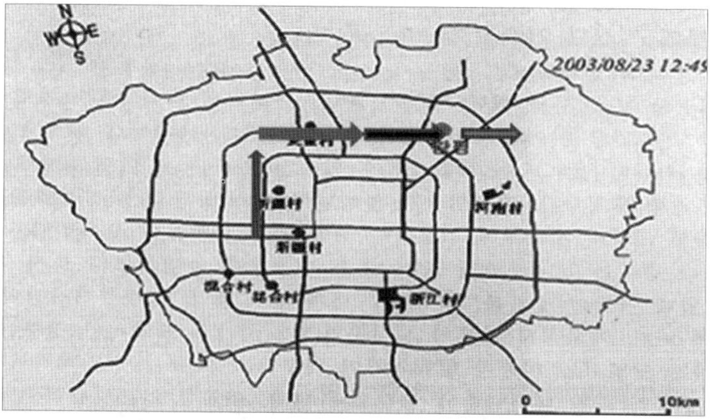


〈그림 2-2〉 조선족의 '「'형 집거지 형성과정

## 5. 글로벌라이제이션: 초국적 이동과 조선족 집거지의 재집중화(포스트 덩샤오핑 시대 이주)

조선족의 도시 이주가 2000년대에 집중된 것은 2000년대에 한국인이 대도시를 중심으로 코리아타운을 형성하여 이동진입의 장벽을 낮춘 것과 관련이 있다. 또 다른 이유는 조선족이 해외 이주를 통하여 자본을 축적하고 대도시로 이동할 수 있는 인적자본을 형성하였기 때문이다. 다시 말해서 해외에서 자본을 축적한 조선족은 동북지역의 농촌에 돌아가지 않고 한국인과 조선족이 많이 집거하는 북경, 청도, 상해, 심천, 광저우 등으로 이주하였다. 이로 인해 이 시기에 조선족 인구이동이 대규모로 일어났고 집거권의 인구 규모가 빠르게 증가하였다. 이진영(2006)과 박광성(2006)의 연구에서는 50~60만 명의 조선족이 새롭게 형성된 국내 집거권에 자리 잡았으며, 20만 명 정도가 해외에 집거하는 것으로 추산하였다(이진영, 2006; 박광성, 2006; 예동근, 2009; 2012). 이진영은 중국 수도권에는 조선족이 17만 명, 한국인이 12만 5천 명, 상해 장강 삼각주 유역을 지칭하는 화동지역에는 조선족이 약 8만 5천여 명, 한국인 6만 명이 상주하고 있다고 추산하였다. 그리고 산둥반도 인근지역에는 조선족 18만 명, 한국인이 12만 명, 다롄에는 조선족과 한국인을 합쳐 5만여 명이 거주하는 것으로 보았다. 선양의 경우에는 서탑 거리의 한국인, 조선족 상권은 한국 주간을 열 정도로 성장하였다. 해외 조선족 인구와 관련하여 최근의 법무부 통계는 재한 조선족 인구를 38만 명으로 추정하며(법무부, 2008), 박광성은 미국, 일본, 유럽 등에 5~10만 명의 조선족이 거주하는 것으로 보았다(박광성, 2006; 예동근, 2009; 2012).

이상의 논의로 볼 때, 2000년에 들어서서 5대 경제권[3]의 코리안 집거권은 한국인과 조선족을 포함하여 100~120만 명 규모로 성장하였다. 개혁개방 이후 조선족은 200만 총 인구의 1/4가량이 국내 연해도시로 이주하였고, 같은 수의 조선족이 해외로 이주하였다. 이들 중 상당수가 다시 국내 연해도시로 재이주하는 상황이 반복되는 것으로 볼 때 연해지역의 코리아타운은 갈수록 성장할 것으로 예측된다.

왕징 코리아타운이 급속히 성장한 것은 2000년대 초반이었다. 1992년도 한중 수교 당시 한중 간 인적교류는 연간 13만 명에 불과했지만, 2000년을 넘어서면서 양국 간의 인적교류는 482만 명으로 급속히 증가하였고, 이후 매년 1만 명의 성장 추세를 보이고 있다. 또한 한국에서 매년 중국을 방문하는 사람들은 2005년에는 392만 명, 2006년과 2007년

3 이진영은 연해지역의 5대 경제권역을 북경-톈진 수도권, 청도-웨이하이 산동권, 선양-다롄 발해만권, 상해-난징 화동권, 심수-광저우 화남권으로 나누고 있다(이진영, 2006).

에는 400만 명을 넘어섰고, 중국에 장기거주하는 한국인은 70만 명을 넘어섰다. 중국에서 공부하는 한국인 유학생의 수도 2001년부터 매년 25%씩 증가하여 1999년도에 1만 6천 명을 넘지 않던 것이, 2006년에는 5만 4천여 명을 기록하였다. 이것은 중국에 체류하는 전 세계 유학생의 38%에 해당한다. 어학연수 및 유치원, 초등학교, 중학교의 학생까지 포함하면 6만 명 내지 7만 명이 넘는 것으로 추정된다(Dan, 2006; 예동근, 2009; 2010; 2012).

2000년 이후, 한중 간 경제교류도 매우 활성화되었다. 2007년에 중국은 처음으로 일본을 제치고 한국의 최대 수입대상국으로 부상하면서 한중 간 무역 총액은 1,500억 달러를 넘어섰다. 대중 수입은 2002년부터 연평균 30%씩 증가하면서 2007년에 630억 달러를 기록하였고, 대중 수출은 2002년에 200억 달러를 넘긴 이래 매년 평균 12.2% 속도로 증가하면서 2007년에 820억 달러를 기록했다(삼성경제연구소, 2007). 2000년 이후에 왕징에 거주하는 조선족 인구도 급속히 증가하였다. 현재 왕징에 거주하는 공식통계에 따른 조선족 수는 1만여 명이다. 그러나 현지조사에 따르면 왕징에 사는 조선족은 3만여 명으로, 한국인은 5~6만 명으로 보고 있다.

왕징 지역은 1970년대만 해도 내광영촌(來廣營村)에 속한 농촌지역이었다. 1980년대 초기에도 중국 사회과학원 연구생원, 북경 청년정치학원, 북경 중의학원 등 소수의 학원 구역 외에는 대부분 농지로 이루어졌고, 주거지는 농민들이 사는 허술한 단층집이 다수였다. 왕징 지역 중 처음으로 개발된 곳은 화가지(花家地)였다. 화가지는 원래는 주로 산초(花椒) 재배지로 활용되었던 농지지역으로, 산초지란 뜻으로 화추지(花椒地)라 불렸다. 1988년 초 도시개발공사에서 이 지역에 처음으로 주택단지를 건설하면서 '화추지'와 발음이 비슷한 화가지(花家地)라는 명칭을 붙이게 되었다. 그 후, 중앙미술학원이 이 지역으로 옮겨 오면서 많은 미술가들이 모여들게 되었고 화가들이 모이는 지역이라 해서 화가지(畵家地)로 불리게 되었다고 한다.

1990년대 초에 북경시에서 왕징 지역을 거대 주택단지로 건설하면서 북경을 마주보고 있는 도시이면서 부도심 역할을 하는 도시로서 '왕징 신도시(望京新城)'가 형성되었다. 1997년 입주를 시작한 '왕징 신성' 아파트로 대표되듯이 왕징은 점차 북경의 외곽지역에서 서울의 분당과 같은 중산층 계층이 거주하는 공간으로 변화되기 시작하였던 것이다. 또한 원주민이 거의 없던 지역에 새로운 주택단지가 들어서고 여기에 한국인이 우선적으로 거주하기 시작하면서 점차 다국적, 다민족이 거주하는 국제지역으로 변화되었다.

왕징은 북경의 동북부 지역 외곽의 4환과 수도비행장 고속도로 교차점에서 부채형으로 외곽으로 연장된 지역이다. 왕징은 주로 3대 기능을 갖고 있는 지역으로 설계되고 건설되었는데, 남에서 북으로 가면서 왕징 신성, 신기술 개발구, 물류창고 지역이 늘어서 있다.

글로벌형 코리안 커뮤니티 형성과 재편과정을 정리하여 보면, 2000년부터 현재까지(포스트 덩샤오핑 시대) 시장화는 가속화되면서 안정적인 발전을 도모하였다. 1997년에 금융 위기를 겪고 일부 한국인은 북경을 떠나면서 코리아타운이 약간 감소된 경향이 있고 조선족 기업들도 새로운 도시사회에 적응하며 자립의 길을 모색하고 있다. 종족성을 기반으로 형성했던 서비스 사업이 타격을 받으면서 조선족은 중국 현지화로 눈길을 돌리고 내수시장을 확장하는 방향으로 전환을 모색하고 있다.

전반적으로 볼 때, 왕징은 거대한 조선족 타운을 형성하면서 비교적 성공적으로 종족 집거지를 형성하였다고 평가할 수 있다. 최근에 왕징의 조선족은 더 서쪽으로 확장하면서 연교(燕郊)로 이동하는 경향이 있다. 주택 가격이 떨어지면서 주변화되는 경향도 있지만 왕징은 종족성 커뮤니티의 상징성을 갖는 데 성공하였다. 그리고 여전히 조선족의 중요한 생활공간과 소비공간으로 자리매김하고 있다.

## 6. 결론

본 연구에서는 북경 조선족 공동체의 형성을 크게 3단계로 나누어 분석하였다. 1949년 마오쩌둥 시대의 국가 중심의 이동, 덩샤오핑 시대의 시장 중심의 이동, 포스트 덩샤오핑 시대의 글로벌 이동을 중심으로 조선족의 이동과 정착을 살펴보았다. 그리고 국가 주도, 시장 주도, 글로벌화라는 키워드들로 중국의 거대한 사회변혁을 시기적으로 구분했고, 각 시기별로 조선족 종족 공동체가 어떻게 태동되고 성장하고 변화를 겪어 왔는가를 분석했다. 선행이론으로 검토했던 미국의 도시화와 종족집단 간의 관계에서 나타났던 국가 중심의 동화, 시장 중심의 층화, 글로벌라이제이션 과정에서 종족성의 재집중화와 다양화란 3단계 현상이 북경의 조선족 이주와 정착 과정에서 재발견되었다.

종족성으로 볼 때 비슷하지만 국적으로 구분되는 조선족과 한국인은 공통적으로 여타 소수민족들과 한족보다 교육 수준이 높고, '높은 임금'을 받는다. 미국의 코리아타운 한인 이주자들이 선주민들과 비교해서 우세한 지위를 갖지 못하는 것과 대비된다. 즉 조선족은 이주를 통해 신분 상승을 빠르게 이루었다고 볼 수 있다. 이동경로와 주거지 특징으로 볼 때 조선족의 북경 도시 이주는 점, 선, 원으로 집거지가 점진적으로 확장되면서 'Γ' 형태로 지속적으로 집거지가 확장된다. 북경에 여타 이주민들의 집거지는 철거되고 사라지는 반면 조선족의 집거지는 한인 종족성에 기반을 둔 집거지로 확장되고 있으며 이런 점에서 미국의 코리아타운과 다른 면을 보인다.

본 연구에서는 미국의 도시화 중심의 종족성 이론들을 동화-층화-종족성 집중화라는 방식으로 이해를 했고 그 분석틀을 최초로 중국의 대도시인 북경의 도시화 과정과 조선족 공동체의 형성에 적용하였다. 이런 접근법은 소수민족들이 집거하는 낙후된 농촌지역의 종족 커뮤니티를 분석하는 데 한계를 갖고 있지만 중국의 도시화가 가속화되는 시점에서 도시의 소수민족들을 분석하는 데 유용할 것이라고 예측한다. 또한 이미 도시화율이 90% 이상을 기록하는 한국에서 외국인들이 집거하는 지역에 종족 커뮤니티가 어떻게 형성되고 성장하고 변화하는지를 분석하는 데도 시사점을 줄 수 있을 것으로 기대한다.

## 참고문헌


박광성. 2006. "세계화시대 중국조선족의 노동력이동과 사회변화". 서울대학교 박사학위 논문.

박명규. 2005. "북경의 조선족". 『중국조선족사회의 변화: 1990년대를 중심으로』. 서울대학교출판부.

박배균. 2009. "초국가적 이주와 정착을 바라보는 공간적 관점에 대한 연구: 장소, 영역, 네트워크, 스케일의 4가지 공간적 차원을 중심으로". 「'사회문화적 변동과 새로운 도시지역 정책: 다문화사회에의 대응' 워크샵」 발표논문. 국토연구원. 6월 15일.

박세훈. 2006. "식민국가와 지역공동체: 1930년대 경성부의 도시사회정책 연구". 『한국학술정보』.

예동근. 2007. "초국가적 도시화의 관점에서 바라본 동북아공동체: 도시 조선족 공동체의 형성을 중심으로". 「21세기 동아시아 공동체구축과 민족의 조화」 국제학술대회 자료집.

______. 2010a. "종족성의 자원화와 도시 에스닉 커뮤니티 재구성: 왕징코리아타운 조선족결사체를 중심으로". 『동북아문화연구』 25: 531-547.

______. 2010b. "글로벌시대 중국의 체제전환과 도시종족 공동체 재형성: 북경 왕징 코리아타운의 조선족 공동체 사례 연구". 『민족연구』 43: 159-185.

______. 2012. "조선족의 도시 이주적응과 다민족 관계". 『디아스포라연구』 6(1): 39-60.

윤인진. 2003. "중국조선족의 도시이주, 사회 적응, 도시공동체: 청도사례연구". 『재외한인연구』 13(2): 49-89.

이민자. 2001. 『중국농민공과 국가-사회관계』. 나남출판사.

______. 2007. 『중국호구제도와 인구이동』. 폴리테이아.

이예화. 2008. "조선족 유동인구의 귀향 '잔치': 연변 음식문화의 생산과 소비에 관한 연구". 서울대학교 인류학과 석사학위 논문.

이진영. 2006. "중국 5대 경제권역의 새로운 재중동포 권형 형성 및 시각". 전남대학교 한상연구단 발표논문.

이희옥. 1999. "중국의 사회적 불평등과 사회주의체제". 중국학회 발표논문. 3월 6일.

전현택. 2001. "북경시 주택상품화의 전개과정과 공간적 패턴". 서울대학교 지리학과 박사학위 논문.

정경희 · 인인표. 2004. "재미한인의 사회경제적 성장: 그 연구를 위한 이론적 고찰". 『미국학논집』 36(3): 280-304.

정신철. 1999.『중국조선족사회의 변천과 전망』. 중국 요녕민족출판사.

한남운. 2000. "중국의 개혁체제와 도시 유동인구". 서울대학교 사회학 박사학위 논문.

한상복 · 권태환. 1993.『중국연변의 조선족: 사회의 구조와 변화』. 서울대학교 출판부.

蔡昉 · 白南生 主编. 2006.『中国转轨时期劳动力流动』. 社会科学文献出版社.

陳光金. 2007. "当前中国社会发展的主要阶段性特征: -简论中国社会的若干重大社会结构变化与 结构性矛盾".「한중 수교 15주년 & 재한조선족유학생네트워크 창립 4주년 기념 심포지엄」, 크라운호텔. 11월 24일. pp. 122-134.

陈金永. 2006. "中国户籍制度改革和城乡人口迁移".『中国转轨时期劳动力流动』. 社会科学文献出版社. pp. 38-41.

但兴悪. 2007. "中韩关系十伍年".「한중 수교 15주년 & 재한조선족유학생네트워크 창립 4주년 기념 심포지엄」. 크라운호텔. 2007년 11월 24일. pp. 1-5.

李汉林 · 王琦. 2001. "关系强度作为一种社区组织方式-农民工研究的一种视角". 柯兰君. 李汉林主编.『都市里的村民-中国大城市的流动人口』. 北京 中央编译出版社.

良警宇. 2006.『牛街: 一个城市回族社区的变迁』. 中央民族大学出版社.

項飚. 1996. "流动、传统网络市场化与'非国家空间'".『战略与管理』6.

______. 1997.『跨越边界的社区北京"浙江村"的生活史』. 三联书店.

周敏. 1995.『唐人街-深具社会经济潜质的华人社区』. 商务印书馆出版.

______. 2006.『美国华人社会的变迁』. 上海三联书店.

Allen, J. P., and E. Tuner. 1996. "Ethnic Diversity and Segregation in the New LosAngeles." In *EthniCity: Geographic Perspectives on Ethnic Change in Modern Cities,* Edited by C. C. Roseman, H. D. Laux, and G. Thieme Lanham. MD: Rowman & Littlefield, pp. 1-29.

Logan, J. R., and H. L. Molotch. 1987. *Urban Fortunes: The Political Economy of Place.* Berkeley. University of California Press.

Wright, R., and M. Ellis. 2000. "The Ethnic and Gender Division of Labor Compared Among Immigrants to Los Angeles." *International Journal of Urban and Regional Research,* 24: 583-601.

# 제3장
# 재일한인 사회의 현황과 정책적 과제

최영호(영산대)

## 1. 서론

이 글에서 필자는 재일한인 사회의 인구 현황을 이해할 수 있는 자료와 그 내용을 소개하고, 민단(재일본대한민국민단)의 주요 활동방침과 정치적 참여 문제를 중심으로 하여 재일한인 사회가 직면하고 있는 정책적 과제를 설명하고자 한다.

재일한인에 관한 연구는 언제나 "재일한인이 과연 누구인가"라고 하는 근본적인 물음에 봉착하지 않을 수 없다. 필자는 개념상 재일한인이란 스스로가 한반도 '국가(state)' 혹은 '국가체(statehood)'의 구성원이라고 인식하는 사람들의 일본 내 커뮤니티를 말한다(제주대학교 재일제주인센터, 2014: 173). 다만 이처럼 주관적인 정체성 인식에 따라 재일한인의 존재를 파악할 경우, 개개인의 정체성은 유동적이며 복합적인 성격을 가진다. 따라서 현실적으로 재일한인의 인구 현황을 정확하게 파악해 내기란 불가능하다. 이러한 한계에 따라 본문에서 언급하는 바와 같이 비록 개념상 재일한인의 통계라고 명확히 말할 수는 없지만, 편의상 한국과 일본의 정부 측 통계를 빌려 국적을 통하여 그들의 인구 현황을 파악할 수밖에 없다.

재일한인은 한반도로부터 경제적 · 학문적 목적을 위해 일본 열도로 건너갔다가 거기서 오랫동안 거주하게 된 한반도 출신자와 그의 자손들이다. 이들은 한편으로 한반도의 '국가' 혹은 '국가체'에 뿌리를 내리고 있으면서도 다른 한편에서 오늘날 일본의 '국가' 혹은 '국가체'에 정치적으로 대응하고 있다. 따라서 한반도와 일본에 대한 정치적인 대응 양상에 따라 이들의 민족적 정체성을 다양하게 해석할 수 있다. 이러한 재일한인이 한국(북한)이나 일본에 대해 취하고 있는 대응 양상을 굳이 일반화하자면, 민족(재일한인)과 국가(체) 간의 정치적 대응 양상으로 나타낼 수 있지 않을까 한다. 현재 필자가 생각하고 있는 정치적 대응 양상의 틀은 다음 〈표 3-1〉과 같다(제주대학교 재일제주인센터, 2014: 174-177).

일반적으로 어느 커뮤니티가 집단적인 정체성을 갖게 되는 데에는 한편으로 집단 내부의 필요성에 의해 능동적으로 '만들어 가는' 측면이 있는가 하면, 또 다른 한편으로는 집단 외부의 다른 집단에 의해 수동적으로 '만들어지는' 측면이 있다. 재일한인 사회에 있어서도 두 가지 측면이 아우러져 집단적 정체성의 변화를 가져왔는데, 재일한인 개인의 의견이나 감정으로는 다양하게 정당화될 수 있겠지만, 재일한인 사회의 집단적 정체성은 '만들어지는' 측면이 훨씬 강했다고 할 수 있다(최영호, 2008: 67-68). 그것은 통상적으로 재일한인 사회가 일본사회의 민족적 차별에 노출되어 있으며 그로부터 탈피할 수 있는 주도권을 갖기 어려운 소수집단이기 때문이기도 하며, 이와 함께 한반도 사회로부터 지속적으로 소외와 외면을 당하면서 한반도 사회에는 쉽사리 융합되기 어려운 생활조건을 가지고 있기 때문이다.

**〈표 3-1〉 민족과 국가(체)와의 정치적 대응 양상**

| 민족 → 국가 / 국가 → 민족 | | | | 대응구분 | 충성(Loyalty) | 이의 제기 (Vioce) | 이의 제기 | 절연(Exit) |
|---|---|---|---|---|---|---|---|---|
| | | | | 국토전제 | Y | Y | N | N |
| | | | | 체제전제 | Y | N | Y | N |
| | | | | | ① | ② | ③ | ④ |
| 대응 구분 | 통치 대상 | 국민 대우 | | 민족 측 대응 / 국가 측 대응 | 구심적 대응 통합주의 | 개혁적 대응 반체제주의 | 원심적 대응 자치주의 | 탈피적 대응 분리주의 |
| 포섭 (Inclusion) | Y | Y | Ⓐ | 포섭정책 국민 형성 | 포용적 국민통합 | 혁명적 국민통합 | 분리자치 실현 | 이탈운동 / 국민화 설득 |
| 차별 (Discri mination) | Y | N | Ⓑ | 식민정책 차별대우 | 국민대우 요구 / 단속감독 | 혁명 요구 / 단속감독 | 자치운동 / 단속감독 | 이탈운동 / 단속감독 |
| | N | Y | Ⓒ | 동포정책 재외국민 | 편입적 국민통합 | 혁명 요구 / 재외 국민 관리 | 재외국민 / 재외 향유 국민 관리 | 재외국민 이탈 |
| 배제 (Exclusion) | N | N | Ⓓ | 단절정책 보호 기피 | 국민대우 요구 / 무관심 국외 추방 | 혁명 요구 / 무관심 국외 추방 | 체제 옹호 / 무관심 국외 추방 | 분열적 국민 재편 |

재일한인의 역사에서 민족의식의 원천이 되었던 일본사회로부터의 차별이 여전히 남아 있는 가운데,[1] 근래에 들어 새로운 세대의 재일한인

1 재일한인에 대해 현존하는 일본사회의 차별을 비판하는 근래의 연구물로, 梁優子. “国内女性NEWS: 浮かび上がる複合差別の実態”, 『女たちの21世紀』(47号. 2006. 8); 李月順. “複合差別に向き合う在日朝鮮人女性: 実態調査報告から”, 『部落解放』(579号. 2007. 3); 丁熙子. “春夏秋冬許せない! 在日朝鮮人への弾圧 · 人権蹂躙行為”, 『社会評論』(149号. 2007.春); 床井茂. “在日朝鮮人への最近の人権侵害 · 弾圧について”, 『科学的社会主義』(112号. 2007.

들의 정체성으로서 정보의 세계화 추세에 따라 '탈 국민국가'적 인식을 강조하거나,[2] 더욱더 나아가 정치적 귀속의식을 부정하는 '디아스포라'인식을 강조하는 연구[3] 등이 유행처럼 널리 나타나고 있다. 그와 더불어 일본사회로부터의 민족 차별이 과거에 비해 완화되었다고 하는 현실 인식을 바탕으로 하여, 오늘날 일본사회와의 적극적인 공생을 주장하는 움직임[4]도 활발한 편이다.

---

8) 등을 들 수 있다.

2 재일한인의 존재에 대한 '탈 국민국가'적 관점을 주장하는 대표적인 연구물로, 尹健次. 『「在日」を考える』, 平凡社. 2001; 文京洙. 『在日朝鮮人問題の起源』, クレイン. 2007; 金仙花. "日本における民族問題: 在日朝鮮人の現状と課題", 『社会環境研究』(10号. 2005. 3) 등을 들 수 있다.

3 재일한인의 존재에 대한 '디아스포라'적 관점을 주장하는 대표적인 연구물로, ソニア・リャン. 『コリアン・ディアスポラ: 在日朝鮮人とアイデンティティ』, 明石書店. 2005; 金友子. "'同胞'という磁場", 『現代思想』, 2007. 6; 金性済. "ディアスポラとしてのザイニチから見た社会", 『解放教育』(37巻11号, 2007. 11); 이상봉, "디아스포라적 공간으로서의 오사카 코리안타운의 로컬리티", 『한일민족문제연구』(22호, 2012. 6); 이상봉・박수경, "디아스포라적 정체성과 차이의 정치: 재일코리안의 국적・언어・이름을 통한 접근", 『한일민족문제연구』(24호, 2013. 6) 등을 들 수 있다.

4 재일한인의 일본사회에 대한 '적극적 공생'을 주장하는 대표적인 연구물로, 佐々木てる. "在日コリアンと国籍取得権: 「帰化モデル」の議論と「コリア系日本人」という可能性から", 『社会学ジャ—ナル』(30号, 2005. 3); 徐正禹. "在日コリアン人権運動の理論構築について", 『労働運動研究』(400号, 2007. 4); 韓昌祐・坂中英徳, "消滅目前の在日コリアン社会へ: 日本国籍を取得し'政治参画の道を選べ", 『中央公論』(2007. 6) 등을 들 수 있다.

## 2. 재일한인 사회의 인구 현황

재일한인의 인구 현황에 관한 통계로는 한국의 외교부 통계와 일본의 법무성 통계를 꼽을 수 있다. 〈표 3-2〉는 한국 외교부가 파악하고 있는 재일동포 숫자이다. 오늘날 외교부는 외국에 거주 또는 체류하는 재외동포 및 재외국민의 현황을 격년으로 발표하고 있다. 이 자료는 2016년 12월 31일을 기준으로 하여, 해외에 주재하는 한국 대사관, 총영사관, 분관 또는 출장소에서 작성한 공관별 재외동포 현황을 정리한 것이다. 주재국의 인구 관련 통계자료, 한인회 등 동포단체의 조사결과, 재외국민등록부 등 공관의 민원 처리 기록과 직접 조사결과 등을 근거로 하여 산출한 추정 숫자이다(외교부, 2017: 14, 29). 다만 어떤 이유에서인지 외교부의 재외한인 통계에서 개별 항목의 숫자를 합산한 결과가 합계의 수와 맞지 않게 나타났다. 따라서 이 글에서는 외교부의 자료에서 개별 항목의 수치만을 인용하고자 한다.

또한 외교부 통계 가운데 일본의 국적을 가지고 있는 인구, 즉 거주국 시민권자 항목의 수치(365,530명)에는 아예 처음부터 일본 국적을 가진 재일동포 자녀 숫자가 들어 있지 않다. 따라서 통계라고 하기에는 매우 신빙성이 희박하다고 할 수 있다. 이것은 혈연을 중시하는 동포 개념이 국적을 중심으로 하는 통계와 다르기 때문에 발생하는 문제이다. 일본에서 실제로 통계화하기에는 매우 어려운 문제이기는 하지만, 혈연에 따른 재일한인을 파악하는 데 공식적인 통계자료가 나오고 있지 않은 것이다. 이러한 이유로 한국 외교부는 행정 편의적인 관점에서 조선적 동포를 포함하여 1952년부터 2016년 사이에 일본 법무성이 귀화를 허가한 재일동포 숫자를 추가하고 있다. 그런데 이렇게 되면 귀화자의 사망이나 국적 변동을 살펴야 하기 때문에, 오늘날 생존자의 인구를 파악하고자 하는 통계치로서 많은 문제점을 가지게 된다.

〈표 3-2〉 재외한인 통계(외교부, 2017년 통계)

| 국가별 | 체류자 | | | 영주권 보유자 (D) | 재외국민 합계 (E=C+D) | 거주국 시민권자 (F) | 재외한인 총계 (G=E+F) |
|---|---|---|---|---|---|---|---|
| | 일반체류자 (A) | 유학생 (B) | 소계 (C=A+B) | | | | |
| 세계 | 1,354,220 | 260,284 | 1,614,504 | 1,049,210 | 2,663,714 | 4,758,528 | 7,422,242 |
| 일본 | 57,718 | 15,438 | 73,156 | 379,940 | 453,096 | 365,530 | 818,626 |

결과적으로 개념상 재일한인의 인구 통계를 파악하기는 어렵고 국적을 통한 어렴풋한 통계를 가지고 재일한인의 부분집합으로 파악할 수 밖에 없다. 일본 정부는 일본 국민에 관하여 민족별 통계를 정리하고 있지 않으며 더욱이 일본 혼혈인의 민족성을 파악하는 자료를 생산하고 있지 않다. 이러한 이유로 한국 정부는 재일한인의 통계로서 일본 정부가 발표하고 있는 일본의 국적별 외국인 현황에 의존하고 있으면서도 재일한인 전체상을 파악조차 하지 못하고 있는 것이다. 재일한인 최대의 민족단체 민단에서도 재일한인의 통계로서 법무성의 외국인 통계를 그대로 인용하고 있다(在日本大韓民国民団, 2018b). 여기에 민단이 2014년 12월 말까지 (대한민국) 국민 등록자 수치로 제시하고 있는 총 331,572명의 수치는 재일한인의 통계로서는 말할 것도 없이 재일한국인(대한민국 국민) 통계로서도 의미를 갖지 못하고 있다(在日本大韓民国民団, 2018a).

오늘날 일본 정부는 재일동포의 통계로서 대한민국 국적자와 조선적 인구를 따로 파악하고 있다. 일본 정부는 1950년부터 한국과 조선을 따로 집계해 오다가 1975년판 재류 외국인 통계부터는 각 지방으로부터 구분 없이 등록자 수에 관한 보고를 받고 있다는 이유로 '대한민국 국적자'와 '조선적' 인구를 구분하지 않고 통일적으로 인구 통계를 잡아 왔다. 그러다가 2016년부터 다시 일본 정부의 대북제재 일환으로 둘을 구분하기 시작했다. 조선적은 일본 법률상 무국적으로 분류되고 있어 외국을 드나들 때 한국 정부의 여행증명서나 일본 법무성의 재입국 허가서를 여권 대신 발급받아야 하는 등 여러 가지 불편이 따른다. 여기에다가 총련 관계자 이외에 상상의 조국을 통일된 조선으로 상정하고 조선적을 유지하고 있는 재일한인도 있기 때문에 이들에게 한국적과 조선적을 구분하는 행정적인 작업은 가혹한 일이 아닐 수 없다(최영호, 2017).

이 문제에 관하여 2008년 3월 당시 민주당 소속 참의원 의원 가와카미 요시히로(川上義博)는 질문서를 통해 일본 정부에 대해 대한민국 국적자와 조선적 보유자를 왜 함께 통계로 잡는지 문의하고 일본 정부의 공식적인 의견을 요구한 일이 있다(参議院, 2008). 이때 일본 법무성은 "대한민국 국적은 국적을 표시하는 용어로 사용되고 있지만 조선적은 하등 국적 표기로서 사용되고 있지 않고 한반도 출신자를 의미하는 용어로 사용되고 있기 때문에 자칫 외국인등록자 집계에서 이를 따로 분리하게 되면 조선적 보유자를 북한 국적자로 오해할 수 있는 소지를 제공하기 쉽다"고 답변했다. 오늘날 일본 정부가 대북제재의 일환으로 재일동포 인구 가운데 조선적 보유자를 대한민국 국적자와 별개로 하여 취급하는 것은 "조선적 보유자를 북한 국적자로 오해할 수 있는 소지를 제공하기 쉽다"는 문제를 해결하지 못하고 있다.

이러한 문제점에도 불구하고, 일본 법무성의 외국인 통계가 재일한인의 인구 통계를 밝히는 데 가장 유효한 자료가 되고 있다고 하는 데에는 재론의 여지가 없다. 2017년 6월 1일 현재 일본 법무성이 집계한 외국인등록자 통계에 따르면, 재일외국인 전체 수는 2,471,458명이며 이 가운데 대한민국 국적자가 452,953명, 그리고 조선적 보유자가 31,674명으로 도합 484,627명이다(法務省, 2017). 일본 총무성 통계국이 가장 최근의 인구 통계로 발표하고 있는 2015년 10월 1일 현재 일본의 인구가 127,094,745명인 점(総務省統計局, 2015)에 비추어 볼 때, 일본사회에서 차지하는 외국인의 비율은 1.94%이며, 대한민국 국적자와 조선적 보유자의 비율은 0.38%에 불과하다. 물론 여기에다가 이들 가운데 일본 국적을 취득한 365,530명을 포함시키면 0.67%로 증가한다. 게다가 부분적으로 한반도 혈통을 이어받고 있는 일본 국적자를 포함시키면 그 비율은 더욱 높아질 것이다.

일본사회의 외국인 통계에서 재일동포의 비중이 낮아지고 있는 것도 괄목할 만한 현상이다. 일본 법무성의 2017년 자료에 따르면, 재일외국인 가운데 중국 국적자가 711,486명으로 가장 많고, 그다음으로 대한민국 국적자, 이어 필리핀 국적자 251,934명, 베트남 국적자 232,562명 순이다. 1년 전인 2016년 6월 30일 재일외국인 통계(法務省, 2017)와 비교하여 보면, 전체적으로 164,070명이 증가하여 7.1%의 증가율을 나타냈다. 이 가운데 대한민국 국적자는 3,954명이 감소한 것으로 나타났고, 조선적 보유자는 1,569명으로 대폭 줄어든 것으로 파악되고 있다. 반면에, 중국 국적자는 33,915명, 필리핀 국적자는 14,831명, 베트남 국적자는 56,818명 모두 증가했다.

다음 〈표 3-3〉은 2017년 일본에 체류하고 있는 외국인 전체의 통계와 함께 대한민국 국적자와 조선적 보유자 통계를 재류자격별로 정리한

〈표 3-3〉 2017년 재류자격별 외국인등록자

| 구분 | 외국인 | 한국 국적 | 조선적 |
|---|---|---|---|
| 교수 | 7,551 | 919 | 0 |
| 예술 | 442 | 41 | 0 |
| 종교 | 4,370 | 881 | 0 |
| 보도 | 237 | 51 | 0 |
| 전문직 | 5,494 | 216 | 0 |
| 투자경영 | 22,888 | 3,070 | 1 |
| 법률회계 | 154 | 9 | 0 |
| 의료 | 1,632 | 140 | 0 |
| 연구 | 1,612 | 161 | 0 |
| 교육 | 11,183 | 106 | 0 |
| 인문지식/국제업무 | 180,180 | 21,088 | 0 |
| 기업 내 전근 | 16,601 | 1,673 | 0 |
| 흥행 | 2,106 | 264 | 0 |
| 기능 | 39,378 | 916 | 0 |
| 기능실습 | 251,721 | 7 | 0 |
| 문화활동 | 2,773 | 237 | 0 |
| 유학 | 291,164 | 16,075 | 0 |
| 연수 | 1,518 | 26 | 0 |
| 가족 체재 | 157,424 | 12,205 | 0 |
| 특정 활동 | 54,276 | 3,537 | 0 |
| 영주자 | 738,661 | 68,603 | 459 |
| 일본인의 배우자 | 139,944 | 13,703 | 44 |
| 영주자의 배우자 | 32,534 | 2,212 | 7 |
| 정주자 | 173,317 | 7,325 | 114 |
| 특별영주자 | 334,298 | 299,488 | 31,049 |
| 총수 | 2,471,458 | 452,953 | 31,674 |

것이다. 2017년에 전반적으로 재일외국인 수가 증가한 상황에서, 대한민국 국적자와 조선적 보유자의 경우는 모든 분야에서 약간 감소하는 현상

을 보인 것을 확인할 수 있다. 또한 조선적 보유자의 경우, '영주자', '일본인의 배우자', '영주자의 배우자', '정주자', '특별영주자'와 같이, 비교적으로 장기간에 걸쳐 일본에 거주해 온 사람이나 부모의 일본 생활에 따라 일본에 거주하게 된 사람이 일본 정부로부터 체류허가를 받고 있다는 점을 알 수 있다.

전후에 들어 가장 많은 한반도 출신자 수를 기록한 것은 1992년 말이었으며, 그때는 693,050명이었다. 그 후로 이들의 수가 매년 줄어드는 반면에 중국 국적자 수는 계속 늘어 왔다. 이와 같이 한반도 출신자 수가 계속 감소하고 있는 것은 무엇보다도 해마다 '특별영주자' 수가 큰 폭으로 줄어들고 있기 때문이다. 우리가 과거 흔히 역사적 존재로서 '재일동포 60만'을 논할 때는 '특별영주자'를 지칭해 왔다. 그런데 오늘날 이들의 숫자는 약 33만 명에 이르고 있는 것이다. 이 숫자에 '영주자'와 '정주자'를 추가한다고 하더라도 40만 명 정도밖에는 되지 않는다.

근래의 '영주자' 인구 변동에 대해서 주목할 필요가 있다. 일반적인 의미의 '영주자'가 매년 2~3천 명 정도 증가하고 있는 반면에, 역사적인 의미의 '특별영주자'는 매년 1만 명 가량 줄어들고 있다. 이처럼 '특별영주자'가 감소하는 것은 일본 사회 전반에 걸친 출생률 감소와 같은 자연 감소 요인과 전혀 무관하지 않다. 그러나 무엇보다도 1985년부터 일본의 국적법이 종래의 부계혈통주의에서 부모양계주의로 개정되면서 일본국적 취득이 용이해진 것은, 국적상 재일동포 어린이가 대폭 감소하고 있는 가장 중요한 요인이 되고 있다. 이미 1985년에도 재일한인 총 혼인 수 8,588건 가운데 동포 간 혼인은 2,404건으로 28.0%에 그쳤다. 그 후로도 일본인과의 혼인이 계속 늘어나 2013년에는 총 혼인 수 5,043건 가운데 동포 간 혼인이 450건밖에 되지 않아 9.0%에 그쳤다(在日本大韓民国民団, 2018b).

또한 대한민국 국적자나 조선적 보유자로부터 일본국적으로 귀화하는 사람이 계속 나오는 것도 '특별영주자' 감소의 한 요인이 되고 있다. 1952년 일본이 피점령 상태에서 벗어난 직후 그해에 재일동포 232명이 일본 국적을 취득한 것을 시작으로 하여 대체로 귀화하는 사람의 수가 점차 늘어났다(金英達, 1990: 5-7). 그러다가 1995년부터는 그 수가 1만 명을 넘기 시작했다. 일본국적을 선택하는 이유로는 무엇보다도 일본에서 생활하는 데 외국인으로서 생활의 불편을 느끼기 때문이며, 이 외에도 일본 정부에 의한 귀화 요건의 완화, 계속되는 한반도의 분단 상황, 북한의 체제 문제와 북일 관계의 악화, 한반도 국가정책에 추종하는 재일민족단체의 문제점 등을 이유로 들 수 있다(한일관계사학회, 2006: 335-336).

다만 일본에 귀화하는 움직임을 한반도 국가에 대한 소속감으로부터 탈피하여 일본 국가로 귀속하려는 움직임으로 일률적으로 보는 것은 바르지 않다. 하지만 이렇게 계속되는 귀화자의 존재나 '특별영주자' 감소 현상이, 재일동포 사회에 역사적으로 형성되어 온 민족의식, 즉 본국지향적 정체성을 전반적으로 쇠퇴시키고 있는 것임에 틀림없다. 재일동포의 역사에서 민족의식의 원천이 되었던 일본사회로부터의 차별이 여전히 사라지지 않은 상황에서, 재일동포 사회에서 오늘날 새로운 세대의 아이덴티티로서 정보화 · 세계화 추세에 따라 국민국가로부터 이탈하고자 하는 인식을 강조하거나, 더욱더 나아가 정치적 귀속의식을 부정하는 인식을 강조하는 현상이 나타나고 있는 것은 분명 한반도 거주 한인과의 공감대가 줄어들고 있다고 하는 것을 잘 말해 주고 있다.

## 3. 재일한인 사회의 정책적 과제

### 1) 민족단체의 정책적 과제

민단과 총련(재일본조선인총연합회)은 오늘날 재일동포 사회를 대표하는 민족단체이다. 이 가운데 재일한인 사회에서 가장 큰 조직을 운영하고 있는 민단은 2018년 10월에 창설 72주년을 맞는다. 오늘날 민단은 49개의 지방본부를 두고 있고 서울사무소를 가지고 있다. 지난 1997년 민단 결성 50주년을 기념하여 민단 중앙본부가 편찬한 조직사 자료집 속에는 지방본부, 지부, 그리고 산하단체의 주소록이 기입되어 있다. 이 자료에 따르면, 329개의 지부, 그리고 140개의 산하단체가 있는 것으로 나타나 있다(민단50년사편찬위원회, 1997: 899-914). 2018년 3월 현재, 민단의 홈페이지에 따르면, 조직의 중요한 사업으로 '지방참정권 획득운동', '조직정비 활성화 사업', '문화사업', '민족사회교육 차세대 육성', '동포의 생활지원 서비스', '민족금융기관의 지원'을 꼽고 있다.[5]

반면에 2018년 5월에 창설 63주년을 맞은 총련은 북한과 일본의 국교가 정상화되지 않는 가운데 계속되는 일본의 대북 강경 자세와 맞물려 조직 내외적으로 어려움을 안고 있다. 북한의 핵개발 · 미사일 · 일본인 납치 문제와 결부되어 일본사회로부터 적개심의 대상이 되고 있기 때문이다. 지난 2005년 총련 결성 50주년을 맞아 재일한인 역사연구가 오규상(吳圭祥, 2005: 3-4)이 펴낸 조직사 단행본에 따르면, 총련은 49개의 지방본부에다가 200여 개의 지부, 그리고 1,000여 개의 분회로 구성되어 있

5 在日本大韓民国民団, "民団の事業"http://www.mindan.org/shokai/jigyo.html/(2018. 3. 1 검색).

는 것으로 나타나 있다. 2018년 3월 현재, 총련의 홈페이지에 따르면, 조직의 중요한 사업으로 '민족교육', '민족문화와 체육 활동', '동포의 권익과 생활권 보호', '출판 보도 활동', '통일을 위한 활동'을 꼽고 있다.[6]

여기서는 민단 조직에 국한하여 이 단체가 숙원사업으로 전개해 오고 있는 지방참정권 획득 운동을 비롯하여 일본 정치에 참여하는 문제를 집중 언급하고자 한다. 2018년 2월 새로운 민단 대표로 취임한 여건이 단장도 자신의 역점 사업으로 일본사회의 헤이트 스피치(hate speech)에 대한 반대 투쟁과 일본 정부의 지방참정권 획득 운동을 꼽았다.[7] 지방참정권 획득 운동은 1995년 이래 오늘날에 이르기까지 축적해 온 성과를 토대로 하여 앞으로도 민단이 조직을 들어 지속적으로 추진할 것으로 예상된다.

### 2) 최근의 지방참정권 문제

1990년 9월 재일한인 김정규(金正圭) 등이 '정주외국인'의 지방선거권 배제 문제를 둘러싸고 오사카시의 선관위를 상대로 제소한 것을 계기로 하여 일본사회에서 외국인의 지방참정권 부여 문제가 사회 전면에 부각되기 시작했다(한경구, 2009: 371-372). 여기에 일본의 지방자치체 가운데 오사카부 기시와다시(岸和田市) 의회가 1993년 「정주외국인에 대한 지방참정권을 포함한 인권보장에 관한 요망」을 채택했고, 1995년 일본의 최

6 在日本朝鮮人総聯合会, "朝鮮総連とはどのような組織なのか"www.chongryon.com/(2018. 3. 1 검색).

7 『연합뉴스』(2018. 2. 22). http://www.yonhapnews.co.kr/bulletin/2018/02/22/0200000000AKR20180222100300073.HTML(2018. 3. 1 검색).

고재판소가 영주권자 등에게 "지방 공공단체의 장이나 의원에 대한 선거권을 부여하는 조치를 강구하는 것은 헌법상 금지되어 있는 것이 아니다"라고 하는 판시를 내린 것을 계기로 하여, 민단이 조직을 들어 지방참정권 획득을 위한 운동을 전개해 왔다(최영호, 2004: 121-123). 이에 따라 관련 법안이 일본 국회에 1998년 10월 처음으로 제출되었고, 그 후 여섯 차례에 걸쳐 선거법개정 특별위원회에 상정되었다. 그러나 법안은 '계속심의 중'으로 묶인 채 통과절차에 들어가지 못하고 자동 폐기되어 왔다. 재일한인을 포함한 재일외국인에게 지방참정권을 부여하는 문제가 일본정당 내외에서 풍성하게 '논의'는 되어 왔지만 '결정'은 이루어지지 않았다.

2009년 8월 중의원 선거에 임할 때 민주당은 선거공약에서 지방참정권 부여에 관한 적극적인 의향을 밝힌 바 있다. 이에 따라 민단을 중심으로 지방참정권 획득 운동을 전개해 온 사람들은 민주당에 의한 정권교체 이후 이 운동이 결실을 맺을 것으로 기대했다. 그러나 막상 정권을 잡은 민주당은 재일동포를 비롯한 외국인에 대해서 선거공약을 지키지 않았다. 민주당을 포함하여 외국인에 대한 지방참정권 부여에 찬성한다고 의사를 표시한 정치가 가운데, 2009년 중의원 선거에서 당선된 사람은 모두 280명 정도나 된다. 중의원의 총 정원이 480명인 점에 비추어 볼 때, 과반수를 훨씬 넘기고 있는 이들이 선거 때 내세운 정치적 공약을 의기투합하여 실행했다면 외국인 지방참정권 문제는 쉽게 해결될 수 있었을 것이라는 계산이 나온다.

당론으로 '정주외국인'에게 지방참정권을 부여하겠다는 정치적 의사를 밝힌 민주당으로서는 정권 초기 정치적 책임을 느끼고 이 문제의 진척을 위한 정치적 제스처를 보이게 되었다. 2010년 1월 18일의 통상국회 소집을 앞두고 당시 하토야마 유키오(鳩山由紀夫) 총리가 총무성에 대해 정부 발의로 참정권 부여 법안을 제출하는 방침을 검토하도록 지시하는 움직임을 보인 것이다.[8] 그러나 정권 변화에 위기를 느낀 일부 국가주의자나 우익단체들이 일찍이 2009년 가을부터 외국인 지방참정권을 반대하는 운동을 강력하게 전개하기 시작했다. 이들은 자민당에 정치적 압력을 행사했고 자민당은 2009년 10월부터 12월에 걸쳐서 일본의 각종 지방자치체 의회에 외국인 투표권 부여 반대 의견서를 채택하게 하는 움직임을 보였다. 2010년에 들어서자 일본사회에서 외국인의 정치 참여에 반대하는 움직임이 더욱 격렬해졌다. 그해 1월부터 일본 전국의 자치단체장 또는 지방의회 의원 등 1,600명이 1만 명 서명 획득을 목표로 하여 일제히 반대 운동을 전개하는 움직임을 보였다.[9]

또한 2010년 4월 도쿄에서 열린 전국 도도부현(都道府縣) 자치단체장 회의에서는 '정주외국인'에 대한 지방참정권 부여 법안의 대응방침이 의제 가운데 하나로 떠올랐다. 이 회의에서 전반적으로 참정권을 인정하면 단체장 선거에 영향을 끼치게 될 것이라는 인식과 함께 관련 법안 부여 움직임에 대해 신중한 검토를 요구하자는 의견이 대세를 이루었다. 이때 이시하라 신타로(石原愼太郎) 도쿄 도지사는 참정권 부여가 지방에 국한되지 않고 국가 이익에 결부될 가능성이 있다고 하며 '절대 반대'의 입장을 표명했고, 가토 모리유키(加戸守行) 에히메(愛媛) 현지사도 "기본적으로 반대한다"는 입장을 밝혔다. 반면에 노로 아키히코(野呂昭彦) 미에(三重) 현지사, 가바시마 이쿠오(蒲島郁夫) 구마모토(熊本) 현지사, 가다 유키코(嘉田由紀子) 시가(滋賀) 현지사는 참정권 부여 방침에 찬성하는 입장을 밝혔다.[10]

---

8 『民団新聞』(2010. 1. 15).

9 『産経新聞』(2010. 1. 25).

10 『時事ドットコム』(2010. 4. 6).

민주당 정권에서 두 번째 총리가 된 간 나오토(菅直人)는 2010년 10월 중의원에서 참정권 부여 문제는 위헌이 아니라 입법정책에 관련된 것이라고 하며 참정권 부여에 소극적이기는 하지만 찬성하는 개인 의견을 나타낸 바 있다. 또한 그는 그 시기 우에노 미치코(上野通子) 자민당 참의원 의원의 질문서에 대한 답변서에서도 '정주외국인'에게 선거권 부여 조치를 강구하는 것은 헌법상 금지된 것이 아니라는 1995년 최고재판소 판결을 존중한다고 하면서 전향적인 견해를 나타낸 바 있다. 그렇지만 각료와 의원 사이에서 관련 법안 발의에 대해 의견이 분분한 가운데 누구 하나 법안 발의에 적극적인 움직임을 보이지 않았다. 전향적인 개인 의견은 나타냈지만 그에 상응하는 적극적인 집단행동을 보이지 않은 것이다. 여기에다가 집권 후 민주당 수뇌부의 정치자금 문제, 미숙한 국정 수행 문제, 연립정당과의 부조화 문제, 당 지도부 인사들의 신중하지 못한 언행이 계속 언론에 회자되면서 정국이 불안정하게 되었고, 이에 따라 민주당의 외국인 지방참정권 부여 법안 상정 움직임도 함께 크게 위축되기에 이르렀다.

2011년 8월에 총리가 된 노다 요시히코(野田佳彦)는 집권 이전부터 '정주외국인'의 참정권에 대해서 개인적으로 부정적인 태도를 취해 왔다. 그는 재무성 부대신을 역임하고 있던 2010년 1월 아이치현(愛知縣)의 민주당 지부에서 당시 하토야마 총리의 의사에 반대하는 의견을 제시하여 언론에 보도된 일이 있다. 그는 당시 "선거권을 갖고 싶으면 귀화하면 되지 않느냐"라고 발언한 것으로 알려지고 있다.[11] 그가 집권한 이후로는 재일외국인에게 지방참정권을 부여하는 문제가 일본의 정치권에서 실행

11 『朝日新聞』(2010. 1. 30).

되기는커녕 논의조차 이루어지지 않았고 애초부터 지방참정권 부여에 반대해 온 자민당이 정권을 다시 잡게 되면서 이 문제는 의회에서 논의조차 이루어지지 않고 있다.

### 3) 민주당 대표 선거에서 재일외국인의 투표권 배제

2011년 민주당의 간 나오토(菅直人) 총리와 마에하라 세이지(前原誠司) 외상이 재일한인 당원으로부터 정치헌금을 받았다는 이유로 자민당과 보수적인 단체로부터 추궁을 당하는 일이 발생했다(최영호, 2013: 71-78). 그해 일본 민주당은 당 대표 선거에서도 재일외국인 당원의 투표를 아예 인정하지 않겠다고 하는 방침을 굳혔다.[12] 2011년 12월에 열린 당 규약 검토위원회가 당원 자격에 국적 조항을 설치하여 종래에 인정해 오던 정주외국인 당원이나 외국인 지지자에 의한 투표를 할 수 없도록 결정한 것이다.[13] 이러한 새로운 규약은 노다 대표의 제1기 임기가 만료되는 시점인 2012년 9월에 실시되는 당 대표 선거에서부터 적용되기 시작했다.[14] 재일한인을 포함하여 일본에 뿌리를 내리고 살고 있는 정주외국인들에 대해 일본 의회가 지방참정권을 부여하고 있지 않은 가운데, 이러한 민주당의 방침 변경은 정주외국인이 정당의 당원으로서 정치적 의사를 표현할 수 있는 공식적인 기회를 박탈한 것이다.

---

12 『産経新聞』(2011. 11. 20).

13 『読売新聞』(2011. 12. 2).

14 2012년 9월 21일에 실시된 민주당 대표 선거부터 당원과 지지자 표에서 '일본국적을 가진 자'에 한하여 투표권을 갖게 되었다. "2012年9月民主党代表選挙" http://ja.wikipedia.org/(2013. 9. 18 검색).

2011년까지 일본의 정당 가운데 민주당은 공명당 · 사민당과 함께 국적 조항을 두지 않았기 때문에 18세 이상이라면 '정주외국인'에게도 당원 지격을 허용해 왔다. 이와는 달리 자민당과 공산당의 경우에는 당 규약을 통해 18세 이상의 '일본 국민'에게만 당원 자격을 한정하여 외국인의 정당 참여를 원천적으로 배제했다. 그런데 민주당이 2009년 8월 중의원 선거에서 압승하고 집권을 하게 되면서 '정주외국인' 당원 문제가 반(反) 민주당 세력에게 민주당을 공격할 수 있는 호재로 떠올랐다. 당 대표가 총리가 되는 상황에서 외국인의 당 대표 투표권이 국가적 정책결정으로 연결된다고 하는 논리를 내세우면서 위헌 소지를 문제 삼게 된 것이다.[15] 이에 따라 민주당은 규약 제3조를 개정하여 "민주당 당원은 민주당의 기본 이념과 정책에 찬동하는 18세 이상의 '일본 국민'으로서 입당 수속을 마친 자로 한다"라고 고쳤다.[16]

민주당에 국한하여 대표 선출에 관한 당 규칙을 보면, 임기 도중에 대표를 교체하는 경우에는 신속한 결정을 위하여 소속 국회의원 투표만으로 선출한다. 하지만 임기 만료에 따라 차기 대표를 선출해야 하는 경우에는 국회의원뿐만 아니라, 당의 공천을 받은 의원 후보자, 소속 지자체 의원, 그리고 일반 당원과 지지자도 투표에 참여할 수 있게 하고 있다. 현직 국회의원 1명당 2점, 공천 받은 의원 후보자 1명당 1점을 부여하며, 지자체 의원 전체에게는 총 141점을 부여하고 득표수에 따라 점수를 배분한다. 또한 당원과 지지자의 경우는 중의원과 참의원 선거구에 맞게 포인트를 배분하며 각 선거구에서 가장 많은 득표자에게 점수가 부가되

15 『読売新聞』. (2010. 9. 5 社說), "代表選の投票権'外国人にも認めるのは問題だ".

16 民主党. "民主党基本情報/民主党規約" http://www.dpj.or.jp/(2013. 9. 18 검색).

도록 하고 있다. 이러한 방식으로 점수를 모두 합하여 그 과반수를 획득한 후보가 대표로 선출되며 만약 과반수를 획득한 후보가 없을 경우에는 1위와 2위 후보자에 의한 결선 투표를 통해 대표를 결정한다. 결선 투표에서는 현직 국회의원과 공천을 받은 자만이 유권자가 된다.[17] 이렇게 보면 대표 선출에 있어서 사실상 당원과 지지자의 영향력이 극히 미미하다. 이런 상황에서 '정주외국인' 당원과 지지자가 투표를 한다고 해도 이들이 대표 선출에 끼칠 수 있는 영향력은 거의 없다고 말할 수 있다.

그럼에도 불구하고 민주당이 대표 선거에서 '정주외국인'의 참여를 배제시킨 것은, 외국인 지방참정권에 대한 비판론자들이 제기하고 있는 바와 같이, 당 대표가 총리가 될 수 있는 상황에서 당 대표 선출 과정에 외국인을 참여시키는 것은 곧 국가정책에 대해 외국인의 관여를 허용할 수 있다고 하는 견해를 그대로 수용한 결과다. 또한 자민당을 중심으로 하는 보수 성향의 정치가들이 민주당의 외국인 당원에 의한 정치헌금을 문제 삼아 지속적으로 민주당을 곤혹스럽게 하고 있던 상황에서, 당 차원에서 외국인 정치헌금 수수의 기회를 줄여 가겠다는 의지를 표명한 것이기도 하다.

### 4) 일부 지방자치체의 외국인 주민투표권 인정

선거권을 중심으로 하는 외국인 지방참정권 법안이 중앙에서 아예 논의조차 되고 있지 않은 가운데, 일본의 지방자치단체가 조례 제정을 통하여 사실상 '정주외국인'에게 주민투표권을 부여하는 경우가 있다. 비록 단체장과 지방의회 의원 선출을 위한 투표권은 아니라고 하더

17 民主党. "民主党基本情報/代表選挙規則" http://www.dpj.or.jp/(2013. 9. 18 검색).

라도 해당 지방의 주요 정책에 관하여 투표로 의견을 제시하게 함으로써 부분적으로 외국인의 정치참여 권리를 인정하는 일부 지방자치체가 있다. 2018년 3월 현재 '정주외국인'에게 주민투표권을 행사할 수 있도록 조례를 제정한 지자체는 〈표 3-4〉와 같이 36개가 되는 것으로 파악되고 있다.[18] 2018년 3월 1일 현재, 일본의 시정촌(市町村) 지방자치단체 수는 시(市)가 791개, 특별구가 23개, 정(町)이 744개, 촌(村)이 183개로 합계 1,741개로 알려지고 있다.[19] 주민조례를 통하여 '정주외국인'에게 부분적인 정치참여를 허용하고 있는 곳은 2.07%에 지나지 않는 것이다.

일본의 지자체에서 '정주외국인'이 주민투표에 참여하는 역사는 시가현 마이바라정(滋賀県米原町)에서부터 시작되었다. 이 지자체가 2002년 3월 31일 주변 지자체와의 합병 문제를 둘러싸고 주민투표를 실시하면서 일본에서 최초로 '정주외국인'에게 투표권을 인정한 것이다.[20] 주민투표 당시 이 지자체의 인구는 약 12,700명이었고 그중에 영주권을 갖고 있는 외국인은 30명 정도였고 대부분이 재일한인이었다. 당시의 단체장 무라니시 도시오(村西俊雄)가 적극 주도하여 성립된 주민투표 조례는 총 16조로 되어 있었고 투표 자격자로 공직선거법에 규정된 유권자에다가 20세 이상으로 3개월 이상 지자체 안에 거주한 외국인도 포함시켰다.

---

18 "日本における外国人参政権/地方自治体の動き" https://ja.wikipedia.org/wiki/(2018. 3. 1 검색).

19 "日本の地方公共団体一覧" https://ja.wikipedia.org/wiki/(2018. 3. 1 검색).

20 주민투표 결과 찬성 다수로 합병이 결정되었다. 그 결과 2005년 2월 주변의 山東町(산토정), 伊吹町(이부키정)과 합병되어 米原市(마이바라시)가 되었고 이에 따라 종래의 米原町(마이바라정)은 소멸되었다.

〈표 3-4〉 외국인 주민투표권 관련 조례를 제정한 일본의 지자체

| 도도부현 | 시정촌 | 조례 제정일 | 비고 |
|---|---|---|---|
| 홋카이도 | 마시케정 | 2002년 9월 11일 | |
| | 엔가루정 | 2007년 4월 1일 | |
| | 왓카나이시 | 2008년 4월 1일 | 의회에서는 지방참정권 반대 의견서 가결 |
| | 기타히로시마시 | 2009년 6월 1일 | |
| 이와테현 | 미야코시 | 2008년 7월 1일 | |
| | 다키자와촌 | 2010년 10월 1일 | |
| 도쿄도 | 스기나미구 | 2003년 4월 1일 | 야마다 히로시 구청장은 반대 의사를 표시 |
| | 미타카시 | 2006년 4월 1일 | |
| | 고가네이시 | 2009년 9월 1일 | |
| 사이타마현 | 후지미시 | 2002년 12월 20일 | |
| | 미사토정 | 2003년 4월 1일 | |
| | 하토야마정 | 2004년 12월 7일 | |
| | 와코시 | 2004년 1월 1일 | |
| 지바현 | 아비코시 | 2004년 4월 1일 | |
| 가나가와현 | 즈지시 | 2006년 4월 1일 | |
| | 야마토시 | 2006년 10월 1일 | |
| | 가와사키시 | 2009년 9월 1일 | |
| 니가타현 | 조에쓰시 | 2003년 4월 1일 | |
| 이시카와현 | 호다쓰시미즈정 | 2007년 4월 1일 | |
| 후쿠이현 | 에치젠시 | 2005년 10월 1일 | |
| 시즈오카현 | 시즈오카시 | 2005년 4월 1일 | |
| 아이치현 | 다카하마시 | 2002년 9월 1일 | |
| | 잇시키정 | 2007년 7월 1일 | |
| | 안조시 | 2010년 4월 1일 | |
| 시가현 | 오미하치만시 | 2008년 3월 30일 | |
| 오사카부 | 기시와다시 | 2005년 8월 1일 | |
| | 다이토시 | 2006년 4월 1일 | |
| | 도요나카시 | 2009년 3월 26일 | |
| 미에현 | 나바리시 | 2006년 1월 1일 | |
| 효고현 | 사사야마시 | 2006년 10월 1일 | |
| 돗토리현 | 사카이미나토시 | 2007년 7월 1일 | |
| | 호쿠에이정 | 2008년 10월 1일 | |

| | | | |
|---|---|---|---|
| 히로시마현 | 히로시마시 | 2003년 9월 1일 | 의회에서는 지방참정권 반대 의견서 가결 |
| | 오타케시 | 2004년 4월 1일 | |
| 야마구치현 | 산요오노다시 | 2006년 7월 1일 | |
| 후쿠오카현 | 무나카타시 | 2006년 1월 1일 | |

'정주외국인'을 포함하여 투표자 명부에 등록을 신청한 사람에 한정하여 투표권이 부여되었다.[21] 그해 1월 18일에 조례가 제정된 직후 조직적인 협박 전화 등에 못 이겨 투표를 포기한 외국인도 있지만, 결과적으로 '정주외국인'의 절반 정도가 투표에 참여한 것으로 알려지고 있다.

마이바라정 이외에도 아키타현 이와기정(秋田県岩城町)이 2002년 9월에, 그리고 사이타마현 이와기시(埼玉県岩城市)가 2003년 1월에, 각각 지자체 합병과 관련한 주민투표에 '정주외국인'을 참여시켰다.[22] 그런데 아이러니하게도 이처럼 2002년과 2003년에 지자체 합병 과정에서 '정주외국인'을 참여시킨 지자체는 모두 합병이 결정되어 소멸되고 말았다. 어차피 소멸될 지자체에서 마지막 청산 작업에 외국인 주민들을 참여시킨 셈이다. 또한 그때에는 아직 외국인의 주민투표 참여 문제에 대한 사회적 저항이 미약한 시기였고 해당 지자체에서 합병 문제가 그다지 쟁점화되지 않았기 때문에 외국인의 투표 참여가 가능했다고 말할 수 있다. 그러나 현재까지 존재하는 지자체 가운데 실질적으로 주민투표를 실시하고 여기에 외국인을 참여시킨 실질적인 사례는 없다.

이러한 상황에서 조례 제정이 아닌 방법으로 외국인을 주민 자치에

21 滋賀県米原町: 永住外国人に投票資格を与える(全国初). http://tamutamu2011.kuronowish.com/maibara.htm(2013. 9. 18 검색).

22 永住外国人の住民投票権. http://www.gcnet.at/residence/jumin-tohyoken.htm(2013. 9. 18 검색).

부분적으로 참여시키고자 하는 지자체의 움직임도 있다. 예를 들어 1996년 12월에 시작된 가와사키시(川崎市)의 '외국인시민대표자회의'나 2003년 4월에 시작된 오사카부 도요나카시(豊中市)의 '외국인시민회의설치준비회의', 2011년 1월에 시작된 기타큐슈시(北九州市)의 '외국인시민간담회(外国人市民懇話会)'와 같이 외국인 참가형 자문기구를 두고 있는 지자체가 있다(澤敬子, 2004: 213-214). 필자는 2013년 8월 기타큐슈시를 방문하여 옵서버 자격으로 제4회 외국인시민간담회에 참가하여 회의 상황을 관찰한 바 있다. 이 외에도 심의회나 자문기관 등의 공모위원 제도, 시민회의 제도를 운용하면서 국적 조항을 두지 않기 때문에 정주외국인에게도 실질적으로 개방되어 있는 지자체가 있다(大杉覚, 2007: 14-16). 그러나 이와 같이 사회적 현실과 인권적 당위성의 타협점에서 마련되는 외국인 참여 방식은 이것이 공식적인 정책결정 기구와 별도로 운영되거나 외국인의 참여가 공식화되지 않은 경우에는 그때그때의 일본사회의 분위기에 따라 언제든지 실질적인 지자체 경영에서 외국인을 배제시킬 수도 있다는 점을 그 한계로 지적하지 않을 수 없다.

## 4. 결론

이상으로, 재일한인 사회의 인구 현황, 민단과 총련의 주요 활동, 그리고 지방참정권 문제를 비롯하여 재일한인의 정치적 참여 과제에 관하여 논했다. 재일한인 통계에서는 국적에 기초한 제한된 통계임에도 불구하고 일본 법무성의 외국인등록자 통계가 한일 양국에서 가장 유효한 통계로서 활용되고 있다는 점을 강조했다. 또한 재일한인 인구에서 역사적 의미를 갖는 '특별영주자' 수가 해마다 감소하는 현상을 주목했다.

사실상 재일한인 사회를 대표하는 단체는 민단이다. 민단이 내세우고 있는 정책적 과제에는 ① 민단 재생 운동, ② 차세대 육성 운동, ③ 한일 우호촉진 운동, ④ 지방참정권 획득 운동 등이 있다. 이 가운데 지방참정권 획득 운동은 민단의 숙원 사업으로서, 앞으로도 지속될 대표적인 정치참여 운동이다. 그러나 오늘날 지방참정권 획득 운동에 대한 일본사회의 반응은 싸늘하다. 2009년부터 2012년까지 지속된 민주당 정권은 애초의 선거공약을 이행하지 않고 지극히 소극적인 태도를 보여 왔고, 그 후 자민당 정권에 들어서는 아예 외국인의 지방참정권에 관한 논의조차 하지 않고 있다. 일본사회에서 소수 외국인 주민의 인권이 전적으로 무시되는 상황에 이른 것이다.

47개 도도부현(都道府県) 광역 자치단체 가운데 오늘날 외국인 지방참정권 부여 문제에 대해 긍정적인 의견을 제시하고 있는 곳은 이와테현, 시가현, 히로시마현 3곳에 불과하다. 반면에 반대 의견을 제시하는 지자체가 27곳, 신중한 태도를 보이고 있는 지자체가 8곳, 나머지는 불분명한 태도를 보이고 있다.[23] 이처럼 외국인에 대한 배타적인 사회적 분위기가 일본의 소규모 지자체에도 파급되어 있으며, 따라서 2000년대 전반에 일어났던 외국인 인권을 보호하고 외국인 주민과의 '공생'을 추구하던 움직임들이 오늘날 전반적으로 현저하게 위축되어 가고 있다.

23 "日本における外国人参政権/地方自治体の動き" http://ja.wikipedia.org/(2018. 3. 1 검색).

# 참고문헌


민단50년사편찬위원회. 1997.『민단50년사』. 재일본대한민국민단중앙본부.

외교부. 2017.『재외동포현황 2017: 동북아시아 · 남아시아태평양 · 북미 · 중남미 · 유럽 · 아프리카 · 중동』. 서울: 외교부.

이상봉. 2012. "디아스포라적 공간으로서의 오사카 코리안타운의 로컬리티".『한일민족문제연구』 22. 6월. pp. 99-133.

이상봉 · 박수경. 2013. "디아스포라적 정체성과 차이의 정치: 재일코리안의 국적 · 언어 · 이름을 통한 접근".『한일민족문제연구』 24. 6월. pp. 233-273.

제주대학교 재일제주인센터 엮음. 2014.『재일한국인 연구의 동향과 과제』. 제주시: 제주대학교 재일제주인센터.

최영호. 2004. "재일한국인의 일본 지방참정권, 그 현황과 전망".『21세기정치학회보』 14(3), 12월. pp. 121-146.

______. 2008. "재일교포사회의 형성과 민족 정체성 변화의 역사".『한국사연구』 140: 67-97.

______. 2013.『한일관계의 흐름 2011-2012』. 논형.

______. 2017.『한일관계의 흐름 2015-2016: 일본의 역사와 문화에 관한 재조명』. 논형출판사.

한경구. 2009. "일본사회의 국제화와 공존을 지향하는 재일한인의 운동".『일본 한인의 역사 (상)』, 재외동포사총서 10. 국사편찬위원회. pp. 371-372.

한일관계사학회 엮음. 2006.『한일관계2천년: 보이는 역사, 보이지 않는 역사 [근현대]』. 경인문화사.

金仙花. 2005. "日本における民族問題: 在日朝鮮人の現状と課題".『社会環境研究』 10, 3月. pp. 241-258.

金性済. 2007. "ディアスポラとしてのザイニチから見た社会".『解放教育』 37(11), 11月. pp. 9-17.

金英達. 1990.『在日朝鮮人の帰化』. 明石書店.

金友子. 2007. "'同胞'という磁場".『現代思想』 6月. pp. 211-224.

梁優子. 2006. "国内女性NEWS: 浮かび上がる複合差別の実態",『女たちの21世紀』 47, 8月. pp. 38-40.

李月順. 2007. "複合差別に向き合う在日朝鮮人女性: 実態調査報告から". 『部落解放』 579, 3月. pp. 35-44.

文京洙. 2007. 『在日朝鮮人問題の起源』. クレイン.

徐正禹. 2007. "在日コリアン人権運動の理論構築について". 『労働運動研究』 400, 4月. pp. 59-67.

ソニア・リャン. 2005. 『コリアン・ディアスポラ: 在日朝鮮人とアイデンティティ』. 明石書店.

嗚圭祥. 2005. 『朝鮮総連50年』. 綜合企画ウイル.

尹健次. 2001. 『「在日」を考える』. 平凡社.

丁熙子. 2007. "春夏秋冬許せない! 在日朝鮮人への弾圧・人権蹂躙行為". 『社会評論』 149, pp. 8-10.

韓昌祐・坂中英德. 2007. "消滅目前の在日コリアン社会へ: 日本国籍を取得し'政治参画の道を選べ". 『中央公論』 6月. pp. 166-173.

大杉覚. 2007. 『住民と自治体: 自治体経営への住民参加』(分野別自治制度及びその運用に関する説明資料 No.1). 自治体国際化協会(CLAIR).

佐々木てる. 2005. "在日コリアンと国籍取得権: 「帰化モデル」の議論と「コリア系日本人」という可能性から". 『社会学ジャ—ナル』 30, 3月. pp. 149-160.

澤敬子. 2004. "中小自治体における外国人諮問制度の課題: 大阪府豊中市の事例から". 『現代社会研究』 7, 11月. pp. 213-214.

床井茂. 2007. "在日朝鮮人への最近の人権侵害・弾圧について". 『科学的社会主義』 112, 8月. pp. 28-37.

永住外国人の住民投票権. 2013. http://www.gcnet.at/residence/jumin-tohyoken.htm(9. 18 검색).

在日本大韓民国民団. 2018a. "民団の事業" http://www.mindan.org/shokai/jigyo.html/(3. 1 검색).

______. 2018b. "婚姻状況" http://www.mindan.org/shokai/toukei.html/(2. 28 검색).

在日本大韓民国民団. 2018a. "年度別人口推移/性別・年令別構成" http://www.mindan.org/shokai/toukei.html/(2. 28 검색).

______. 2018b."民団団員と国民登録者数" http://www.mindan.org/shokai/toukei.html/(2. 28 검색).

参議院. 2008. http://www.sangiin.go.jp/japanese/joho1/kousei/syuisyo/169/syuh/s169085.htm(2. 28 검색).

在日本朝鮮人総聯合会. 2018. "朝鮮総連とはどのような組織なのか". www.chongryon.com/(3. 1 검색).

滋賀県米原町: 永住外国人に投票資格を与える(全国初). 2013. http://tamutamu2011.kuronowish.com/maibara.htm(9. 18 검색).

総務省統計局. 2015. "平成27年国勢調査人口等基本集計結果" http://www.stat.go.jp/data/kokusei/2015/kekka/kihon1/pdf/youyaku.pdf/(2018. 2. 28 검색).

法務省. 2017. "在留外国人統計" http://www.moj.go.jp/housei/toukei/toukei_ichiran_touroku.html/(2018. 2. 28 검색).

民主党. 2013. "民主党基本情報/民主党規約" http://www.dpj.or.jp/(9. 18 검색).

民主党. 2013. "民主党基本情報/代表選挙規則" http://www.dpj.or.jp/(9. 18 검색). "日本における外国人参政権/地方自治体の動き" https://ja.wikipedia.org/wiki/(2018. 3. 1 검색). "日本の地方公共団体一覧" https://ja.wikipedia.org/wiki/(2018. 3. 1 검색).

『연합뉴스』(2018. 2. 22).

『朝日新聞』(2010. 1. 30).

『産経新聞』(2010. 1. 25; 2011. 11. 20).

『時事ドットコム』(2010. 4. 6).

『民団新聞』(2010. 1. 15).

『読売新聞』(2010. 9. 5 社說), "代表選の投票権' 外国人にも認めるのは問題だ".

『読売新聞』(2011. 12. 2).

# 제4장
# 우즈베키스탄 고려인의 주요 현황과 문제점 : 교육과 이주노동을 중심으로

성동기(인하대)

## 1. 서론

1991년 소비에트 연방으로부터 독립한 우즈베키스탄에 거주하고 있는 고려인은 이로부터 27년이 지난 현재 크게 두 가지의 어려운 문제에 직면하고 있다. 첫 번째는 교육이며, 두 번째는 이주노동이다. 주지하는 바와 같이, 1937년에 중앙아시아로 강제이주 당한 고려인이 소비에트 연방에서 성공적이고 안정적으로 정착을 하게 된 가장 중요한 배경은 교육에서 찾을 수 있다. 강제이주 1세대들은 집단농장을 통해서 생활의 기반을 구축했으며, 이를 바탕으로 그들의 자녀들은 교육에 집중할 수 있었다. 게다가 소비에트 연방은 무상교육을 바탕으로 소수민족에게 차별 없는 교육의 기회를 제공하였기 때문에 고려인 2세부터 점차적으로 고려인 사회에 고학력 전문직이 배출되었다. 그러나 우즈베키스탄이 독립하면서 무상교육 제도가 점진적으로 사라지고 교육 부문에 대한 투자가 급감하면서 공교육이 붕괴되기 시작했다. 그리고 우즈베키스탄에서 우즈베크 민족 중심의 민족주의가 나타나면서 고려인 부모들이 기존의 직장에서 실직당하거나 이직을 하는 경우가 많았는데, 이는 고려인 가정의 자녀들이 교육을 제대로 받지 못하는 중요한 원인이 되었다. 현재 고려인 사회는 고려인 후손들의 대학 진학률이 갈수록 떨어지고 있으며, 대학에 들어가더라도 제대로 된 교육을 받지 못한다고 걱정하고 있다. 궁극적으로 고려인 후손들이 제대로 교육을 받지 못하고 대학 진학률이 떨어지면 고려인 사회의 미래는 상당히 불투명하다고 예상할 수 있다. 이와 같은 상황에 직면한 고려인 사회에서 일부는 거주국을 떠나서 보다 나은 직장을 구하고 돈을 벌어서 자녀를 해외에서 공부시키고자 이주노동을 단행하였다. 이들이 선택한 이주노동의 대상 국가는 한국과 러시아였다. 특히 한국 정부는 고려인에게 H-2, F-4 비자 등을 발급하여 이들이 모국에서 일할 수 있도록 기회를 점차적으로 넓혀 주었다. 그러나 한국에서 이주노동을 하고 있는 고려인과 그들의 가족들은 대부분 언어 문제, 인권 문제, 자녀 교육 문제 등과 맞물려서 여전히 고전하고 있다. 현재 우즈베키스탄 타슈켄트주(州)에 존재하고 있는 고려인 집단농장과 집단촌에는 부모들이 한국과 러시아로 이주노동을 떠났기 때문에 노인과 아이들만 살고 있다고 분석되고 있다.

사실상 현재 우즈베키스탄의 고려인 사회는 소비에트 연방에서는 걱정을 하지 않았던 경제와 교육 문제에 직면하고 있다. 그러나 이 문제들을 성공적으로 극복하지 못하면 고려인 가정의 해체, 우즈베키스탄 내에서의 고려인 사회의 위상 추락, 그리고 나아가서 고려인의 민족 정체성과 국가 정체성에도 부정적인 영향이 나타날 수 있다.

고려인 사회의 미래는 소비에트 연방 시기와 마찬가지로 고려인 후손들 중에서 고학력 전문직에 종사하는 자들이 다수 배출되어서 이들이 거주국에서 중요한 역할을 담당하는 구조로 나아가야 한다. 그래야만 고려인 사회가 거주국에서 다시 높은 위상을 차지하게 되고 미래의 후손들은 안정적으로 거주국에서 살아갈 수 있을 것이다.

본 장에서는 우즈베키스탄 고려인 사회가 현재 직면하고 있는, 그리고 미래와 직결되는 가장 중요한 두 가지 이슈를 교육과 이주노동으로 정하였다. 먼저 이 문제들을 분석할 것이고 다음으로 이를 해결할 수 있는 정책적 방안들도 제시할 것이다.

## 2. 우즈베키스탄 고려인 사회가 직면하고 있는 교육 현황과 문제점

우즈베키스탄 시민이 아닌 소비에트 시민으로 살았던 고려인은 급작스러운 국적의 변화로 인해서 소비에트 체제의 소수민족이 아니라 우즈베키스탄이라는 국가의 시민이자 소수민족으로 살아야만 했다. 주지하는 바와 같이, 소비에트 정부는 사회주의와 소비에트 시민화 정책으로 자국의 소수민족들에게 국가의 전 부문에 걸쳐서 사실상 민족적 차별이 없는 정책을 지속적으로 추진하였다. 이로 인해서 소비에트 시민인 고려인은 무상교육의 혜택을 받으면서 자신이 원하면 얼마든지 객관적인 평가를 받아서 상급학교로 진학해서 공부할 수 있었다. 그리고 민족 차별 없이 능력만 있으면 어떤 직장이든 취업할 수 있었다. 그러나 독립 우즈베키스탄의 시민으로서 살게 된 고려인의 상황은 다르게 나타났다. 우즈베키스탄은 독립 당시에 전체 인구의 71.3%를 차지하는 우즈베크인이 있었기 때문에 자연스럽게 우즈베크 민족주의가 나타나게 되었다.[1] 소비에트 체제하에서는 우즈베크인과 고려인은 똑같은 소비에트 체제의 소수민족이었지만 독립 우즈베키스탄에서는 우즈베크 민족주의의 등장으로 고려인과 같은 소수민족은 차별을 받기 시작하였다. 그리고 우즈베키스탄은 민주주의와 자본주의로 체제를 전환했기 때문에 교육에 대한 국가의 투자가 줄어들어 교육 수준이 나빠졌고, 학교 예산을 확보하기 위해서 입시 부정과 학사 부정이 공공연하게 나타났다. 이로 인해서 우즈베키스탄의 교육 부문은 무상교육과 능력 중심의 공정한 경쟁이라는 소비에트 체제의 유산을 잃게 되었다.

우즈베키스탄이 독립하면서 고려인 사회는 교육 부문에서 다음과 같은 상황에 직면하였다.

첫째, 가정 경제의 어려움으로 자녀의 대학교 진학률이 떨어졌다. 우즈베키스탄의 독립과 체제전환으로 인해서 고려인 가정은 자녀를 상급학교로 진학시키기 힘들어졌다. 소비에트 체제하에서 고등교육을 받고 좋은 직장에 있었던 고려인이라고 할지라도 독립 이후에 우즈베크 민족주의 때문에 이직이나 실직을 당하였다. 비록 직장에 남았다고 하더라

1 1991년 독립 당시에 우즈베키스탄의 인구는 1989년에 소비에트정부가 마지막으로 실시했던 인구센서스 조사를 통해서 짐작할 수 있다. 이 조사에 따르면, 우즈베크인이 우즈베크 사회주의 공화국의 전체 인구의 71.3%를, 120여 소수민족들 중에서는 러시아인이 8.3%를 차지하였다. 고려인은 1% 정도였다. 자세한 통계는 다음의 사이트 참조. 러시아 인구학연구소 홈페이지. http://demoscope.ru/wee kly/ssp/sng_nac_89.php?reg=4(2018. 5. 2 검색). 우즈베크 민족주의는 우즈베키스탄 정부가 공식적으로 추진한 정책은 아니다. 다만 헌법상에 우즈베크어가 공식어가 되고 우즈베크인이 전체 인구의 압도적인 다수를 차지하다 보니 우즈베크어를 구사하지 못하고 우즈베크인보다 수적으로 열세인 소수민족은 자연스럽게 차별을 당하게 되었다. 예를 들면, 기업체나 관공서에서 우즈베크어를 구사하지 못하면 승진에 불이익을 받았으며, 능력이 있는 소수민족이라도 우즈베크어를 구사하지 못하면 공무원이 될 수 없었다.

도 우즈베크인에게 밀려서 이권이 개입되는 곳은 갈 수가 없었다. 실제로 관공서에 근무하는 고려인을 비롯한 소수민족들은 한직에서 일했다. 특히 457세대 고려인은 독립 당시에 자녀를 대학교로 진학시켜야 하는 나이였는데 독립 이후에 위와 같은 상황에 직면하면서 이들의 자녀는 대학 진학을 포기하고 직업 전선에 뛰어들었다.[2]

둘째, 좋은 직장에 들어가는 길이 막혔다. 비록 대학교를 졸업한다고 하더라도 우즈베크어를 구사하지 못하면 좋은 직장에 들어갈 수 없었기 때문에 대학교 진학률은 더 떨어졌다. 게다가 우즈베크 민족주의로 인해서 우즈베키스탄의 각 부문에서 우즈베크인이 기득권을 잡았기 때문에 좋은 직장에 들어가기가 더욱 힘들어졌다. 이러한 분위기로 인해서 고려인 자녀들은 대학 진학을 일찍이 포기하고 장사와 같은 소규모 비즈니스에 뛰어들고자 했다.

셋째, 이러한 환경으로 인해서 우즈베키스탄을 떠나는 고려인 가정이 나타났다.[3] 우즈베키스탄 독립 초기에 우즈베크 민족주의를 비롯한 변화된 환경에 적응하지 못한 다수의 고려인 가정이 연해주로 재이주를 단행하였다. 결과적으로 상급 학교로 진학해야 하는 고려인 자녀들이 입

---

2 우즈베키스탄 고려인 사회는 독립 당시에 가장 힘들었던 세대를 457세대라고 불렀다. 이들은 1950년대에 출생하여 1970년대에 대학교를 마치고 사회생활을 시작하여 1991년 독립 당시에 40대 연령이 된 자들이다. 소비에트 시민들은 일반적으로 결혼을 20대 초반에 했기 때문에 40대가 되면 이미 자녀들이 대학을 가거나 결혼을 하는 나이에 해당되었다. 따라서 이들은 안정적인 직장 생활을 바탕으로 가정 경제를 책임질 수 있는 나이인데 오히려 이직과 실직으로 인해서 가정 경제를 힘들게 하였다. 자녀들 역시 가정 경제를 위해서 대학 진학을 포기해야만 했다.

3 연해주로의 고려인 재이주와 관련된 내용은 다음의 논문 참조. 전신욱. 2007. “중앙아시아 고려인의 재이주 요인과 정착현황: 연해주 지역을 중심으로”. 『한국정책과학학회보』 11(3): 77-107.

학 시기를 놓치는 경우가 많았다.

위와 같은 상황이 지속되면서 고려인 사회가 다른 민족들보다 우위에 있었던 '고학력 전문직' 공식이 무너지기 시작하였다. 1937년 연해주에서 우즈베키스탄으로 강제이주 당한 고려인은 특유의 성실성과 높은 교육열로 인해서 단기간에 정착에 성공하였고 소비에트 사회에서 우수한 민족으로 인정받았다.

**〈표 4-1〉 1989년 우즈베크 사회주의 공화국 민족별 교육 수준[4]**

| 민족 | 대퇴, 대졸 이상 | | 전문대졸[5] | | 고졸 이하 | |
|---|---|---|---|---|---|---|
| | 주민 수(천) | % | 주민 수(천) | % | 주민 수(천) | % |
| 우즈베크인 | 753.8 | 6.7 | 4,580.3 | 40.1 | 3,803.9 | 33.8 |
| 러시아인 | 234.8 | 15.8 | 620.5 | 42.1 | 465.6 | 31.5 |
| 고려인 | 25.1 | 15.7 | 64.8 | 40.6 | 48.7 | 30.4 |

출처: 김명길(Ким Мен Гир), 미발표 논문, 1992.

4 Ким Мен Гир. 1992. "Демографические особенности корейского населения Узбекистана." Ким Б. 1999. 『Корейцы Узбекистана. Кто есть кто』. Справочное издание. Ташкент: Корё Симун. 본 논문에서 제공하는 통계는 고려인의 교육 수준을 소비에트 전체의 민족들과 비교하는 데 한계를 가지고 있다. 그러나 우즈베크 사회주의 공화국 내에서의 고려인의 교육 수준을 이해하는 데 어려움은 없다고 여겨진다. 이 표에서 러시아인이 고려인과 교육 수준에서 거의 차이가 나지 않는 이유는 소비에트 체제하에서 러시아인이 1등 민족으로서 대우를 받았기 때문이라고 판단된다.

5 김경욱. 1990. "소련의 교육제도와 개혁전망". 『슬라브연구』 6: 215. 여기서 전문대는 우리의 전문대와 다른 개념의 교육기관이다. 일반대학이 순수과학이나 인문과학을 교육시키는 곳이라면, 전문대학은 직업과 관련된 응용과학, 즉 약학, 공학, 농학 등의 전문 분야를 교육하는 곳이다.

특히 다른 소수민족들에 비해서 고려인은 의사, 법조인, 교수, 교사, 공무원 등과 같은 안정적이고 전문적인 직업에 종사를 많이 하였다. 그러나 우즈베키스탄이 독립하면서 이러한 명성이 깨어지기 시작하였고 고려인 지도층과 사회는 이러한 상황에 대해서 깊은 우려를 나타냈다.

현재 고려인 후손들의 대학 진학률이 떨어지는 구체적인 이유를 우즈베키스탄의 교육제도를 통해서 분석할 수 있다.

우즈베키스탄은 독립 이후 각 부문에 걸쳐서 독립국가와 체제전환기에 적합한 법을 구비하는 작업을 추진하였다. 독립 초기에 우즈베키스탄의 교육제도는 사실상 소비에트 체제의 그것을 유지했다.

독립 초기에 우즈베키스탄의 학제는 고르바초프 소련 공산당 서기장이 1985년에 개혁한 학제를 기본으로 했다. 독립 초기에 우즈베키스탄의 학제는 유아원(생후 3개월~3세의 유아) 3년제, 유치원(3세~5세 어린이) 3년제, 초등학교 4년제, 중등학교 7년제, 고등교육기관인 대학교 5년제로 구성되었다.[6] 우즈베키스탄 정부는 1992년 7월 2일에 교육법을 개정하여 소비에트 학제를 탈피하는 독자적인 학제를 만들었는데, 초등학교 3년제, 기본 중등학교 6년제, 일반 중등학교 및 직업학교 2년제, 고등교육인 대학교 5년제로 개편되었다(М. Н. Житникова, Н. И. Зверев, Г. Ф. Ткач. 2008: 48). 1997년 8월 29일에 우즈베키스탄 정부는 자국의 경제 성장과 인구 성장을 고려한 대대적인 교육법 개정을 시도하였다.[7]

6 위의 논문, p. 211. 실제로 소련의 고등교육 기관은 복잡하게 구성되어 있다. 우리와 같은 대학교도 있지만 직업훈련을 위한 상업계와 공업계 고등학교 과정도 존재했다. 자세한 내용은 위 논문 pp. 214-217 참조.

7 "Узбекская модель образования: В чем ее суть?"(http://uzbekistan.kg/uz11.php(2018. 5. 2 검색)

〈표 4-2〉 1989년 우즈베키스탄 고려인의 직업분포

| 직업 | 주민수(천) | % |
|---|---|---|
| | 86.3 | 100 |
| 공업 | 17.2 | 19.9 |
| 농업(임업 포함) | 22.7 | 26.3 |
| 운송업 | 4.9 | 5.7 |
| 건축업 | 10.5 | 12.2 |
| 장사 | 4.6 | 5.3 |
| 주택업 | 3.1 | 3.6 |
| 의료업(의사, 간호사 등) | 4.4 | 5.1 |
| 교사 | 8.7 | 10.1 |
| 예술가 | 1.1 | 1.4 |
| 연구직(대학교수, 연구원 등) | 2.5 | 2.8 |
| 관공서(행정직 등) | 3.6 | 4.1 |
| 서비스업 | 3.0 | 3.5 |

출처: 김명길(Ким Мен Гир), 미발표 논문, 1992.

이 개정법은 우즈베키스탄 교육모델(Узбекская модель образования)이라고 불린다. 그러나 사실상 외형은 국제사회의 보편적인 학제인 9년(초등 및 중등 과정)+3년(고등 과정)+4년(대학 과정)+2년(석사 과정)+3년(박사 과정)과 유사하다.[8] 개정된 주된 내용은 다음과 같다.

8 우즈베키스탄뿐만 아니라 과거 소비에트 연방에서 독립한 국가들에 존재했던 박사과정은 엄밀히 말하면 "국가박사(доктор наук) 후보 과정(кандидат наук)"이라고 불린다. 이는 우리의 박사과정(Ph.D)에 해당된다. 소비에트 학제에서 최상위에 존재했던 국가박사는 여전히 대부분의

첫째, 국제사회의 표준 학제에 적합한 학사와 석사 과정으로 개편되었다. 기존에 대학과정은 5년이었는데, 이 속에는 학사 과정 3년과 석사 과정 2년이 통합되어 있었다. 그러나 개정법은 학사 과정 4년과 석사과정 2년으로 분리 독립시켰다. 사실상 국제사회의 표준 학제를 도입한 것이다.

둘째, 고등 과정을 과거 우리의 인문계(лицей, 이하 리체이)와 실업계(колледже, 이하 콜리지) 형태로 나누었다.[9] 이는 독립 이후에 우즈베키스탄의 경제 성장에 따른 전문 인력 양성과 증가하는 인구를 고려해서 만든 것이다. 전자는 대학교 진학을 목표로 하는 고등교육기관이며, 후자는 대학교 입학도 가능하지만 기본적으로 산업 현장의 전문 인력 양성에 목표를 두고 설립되었다.

실제로 우즈베키스탄 정부가 추진했던 우즈베키스탄 교육 모델은 다음의 정책들을 통해서 이해할 수 있다.

첫째, 각 정부기관 산하 특수대학교를 설립하였다. 우즈베키스탄 정부는 국가 발전에 필요한 다양한 학문 분과들과 관련된 특수대학교를 설립하였다. 그런데 이러한 대학교들은 우리의 단과대학 개념에 가깝다. 예를 들면, 외무부에 속하는 특수대학교는 세계경제외교대학교(Универ

---

구소련 공화국에 남아 있다. 독립 초기에 "국가박사 후보 과정"을 국제사회에서 말하는 박사(Ph.D)로 인정해 주느냐 하는 문제로 갈등이 많았다. 그리고 국가박사도 국제사회의 보편적인 학제에서는 없는 과정과 학위이기 때문에 존재의 가치를 두고 구소련 공화국 내부에서도 의견이 분분했다. 그러나 지금은 "국가박사 후보 과정"을 국제사회에서 인정하고 있으며, 국가박사도 여전히 존재하고 있다. 국가박사는 국제사회에서는 의미가 없지만 과거 소비에트 연방 공화국 내에서는 최고의 권위를 가지는 학위이기 때문에 여전히 존재하고 있다.

9 실제로 교육법 개정안을 만들 때 한국에서 교육 전문가가 자문을 했다고 한다. 자세한 내용은 다음의 사이트 참조. 키르기스스탄 주재 우즈베키스탄대사관. http://uzbekistan.kg/uz11.php(2018. 5. 2 검색)

ситет Мировой Экономики и Дипломатии)인데 이름 그대로 외교관을 양성하는 학교이다. 아래의 표처럼, 학문 분야에 따라 각 정부기관들은 해당 대학교를 직접 감독하고 통제한다.

**〈표 4-3〉 2017년 우즈베키스탄 정부기관에 속하는 특수대학교의 수**

| 기관명 | 총계 | 기관명 | 총계 |
|---|---|---|---|
| 내각(Cabinet of Ministers) | 1 | 법무부(Ministry of Justice) | 1 |
| 외무부(Ministry of Foreign Affairs) | 1 | 정보통신부(Minister for Development of Information Technologies and Communications) | 2 |
| 중고등특수교육부 (Ministry of Higher and Secondary Specialized Education) | 32 | 농수자원부 (Ministry of Agriculture and Water Resources) | 4 |
| 보건부(Ministry of Health) | 10 | 공공교육부 (Ministry of Public Education) | 5 |
| 문화체육부 (Ministry for Cultural and Sports Affairs) | 6 | 철도청 (State Stock-Holding Company 'Uzbekistan Railways') | 1 |

일반적으로 정부기관 산하의 특수대학교는 입학시험에서 우수한 성적을 받은 신입생들을 장학생으로 선발하고, 이들은 졸업 후에 해당 기관에서 5년 동안 의무적으로 근무해야 한다. 결과적으로 정부기관 산하의 특수대학교를 마치면 관련 업종에 취업할 수 있는 가능성이 높다. 따라서 우즈베키스탄 고등학생들이 입학하기를 선호한다.

둘째, 해외 대학교 분교를 유치하였다. 우즈베키스탄 정부는 2000년부터 해외의 대학교 분교를 유치하여 국내의 고등교육 수준을 높이고자 하였다. 2000년부터 러시아의 러시아경제대학교(the Tashkent branch of Russian Economic Academy named after G.V. Plekhanov), 모스크바국립대학교(the branch of Moscow State University named after M. Lomonosov), 러시아국립석유가스대학교(Russian State University of Oil and Gas named after I. Gubkin), 영국의 웨스트민스턴대학교(the City of Tashkent and International Westminster University), 이탈리아의 토리노공대(Turin Polytechnic University), 싱가포르의 경영개발연구원(Management Development Institute of Singapore) 등이 타슈켄트에 분교를 설립하였다.[10] 이러한 분교들도 종합대학교의 규모가 아니라 전문 학문 분야를 가르치는 단과대학의 성격을 가진다. 분교의 개념으로 설립되었기 때문에 본교에서 교수와 교직원이 파견되는 것이 원칙이지만 지금은 토리노공대를 제외하면 대부분 현지 우즈베키스탄 출신 교수진들이 강의를 하고 있다. 위 분교들은 설립 초기에 본교 교수진들이 파견되어서 강의하고 졸업장 역시 본교 총장 명의로 받는다는 장점 때문에 우수한 학생들이 많이 몰렸다. 그러나 지금은 현지의 대학교 수준으로 평가받고 있으며, 무엇보다도 등록금이 1년에 5,000달러에 달하기 때문에 가정 형편이 좋은 학생들이 입학하는 대학교로 알려져 있다.

셋째, 민족 언어별로 학교를 운영하였다. 앞에서 언급했듯이, 우즈베키스탄은 독립 이후 인구의 수적인 우위로 우즈베크어가 공식어로 헌법에 명시되면서 우즈베크 민족주의가 나타났다고 했다. 그러나 우즈베키스탄에 소재하는 모든 교육기관은 크게 우즈베크어와 러시아어로 강의하는 학교를 별도로 두고 있다. 초 · 중 · 고등학교에서는 우즈베크어 학

10 분교는 아니지만 한국의 인하대학교도 2014년 10월에 우즈베키스탄 정보통신부 산하 IT 대학교를 위탁 교육하고 있다.

교와 러시아어 학교로 나누어서 운영되며, 대학교에서는 우즈베크어반과 러시아어반 수업이 나누어져 있다. 이 외에도 우즈베키스탄에 거주하고 있는 카라칼팍인, 카자흐인, 타지크인, 키르기스인, 투르크멘인과 같은 주요 소수민족들은 유치원, 초 · 중 · 고등학교 민족어 학교를 별도로 허가받아서 운영하고 있다.[11] 고려인 자녀들은 러시아어가 제1언어이기 때문에 러시아어 학교를 다닌다. 따라서 이들이 언어 문제로 학업에 어려움을 가지는 경우는 없다.

다음으로 우즈베키스탄의 교육 환경과 대학교 진학 실태를 통해서 고려인 후손들이 직면하고 교육문제를 살펴보면 다음과 같다.

우즈베키스탄의 기본적인 교육 환경은 다음과 같다.

첫째, 모든 교육기관은 국립과 공립이다.[12]

둘째, 우즈베키스탄 정부는 초등 및 중등 과정 9년을 의무교육으로 정해 놓았다.[13]

셋째, 초 · 중 · 고등학교 과정은 무상교육이다.

넷째, 우즈베키스탄의 교육 부문 예산은 전체 국가 예산의 30%를 상회한다.[14]

---

11 우즈베키스탄 주요 소수민족들이 운영하고 있는 민족어 학교 실태는 다음의 보고서 참조. 유엔인권사무소 홈페이지. http://tbinternet.ohchr.org/Treaties/CERD/Shared%20Documents/UZB/INT _CERD_NGO_UZB_16338_R.rtf(2018. 5. 2 검색).

12 유치원은 사립이 존재한다.

13 Education Policy and Data Center 홈페이지. http://www.epdc.org/country/uzbekistan(2018. 5. 2 검색).

14 Sabina Mushtaq. 2015. "Contemporary Educational System in Uzbekistan." *International Journal of Social Science and Humanities Research*. 3(1): 136.

위와 같은 환경으로 인해서 현재 우즈베키스탄의 문해율은 99%를 상회한다. 그러나 우즈베키스탄 학부모와 학생들이 느끼는 교육 부문의 현실적 문제점들은 다음과 같다.

첫째, 공교육에 대한 불신이다. 우즈베키스탄 학부모와 학생들이 공교육을 불신하는 이유는 교사들의 급여 문제에서 모두 출발한다. 유치원과 초 · 중 · 고등학교 교사의 급여는 월 150~200달러 수준이다.[15] 이처럼 적은 임금을 받는 교사들은 대부분 투잡족이다. 학교 일 외에 다른 일을 해야만 생활고에서 벗어날 수 있다. 심지어 학생들에게 점수를 파는 경우도 있다. 이러한 이유로 인해서 교사들이 수업에 열의를 가지거나 학교업무에 충실한 경우는 드물다. 특히 점수를 판매하기 때문에 성적에 대한 신뢰도가 거의 없다. 따라서 공교육이 무너지면서 학부모와 학생들은 사교육을 찾게 되고 이로 인해 사교육 시장은 상당히 활성화되었다.

둘째, 사교육 시장의 활성화이다. 위와 같이 공교육이 무너지면서 영어, 수학, 물리, 화학, 제2외국어 등과 같은 과목을 강의하는 사설학원들이 상당히 많이 생겨났으며, 개인 과외 교사도 증가하고 있다. 우즈베키스탄에서 발표한 사교육 시장 관련 통계는 없지만, 교육센터(учебный центр)라는 간판을 달고 운영하고 있는 학원들을 타슈켄트 시내에서 많이 볼 수 있다. 사설학원의 강사들은 주로 고등학교 현직 교사나 대학교 강사들이 대부분이다. 한국과 마찬가지로 학생들 사이에서 유명한 강사들이 있는데, 이들은 현직 교사나 교수로 있다가 학원 강사로 전업해서 상당한 수입을 올리는 것으로 알려져 있다. 학원비는 한 과목당 월평균

15 독립 당시에 급여가 100달러를 넘지 않았지만 당시의 물가보다 현재의 물가가 더 높아서 실질적인 소득은 독립 당시보다 줄었다고 볼 수 있다.

20~30달러 정도이다.[16] 당연히 이름이 있는 강사의 수업은 한 과목당 월 평균 50달러까지로 올라간다. 개인 과외 시장도 부유층을 중심으로 발달해 있다.

우즈베키스탄의 대학교 입학 현황은 다음과 같다.

첫째, 대입 경쟁률이 높다. 우즈베키스탄의 대입 경쟁률은 평균 10.5:1에 달한다.[17] 전국의 대학교 입학정원은 큰 변동 없이 5만 7천 명 수준이다. 그러나 대입 수험생의 수는 2013년에 55만 명을 넘어섰으며, 2016년에는 65만 명을 넘어섰다.[18] 따라서 공교육의 부실과 높은 대입 경쟁률로 인해서 사교육 시장이 매년 확장되고 있는 것이다. 더 큰 문제는 대학교 신입생 선발에 부정이 많다는 데 있다.[19] 대표적인 것이 비공식적으로 기부금 입학이라고 해서 대학교에서 책정한 일정 금액을 학교에 기부하면 합격시켜 주는 선발전형이다.[20] 일반적으로 입학전형은 이러한 기부금 선발과 성적 선발로 이분화되어 있다.

---

16 일반적으로 1시간당 2~3달러, 하루 2시간, 일주일 2일 강의한다.

17 Darakchi. 2016. 10. 7. 지방 국립대의 인기학과는 매년 20:1을 넘는다.

18 Ibid.

19 시험 성적의 순위를 인위적으로 바꾸기도 하고 추가 합격생 리스트의 대기 순위를 바꾸는 방법 등 다양한 부정 사례가 있다.

20 우즈베키스탄은 독립 직후에 부족한 교육 예산으로 인해서 교사의 급여뿐만 아니라 학교의 운영에 필요한 자금을 각 학교에 제때에 제대로 제공하지 못했다. 특히 대학교는 예산 규모가 크기 때문에 우즈베키스탄 정부는 대학이 자체적으로 예산을 만들라고 요청하였다. 대학 당국은 입시에 비공식적으로 기부금 전형을 만들어서 매년 부족한 예산을 보충하였다. 이것이 지금도 유지되고 있다. 일반적으로 법과대학과 같은 인기학과는 3만 달러에 기부금 입학이 가능하다고 한다. 기부입학으로 인해서 부족한 학교의 재정은 어느 정도 해결되었지만, 근본적으로 성적을 기반으로 하는 신입생 선발 수가 줄어들어 경제상황이 좋지 않은 학생들의 입시 경쟁률을 더 높이는 결과를 나았다.

둘째, 등록금 유료화이다. 2001년 7월 26일부터 모든 교육과정의 무상교육을 유지해 오던 우즈베키스탄 정부가 대학교 등록금의 유료화를 공식화시켰다.[21] 성적 장학금을 받는 자들을 제외하고 기부금으로 입학한 신입생들과 성적 전형으로 입학한 신입생들은 모두 매년 등록금을 지불해야만 한다. 현재 해외 분교를 제외한 우즈베키스탄 국립대학교의 1년 등록금은 평균 2천 달러에 달한다.

〈표 4-4〉 우즈베키스탄 주요 학과의 등록금 액수

| 학과 | 등록금(soum) | 학과 | 등록금 |
|---|---|---|---|
| 교육 | 6,650,000 | 사회 · 심리 | 6,650,000 |
| 예술 | 7,900,000 | 언론 | 7,250,000 |
| 외국어 | 7,250,000 | 경제 | 8,800,000 |
| 국제정치 | 9,850,000 | 기계 | 6,650,000 |
| 수학 · 물리 | 6,650,000 | 컴퓨터 | 7,250,000 |
| 보건 | 8,800,000 | 건축 | 7,250,000 |
| 스포츠 | 6,650,000 | 농업 · 임업 · 축산 | 6,650,000 |

* 1$=3,732soum(2017. 5. 3.)

이러한 금액은 대부분의 신입생에게 부담을 주기 때문에 매년 최대 4회에 걸쳐서 분납도 가능하며, 은행에 합격증을 보여 주면 학자금 대출도 가능하다.

셋째, 장학금 제도이다. 우즈베키스탄 대학교의 신입생들은 입학 성

21 Ibid.

적으로만 장학금을 받는다. 우리처럼 매 학기마다 성적 우수자들에게 제공되는 장학금 제도는 없다. 대표적인 장학금 제도로 뷰제트(бюджетной)가 있는데, 우즈베키스탄의 국내 기업체들이 최우수 성적을 받은 신입생들을 성적순으로 선발하여, 이들에게 4년 장학금을 지불하고 고용 계약을 미리 체결한다.[22] 이 장학금을 받은 신입생은 졸업 후 의무적으로 해당 기업체에 5년 근무해야 한다. 우즈베키스탄 학부모와 학생들이 가장 선호하는 장학금이다. 그 외에도 정부 부처가 성적 우수자들에게 1년 동안 제공하는 신입생 장학금 제도가 있다. 각 학교마다 신학생 장학생 선발 인원수는 다르지만 전체 신입생의 평균 10% 미만이 장학금을 받는다.

위와 같은 우즈베키스탄의 교육 환경과 대입 현황이 고려인 후손들에게 교육적 · 진학적 측면에서 어떠한 영향을 미치는지를 분석하면 다음과 같다.

첫째, 공교육에서의 동일한 학습환경과 사교육을 통한 입시 경쟁이다. 공교육의 붕괴는 고려인 후손뿐만 아니라 다른 민족의 학생들에게도 동일하게 적용된다. 따라서 고려인 후손들은 사교육을 통해서 학업성적을 높이고 다른 민족들과 입시 경쟁을 해야 하는 상황에 놓여 있다.

둘째, 신뢰성 없는 대학입시 제도이다. 대입 경쟁률이 평균 10.5:1에 달하고 부정 입학이 관례화되어 버린 대학입시 제도하에서 고려인이 확실하게 대학교에 입학할 수 있는 방법은 기부금 입학 혹은 높은 성적을 받는 것이다. 전자를 위해서는 가정 형편이 매우 부유해야 하며, 후자를 위해서는 사교육에 투자를 해야 한다. 결론적으로 부유한 가정의 고려인 자녀들이 상대적으로 대학에 입학할 확률이 높다.

---

22 페르가나 온라인 신문사 홈페이지. http://www.fergananews.com/articles/5760(2018. 5. 2 검색).

결과적으로 우즈베키스탄 고려인 사회는 자녀를 제대로 교육시키기 위해서 해외유학을 보내거나 사교육을 통해서 거주국 대학에 입학시키고자 한다. 따라서 이 부분에 초점을 맞추어서 고려인 후손들의 교육 문제를 해결해야 할 것이다.

## 3. 우즈베키스탄 고려인 사회가 직면하고 있는 이주노동 현황과 문제점

우즈베키스탄이 독립한 후 우즈베키스탄 고려인은 체제전환기에 따른 다양한 어려움에 직면하였다. 신생독립국으로 위상이 변화된 우즈베키스탄에서 우즈베크 민족 중심의 민족주의 정책이 나타났으며, 이에 따른 소수민족들이 받는 차별은 비록 거주국 정부가 법적으로 보호를 하고 있지만 고려인 사회에 부정적인 영향을 제공하였다. 대표적인 경우가 러시아어의 지위 변화에 따른 차별적 상황이다. 민족주의 정책의 대표적인 사례인 언어정책에 따라 공식어인 우즈베크어를 구사하지 못하고 러시아어만을 사용하는 고려인들은 직장 선택, 승진, 그리고 직위 이동에 차별을 받아야 했으며, 결과적으로 직장에서 물러나야 하는 상황에 직면했다.[23] 이러한 상황에서 외국인 기업들의 진출과 자본주의 체제의 활성화에 따라 현직에서의 이탈은 가속화되었다. 실제로 급격한 변환기에 고려인들이 직면한 최대의 문제는 생활수준과 경제활동이었다. 과거 소비

23 중앙아시아 민족주의에 대한 자세한 내용은 다음의 논문 참조. 성동기. 2001. "우즈베크 다민족 정책과 민족주의: 현재의 시대적 상황에 따른 고려인의 위상 재조명". 『재외한인연구』 11: 99-129.

에트 시대에 이들은 기득권 세력으로 거주국의 우즈베크 민족들보다 평균적으로 높은 지위와 부를 가졌다고 알려져 있다. 따라서 소비에트 정부의 국가적 지원과 개인의 사회적 지위를 고려할 때, 이들의 생활수준은 여유가 있었다고 판단된다. 그러나 우즈베키스탄이 독립한 후 고려인의 생활수준은 국가의 지원 차단과 민족주의에 따른 경제활동의 위축에 따라 심각한 어려움에 처하게 되었다. 물론 해당 국가의 자본주의 경제정책과 개혁의 실패로 고려인 및 소수민족뿐만 아니라 주류 민족들 역시 경제적으로 어려움을 가진 것은 마찬가지였으나 국가의 이권이 우즈베크 민족 중심으로 재편되어 가면서 이들의 상황은 고려인 및 소수민족들에 비해 상대적으로 나은 것으로 평가받았다. 이러한 기본적인 상황 변화에 따라 고려인이 선택할 수 있었던 것은 민족주의 정책을 피해서 새로운 직업을 가지는 것과 거주국에서 벗어나는 것이었다.

고려인 사회의 극소수는 거주국의 독립 이후 연해주로 재이주를 단행하였다. 고려인의 연해주 재이주 원인은 구소련 붕괴 이후 중앙아시아 국가들의 민족주의 정책과 이에 따른 소수민족의 차별과 불이익, 타지키스탄 내전에 의한 미래의 불안감, 그리고 1993년 러시아 정부의 '고려인 명예회복법안'[24] 통과로 인한 법적인 재이주의 가능으로 정리하였다. 그

24 이종훈. 1998. "중앙아시아 고려인의 연해주 재이주가 갖는 정치경제적 의미". 『재외한인연구』 7; 전영섭. 1998. "구소련 고려인 강제이주와 연해주 귀환문제". 『시민과 변호사』 53. 1993년 3월 통과된 재러시아 고려인 명예 회복에 관한 법안의 주요 내용은 다음과 같다. ① 강제이주와 그 이후의 탄압을 불법적 범죄적인 조치로 인정, 고려인의 명예를 회복시킨다. ② 강제이주 전 원래 거주지로 귀환할 권리를 부여한다. ③ 러시아의 독립국가연합 각국에 거주하는 고려인이 원할 경우 러시아 국적 취득권을 준다. ④ 원거주지로 귀환하는 고려인에게 납세 특전 등 제반 생계대책을 마련해 준다. ⑤ 구소련 내 고려인의 법적 지위를 확고히 하는 독립국가연합 차원의 방안을 마련한다.

러나 연해주로 재이주한 고려인의 수치는 그렇게 많지 않았다.[25] 고려인 사회는 시간이 지나면서 다음과 같은 이유들로 인해서 점진적으로 변화되기 시작했다.

첫째, 한국 및 외국기업의 진출이 활발해졌다. 독립 직후부터 삼성, 대우 등의 본격적인 우즈베키스탄 진출을 필두로 한국기업들의 진출이 활발해지면서 고려인 사회는 새로운 변화에 직면하였다. 한국어의 필요성 증대, 자본주의 경제 · 경영 학습의 필요성, 그리고 한국기업 및 정부의 지원 확대 등으로 인해 고려인 사회는 다른 소수민족들보다 체제전환기에 적응하는 속도가 빨라졌다. 비록 고려인 사회에서 이러한 흐름에 편승한 자들은 일부이지만 자본주의 체제에 필요한 전문가들이 양성되기 시작하였다.

둘째, 자본주의에 대한 적응을 해나갔다. 독립 초기에 이직을 통해 장사나 사업을 하였던 자들이 실패도 하였지만 성공하면서 그 파급효과가 나타나기 시작했다. 우즈베크인이 주도하는 국가에서 대규모 사업은 힘들지만 무역이나 3차 서비스 산업에서 성공한 고려인이 배출되기 시작하였다. 이들은 고려인 사회에 새로운 고용창출 효과를 낳고 있으며 이와 연계된 사업이 확산되고 있다. 결과적으로 고려인 사업가의 등장과 성장은 고려인 사회가 시행착오를 지나 자본주의에 적응하였다는 것을 보여 주고 있다.

셋째, 러시아와 카자흐스탄의 경제가 발전하였다. 소비에트 연방의 붕괴 이후 러시아는 초기에 체제전환기의 혼란으로 어려움을 겪었으나,

25 심헌용. 2001. "러시아 극동지역의 민족관계와 유입 이주민의 민족적 특성". 『아시아문화』 17. 1999년까지 연해주로 이주한 우즈베키스탄 고려인의 수치는 767명에 불과하다. 이러한 통계는 재이주 이후 적응하지 못하고 다시 우즈베키스탄으로 돌아온 수치가 있기 때문에 그러하다.

2000년에 들어가면서 발생한 세계적인 고유가 특수를 발판으로 고도의 성장을 구가하였다. 카자흐스탄 역시 자국의 풍부한 석유를 수출하여 안정적인 성장을 달성하면서 중앙아시아 최고의 경제대국으로 부상하였다. 따라서 우즈베키스탄의 고려인은 양국으로 이주노동을 본격화할 수 있었다.

넷째, 재이주의 부담감을 인식하였다. 위의 상황으로 인해 독립 초기에 발생한 연해주로의 재이주는 거의 사라졌다. 게다가 비록 러시아와 카자흐스탄이 경제 성장을 달성하였다고는 하지만 재이주에 필요한 재정적 부담으로 인해 고려인 사회는 이주노동은 선호하지만 재이주에 대한 필요성을 느끼지 못하게 되었다.

이처럼 고려인 사회에서 이주노동에 대한 관심이 높아지는 시점에서 한국 정부가 2007년 3월 4일에 시행한 방문취업제는 고려인이 한국으로 이주노동을 떠나는 데 기폭제 역할을 하였다. 기존의 러시아와 카자흐스탄 시장과는 달리 한국이 새롭게 나타난 것은 고려인 사회에 커다란 변화를 야기하였다.

방문취업제는 상대적으로 소외받아 온 중국 및 구소련 동포들에 대한 차별 해소 및 포용정책의 일환으로 복수 사증 발급, 입국문호 확대, 취업범위 확대 및 절차 간소화 등이 주요 내용으로 나타났다.[26] 만 25세 이상의 중국 및 구소련 지역의 동포들은 5년 유효, 1회 최장 3년간 체류할 수 있다. 특히 이 제도는 국내 호적이나 친인척이 없는 무연고 동포들에게도 문호를 넓혀 주었다. 방문취업사증(H-2)으로 입국한 동포들은 노동

---

26 방문취업제에 대한 구체적인 내용은 다음의 사이트 참조. http://saladtv.kr/?document_srl=1438 4(2018. 5. 2 검색)

부 취업교육을 마치고 구직 신청 후, 고용지원센터의 취업 알선을 받거나, 특례고용가능 확인서를 발급받은 사업체에 자율적으로 취업이 가능하였다. 우즈베키스탄의 경우 2008년 무시험 컴퓨터 추첨에 의해 방문취업사증을 발급하기로 함에 따라 2,711명의 쿼터 중 2,165명이 신청하여 모두 합격 처리되었으며, 동 쿼터에 대해 2008년 11월부터 방문취업사증 신청을 받고 있다.

게다가 한국의 외교통상부 산하 재외동포재단과 국제교류재단 등이 매년 수요조사를 실시하여, 고려인 동포 방한초청 사업, 장학생 초청 사업, 고려인 단체 활동 지원 사업 등을 시행하면서 한국으로의 이주에 관한 고려인의 관심도가 더욱 높아졌다.

한국 정부가 추진하고 있는 고려인 지원정책이 가지는 특징은 다음과 같다.

첫째, 고려인 거주국을 배려하는 정책을 시행하였다. 한국어 교육과 고려인 복지사업에 대한 정책적 지원은 단지 고려인을 대상으로만 하는 것이 아니라 궁극적으로 거주국의 교육과 복지 부문에 도움을 주는 형태로 인식되었다. 카자흐스탄과 우즈베키스탄을 비롯한 중앙아시아 5개국은 다민족 다문화 국가로 형성되어 있기 때문에 특정 소수민족에 국한된 모국의 지원은 해당국 정부의 정책에 반하는 것이었다. 따라서 한국 정부가 추진하는 고려인에 대한 정책적 지원이 특정 민족에 대한 배려만으로 인식될 수 있었다. 그러나 한국어 교육과 복지사업은 거주국의 발전에 도움을 주는 것이었기 때문에 해당국의 적극적인 지원을 받을 만큼 큰 의미를 가지게 되었다. 한국어 교육은 고려인뿐만 아니라 다른 민족들에게도 공평하게 기회가 제공되었으며, 거의 무상으로 한국어를 배워서 기회가 되면 한국기업에 취업하거나 한국으로 유학 갈 수 있었기 때문에 해당국은 적극적으로 한국 정부의 정책을 지원하였다. 복지사업 역시 해당국이 재정적으로 할 수 없는 부분이었기 때문에 한국 정부의 지원은 해당국의 복지 수준을 높여 주는 계기로 인식되었다.

둘째, 균형적 지원정책을 시행하였다. 고려인에 국한되지 않는 한국 정부의 정책은 코리안 드림의 기회를 중앙아시아 각국의 민족들에게 공평하게 제공하는 데서 알 수 있다.[27] 예를 들면, 우즈베키스탄의 경우에는 1995년부터 2006년까지 시행되었던 산업연수제도로 약 1만 8천 명의 해당국 시민이 한국에서 노동을 할 수 있었다. 그리고 2007년 이 제도가 폐기되고 보다 발전적인 형태인 고용허가제에 대해서 양국이 합의하면서 본격적인 이주노동이 시작되었다.[28] 2007년 3월에 한국 노동부와 우즈베키스탄 노동부가 고용허가제를 위한 '한국어 능력시험(TOPIK)' 실시에 대한 합의를 하였으며, 그해 11월 26일부터 5천 명이 넘는 우즈베키스탄 시민들이 시험을 통과해서 한국으로 취업하였다.[29] 이러한 혜택은 고려인에게도 당연히 돌아갔기 때문에 한국 정부는 이를 발판으로 고려인에 국한되는 방문취업제를 성사시킬 수 있었다.

셋째, 국익을 고려하는 선순환적 정책을 시행하였다. 카자흐스탄과 우즈베키스탄은 에너지 자원뿐만 아니라 다양한 종류의 지하자원을 다량으로 보유하고 있기 때문에 해당국과의 우호적인 관계를 구축하고 유지하기 위해 고려인의 지원정책이 활용되고 있다. 일반적으로 중앙아시

27 카자흐스탄은 경제 성장에 따른 발전으로 인해 한국의 고용허가제를 거부하였다.

28 http://m.kofice.or.kr/b20_correspondent_10_01.asp?seq=5967(2018. 5. 2 검색)

29 우즈베키스탄 주재 전대완 한국대사와의 인터뷰 내용에 따르면, 한국 정부가 고용허가제를 위해 실시하는 TOPIK의 합격 기준은 2급 정도이며, 특히 최근에 한국 산업체가 우즈베키스탄 시민을 대상으로 하는 고용허가제 쿼터를 6,200명으로 상향시켜 줄 것을 한국 정부에 요구하고 있다고 한다.

아 자원외교가 성공적이지 못하다고 평가받고 있지만 고려인이 존재하기 때문에 지속적으로 해당국과의 관계를 우호적으로 개선시키는 기회를 얻고 있어서 장기적인 관점에서 소기의 성과가 나타날 가능성이 높다고 판단된다. 만약에 중앙아시아 지역에 고려인의 존재 자체가 없었다면 미래의 자원외교는 지금보다 더 악화될 것이 자명하다고 여겨진다. 결과적으로 고려인의 지원정책이 우리의 국익에 선순환적 형태로 나타나고 있는 것이다.

현재 한국에서 이주노동을 하고 있거나 대학에서 교육을 받고 있는 우즈베키스탄 고려인은 대략 1만 명이 넘어서는 것으로 파악되고 있다.[30]

우즈베키스탄 고려인은 현재 다음과 같은 문제로 인해서 한국사회에 적응하기 힘들어 하고 있다.[31]

첫째, 재외동포법 개정 필요성 문제이다. 지금의 재외동포법에 따르면, 고려인 4세는 동포에 해당되지 않는다. 이들은 만 19세가 되면 한국에서 부모와 동거할 수 없다. 따라서 자녀를 둔 고려인 가정이 생이별을 하게 되었기 때문에 본 법의 개정을 호소하고 있다.

둘째, 의료 부문의 문제이다. 한국 정부에서 고려인에게 개인 건강보험은 쉽게 발급해 주지만, 가족 건강보험을 발급하기 위해서는 너무 많은 증거 자료를 요구하여 불편함이 많다고 한다. 그리고 무엇보다도 의사와 진료를 하는 과정에서 의사소통이 힘들기 때문에 제대로 치료를 받을 수 있는 통역을 더 요청하고 있다.

30 국내에 거주하는 우즈베키스탄 고려인의 수치와 관련된 통계가 공식적으로 발표되지 않아서 정확한 수는 파악하기 힘들지만 기본적으로 1만 명 이상이 거주하는 것은 명확하다. 국내 고려인과 관련된 NGO 단체들은 4만에서 7만까지 추산하고 있다.

31 2017년도 안산, 인천, 광주, 김해 등 네 곳에 거주하는 고려인을 상대로 국내 고려인의 거주실태 조사와 관련된 인터뷰 내용을 반영한 것이다.

셋째, 고등학교 진학 문제이다. 대한민국이 초 · 중등 교육과정을 의무교육으로 규정하고 있기 때문에 고려인 자녀들이 초등학교와 중학교에서 공부하는 데 어려움은 없으나, 고등학교에 진학할 경우에 동 학교 교장의 재량에 의해서 입학이 결정되기 때문에 불합리한 경우를 많이 겪고 있다.

넷째, 한국어 교육의 확대가 필요하다. 자녀들이 한국 학생들과 같은 학교에서 다니기 때문에 한국어 수준이 많이 부족하여 학습에 어려움을 가지고 있다. 따라서 자녀들을 위한 한국어 보충반 등이 운영되기를 원하였다.

다섯째, 민간 인권단체와 변호사의 불필요한 개입이다. 고려인들이 법적인 문제로 소송에 휘말리게 되면 이들의 지원이 실제로 중요한 부분을 차지하고 있지만, 근무하는 공장이나 회사에서 문제가 발생하면 이들이 너무나 깊이 개입하여 오히려 문제를 더 복잡하게 만든다고도 한다.

여섯째, 조선족과의 차별적 처우가 필요하다. 조선족과 고려인은 성장한 환경과 국가가 다르기 때문에 고려인을 조선족과 똑같이 대우하는 것은 부당하다고 주장하고 있다. 일반적으로 조선족은 인식이 좋지 않은 반면에 고려인은 상당히 좋은 인식을 받고 있기 때문에 고려인과 조선족을 구별해서 동포정책을 추진하기를 요청하였다.

## 4. 우즈베키스탄 고려인 사회를 위한 정책적 과제

우즈베키스탄 고려인 사회가 직면하고 있는 교육문제를 해결할 수 있는 정책적 과제를 먼저 제시해 보겠다.

현재 우즈베키스탄 고려인 후손들은 공교육의 붕괴, 높은 대입 경쟁률, 사교육의 필요성 인식, 높은 사교육비 부담, 그리고 우즈베크 민족주의를 의식해야 하는 제한된 직업 선택 등과 같은 악조건들 속에서 공부하고 있다. 고려인 사회와 한국 정부는 이러한 상황을 고려하여 이들에게 적합한 다음과 같은 지원 방안들을 수립해야 한다.

첫째, 가정 형편이 어려운 고려인 고등학생들을 위한 무료 사교육의 기회를 제공한다. 우즈베키스탄 고려인 후손들은 대학에 입학하기 위해서 사교육을 받고 있으며, 사교육비로 상당한 금액을 지불하고 있다. 사교육비를 지출할 정도로 고려인 사회가 경제적으로 안정을 되찾았다고 예상할 수 있지만, 우즈베키스탄 전체 고려인 사회를 본다면 사교육을 받지 못하는 가정이 훨씬 더 많을 것이다. 특히 타슈켄트가 아닌 지방에 거주하고 있는 고려인 후손들은 사교육의 기회를 찾기가 더욱 힘들 것으로 짐작된다. 따라서 사교육을 받지 않으면 이들이 거주국의 높은 대학 입시 경쟁률을 뚫기 힘들다는 것이 가장 기본적인 문제이기 때문에 고려인 사회와 한국 정부는 가정 형편이 어려운 고려인 고등학생들에게 사교육의 기회를 제공하는 방안을 강구해야 한다. 타슈켄트의 경우에는 고려문화협회와 한국교육원을 사교육의 공간으로 활용할 수 있으며, 강사들은 고려인 교사나 교수들을 상대로 선발할 수 있다. 그리고 강사료는 고려문화협회와 한국교육원이 부담한다. 지방의 경우에도 고려문화협회 지부를 사교육의 공간으로 활용할 수 있다. 강사 선발과 강사료는 타슈켄트와 마찬가지로 하면 될 것이다.

둘째, 한국 대학교들과 우즈베키스탄 고등학교들의 학생 선발 협력을 확대한다. 우즈베키스탄 유학생들을 유치하려는 한국의 대학교들은 우즈베키스탄 소재 고등학교들과 학생 선발과 관련된 협약을 확대해야 한다. 예를 들면, 타슈켄트에 소재하고 있는 IT 콜리지는 한국의 대학교들과 이러한 협약을 체결하여 매년 우수한 재학생들을 보내고 있으며, 그중에는 반드시 고려인 학생이 포함되어 있다. 이러한 협약을 확대하는 데 고려문화협회, 한국교육원, 한국대사관이 역할을 해야 할 것이다. 만약에 우즈베키스탄의 고등학교가 이러한 협약을 원한다면, 한국 대학교는 고려인 고등학생 선발 비율에 대하여 상호 합의한 후 계약을 체결해야 할 것이다. 우즈베키스탄의 대학입시 경쟁률이 매우 높고 신뢰성이 없기 때문에 우수한 고려인 고등학생들을 한국으로 유치하는 것도 고려인 고등학생들의 대학교 진학률을 높이는 방법이 될 것이다.

셋째, 고려인 고등학생이 자국의 발전에 기여할 수 있는 학과로 입학하도록 유도한다. 고려인 후손들이 비록 전문직이 될 수 있는 학과에 입학한다고 하더라도, 우즈베크 민족주의로 인해서 졸업 후 진로는 다른 쪽을 선택하는 경향이 있었다. 그러나 예를 들면, IT는 우즈베키스탄 정부가 국가적 차원에서 추진하고 있는 분야이기 때문에 고려인 후손들이 IT를 전공한다면 거주국의 발전에 기여할 기회를 가질 수 있다. 다시 말하면, 우즈베크 민족주의가 직업을 선택하는 데 아무리 큰 장벽이 된다고 하더라도, 우즈베키스탄의 발전을 위해서 필요한 고려인 전문가는 오히려 상당한 대우를 받을 수 있다. 따라서 우즈베키스탄의 국가 발전에 필요한 전문가가 될 수 있는 학과로 입학한다면, 직업 역시 전공을 따라서 선택할 수 있다. 우즈베키스탄은 제조업 중심의 공업국가로 성장하는 것이 국가의 산업 발전 전략이기 때문에 우수한 고려인 기술자들은 우즈베크 민족주의와 상관없이 직업에서도 성공할 수 있다. 예를 들면, 고려인 고등학생이 한국으로 유학을 가려고 한다면, 한국 정부는 장학금을 주는 조건으로 이들을 공대에 입학하도록 유도할 수 있다. 고려인 고등학생이 한국의 대학교에서 공학을 전공하고 귀국한다면 우즈베크 민족주의를 의식하지 않고 우즈베키스탄에서 전문가로 활동할 수 있다.

넷째, 거주국의 공식어인 우즈베크어 학습을 유도한다. 고려인 사회는 거주국의 공식어인 우즈베크어의 중요성을 인식하고 있지만 우즈베크 민족이 러시아어를 구사하고 있기 때문에 큰 의미를 부여하지 않고 있다. 게다가 이들이 우즈베크어를 구사한다고 하더라도 우즈베크 민족주의 때문에 큰 혜택을 받지 못하기 때문에 우즈베크어에 대해 중요한 가치를 부여하지 않고 있다. 그러나 실제로 우즈베키스탄을 떠나서 이민을 갈 정도의 고려인이 그렇게 많지 않다는 점을 주목한다면 이들은 결국 우즈베크어를 배워야 한다. 아무리 우즈베크 민족주의가 고려인에게 불이익을 제공한다고 하더라도 우즈베크어를 구사하는 전문직 고려인은 좋은 직장을 가질 수 있다. 따라서 한국대사관과 한국교육원은 고려인 사회의 미래적 관점에서 이들에게 우즈베크어를 학습하도록 동기를 부여해야 한다. 예를 들면, 한국 소재 대학교로 진학할 때 우즈베크어 테스트를 해서 가산점을 주는 방식, 한국교육원에서 한국어 교육을 무료로 받을 때, 일정 시간의 우즈베크어 이수를 필수로 규정하는 방식 등과 같은 프로그램을 고려인 후손들에게 제시한다면 이들의 우즈베크어 학습량은 크게 증가할 것이다.

한국에서 이주노동을 하고 있는 우즈베키스탄 고려인을 위한 정책적 과제는 다음과 같다.

첫째, F-1 비자의 발급 조건을 완화한다. 우즈베키스탄 고려인이자 고려신문의 편집장인 김 부르트는 H-2 비자 발급 이후 한국으로 이주노동을 떠나는 고려인 수가 급속히 증가하면서 고려인 가정의 해체가 일어나고 있다고 주장하였다. 따라서 한국 정부는 이를 막기 위해서 한국에서 일하고 있는 고려인 부모들에게 그들의 자녀들이 한국으로 쉽게 들어갈 수 있도록 동반비자인 F-1의 발급 조건을 완화시킬 필요성을 제고해야 할 것이다.

둘째, 고려인 한국어 강사를 통한 초급 한국어 강의를 진행한다. 현재 한국에서는 외국어로서의 한국어를 전공한 한국인 강사들이 우즈베키스탄의 고려인에게 초급 한국어를 주로 강의하는데, 이들이 한국어로만 수업을 하기 때문에 고려인들이 이해하기 힘들다고 한다. 그 이유는 고려인의 제1언어가 러시아어이기 때문이다. 오히려 우즈베키스탄의 공식어인 우즈베크어는 한국어와 같은 알타이어 계열이기 때문에 우즈베크 민족이 고려인보다 한국어를 습득하는 데 훨씬 유리하다. 문제는 러시아어를 구사하는 한국어 강의 가능자를 채용하는 것인데, 이러한 인력은 우즈베키스탄, 카자흐스탄, 키르기스스탄, 우크라이나에 소재하고 있는 한국교육원에서 찾을 수 있다. 한국교육원의 역할은 현지인들을 위해 한국어 교육을 하는 것과 현지인을 교육시켜 한국어 강사로 육성하는 데 있다. 주로 고려인들이 한국어 교수법을 배워서 현지인들에게 한국어 교육을 하고 있다. 네 곳의 한국교육원에서 강의하고 있는 현지 한국어 강사를 국내로 초빙하여 일정 기간 한국어 초급반을 맡기는 것은 가능할 것으로 판단된다. 따라서 고려인이 많이 거주하는 서울, 안산, 광주, 김해를 거점으로 초급 한국어 강좌를 개설하면 전국적인 교육이 가능할 것이다. 마찬가지로 고려인을 위한 한국어 교재 역시 러시아어로 설명된 교재가 이들에게 적합하다. 이미 러시아어로 발간된 한국어 교재가 있지만, 러시아어를 모르는 한국인 강사가 이 교재를 사용하지 않기 때문에 고려인이 이 교재를 접할 기회가 거의 없다. 따라서 러시아어로 집필한 한국어 교재를 온라인상에서 고려인이 공유할 수 있도록 하는 방안을 강구할 수 있다.

셋째, 의료 문제이다. 기본적으로 국내 거주 고려인을 위한 의료보험은 이들에게 불편함이 없도록 제도화되어 있다. 그러나 동반 가족들까지 이 혜택을 받으려면, 가족관계 증명서 등과 같은 서류들을 우즈베키스탄에서 발급받아서 관련 기관에 제출해야 한다. 문제는 거주국에서 이와 관련된 서류들을 받는 데 시간이 많이 필요하다는 데 있다. 그리고 고려인이 의료보험 혜택을 받아도 병원에 가면 의사와 소통이 매우 힘들다는 문제가 발생한다. 한국어를 잘하는 고려인이 통역을 도와주는 경우와 병원이 자체적으로 러시아어 통역을 고용한 경우에는 의사와 소통에 문제가 없지만, 이러한 경우들을 제외하면 고려인 본인 스스로 의사와 소통하기 힘들다. 이 문제는 의사들이 과잉처방을 하는 것과 연결된다. 의사 입장에서는 고려인과 소통이 제대로 되지 못하기 때문에 진료 범위를 넓혀서 치료를 하고 처방을 할 수밖에 없다. 이러한 문제를 해결하기 위해서는 서울, 안산, 광주, 김해 네 곳을 거점 도시로 지정하고 이곳에 고려인을 위한 거점 병원을 정하는 것이다. 거점 병원에는 러시아어 통역이 가능한 직원들을 교대로 대기시켜야 하며, 거점 병원의 통역들은 거점 병원을 방문할 수 없는 급한 환자들을 위해서 스마트폰의 비디오폰 기능을 통해서 환자와 의사가 소통할 수 있도록 지원해야 할 것이다.

넷째, 고려인 자녀들의 학교 교육문제이다. 국내에 고려인 자녀들을 위한 러시아어 교육기관이 없기 때문에 그들의 자녀들은 한국 학생들과 같은 학교에 다닐 수밖에 없다. 이러한 이유로 고려인 자녀들이 한국 학생들과 같이 수업을 듣기 때문에 한국어 수준이 부족한 자녀들은 학업성취도가 떨어진다. 한국어 수준이 떨어지는 고려인 자녀들을 위해서 방과 후 한국어 교육을 별도로 가르치고 있지만 단기간에 한국어 실력을 높이는 것은 불가능하다. 앞에서 언급했듯이 고려인 자녀들은 한국 학생들과 마찬가지로 초등과 중등 과정은 의무교육을 받을 수 있다. 그러나 고등학교는 의무교육이 아니기 때문에 진학하고자 하는 학교의 교장이 고려인 자녀들의 입학을 사실상 결정한다. 한국 학생들과 그들의 학부모들 일부는 이들의 입학을 반기지 않기 때문에 고려인 자녀들이 고등학교에 입학하는 것도 쉽지 않으며 비록 입학을 하더라도 이들과 소통하고 적응하는 데 문제가 있다. 결국 고려인 자녀들이 한국에서 교육을 제대로 받기 위해서는 한국어를 한국 학생처럼 구사해야 한다. 이 문제를 해결할 수 있는 방안은 전국 주요 도시들의 대학교에 존재하는 러시아 관련 학과의 학생들을 활용하는 데서 찾을 수 있다. 이들은 러시아어를 연습할 수 있는 현지인이 필요하고 고려인 초등 · 중학생들은 한국어를 연습할 수 있는 한국인이 필요하다. 이러한 상호 필요성을 활용하여 고려인 학생들의 한국어 집중연습 과정에 러시아어를 배우는 학생들이 연결되면 상당한 효과가 있을 것이다. 이러한 네트워크가 구축되면 고려인 학생들의 한국어 습득이 향상되고 이를 통해서 학교에서 한국인 친구를 사귈 수 있으며, 궁극적으로 고등학교 진학도 수월할 것으로 예상된다.

다섯째, 법적 소송 문제이다. 일하고 있는 직장에서 발생하는 법적 분쟁과 직장 외의 생활 속에서 발생하는 법적 분쟁을 해결하기 위해서 고려인이 소송을 진행하려면 비용에 큰 부담을 가지기 때문에 포기하는 경우가 대부분이다. 비록 소송이 시작된다고 하더라도 변호사와의 의사소통에 문제가 있기 때문에 제대로 소송을 진행하기 힘들다. 게다가 소송이 장기화되면 비자 만료 기간과 겹치게 되기 때문에 소송의 연속성을 가지기 어렵다. 이러한 문제를 해결하기 위해서 러시아어로 작성된 소송 가이드북을 온라인으로 제공한다면 고려인 사회에 도움이 될 수 있다.

특별히 국내 거주 이주노동자들이 많이 부딪히는 케이스들을 가이드북에 소개하는 것이다. 가이드북에는 이 외에도 비용과 재판 기간에 대한 기본적인 정보가 소개되어야 한다. 가장 큰 문제는 재판을 하게 될 때 의사소통에 문제가 발생하는 것인데, 현재 각 법원마다 러시아어 통역 네트워크를 구축하여 활용하고 있지만, 이 경우는 재판 당일로 국한하는 것이 대부분이다. 이러한 문제를 해결하기 위해서는 고려인 사회 자체적으로 통역 네트워크를 먼저 구축하고 정부로부터 지원을 받는 방법을 모색해야 할 것이다.

여섯째, 조선족과의 관계이다. 조선족은 한국으로의 이주노동 역사가 길기 때문에 고려인들보다 한국에서 적응하는 데 필요한 노하우를 많이 가지고 있다. 따라서 조선족이 고려인을 상대로 사기를 많이 친다고 알려져 있다. 실제로 국내 거주 조선족의 수가 많기 때문에 이들이 일으키는 불법행위가 상당히 많다. 이것을 해결하기 위해서는 먼저 고려인 사회에 조선족의 범죄행위와 관련된 러시아어 사례집을 온라인으로 제공하여 피해 사례를 홍보해야 한다. 그러나 조선족을 상대로 입안되고 집행되고 있는 규칙들에 고려인도 같이 적용되는 문제를 해결하는 방안은 찾을 수 없다. 고려인만을 특별하게 대우하는 것은 모든 국내 외국인 노동자들과의 관계에 있어서 형평성에 어긋나기 때문이다.

일곱째, 고려인 4세대 지속적 동거 문제이다. 재외동포법의 적용 대상에 제외되는 고려인 4세는 현재 국내 거주 고려인의 자녀들에 해당된다. 만 19세가 되면 고려인 4세는 부모들과 동반 거주할 수 없기 때문에 본국으로 돌아가야만 한다. 부모는 한국에서 일하고 만 19세 이상의 자녀들은 방문 비자(C-3-8)를 받아서 3개월만 한국에서 체류할 수 있기 때문에 국내 거주 고려인이 재외동포법 개정을 요구하고 있다. 그러나 본

문제는 재외동포법을 개정하여 4세대들에게도 재외동포 자격을 부여하는 것 외에 다른 방안은 없다.

## 5. 결론

우즈베키스탄 과학아카데미 역사연구소 소수민족 분과 선임연구원인 리나트 시갑디노프 박사는 고려인이 거주국의 다른 소수민족들에 비해서 모국의 혜택을 가장 많이 받고 있지만, 이들의 민족 정체성은 갈수록 퇴색해 간다고 주장했다. 예를 들면, 한류가 우즈베키스탄에서 인기가 있지만, 이것이 오히려 고려인이 자신의 민족 전통과 정체성을 유지하는 데 장애요인이 되기 때문에 보다 전통적인 색채의 드라마, 영화, 교육 프로그램을 고려인에게 보여 줄 필요가 있다고 제안하였다.

리나트 시갑디노프 박사의 말대로 현재 고려인 사회는 새로운 환경 속에서 자신의 민족 정체성을 유지해야 한다. 특히 현재 고려인 후손들은 1991년 우즈베키스탄이 독립한 후 출생한 자들이다. 이들은 고려인 소비에트 세대와 달리 자본주의와 인터넷을 통한 세계화에 익숙한 자들이기 때문에 기존의 정책과는 차별화가 필요하다. 예를 들면, 고려인 후손들은 가급적 거주국을 떠나서 교육받고 싶어 하고, 이민도 적극적으로 고려하고 있다.

그러나 앞에서 언급했듯이, 고려인 후손 대부분은 결국 거주국에서 살 수밖에 없으며 고려인 사회의 미래를 짊어져야 한다. 고려인 사회와 한국 정부는 이 부분에 집중해서 고려인 후손들을 지원해야 한다. 앞으로 우즈베키스탄이 다민족 다문화 국가로서 안정적인 성장과 발전을 한다면, 소수민족인 고려인 역시 그 혜택을 받을 수 있다. 예를 들면, 러시아와 카자흐스탄의 고려인은 한국으로 이주노동을 떠나기 보다는 거주국의 경제 성장에 편승하여 거주국에서 안정적으로 성공하려고 노력해 왔다. 따라서 지금까지 우즈베키스탄이 보여 주었던 부정적인 정치, 경제, 사회 환경이 긍정적으로 변화될 것이라는 가정하에서 고려인 후손들을 교육시켜야 할 것이다. 이미 2016년 12월에 우즈베키스탄의 두 번째 대통령이 된 샵카트 미르지요예프는 과거의 적폐들을 개선하는 개혁을 지속적으로 추진하고 있다.

결과적으로 고려인 사회의 미래를 긍정적으로 만들어 가기 위해서는 획일적인 정책에서 벗어나 이들이 살고 있는 공간에 맞추어서 현실적인 지원을 고민하고 추진해야 한다. 예를 들면, 한국에서 이주노동을 하고 있거나 대학교에서 유학하고 있는 고려인 후손들은 궁극적으로 거주국인 우즈베키스탄으로 다시 돌아가기보다는 한국에서 정착하기를 원한다. 이런 경우에는 이들이 제대로 한국에서 정착할 수 있도록 현실적인 지원들을 제공해야 할 것이다. 그리고 우즈베키스탄에서 살아야만 하는 고려인 후손들에게는 거주국에서 성공적으로 정착할 수 있는 프로그램들을 개발하여 제공해야 할 것이다.

우즈베키스탄 고려인이 가지고 있는 또 다른 문제점은 고려인 사회의 인구 감소이다. 우즈베크 민족의 인구는 계속해서 증가하고 있는 반면에 고려인 사회는 이주노동과 유학 등을 통해서, 그리고 자체 인구증가율의 하락 때문에 전체적인 인구가 감소하고 있다. 실제로 우즈베키스탄 정부가 인구조사를 실시하지 않아서 정확한 통계를 찾기는 어렵지만, 우즈베키스탄에서 고려인 인구가 차지하는 비중이 계속해서 떨어지고 있는 것은 분명하다.

고려인 사회의 인구 감소는 궁극적으로 고려인 후손들이 이민족과 결혼할 수밖에 없는 상황으로 몰고 갈 것이며, 이는 고려인의 사회가 민족 정체성을 유지하는 데 어려움으로 작용할 것이다. 그리고 한국을 비롯한 러시아 등에서 이주노동을 하고 거주하고 있는 고려인은 민족 정체성의 혼란과 더불어서 국가 정체성에도 부정적인 영향을 받고 있다. 고려인은 시간이 지날수록 한국 사람도 아니고 한국 시민도 아니라는 인식을 더욱 강하게 가지게 될 것이다. 그렇다고 우즈베키스탄을 자신의 국가로 인정하는 것도 심정적으로 꺼려 하고 있다.

한국사회가 변화하고 있는 것만큼 우즈베키스탄도 변화하고 있으며, 이로 인해서 고려인 사회는 더욱 혼란스러워하고 있는 것이 지금의 고려인 사회가 안고 있는 현실이다. 따라서 변화하는 속도에 적합한 고려인을 위한 정책이 더욱 절실한 상황이다.

## 참고문헌


김경욱. 1990. "소련의 교육제도와 개혁전망". 『슬라브연구』 6.

성동기. 2001. "우즈베크 다민족정책과 민족주의: 현재의 시대적 상황에 따른 고려인의 위상 재조명". 『재외한인연구』 11.

심헌용. 2001. "러시아 극동지역의 민족관계와 유입 이주민의 민족적 특성". 『아시아문화』 17.

이종훈. 1998. "중앙아시아 고려인의 연해주 재이주가 갖는 정치경제적 의미". 『재외한인연구』 7.

전신욱. 2007. "중앙아시아 고려인의 재이주 요인과 정착현황: 연해주 지역을 중심으로". 『한국정책과학학회보』 11(3).

전영섭. 1998. "구소련 고려인 강제이주와 연해주 귀환문제". 『시민과 변호사』 53.

Ким Мен Гир. 1992. "Демографические особенности корейского населения Узбекистана." Ким Б. 1999. 『Корейцы Узбекистана. Кто есть кто』. Справочное издание. Ташкент: Корё Симун.

М. Н. Житникова. Н. И. Зверев. Г. Ф. Ткач. 2008. "Система Образования Республики Узбекистан: Обазовательные Программы и Присваиваемые Квалификации." 『Научный вестник Московского государственного технического университета гражданской авиации』 128: 48.

Sabina Mushtaq. 2015. "Contemporary Educational System in Uzbekistan." *International Journal of Social Science and Humanities Research,* 3(1): 136.

http://demoscope. ru/weekly/ssp/sng_nac_89.php?reg=4(2018. 5. 2 검색).

http://m.kofice.or.kr/b20_correspondent_10_01.asp?seq=5967(2018. 5. 2 검색)

http://saladtv.kr/?document_srl=1438 4(2018. 5. 2 검색)

http://tbinternet.ohchr.org/Treaties/CERD/Shared%20Documents/UZB/INT_CERD_N GO_UZB_16338_R.rtf(2018. 5. 2 검색)

http://uzbekistan.kg/uz11.php(2018. 5. 2 검색)

Education Policy and Data Center. http://www.epdc.org/country/uzbekistan(2018. 5. 2 검색)

http://www.fergananews.com/articles/5760(2018. 5. 2 검색)

http://uzbekistan.kg/uz11.php(2018. 5. 2 검색)

# 제2부

# 미주의 재외동포 사회

# 제5장
# 21세기 재미한인 공동체 변화

민병갑(퀸즈칼리지)

## 1. 서론

공식적인 미주 한인 이민은 1903년 하와이 사탕수수 농장 인력으로 간 약 7,200명의 한인 노동자들로 시작되었다. 2013년에 미국 내 한인단체 대표들은 미주 한인 이민 110주년을 기념하였다. 한인 이민의 오랜 역사에도 불구하고, 미국 서부지역을 제외한 도시에서 한인은 1970년대 초반까지 거의 보이지 않는 존재였다. 이민법이 개정된 1965년이 되어서야 한인은 미국 각지 메트로폴리탄 지역들로 이민을 가게 되었다. 1965년 이후 장정 50년에 걸친 미주 한인 이민기간 동안, 재미한인 인구는 1970년 6만 9천 명에서 2010년 약 170만 명으로 증가했다. 대규모 한인 커뮤니티는 로스앤젤레스, 뉴욕과 여러 메트로폴리탄 지역에 조성되었고 한인 밀집지역은 도심과 근교지역에 생겨났다.

재미한인 인구는 6대 아시아계 이민자 집단 인구 중 다섯 번째인데도 다른 아시아계 집단보다 더 많은 언론과 학계의 관심을 받는 것 같다. 그 이유로는 빈번한 인종 간의 상권 다툼 및 사업과 관련한 집단갈등일 수도 있고 교회 참석 중심의 기독교 신앙생활 때문일 수도 있다. 본문에서는 재미한인의 경험을 공문서, 관련 문헌 검토, 한국 일간지 기사와 뉴욕 뉴저지 지역에서 거주하는 필자의 개인적인 관찰을 통해 얻은 내부자 시선의 지식에 근거하여 전반적으로 살펴보고자 한다. 한인 1.5세와 미국에서 태어난 한인 2세, 그리고 그 이상 세대의 성인 한인의 수는 아직 전체 재미한인 인구에서 낮은 비율을 차지하기 때문에 본문에서는 주로 한인 이주자들의 경험에 초점을 맞추었다. 다만, '사회경제적 지위 성취'와 '한인 지역사회 구성' 부분에서는 젊은 교포 세대를 다루겠다. 미국 내 한인 커뮤니티는 지난 45년간 많은 변화를 겪었다. 본문에서는 특히 21세기 재미한인의 경험과 한인 지역사회에 일어난 변화를 설명하고자 한다.

## 2. 미주 한인 이민의 역사와 근대 이민 동향

분석을 용이하게 하고자 미주 한인 이민의 역사를 이민 개척기(1903~1949), 이민 과도기(1950~1964), 이민 근대기(1965년 이후)로 크게 세 시기로 나누고자 한다. 초기 이민 두 시기 동안 미국에 이민 간 한인은 적지만 1965년 이후의 한인 이주자와 그 후손은 현재 한국 교민 인구의 절대다수를 차지한다. 따라서 초창기 두 시기는 짧게 다루고 1965년 이후 근대 이민 동향에 대해서는 자세하게 다룰 것이다.

### 1) 이민 개척기(1903~1949)

1884년 한미 외교관계 수립 이후, 주로 학생과 정치인들로 이루어진 소수의 한인은 19세기 말 미국으로 갔다. 하지만 첫 대규모 미주 이민은 1903년 1월에서 1905년 7월 사이에 하와이 사탕수수 농장 인력으로 간 7,200명의 노동 이민자들이었다. 2003년에는, 미주 한인 이민 100주년을 기념하기 위해 미국 전역의 한인 커뮤니티들은 많은 행사를 기획했다.

1903년 미주 개척 이민의 주요 추진 요인으로는 20세기로 들어서던 때 한국에 만연한 기근이었던 반면, 주된 흡인 요인은 하와이의 값싼 노동력에 대한 수요였다. 하와이의 값싼 노동력에 대한 수요에 관해 말하자면, 1882년 제정된 '중국인 배척법'으로 인해 중국인 이민은 금지되어 중국인 노동자를 데려오는 것은 애초에 불가능한 일이었다. 20세기 초에는 일본인 노동자들이 하와이 사탕수수 농장의 주된 인력이었지만 그들이 일으키는 빈번한 파업에 대응하고자 농장주들은 한인 노동자들을 선호하기 시작했다(Patterson, 1988). 마지막으로, 한국에 파견된 의료 선교사인 호러스 알렌이 한국 정부와 농장 지주 간의 중개자 역할을 한 것이 초기 이주자들이 하와이로 가는 데 큰 도움이 되었다.

1884년부터 미국 장로교와 감리교 선교사들은 한국인을 기독교인으로 개종하는 데 적극적으로 힘썼다. 초기 한인 이민자들의 약 40%는 기독교인으로 개종한 상태였고, 종교적인 자유와 더 나은 경제적인 삶을 살고자 하와이행을 결심했다(Choy, 1979). 그래서 대다수의 초기 이민 개척자들은 서울, 인천, 수원, 원산과 같은 도시에서 온 농부 출신이 아닌 노동자였다(Patterson, 1992: 103). 이는 19세기 대다수의 중국인과 일본인 초기 이주자들이 원래 농부였다는 점과 매우 대조된다. 대부분의 한인 이주노동자들은 20대에서 30대 사이의 미혼 남성이었다(Patterson, 1992: 105). 하와이의 농장주들은 특히 일본인 노동자들의 빈번한 파업에 대응하기 위해서 더 많은 한인 노동자들을 필요로 했다. 하지만, 한국 정부는 하와이 내

자국 노동자들을 보호하려는 일본 정부로부터 더 이상의 한인 노동자들을 하와이로 보내지 못하게 하는 압력을 받았다. 1905년 러일전쟁에서 승리를 거머쥔 일본은 한국을 피보호국으로 만들어 한국 정부에 자유자재로 영향력을 행사했다. 1906년 2월, 일본 정부는 해외에 있는 모든 한인이 일본 영사관 관할구역의 통치를 받게끔 했다. 하와이와 미국 내 다른 도시들에 거주하던 한인은 일본이 한국에 자행하는 공격적인 정책들을 비난하는 결의안을 통과시키며 집회를 열었다(Choy, 1979: 143). 미주 한인 이민자들은 1910년 경술국치 이전부터 반일운동을 시작한 것이었다.

1905년과 1924년 사이에는, 약 2천 명의 한인이 하와이와 캘리포니아로 더 이민을 갔고, 1903년에서 1905년에 온 한국 이민자들은 미혼 남성 한인 이민자들의 중매결혼 상대자였던 '사진신부'들이 대다수를 차지했다. 나머지 600명은 일본에 맞서 독립운동에 가담했던 정치 망명자와 유학생들이었다. 하지만 아시아인의 미국 이민을 전면 금지시킨 1924년 이민법으로 인해 미국의 서부지역으로의 한인 이민도 거의 끝이 났다. 미국에 간 대부분의 정치 망명자와 한인 유학생들은 뉴욕이나 동부지역의 컬럼비아, 프린스턴, 뉴욕대 등의 대학에서 공부를 했다. 이 중 소수의 학생은 뉴욕에서 초창기 한인 지역사회의 핵심을 구성했다. 하지만 한국 교민 인구의 다수는 초기 노동 이민을 온 이민 개척자와 사진신부들과 그들의 자녀들이었다. 동부지역에 정착했던 유학생과 정치 망명가들은 1945년 광복 이후 한국에 돌아와 신설 한국 정부와 대학교들에서 지도자 역할을 맡았다.

## 2) 이민 과도기(1950~1964)

1945년 한국이 일본으로부터 해방이 된 바로 직후, 한국은 내부 정치 분쟁과 미국과 소비에트 연방 간의 한반도 주도권 분쟁에 휩싸이게 되었다. 1948년 한국은 미국의 지지를 받던 우파 정부와 소비에트 연방의 지지를 받던 공산주의 정부인 2개의 국가로 분단되었다. 분단된 남북한은 한국전쟁이라고 알려진 1950년에서 1953년 냉전 시기 동안 최초의 이념갈등을 겪었다. 남북한의 관계는 여전히 호전적이다. 미국은 한국전쟁 동안 50만 명 이상의 군인을 한국으로 파견했고 한국에는 아직도 상당한 규모의 미군이 주둔하고 있다.

〈표 5-1〉 1946~1964년 기간의 연간 미주 이민자 수

| 연도 | 이민자 수 | 연도 | 이민자 수 |
|---|---|---|---|
| 1946~1950 | 107 | 1960 | 1,507 |
| 1951~1955 | 581 | 1961 | 1,534 |
| 1956 | 703 | 1962 | 1,538 |
| 1957 | 648 | 1963 | 2,580 |
| 1958 | 1,604 | 1964 | 2,362 |
| 1959 | 1,720 | Total | 14,884 |

출처: Herbert Baringer, Robert W. Gardener and Michael J. Levin. 1995. pp. 24-25.

미국과 한국 간의 강력한 군사적, 정치적, 경제적 연대는 1950년부터 시작된 한인 이민자 수의 꾸준한 증가에 기여했다. 〈표 5-1〉에서 보듯이 1950년에서 1964년 사이에 약 1만 5천 명의 한국인이 미국으로 이민을 갔다. 1952년에 제정된 매커랜-월터법은 아시아계 이민 금지를 폐

지하며, 아시아 태평양 국가에 적은 이민 쿼터제를 부여하고(각 국가에 100명) 아시아계 이민자들이 시민권을 취득할 수 있도록 했다.

이민 과도기 시기에 미국에 입국한 한국인 이민자들은 한국에서 미군과 결혼한 한국인 여성이나 미국 시민에 입양된 한국인 고아들이 압도적 비율을 차지했다. 1946년에 제정된 '전쟁 신부법'으로 미군들은 한국인 부인과 자녀를 미국에 데려올 수 있었다. 초기 한인 이주자들이 대부분 남성이었다면, 이민 과도기 시기의 주된 한인 이민자 집단은 거의 여성이었다(Jo, 1999: 9). 이 두 한인 이민자 집단의 수는 1980년대 초까지 증가했다.

또한 주로 남성이었던 한인 유학생들은 이민 과도기 시절 미국 대학원에 입학했다. 워런 킴(Kim, 1971: 26)은 1950년에서 1964년 사이에 약 6천 명의 한인 유학생들이 미국에 입국했다고 추정한다. 대부분은 학위를 마친 후 미국에서 교수를 비롯한 전문직에 종사했고 현재는 모두 은퇴를 했다. 그 자녀들은 보통 백인 동네에서 자라 한인이나 다른 아시아인들과의 교류가 거의 없이 성장했다. 그런 이유로 그들은 한인으로서의 정체성을 잃은 채 미국사회에 깊이 동화되었다(Park, 2013).

### 3) 근대 이민기(1965년 이후)

1965년 이후의 한인 이민자와 그 자녀들은 현재 재미한인 인구의 95% 이상을 차지한다. 1968년부터 완전히 효력을 본 1965년 이민 개정법은 많은 한국인들의 미국 이민을 가능하게 했다. 1882년 '중국인 배척법'과 비-북유럽 이민자 수를 대폭 제한하는 '1924년 이민법'과 같이 이전의 인종차별적이었던 이민법 때문에 미국은 북서부 유럽 국가 이민자를 선호하였고 아시아 국가로부터의 미국행 이민은 전면 금지하였다. 하지만 1965년 이민 개정법은 인종에 따른 이민 차별을 폐지했고 모든 국가에게 미국행 이민의 기회를 공평하게 주었다. 다른 아시아 국가들과 더불어 한국은 개정된 이민법의 특혜를 크게 받은 국가이다.

**〈표 5-2〉 1946~1964년 기간의 연간 미국행 한인 이민자 수**

| 연도 | 이민자 수 | 연도 | 이민자 수 | 연도 | 이민자 수 | 연도 | 이민자 수 |
|---|---|---|---|---|---|---|---|
| 1965 | 2,165 | 1977 | 30,917 | 1989 | 34,222 | 2001 | 20,742 |
| 1966 | 2,492 | 1978 | 29,288 | 1990 | 32,301 | 2002 | 21,021 |
| 1967 | 3,956 | 1979 | 29,248 | 1991 | 26,518 | 2003 | 12,512 |
| 1968 | 3,811 | 1980 | 32,320 | 1992 | 19,359 | 2004 | 19,766 |
| 1969 | 6,045 | 1981 | 32,663 | 1993 | 18,026 | 2005 | 26,562 |
| 1970 | 9,314 | 1982 | 31,724 | 1994 | 16,011 | 2006 | 24,386 |
| 1971 | 14,297 | 1983 | 33,339 | 1995 | 16,047 | 2007 | 22,405 |
| 1972 | 18,876 | 1984 | 33,042 | 1996 | 18,185 | 2008 | 26,666 |
| 1973 | 22,930 | 1985 | 35,253 | 1997 | 14,239 | 2009 | 25,859 |
| 1974 | 28,028 | 1986 | 35,776 | 1998 | 14,268 | 2010 | 22,227 |
| 1975 | 28,362 | 1987 | 35,849 | 1999 | 12,840 | 2011 | 22,824 |
| 1976 | 30,803 | 1988 | 34,703 | 2000 | 15,830 | Total | 1,048,017 |

출처: Immigration and Naturalization Service. "The 1965-1978 Annual Reports and the 1979-2001Statistical Yearbooks"; Office of Immigration Statistics. "The 2002-2012 Yearbooks of Immigration Statistics".

〈표 5-2〉에서 보듯이 연간 한인 이민자 수는 1965년부터 점진적으로 증가했다. 1976년에는 3만 명에 달했고 1990년까지 연간 3만 명 이상의 수를 유지했다. 한인의 미국행 이민의 정점을 찍은 시기는 1976년에서 1990년이었다. 이 기간 동안 한국은 멕시코와 필리핀 다음 세번째로 많은 미국행 이민 국가였다. 당시 한국의 낮은 생활수준, 대학 입시의

어려움, 군사정부에 의한 억압된 자유, 남북한 간의 군사적 긴장은 1970년대 후반에서 1980년대 미국행 이민을 이끈 주요 추진 요인이었다. 미국과 한국 간의 강력한 군사적, 정치적, 경제적 연대 또한 크게 작용했다. 특히 4만 명이 넘는 미군이 한국에 주둔했기 때문에 미군과 한국인 여성의 국제결혼이 늘었고, 미군은 결혼한 한국인 부인을 미국으로 많이 데리고 갔다.

연간 한인 이민자 수는 1990년 3만 2천 명에서 1991년 2만 7천 명으로 줄었고 그 후 매년 감소했다. 1999년에는 약 1만 3천 명으로 최저 인원을 기록했다. 1990년대의 한인 이민이 급격하게 감소한 것은 같은 10년 동안 미국 전체 이민자와 다른 아시아 국가에서의 연간 미주 이민자의 수가 크게 증가한 것과는 크게 대비된다(Min, 2011). 많은 한인 이민자들을 미국과 다른 서방국가들로 이끈 이유는 1990년대에 한국사회에 긍정적인 변화들이 일어났기 때문이다. 한국의 경제상황은 1인당 소득이 1980년에 1,355달러에서 1990년에 5,917달러로 오른 것으로 보아 알 수 있듯 큰 발전을 했다. 또한, 26년의 오랜 군사 독재 끝에 1987년에 민주적인 대통령 선거를 치르며 정치적 상황도 개선이 되었다. 한국의 경제가 나아지며 1980년대 후반부터 미군과 결혼하는 한국인 여성의 수는 점점 줄었다. 그 결과, 미군과의 국제결혼으로 인한 미국행 이민은 급격히 감소했다. 또한, 미국에 입양되던 한국인 아동의 수도 1990년대에 크게 감소되었고, 한국의 경제상황이 호전되며 버려지는 아이들도 점점 줄었다.

〈그림 5-1〉에서 볼 수 있는 바와 같이 미국인들은 1970년대와 1980년대에 매년 2,500명에서 5,600명의 한국인 아동들을 입양했다. 이 기간 동안 미국인 가정에 입양된 아동 중 한국인 입양아가 대다수였다. 하지만

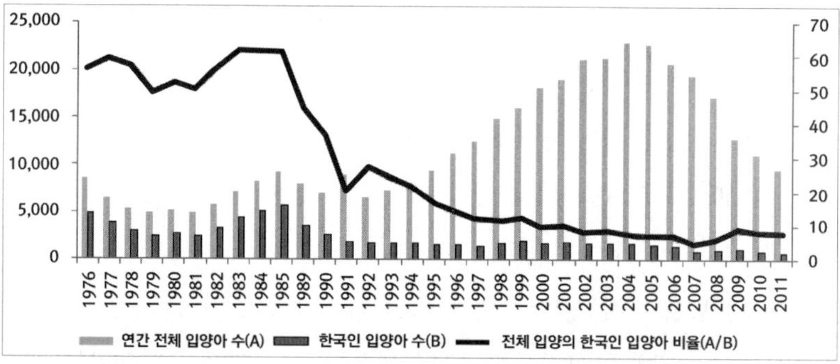


**〈그림 5-1〉 연간 전체 입양아 수(A), 한국인 입양아 수(B), 한국인 입양아 비율(A/B)**

출처: Immigration and Naturalization Service. "Annual Reports, 1965-1978 and Statistical Yearbook, 1979-2001."; Office of Immigration Statistics. "Yearbook of Immigration Statistics, 2002-2012."

1990년대에서 2000년대에 한국인 입양아 수는 2천 명 이하로 줄었다.

특히 많은 한인 상인들이 피해를 입은 1992년 로스앤젤레스 폭동과 같이 재미한인들이 겪는 미국 생활의 고충이 한국 언론에 보도된 점 또한 1990년대 한인 이민 감소에 영향을 미쳤다. 1970년대와 1980년대까지만 해도 한국인들은 미국에서는 돈을 더 많이 벌 수 있다는 꿈에 부풀었지만 미국 내 한국 교민들의 신분 하향과 한인 상인의 타민족과의 갈등을 다룬 언론 보도를 보면서 미국행 이민을 주저하게 되었다. 같은 맥락으로, 많은 한인 이민자들이 1980년대 후반에서 1990년대 초반에 더 나은 직업을 찾고자 한국으로 귀환한 점도 주목할 만하다(Min, 2013b).

연간 한인 이민자 수는 2000년부터 다시 증가하기 시작했다. 이례적이었던 2003년을 제외하고는 2000년대에 전체 연간 한인 이민자 수는 2만 5천 명을 웃돌았다. 이전의 10년 동안과는 달리 2000년대에 매년 한인 이민자 수가 크게 증가한 데 기여한 두 가지 요소를 꼽을 수 있다. 첫 번째는, 1998년 한국의 외환 위기를 비롯한 장기 경기침체와

2008~2010년 국제 경기침체로 인해 대학 졸업생들이 국내에서 취업하기 어려웠다는 점이다. 그로 인해 많은 한국의 대학 졸업생들은 미국에서 학업을 이어 가거나 H1-B 취업비자로 단기로 취업하기 위해 미국으로 건너갔다. 그중, 많은 한인들이 매년 학위를 마치거나 단기 근무를 마치면 미국 영주권자가 되었다.

두 번째로, 한미 간의 강한 연대는 한국인들이 미국에 단기 체류자로 머무르는 데에 이바지했다. 단기 체류자에는 조기 유학생을 포함한 유학생, 인턴 · 연수생, 단기 근무자, 방문 학자, 한국 회사의 미국 지사 직원과 관광객이 있다. 매년 이 중 상당 부분은 단기 체류자 신분에서 영주권자로 신분을 변경했다. 이민자 데이터를 살펴보면 최근 몇 년간 대다수의 한인 이민자들은 매년 비-영주권 상태로 미국에 입국하지만 그 해에 영주권자로 법적 신분 지위를 조정했다. 예를 들자면, 2009년 한인 이민자(20,805명)의 81%는 신분 조정자 상태였지만 한국에서 미국으로 바로 간 인원은 19%밖에 되지 않았다(Min, 2011: 215). 앞서 필자는 '한미 간의 끈끈한 연대'가 미국 내 한인 단기 체류자가 많은 것의 주된 원인이라고 설명했다. 그 이유는 최근 몇 년간 미국 내 신분 조정자 비율은 한인 이민자의 수가 다른 아시아계 이민자나 미국 내 전체 이민자보다 훨씬 높았기 때문이다. 이민자 데이터에 따르면 불과 56%의 아시아계 이민자와 59%의 미국 내 전체 이민자가 신분 조정자인 것에 비해 한인 이민자는 81%에 육박했다(Min, 2010: 215). 미국에 한인 단기 체류자의 수가 매우 많을 것을 감안하면, 연간 한인 이민자의 수는 당분간 2만 명 아래로 내려가지 않을 것으로 예상된다.

## 3. 재미한인의 인구통계학적 특성

지난 40년간 한인의 대규모 미국행 이민으로 인해 미국 내 한인 인구가 급증했다. 1970년 7만 명 미만에서 2010년 170만 명 이상으로 증가했다(〈그림 5-2〉 참고). 2010년 미국 인구조사에서 누락됐을 수 있는 수와 지난 3년간 추가된 한인 이민자의 수를 고려한다면, 한인 인구는 2013년에 약 200만 명 정도일 것이다.

2010년에는 한인 교민의 약 140만 명이 단일인종 한국인(83%)이었고 나머지 17%는 다인종 한국인으로 한국인과 비-한국인 간의 족외결혼 가정 자녀였다. 젊은 세대 한인들이 비-한국인 배우자와 결혼하는 경향이 높아짐에 따라 향후에 다인종 한인 비율은 계속해서 증가할 것이다 (Min and Kim, 2009).

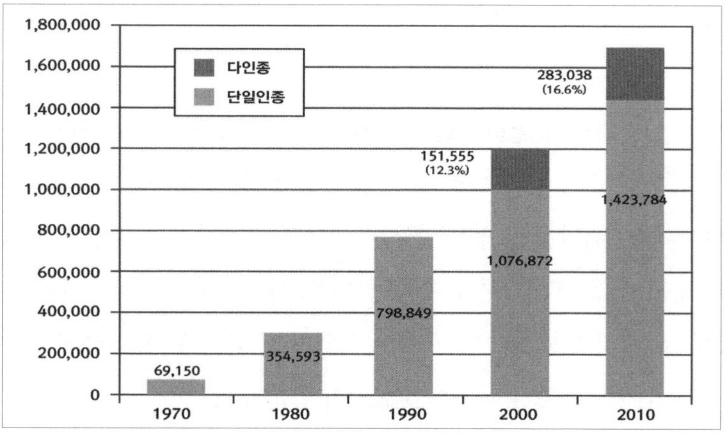


**〈그림 5-2〉 1970~2010년 재미한인 인구 추세**

출처: U.S. Census Bureau. "The 1970, 1980, 1990, 2000, and 2010 U.S. Censuses".

〈표 5-3〉 2000년과 2010년의 아시아계 미국인 인구 규모와 다인종 비율

| 종족집단 | 2000 | | | 2010 | | |
|---|---|---|---|---|---|---|
| | 전체 | 단일인종 규모 | 다인종 규모와 비율 | 전체 | 단일인종 규모 | 다인종 규모와 비율 |
| 중국인 | 2,734,841 | 2,314,537 | 420,304 (15%) | 3,794,673 | 3,137,061 | 657,612 (17%) |
| 인도인 | 1,899,599 | 1,678,765 | 220,834 (12%) | 3,183,063 | 2,843,391 | 339,672 (11%) |
| 필리핀인 | 2,364,815 | 1,850,314 | 514,501 (22%) | 3,416,840 | 2,555,923 | 860,917 (25%) |
| 베트남인 | 1,223,736 | 1,122,528 | 101,208 (8%) | 1,737,433 | 1,548,449 | 188,984 (11%) |
| 한인 | 1,228,427 | 1,076,872 | 151,555 (12%) | 1,706,822 | 1,423,784 | 283,038 (17%) |
| 일본인 | 1,148,932 | 796,700 | 352,232 (31%) | 1,304,286 | 763,325 | 540,961 (41%) |

출처: "The 2000 and 2010 U.S. Censuses."

〈표 5-3〉은 2010년 미국 인구조사에 기초해 주요 아시아계 이민자들의 인구와 다인종 한국인 비율을 보여 준다. 중국계 미국인은 거의 400만 명의 인구로 아시아인 미국 이민자 중 가장 많았고 근소한 차이로 필리핀 이민자는 두 번째, 인도 이민자들은 세 번째로 많았다. 현재, 연간 인도인 이민자들이 필리핀인 이민자들보다 많아서 2020년에는 아시아계 이민자 집단 중 두 번째로 큰 규모가 될 것이다. 베트남과 한국계 미국인은 4위와 5위였지만 개별 인구는 2010년 필리핀계 미국인 인구의 절반밖에 되지 않았다. 일본계 미국인은 6대 아시아계 이민자 중 1970년에 최고로 많았지만 2010년에는 가장 적었다. 그 이유는 1970년부터 미국으로 이민 가는 일본인 수가 매년 줄었기 때문이다.

중국, 인도, 필리핀, 베트남 등 다른 4개의 아시아 국가에서 조만간 한국보다 미국행 이민을 더 많이 갈 것이므로 상대적으로 재미한인 인구

는 점점 줄어들 것이다. 즉 다른 아시아계 이민자 집단보다 재미한인은 미국에 미치는 정치적, 문화적, 인력적인 영향력에서 불리해질 것으로 예측된다.

〈표 5-3〉은 2010년의 6대 아시아 국가 출신 이민자 집단들의 다인종 인구 비율을 보여 준다. 재미 일본인은 41%로 가장 높은 다인종 인구 비율을 갖고 있다. 이런 현상은 일본인의 미국행 이민과 관련이 깊다. 1965년 이후 근대 이민기 시기 동안 일본인은 미국에 이민을 아주 적게 갔기 때문에 대부분 현시대의 재미 일본인은 미국에서 출생한 미국 시민이다. 이런 미국 출생 일본인은 교포 3세나 그 이상의 세대에 속한다. 미국에서 태어난 대부분의 아시아계 미국인은 국제결혼 가정 자녀이기 때문에, 다인종 아시아계 미국인은 대개 3세나 그 이상의 세대이다. 이러한 세대 특성이 일본계 미국인 중에 다인종 인구 비율이 높은 이유이다.

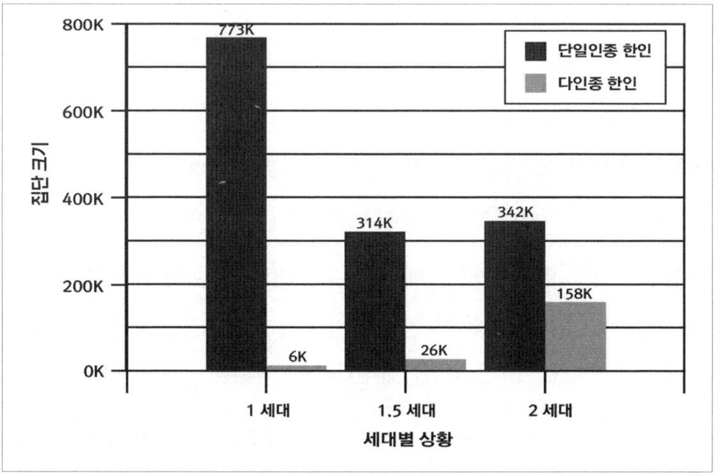


**〈그림 5-3〉 세대별 단일인종 한인과 다인종 한인 인구 규모**

출처: U.S. Census Bureau. "2007-2011 American Community Survey."

〈그림 5-3〉은 세대별로 재미한인의 단일인종 인구와 다인종 인구 규모를 보여 준다. 13세 이후에 미국에 이민을 간 1세대 한인 이민자들은 거의 다 단일인종 한인이며 그중 6천 명만 다인종 한인이다. 이 6천 명의 다인종 한인은 국제결혼 가정에서 태어난 자녀로, 그중 특히 한국에 주둔하던 미군과 한인 여성 사이의 자녀가 많을 것이다. 이 1세대 다인종 한인은 한국에서 태어나 12세 이후에 미국인 아버지의 초청으로 영주권자가 되었다. 외국(한국)에서 태어나 12살 이전에 미국으로 간 1.5세 재미교포들은 2만 6천 명으로 1세대보다 훨씬 더 많은데 다인종 아동들은 더 어릴 때 미국에 갔기 때문이다.

〈그림 5-3〉에서는 다인종 한인이 한국에서 출생한 한인의 거의 1/3을 차지하는 점이 나타난다. 다인종 한인이 한인과 비한인 사이의 자녀라는 점을 생각해 보면 대부분 미국에서 태어났다는 점이 놀라운 것도 아니다. 1세대 한인의 14%만이 족외결혼을 하는 반면 미국에서 태어난 한인의 다수(54%)가 족외결혼을 한다(Min and Kim, 2009). 재미한인의 족외결혼 비율에 대한 통계는 대다수의 미국 출생 다인종 한인은 교포 3세나 그 이상의 세대라는 점을 시사한다. 한인 2세와 3세 성인이 족외결혼을 더 많이 함에 따라 다인종 한인의 수와 비율은 앞으로 더욱 증가할 것이다.

〈표 5-4〉는 단일인종 재미한인의 성별에 따른 생애 주기를 보여준다. 예상대로, 더 늘어난 수명 때문에 재미한인 여성은 남성보다 55% 대 45%로 더 많다. 18세 이하의 미성년자는 전체 재미한인 인구의 20%를 차지하는 반면 노년 인구는 9%에 그친다. 재미한인 노년 인구 중 10%는 여성이며 남성은 8%이다. 이와 반대로, 미성년자 인구 중 남성(24%)은 여성(17%)보다 많다. 2010년에 재미한인 노년 인구가 9%인 것은 1990년 5%에 비해 급격히 증가한 것이다(Min and Kim, 2012: 188). 1970년대와 1980

년대에 청년이나 중년 나이에 미국에 이민 간 한인들은 현재 노년에 접어들었다. 그중 여전히 사업을 운영하는 사람도 있고 성공적으로 사업을 이룬 후 은퇴한 사람도 있다. 많은 분들은 종종 한국 지역사회 행사에 기부를 한다.

**〈표 5-4〉 단일인종 재미한인의 성별에 따른 다른 생애주기 분포**

| 생애주기와 연령 | | 전체 수 | % |
|---|---|---|---|
| 남성 | 18세 이하 | 152,051 | 24.2 |
| | 18-64 | 423,761 | 67.5 |
| | 65세 이상 | 51,778 | 8.3 |
| | 전체 | 627,590 | 100.0 |
| 여성 | 18세 이하 | 133,190 | 17.3 |
| | 18-64 | 563,690 | 73.0 |
| | 65세 이상 | 75,173 | 9.7 |
| | 전체 | 772,053 | 100.0 |
| 남성, 여성 | 18세 이하 | 285,241 | 20.3 |
| | 18-64 | 987,451 | 70.6 |
| | 65세 이상 | 126,951 | 9.1 |
| | 전체 | 1,399,643 | 100.0 |

출처: U.S. Census Bureau. "2006-2010 American Community Survey."

〈표 5-5〉는 출생지와 이민자들의 시민권 국가에 따른 단일인종 성인 한인 인구를 보여 준다. 약 111만 5천 명의 단일인종 재미한인 성인(18세 이상) 중 미국 출생자는 15%밖에 되지 않는다. 물론 전체 단일인종 재

미한인 인구 중에서 미국 출생자의 비율은 25%로 더 높다. 외국(한국)에서 태어난 성인 교민의 57%는 미국 시민으로 귀화를 한 반면 43%는 한국 국적을 소지한 채 비-시민 이민자로 남아 있다. 5% 정도의 외국 출생 한인은 한국이 아닌 다른 나라에서 태어났다(Min, 2012). 이런 외국 출생 한인 이민자들은 대부분 출생국 시민권을 유지하려 한다. 인구조사 보고에 따르면 외국(한국)인 출생자는 ① 법적인 영주권자와 ② 단기 체류자의 두 가지 법적 신분 집단이 있다고 한다. 앞에서 언급되었듯이, 한인 단기 체류자로는 유학생, 인턴 · 연수생, 방문 교수, 한국 회사의 미국 지사 직원과 관광객이 있다.

〈표 5-5〉 시민권에 따른 단일인종 성인 한인(18세 이상)

| 출생국 | 신분 | 수 | 비율(%) |
|---|---|---|---|
| 외국 출생 | 비-미국 시민 | 407,060 | 36.5 |
| | 귀화한 미국 시민 | 536,091 | 48.1 |
| 미국 출생 | 선천적 미국 시민 | 171,311 | 15.4 |
| 전체 | | 1,114,462 | 100.0 |

출처: U.S. Census Bureau. “2006-2010 American Community Survey.”

## 4. 이민 정착 유형

이 절에서는 재미한인의 정착 유형을 살펴본다. 한인 이민자의 정착 유형에는 각 지역, 주, 주요 메트로폴리탄 지역에서의 주거지 분포가 포함된다. 또한 1990년 초기부터 시작된 한인 밀집지역(Korean population centers)에서 교외로의 이주도 살펴볼 것이다. 마지막으로, 로스앤젤레스와 뉴욕 뉴저지 부근의 한국인 밀집지역도 다룬다.

### 1) 지역과 메트로폴리탄 지역의 집중도

〈그림 5-4〉는 1970년에서 2010년 사이 재미한인 인구의 지역별 분포 변화를 나타낸다. 19세기 후반에서 20세기 초반의 아시아계 이민 개척자들은 캘리포니아, 하와이, 워싱턴과 같은 서부 해안지역에 매우 밀집해 있었다. 하와이, 샌프란시스코와 로스앤젤레스는 그 당시의 한인 이민자들이 가장 많이 자리 잡던 주요 지역이었다. 하지만 〈그림 5-4〉에서 볼 수 있는 바와 같이 1970년에 한인 이민자들의 43%만이 서부에 정착해서 한인의 서부 집중도는 상대적으로 약했다. 1970년에는 다른 주

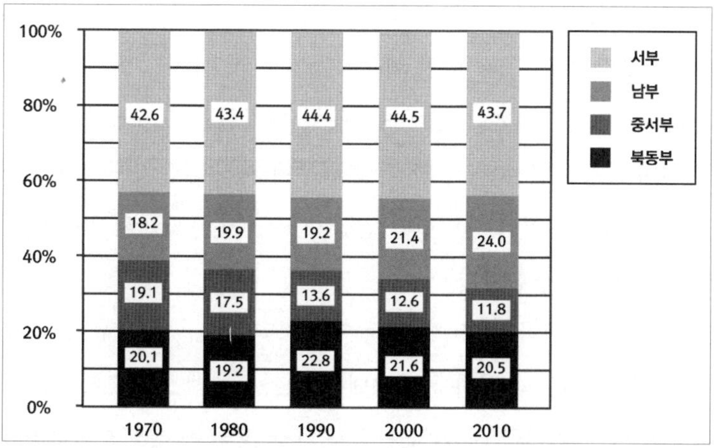


**〈그림 5-4〉 1970~2010 재미한인의 지역별 분포 변화(%)**

출처: "The 1970, 1980, 1990, 2000, and 2010 U.S. Censuses."

주: 2000년과 2010년은 단일인종 한인과 다인종 한인의 수를 포함한다.

요 아시아계 이민자들은 한인 이주자보다 훨씬 더 서부에 밀집해서 살았다. 예를 들어 모든 아시아계 미국인의 71%가 1970년에 서부에 집중해서 거주했다(Min, 2006: 33).

1970년에 다른 아시아계 이민자보다 더 많은 수의 재미한인이 서부가 아닌 지역에 자리 잡은 원인을 찾는 것은 어렵지 않다. 보통 미국에 처음 이민 가는 한인들은 대개 친척이나 친구가 있을 서부 해안가 도시를 골랐을 것이다. 하지만, 앞서 살펴본 정착 유형에서 드러났듯이 이민 과도기(1950~1964) 시기 동안 미국에 입국한 1만 5천 명 정도의 한인 이민자들은 미군과 결혼한 한인 여성, 미국인에 입양된 한인 아동, 한인 유학생들로 구성되었다. 국제결혼 여성들과 입양아들은 미국 어딘가에 자리 잡고 사는 미국인 시민인 남편이나 부모의 초청을 받고 갔기에 지역 선택의 여지가 없었다. 한인 유학생들조차 그 당시에는 미국 각지에 흩어져 있었다. 이 세 집단들은 미국이 1965년 이민법 개정을 채택한 이후에도 대규모로 미국으로 이주했다. 이러한 이유로 인해 1970년에 다른 아시아계 이민자보다 많은 수의 한인 이주자들이 미국 서부가 아닌 지역에 살게 되었다. 〈그림 5-4〉에서 알 수 있듯이 재미한인의 지역적 분포의 가장 큰 변화로는 이민 40년 동안 미국 남부에 자리 잡은 인구가 급등했다는 점과, 중서부 지역의 재미한인 인구가 1970년 19%에서 2010년 12%로 크게 감소했다는 점이다.

〈표 5-6〉은 미국 내 10대 한국 거점지역(Korean population centers)에 정착한 재미한인 비율의 변화를 나타낸다. 로스앤젤레스 대도시권은 2010년에 33만 명으로 미국 내 한인 인구가 가장 많은 곳으로 전체 재미한인 인구의 19%를 차지한다.

〈표 5-6〉 1990년, 2000년, 2010년의 한인 중점 10대 도시에서의 재미한인 인구 비율 증가율

| 메트로폴리탄 지역 | 1990 | | 2000* | | 2010* | |
|---|---|---|---|---|---|---|
| | 수 | % | 수 | % | 수 | % |
| Los Angeles CMSA | 194,437 | 24.3 | 272,498 | 22.2 | 324,586 | 19.0 |
| New York CMSA | 118,096 | 14.8 | 179,344 | 14.6 | 221,705 | 13.0 |
| Washington D.C. CMSA | 39,850 | 5.0 | 80,592 | 6.6 | 90,157 | 5.3 |
| Seattle CMSA | 23,901 | 3.0 | 49,139 | 4.0 | 64,771 | 3.8 |
| Chicago CMSA | 36,952 | 4.6 | 49,972 | 4.1 | 61,229 | 3.6 |
| San Francisco CMSA | 42,277 | 5.3 | 65,218 | 5.3 | 50,867 | 3.0 |
| Atlanta CMSA | 10,120 | 1.3 | 24,232 | 2.0 | 48,788 | 2.9 |
| Honolulu CMSA | 22,646 | 2.8 | 36,069 | 2.9 | 41,689 | 2.4 |
| Philadelphia CMSA | 24,568 | 3.1 | 31,820 | 2.6 | 40,292 | 2.4 |
| Dallas CMSA | 11,041 | 1.4 | 20,140 | 1.6 | 33,593 | 2.0 |
| 10대 메트로폴리탄 지역 | 523,888 | 65.6 | 809,024 | 65.9 | 977,677 | 57.4 |
| 미국 전체 | 798,849 | 100.0 | 1,076,872 | 100.0 | 1,706,822 | 100.0 |

출처: "The 1990, 2000, and 2010 U.S. Censuses."

뉴욕 뉴저지 메트로폴리탄 지역은 2010년 22만 명의 재미한인 인구로 미국에서 두 번째로 한인 인구가 많은 지역이다. 하지만 두 지역 모두 재미한인 인구의 비율이 매우 감소했으며, 시카고와 필라델피아 부근에서는 훨씬 더 줄었다. 이와 반대로 시애틀, 애틀랜타, 댈러스 지역에서는 재미한인 인구의 비율이 크게 늘었다. 2010년 한인 인구의 대략 57%가

10대 한인 중심지역에 살고 있었는데, 2000년의 66%에 비하면 급감한 수치다. 이러한 한인 집중거주지역 인구 비율의 감소를 보아 지난 10년 동안 재미한인은 더 작은 수도권 지역으로 이동했다는 것을 알 수 있다. 샌디에이고, 덴버, 마이애미, 라스베이거스와 같은 수도권 도시에서는 상당한 규모로 한국 교민이 늘었다.

### 2) 교외지역으로의 이주

1970년대와 1980년대에 미국에 새로 이민 오는 한인 이주자들은 퀸즈의 한인 밀집지역에 정착하려 했다. 하지만 점점 경제적인 안정을 찾고 영어 실력도 늘면서 한인 밀집지역에서 교외로 이동하기 시작했다. 한국의 경제상황도 나아지면서, 한인 이주자들은 한인 밀집지역이 아닌 교외지역에 곧바로 정착을 했다. 20세기 전반기에 백인 이민자처럼 한인 이민자들은 1980년대 후반에서 1990년대 초반에 각기 다른 대도시권에서의 교외로 이동했다. 교외화 지수를 가장 효과적으로 측정하려면 1990~2000년과 2000~2010년 사이에 한인들이 많이 살던 도심지역과 교외지역에 정착한 재미한인 비율 변화를 보면 된다.

이러한 변화를 뉴욕 뉴저지 부근을 예시로 들어 분명하게 설명할 수 있다. 〈표 5-7〉은 뉴욕시와 도심 외곽의 교외지역으로 나누며 뉴욕 뉴저지 도시 통계지역(앞으로는 NY-NJ CMSA로 명시)의 재미한인 인구 변화를 나타낸다. 1990년에는 뉴욕 뉴저지 대도시에 사는 59%의 한인은 뉴욕시에 살았고 한인 밀집지역인 퀸즈에 많이 살고 있었다. 그러다 점점 뉴욕 롱아일랜드와 뉴저지의 버겐 카운티와 같은 교외지역으로 이동해 갔다. 또한 한국에서 바로 이민 온 사람들도 특히 버겐 카운티와 같은 교외지역에 바로 정착했다. 1990년에서 2000년 사이 교외지역의 한인 인구는 66%나 증가했다. 반면 뉴욕시에서는 29%만이 증가했다. 이런 교외로의 이주는 2000년대에도 계속되었다. 2000년에서 2010년 사이 교외지역의 한인 인구 증가율이 48%인 것에 비해 뉴욕에서는 14%의 증가율만 보였다.

한인 이민자들이 뉴욕의 한인 밀집지역에서 뉴욕 북부의 롱아일랜드와 뉴저지의 버겐 카운티와 같은 교외로 이동한 데에는 두 가지 큰 이유가 있다. 첫째는, 자녀를 더 나은 공립학교에 보내기 위해서이다. 뉴욕보다 교외 소도시의 공립학교가 훨씬 나은 이유는 재산세가 높아서 재정지원이 잘 되고 학부모들의 경제 수준도 높기 때문이다. 한인 학부모 대부분은 자녀가 높은 수준의 교육을 받을 수 있도록 재산세를 더 내더라도 교외에서 살려고 한다. 둘째는, 큰 도시에 비해 범죄율이 더 낮고, 교통 체증도 적고, 편의시설이 갖추어져 있다는 점에서 한인 이민자들은 교외지역에 살기를 선호한다. 백인 미국인들도 훨씬 이전부터 지금까지 같은 이유로 뉴욕에서 교외지역으로 이사를 간 것이다.

**〈표 5-7〉 1990~2010년 사이의 퀸즈와 뉴욕 뉴저지의 두 외곽 도시의 한인 인구 증가율**

| 연도 | 1990 | 2000* | % 변화 1990~2000 | 2010* | % 변화 2000~2010 |
|---|---|---|---|---|---|
| 뉴욕 뉴저지 교외 소도시 | 수 | 수 | | 수 | |
| Queens, NYC | 49,088 | 63,885 | 30.1 | 66,124 | 3.5 |
| Bergen County, NJ | 16,073 | 37,015 | 130.3 | 58,236 | 57.3 |
| Nassau County, NY | 5,704 | 8,769 | 53.7 | 14,338 | 63.5 |

출처: "The 1990, 2000, and 2010 U.S. Censuses."
주: 2000년과 2010년에는 단일인종 한인과 다인종 한인 인구를 다 포함했다.

〈표 5-7〉은 1990년에 퀸즈 지역에 한인 인구가 뉴욕보다 훨씬 많았다는 것을 보여 준다. 하지만 1990년에서 2000년 사이 한인 인구는 31%만 증가하고 그 후 10년간은 거의 증가하지 않았다. 이와 반대로 교외지역에서의 한인 인구는 지난 20년간 놀라울 정도로 증가했다. 특히 뉴저지의 버겐 카운티에서는 한인 인구가 1990년에서 2000년 사이 130%로 급증했고 그 후 10년간은 훨씬 높은 비율로 증가했다. 2010년 버겐 카운티의 한인인구는 58,236명으로 퀸즈의 66,124명과 근소한 차이로 적었다. 지금 추세가 계속된다면, 2020년에 버겐 카운티는 퀸즈보다 한인 인구가 더 많게 될 것이다. 공립학교의 수준이 좋은 것 외에도 낮은 범죄율, 각종 편의시설, 맨해튼으로의 출퇴근이 편리한 점, 포트리(Fort Lee)와 팰리세이즈 파크(Palisades Park)에 교외 코리아타운이 생긴 점들이 수많은 한인 이민자들을 버겐 카운티로 끌어들인 주된 이유다.

롱아일랜드의 나소(Nassau) 카운티는 2000년에서 2010년 사이에 뉴욕의 모든 교외 카운티 중에 가장 높은 한인 인구 증가율(64%)을 기록했다. 14만 명 이상의 인구로 2010년 기준 다른 교외 카운티의 인구보다 훨씬 더 많았다. Nassau 카운티에는 등급이 높은 공립학교들이 모인 몇 개의 학군들이 있어서 한인 이민자들에게 매우 인기가 많다. 롱아일랜드의 뉴 하이드 파크(New Hyde Park), 그레이트넥(Great Neck), 포트 워싱턴(Port Washington), 사이오셋(Syosset), 제리코(Jericho)와 같은 한국 교민이 모여 사는 동네에는 1등급 고등학교들이 많다.

### 3) 한인 밀집지역 조성

전 세계 중국인 이민자들은 '차이나타운'이라 불리는 중국인 밀집지역을 만들었다. 미국 대도시들에 사는 중국인 이민자들은 다른 아시아계 이민자 집단보다 도심에 훨씬 밀집해 산다(Min, 2006b: 39). 24개의 미국 메트로폴리탄 구역의 시내 상업 지구에 가까운 곳에 차이나타운을 만들었다. 뉴욕과 로스앤젤레스에는 2개 이상의 차이나타운이 있다(Zhou and Kim, 2003). 한인 이민자들은 중국인 이민자들에 비해 교외지역에 더 널리 퍼져 있다(Min, 2006b: 39). 그럼에도 불구하고 미국의 한인 밀집지역은 중국인 이민자들을 포함한 다른 어떤 아시아계 이민자 밀집지역보다 더 많은 관심을 받았다(Min and Joo, 2010; Yoon, 2007; Yu et al., 2004). 로스앤젤레스 시내의 코리아타운은 미국에서 가장 큰 규모의 코리아타운이라는 점에서 미디어와 학계의 특별한 관심을 받았다(Lee, 2009; Park and Kim, 2008; Park and Lee, 2009; Yu, 1985; Yu et al., 2004).

뉴욕의 한인 밀집지역에 대한 선행연구가 많지 않기 때문에(Min and Joo, 2010; Oh, 2007), 본 절에서는 2쪽 분량으로 설명하겠다. 분량이 제한되어 한인 밀집지역 거주자의 인종별 인구 구성에 대한 통계는 소개하지 못하게 된 점을 양해하기 바란다. 뉴욕의 한인 이민자들은 1980년대 초 플러싱(Flushing)에 첫 한인 밀집지역을 만들었다. 2010년에 뉴욕 한인 인구의 1/4 정도인 약 2만 8천 명이 Flushing, 화이트스톤(Whitestone), 칼리지 포인트(College Point)를 둘러싼 퀸즈 7구역에 살았다. 그 구역 인구 중 아시아계 이민자는 반을 차지했고, 중국인은 2010년 7만 6천 명 정도로 아시아계 이민자 인구의 다수를 구성했다. 한인 이민자들은 Flushing에 한인 상권을 조성하여 한국어로 된 간판을 사용했다. 루스벨트 가(Roosevelt Avenue)와 유니언 거리(Union Street)는 한인들이 '한인 상가'라고 불리던 한인 상권의 중심이었다. 한국문화 상품으로 한인 고객을 주로 상대하는 한인 업소들은 32~42가 사이의 Union Street에서 아홉 구역에 걸쳐 있다. 하지만 바로 옆 구역인 메인 거리(Main Street)는 Flushing 내 차이나타운 상권의 핵심부이기 때문에 Union Street 서쪽으로 비즈니스를 확장할 수가 없었다. 서쪽으로는 확장할 수 없기에, 동쪽으로 4km(80블록)에 걸쳐 노던 블러바드(Northern Boulevard)에서 베이사이드(Bayside)의 220번째 길까지 한인 상권을 확장했다. 2012년에 Flushing-Bayside에 1,000개가 넘는 한인 대상 업소들이 존재했다.

Fort Lee와 Palisades Park에 한인 이민자들이 세운 2개의 중요한 교외 '코리아타운'이 있다. 한인 밀집지역은 1980년대 후반에 Fort Lee에 생겼고 몇 년 후인 1990년대 초반에 다른 밀집지역은 Palisades Park 근처에 생겼다. 두 군데 다 뉴저지 버겐 카운티에 위치해 있다. 하지만 한인 밀집지역이 생기고 나서부터 Palisades Park의 편의시설이 많아져서 Fort Lee보다 한인 인구가 더 많아졌다. 2010년에는 Palisades Park의 한인 인구는 약 1만 명으로 전체 거주자의 52%, Fort Lee에는 8,300명으로 24%의 비율을 차지했다. 한인 이민자들은 각 동네에 한인 상권을 1990년대 초반에 설립했다(Oh, 2007). 2012년에는 Palisades Park 한인 상권 지구에서는 330개, Fort Lee에서는 250개의 한인 업소들을 확인할 수 있었다.

## 5. 사회경제적 적응

이 장에서는 재미한인의 사회경제적 적응을 살펴본다. 미국의 여느 이민자 집단처럼 1965년 이후의 한인 이민자들은 계층 배경에 있어서 매우 선택적인 사람들이다. 이러한 유리한 계층 배경은 현지에서의 사회

경제적 적응에 유리하게 작용했다. 이 장에서는 재미한인의 사회경제적 적응 실태와 관련해서 첫째, 재미한인의 교육 수준과 세대 간 교육 수준의 비교에 초점을 둔다. 둘째, 재미한인의 비즈니스 활동과 세대 간 자영업 감소율을 살펴본다. 셋째, 한인 이민자들의 사업과 관련된 타민족과의 갈등과 이로 인한 반사적 민족연대(reactive solidarity)를 다룬다. 넷째, 인구조사 자료에 근거해서 재미한인의 경제적 상황을 살펴본다.

### 1) 교육 수준

1965년 이후 첫 번째 한인 이민집단은 주로 교육 수준이 높은 대졸이나 최소 고졸로 구성되어 있었으며, 그중 많은 사람들은 한국에서 전문직이나 사무직(화이트칼라) 직종에 종사했었다(I. Kim, 1981: 101-112; Min, 1988: 57; Yoon, 1997). 간호사, 의료 전문인, 의사, 치과 의사, 약사와 같은 의료 전문직에 종사하던 한국인은 1960년대 후반과 1970년 초반에 미국행 이민에 대거 참여했다(I. Kim, 1981). 또한, 미국에서 학위를 마친 한국인 유학생들은 미국 영주권을 획득했다. 그런 이유로 한인 이민자들은 그 당시 한국의 일반적인 성인 인구보다 교육 수준이 훨씬 높았던 것이다.

한인 이민자들의 높은 교육 수준은 1970년대 중반부터 다소 누그러졌다. 주된 이유는 미국의 이민법의 개정으로 인해 1975년 이전에 높은 직종에 종사하던 이민자들이 점차 형제자매 위주 이민자(sibling-preference immigrants)와 같은 가족 중심 이민자들로 대체됐기 때문이다. 1976년에 개정된 이민법은 전문직 위주의 이민자들과 귀화한 한인 이민자들이 형제자매의 영주를 목적으로 초청할 수 있는 기회를 줄였다. 하지만 1990년에 개정된 이민법은 전문직 이민자의 수와 비율에 대한 쿼터를 늘렸고,

그 결과 한인과 다른 아시아계 이민자들의 교육 수준은 점차 높아졌다. 특히 한국의 대학 졸업생들은 1990년대에 한국 외환 위기 때문에 취업에 어려움을 겪고 있었는데 그로 인해 교육 수준이 높고 기술력이 좋은 한국인들이 대거 미국으로의 이민을 선택했다(Min, 2011: 209).

〈표 5-8〉 단일인종 재미한인 성인(25~64세)의 교육 수준, 한국 거주 한국인 성인, 미국 성인들의 교육 수준 비교

| 구분 | 전체 | | 남성 | | 여성 | |
|---|---|---|---|---|---|---|
| | 고등학교 (%) | 대학교 (%) | 고등학교 (%) | 대학교 (%) | 고등학교 (%) | 대학교 (%) |
| 1세대 한인 | 92.8 | 55.9 | 96.1 | 62.0 | 90.7 | 46.6 |
| 1.5세대 한인 | 98.3 | 65.3 | 98.5 | 64.1 | 98.1 | 66.1 |
| 2세대 이상 한인 | 98.3 | 70.5 | 97.8 | 68.6 | 98.7 | 72.3 |
| 한국 거주 한국인(b) | 75.2 | 17.9 | -- | -- | -- | -- |
| 미국의 전체 이민자(c) | 68.3 | 27.4 | -- | -- | -- | -- |
| 미국 출생자 인원(d) | 88.6 | 28.2 | -- | -- | -- | -- |

출처: (a), (c), (d)는 2007~2011년 아메리칸 커뮤니티 서베이(American Community Survey)에 기초했고 (b)는 2010 한국의 인구조사를 참고했다.

〈표 5-8〉은 한인 이민자들의 교육 수준과 한국 거주 한국인, 미국의 모든 이민자와 미국에서 태어난 미국인들의 교육 수준과의 비교를 나타낸다. 25세 이상의 한인 이민자들의 51%는 4년제 대학을 졸업했고 91%는 고등학교를 졸업했다. 이들은 한국의 비교집단인 한국인 성인들보다 훨씬 더 교육 수준이 높았다. 한국 거주 한국인 중 18%만이 4년제 대학 교육을 받았고 고등학교 교육을 받은 인구는 75%였다. 한국의 대학 입학률이 높다 하더라도 모든 성인 인구에 중년과 노년을 합치면 대학 졸

업률은 여전히 낮다. 이런 자료를 검토하면 한인 이민자들은 사회계층에 있어 매우 선택적인 집단임을 알 수 있다.

한인 이민자들은 고등학교와 대학교 졸업률 모두에서 미국 이민자들보다 높다. 집단 전체로 봤을 때, 미국에서 태어난 모든 성인들보다도 교육 수준이 높다. 아시아계 이민자들은 대체로 교육 수준이 높은데 미국에서 태어난 백인계 미국인들보다 훨씬 높다. 반면 라틴계 이민자들은 백인계 미국인들보다 교육 수준이 훨씬 낮다. 아시아계 이민자 중에서 인도계와 대만계 이민자들의 대학 졸업률은 75%와 70%로 가장 높다. 그다음으로 한국계, 필리핀계, 일본계 이민자들의 순서로 높다. 한편 중국계 이민자들 중 45%는 대학을 졸업한 반면 25%는 고등학교 졸업을 하지 못해 계층 간 양극화가 심하다. 전반적으로 아시아계 이민자들은 다른 이민자 집단들과 미국 시민들보다 교육 수준이 높은데 이는 이들이 사회적 계층 면에서 매우 선택적이기 때문이다. 예를 들어, 인도 전체 인구의 3%만이 대학 졸업을 한 반면, 인도계 이민자의 75%가 대학을 졸업했다. 아시아 인구는 전 세계 인구의 60%를 차지할 정도로 매우 많기 때문에 비율적으로 볼 때 적은 수의 아시아계 이민자들이 선택적으로 매년 미국의 영주권자가 되는 것이다.

〈표 5-8〉은 재미한인의 세대 간 교육 이동(educational mobility) 현황을 성별에 따라 보여 준다. 예상한 바와 같이 1.5세 교포와 미국에서 태어난 한인들은 1세대 한인 이민자들보다 높은 교육 수준을 보인다. 하지만, 1세대 이민자들의 연령이 1.5세 교포와 미국 출생 한인보다 훨씬 높다는 점을 고려하면, 3세대 간의 연령 차이가 세대 간 교육 차이의 주된 원인이라고 볼 수 있다.

재미한인의 세대에 따른 교육 수준의 증가에서 중요한 점은 세대 간의 교육 이동에 있어 성별 차이가 상당하다는 것이다. 미국에서 태어난 남성의 대학 졸업률은 69%로 이민자보다 단지 7% 포인트만 상승한 반면 여성의 대학 졸업률은 47%에서 72%로 25% 포인트 증가했다. 미국에서 태어난 한인 여성의 대학 졸업률은 72%로 상대적으로 남성들의 졸업률 69%보다 조금 높은 수치다. 이민 1세대와 미국에서 태어난 세대 간의 연령차가 크다는 점을 고려하면, 미국 출생 재미한인 남성이 세대 간에 교육 수준이 크게 증가했다고 보기는 어렵지만 여성의 경우는 충분히 그렇다고 말할 수 있다.

## 2) 사무직에서 소기업으로

1965년 이후 한인 이민자들의 직업을 살펴보면 노동집약적인 소기업(small business)에 많이 종사한다는 점이 특이하다. 필자와 다른 학자들의 연구에 따르면 주요 한인 밀집지역의 한인 이민자들은 몇 가지 업종의 소기업에 집중되어 있다고 한다(Light and Bonacich, 1988; Min, 1988; 1996; 2008; Yoon, 1997; Yu et al., 2009).

**〈표 5-9〉 재미한인의 직업군 특성(25~64세)**

| 구분 | 자영업 비율(%) | 공공부문 고용률(%) | 관리직 · 경영직 · 전문기술자(b) |
|---|---|---|---|
| 단일인종 한국인 | | | |
| 1세대 | 28.4 | 7.7 | 42.3 |
| 1.5세대 | 12.3 | 12.3 | 57.9 |
| 2세대 이상 | 8.9 | 12.8 | 61.2 |
| 2세대 이상 아시아계 미국인 | | | |

| | | | |
|---|---|---|---|
| 중국인 | 8.8 | 16.8 | 65.7 |
| 일본인 | 10.2 | 23.6 | 53.1 |
| 필리핀인 | 5.0 | 16.7 | 46.3 |
| 인도인 | 8.0 | 11.9 | 71.6 |
| 베트남인 | 9.6 | 13.2 | 48.9 |
| 비-히스패닉계 백인 | 11.9 | 15.1 | 39.4 |
| 비-히스패닉계 흑인 | 5.0 | 20.3 | 26.2 |
| 히스패닉 | 7.0 | 17.6 | 29.2 |

출처: U.S. Census Bureau. "The 2007-2011 American Community Surveys."
주: a = 취업시장에 참가한 사람 중, b = 최근에 취업된 사람 중

〈표 5-9〉에서 알 수 있듯이 최근 인구 조사국의 자료에 따르면, 25~64세 사이의 1세대 한인 이민자 중 28%는 미국에서 자영업을 하고 있다.

미국 인구조사국은 재미한인 자영업자 비율은 낮게 측정됐는데, 그 이유는 부부가 같이 자영업을 하는 경우 주로 남편만을 자영업자로 보고하기 때문이다. 게다가, 대도시권에 정착한 한인 이민자들의 자영업 비율은 소도시보다 더 높다. 뉴욕에서 실시한 필자의 2005년 설문조사의 결과에 따르면 재미한인 남성의 46%와 여성의 39%가 자영업에 종사하는 것으로 밝혀졌다(Min, 2008: 32). 한인이 소유한 직장에서 일하는 한인은 40%인 반면, 일반 노동시장에서 근무하는 한인은 20%밖에 되지 않는다. 이는 한인 이민자들이 한인 종족경제에 격리되어 있다는 것을 의미한다. 이러한 직업 격리는 한인이 비 한인과 사회적으로 소통할 기회가 거의 없는 사회적 격리로 이어진다는 것을 의미한다.

필자의 1981년 애틀랜타 내 한인 사업에 대한 연구는(Min, 1984; 1988) 한인 이민자들이 소기업에 몰리는 두 가지 주된 이유를 밝혔다. 첫째는,

언어 장벽과 전반적인 취업시장에서 받는 불이익 때문에 그들의 교육 수준에 상응하는 사무직이나 전문직을 찾기 어려워서 소규모 사업을 운영할 수밖에 없었기 때문이다. 둘째는, 한인 이민자들의 시각에서 자영업을 하면 일반 직장에 취업해서 일하는 것보다 경제적인 신분 상승을 더 빨리 할 수 있을 것이라는 생각 때문이다. 하지만 사회적 신분이 낮은 소기업 주인이 되는 것에 만족하지 못한 것으로 밝혀졌다(Min, 1988: 61). 그래서 뉴욕 뉴저지 부근의 성공한 한인 사장들은 기부를 하면서 한인단체의 사무직이나 이사직과 같이 사회적으로 인정받는 직위를 찾는 경향을 보였다(Min, 1996: 202-207).

뉴욕 뉴저지 내 한인 상인들은 노동집약적 사업에 밀집해 있다. 대표적인 업종들이 ① 식료품과 청과류 소매업, ② 아시아 국가에서 수입된 제품 소매업, ③ 의류 생산업, ④ 세탁업, ⑤ 네일아트 서비스업이다(Min, 2008: 38). 1980년대 초에는 특히 앞에서 언급한 두 가지 소매업에 집중적으로 종사했다. 하지만 1990년대 중반부터 나타난 대형 유통업소들이 소수민족 동네로 진입하면서 한인과 다른 이민자들의 업소들이 어려움을 겪게 됐다. 그 결과, 한인 소유 소매점은 많이 줄어들었고 그 대신 세탁업과 네일아트 서비스 업소는 각각 3,000개와 4,000개로 급증했다(Min, 2008).

한인 지역사회마다 사업 분야는 달랐지만 한인사회에서 공통적으로 우세했던 분야를 세 가지만 고르라면 ① 한국과 다른 아시아 국가로부터 수입한 제품을 파는 소매점, ② 식재료 · 주류 가게, ③ 세탁소였다. 식료품점과 네일아트 서비스는 뉴욕 뉴저지 부근에서는 인기가 많지만 로스앤젤레스나 다른 도시의 한인 지역사회에서는 활성화되지 않았다. 뉴욕 뉴저지 부근의 한인 식료품이나 청과물 업주들이 구매한 미국 슈퍼마켓은 100개가 넘었다. 또한 한인 이민자들은 미국 주요 대도시에 '한양마트'와 'H 마트'와 같은 한국인 체인 슈퍼마켓도 설립했다. 한인 소유 슈퍼마켓은 해산물이나 과일류 판매를 확대하고 미국의 보통 슈퍼마켓 가격의 절반에 내놓으면서 한인뿐만 아니라 비 한인 고객들도 많이 끌어들였다. 건강에 대한 관심이 늘면서 미국인들은 20년 전보다 해산물 소비를 더 많이 하게 되었다. 이러한 해산물 소비 증가에 발맞추어 한인과 중국인 이민자들은 슈퍼마켓 체인 사업을 성공적으로 확장했다.

### 3) 사업 관련 집단갈등과 반응적 연대

미국의 신참 이민자들은 그들이 사는 동네와 직장에서 미국 출생 백인들과 그 외 소수집단들과 접촉하게 되는데, 이 두 영역에서 주로 집단갈등과 차별을 겪게 된다. 하지만 1980년대에서 1990년대 초반 한인 이민자들은 사업과 관련해서 다른 집단 및 정부기관과 갈등을 겪게 되었다. 다행히 이러한 갈등은 1990년대 중반에 거의 종결되었다. 한인 상인들의 사업 관련 집단갈등에 긍정적인 면이 있다면 한인 간의 결속력을 공고히 했다는 점이다. 이 절에서는 1980년대에서 1990년대 초반 한인 상인들이 겪은 복잡한 집단갈등과 1990년대 중반에 왜 이런 갈등이 사라졌는지에 대해 살펴본다. 또한, 한인 이민자들의 사업 관련 집단갈등이 한인 간의 결속력과 정치의식에 미친 긍정적인 영향도 다룬다.

1960년대 말, 한인 이민자들은 초기에 도매업, 한국에서 수입한 옷, 핸드백, 보석, 헤어 관리 제품 등을 파는 소매업, 의류 제조 하청업에 종사했다. 1970년대에는 미국 각지 도시에서 식재료 · 주류 소매업을 하고 뉴욕에서 청과상을 했다. 이 네 가지 소매업 중 3개는 1970년대에서

1990년대 초반까지 소득이 낮은 흑인과 라틴계 거주지역들에 집중되어 있었다(Chang and Diaz-Veizades, 1999; K. Kim, 1999; I. Kim, 1981; Min, 1984; 1996; 2008; Yoon, 1997). 1980년대와 1990년 초반 뉴욕, 로스앤젤레스와 다른 메트로폴리탄 내 흑인 동네의 한인 상인들은 흑인 고객과 흑인 지역단체 대표들로부터 불매운동, 방화, 폭행과 또 다른 형태의 배제를 받아 왔다. 한인 상인과 흑인 고객 간의 갈등은 언론의 지대한 관심을 받았다. 사회학자들 역시 이 주제에 대한 연구를 활발히 해 단행본들도 많이 출판되었다(Abelmann and Lie, 1995; Joyce, 2003; C. Kim, 2000; K. Kim, 1999; J. Lee, 2002; Min, 1996; 2008; Yoon, 1997).

미국에서 가장 큰 대도시이자 가장 큰 한인 밀집지역인 로스앤젤레스와 뉴욕에서 한인과 흑인의 갈등은 극에 달했다. 조이스(2003)는 뉴욕에서의 한인-흑인 갈등 형태는 한인 업소에 대한 장기적인 불매운동이었던 반면, 로스앤젤레스에서는 1992년 4월 29일에 발생한 로스앤젤레스 폭동 기간 동안 한인 상점을 공격하는 등 총격과 폭행을 수반한 형태라고 지적했다. 필자의 연구에 따르면 뉴욕에서 1981년에서 1995년 사이 한인 업소 13개는 흑인들의 불매운동 대상이었으며, 그중 6개는 한 달 이상 불매운동에 시달렸다(Min, 2008: 76). 1990년 17개월 동안 지속된 플랫부시(Flatbush)와 브루클린(Brooklyn)의 한인 청과물 업소 두 군데에 대한 불매운동은 미국에서 발생한 흑인들의 불매운동 중에서 가장 장기적이었다. 한인과 흑인 지역사회는 불매운동 중단 혹은 지속을 위해 극단적으로 정치적, 행정적 로비를 하거나 공동 구매(group shopping)를 하고, 기부 캠페인, 법적 소송, 집회, 피켓 시위와 같이 지역사회의 모든 수단을 동원하였다. 로스앤젤레스 흑인 동네에서 한인 상인들이 입은 가장 심각한 피해는 로스앤젤레스 폭동 기간 내 2,300여 개의 한인 업소들이 파괴

된 것이다(Min, 1996: 90). 피해를 입은(약탈되거나 방화된) 한인 업소들은 대부분 주로 흑인들이 모여 사는 사우스 센트럴 로스앤젤레스(South Central Los Angeles)에 있었다. 코리아타운과 다른 지역에 있던 한인 업소들도 공격의 대상이 되었다.

한인 소매업자들은 백인 납품업자, 라틴계 직원, 거의 유대인인 백인 임대인들과도 마찰이 있었다(Min, 1991; 1996: 169-183). 세 가지 주요 한인 소매업 중 한국과 아시아 국가에서 수입한 제품을 파는 분야는 거의 한국인 공급자로부터 물건을 구매했다. 따라서, 인기 있는 상품을 받는다거나 배송이 빠르다거나 한국인 도매상과 소매상 사이에 꽤 일상화된 외상으로 물건을 구매하는 등의 장점이 있었다. 하지만 식품 소매상과 청과상은 백인 납품업자와 거래를 해야 했는데 이 과정에서 차별도 겪고 종종 편견적 대우를 받았다. 특히 뉴욕 뉴저지 부근의 한인 청과업자들은 헌츠 포인트(Hunts Point) 시장에서 농산물을 구입해야 했는데 한인 농산물 소매업자들은 이탈리아계와 유대계 백인 소유 도매상에서 일하는 직원과 매니저로부터 무례한 대우와 차별, 폭행을 당했다(Min, 2008: 58-61). 게다가 빈번히 Hunts Point 시장에서 주차위반 벌금을 부과했다. 1990년대 초반 700명이 넘는 뉴욕 뉴저지 내 한인 이민자는 어패류 소매점을 운영했다(Min, 1996: 54). 그들 또한 풀턴(Fulton) 수산 시장에서 차별 대우와 폭행을 당했다.

한인 상인들의 백인 임대업자에 대한 높은 의존도(72%, 뉴욕시의 2005년 설문조사, Min, 2009: 149 참고)로 인해 금전적인 피해를 받았다. 많은 임대업자들은 사업이 잘되면 계약을 연장하지 않았고, 짧은 기간에 업소 임대료를 두 배 혹은 세 배로 인상했다. 따라서 맨해튼의 한인 농산품 가게 주인들은 급증하는 임대료를 내기 위해 24시간 업소를 운영할 수밖에 없었다

(Min, 1990; 1996: 177).

라틴계 직원들에 크게 의존하던 한인 가게주인은 역시 노동 관련 법적 문제나 피켓 시위를 겪었다. 필자의 2005년 설문조사의 결과(Min, 2009)에 따르면 뉴욕의 한인 업소 직원 중 라틴계는 40%, 한국인은 52%였다. 한국인들이 운영하는 로펌, 병원과 치과, 회계사무소와 같은 전문직종은 대부분 한국인 직원을 채용한다. 한인사회에서 가장 직원 수가 많은 한인 소유 네일숍도 한인 여성들을 고용한다. 하지만 한인 청과업, 식료품점, 한국 식당, 세탁소 경영자들은 라틴계 직원에 주로 의존한다. 1995년에서 1998년 사이 '한인타운 노동연대(KIWA, Korean Immigrant Workers' Advocates)'가 결성한 로스앤젤레스의 라틴계와 한인 직원들은 몇 차례 한국 식당에 맞서 피켓 시위에 참여했다(Chung, 2007: 159-163). 2001년에서 2004년 사이 뉴욕의 한인 회사의 일부 라틴계 직원들은 노동 연합이 조직한 한인 가게에 대한 피켓 시위에 참가했다.

### 4) 사라진 흑인 불매운동

한인과 흑인 간의 갈등은 1980년대와 1990년대에 매우 빈번해서 절대 끝나지 않을 것이라고 생각했다. 하지만 모든 것에는 끝이 있듯이 1990년대 중반부터 흑인들의 한인 상점 불매운동과 다른 형태의 한인-흑인 갈등은 사라졌다. 필자가 아는 뉴욕에서의 마지막 흑인 한인 상점 불매운동은 1995년 흑인 동네가 아닌 맨해튼의 그리니치(Greenwich) 마을에서였다(Min, 2008: 76). 필자가 알기로 사우스 센트럴 로스앤젤레스에서의 마지막 흑인 불매운동은 1996년 6월이다(Sae Gae Times, 1996). 그 후로, 한국인 소유 가게에서 인종 간의 갈등을 다룬 한국 신문기사를 본 적이 없다. 따라서 한국 교민과 흑인 고객 간의 사업 관련 갈등이 사실상 사라진 것은 전국적인 추세인 것으로 보인다. 뉴욕 내 한인 청과류 판매업자들을 집중 조명한 필자의 2008년의 도서(Min, 2008: 89-96)에서 뉴욕의 한국 상점에 맞서 흑인들이 벌인 불매운동에 대해 설명하였다. 여기서는 책의 주요 내용을 간략하게 요약해서 소개한다.

흑인 주민과 흑인 지역단체 대표들과 한인 상인들의 갈등을 설명하기 위해 필자는 중간상인 이론을 사용했다(Min, 1996; 2008). 이 이론에 따르면, 외국인 중간상인은 산업화 이전의 농업 사회나 식민지 사회에 지배 집단(생산자)과 소수민족 혹은 하위 계층 고객 간의 큰 신분 차이에서 파생된 결과다(Bonacich, 1973; Eitzen, 1971; Zenner, 1991). 따라서 중간상인들은 지배자인 생산자들과 소수자나 하위계층을 이어 주는 경제적 중개 역할을 한다. 두 집단 사이에 낀 중간상인들은 소수민족 주민들의 적개심으로 불매운동, 폭동이나 가끔은 퇴출을 당하기도 했다. 제2차 세계대전 이전 중세 유럽과 폴란드의 유대인들, 동남아 국가의 중국인들, 동아프리카와 남아프리카의 인도인들은 중간상인 역할을 하면서 반-중간상인 적대행위와 비슷한 수모를 겪었다. 중간상인 이론을 이용해서 필자는 대형 기업과 백인 상인들이 가난한 흑인 동네에 투자하기를 꺼려 하기 때문에 저소득 지대의 흑인 지역에서 한국인이나 다른 이민자 상인들을 필요로 했다고 주장했다(Min, 1996; 2008). 또한, 다른 사회의 중간상인처럼 미국 흑인 지역에서의 한인 상인들은 불매운동, 방화, 폭행과 폭동을 겪었다고 지적했다.

중간상인 이론은 한인-흑인 간의 갈등의 시작뿐만 아니라 결말을 설명하기에도 유용한 이론이다. 필자는 한인 이주자들이 1980년대에서 1990년 초반에 사업을 많이 하던 뉴욕의 3대 저소득층 흑인 동네[할렘, 자

메이카, 플랫부쉬(Flatbush)]에서 2006년 민족지학적 연구(ethnographic research)를 진행했다. 이 흑인 동네에서는 더 이상 중간상인이 필요 없는 쪽으로 많은 변화가 일어났다. 뉴욕시의 도시 개혁 계획(토지이용 제한법 변경)의 영향으로 대형 업소들은 흑인 지역으로 입주했고 그 결과 업소 임대료가 급증했다. 대형 가게와의 경쟁에서 이길 수 없고 두세 배 오른 임대료를 지불할 수 없던 한인 소매업자들은 업소 문을 닫을 수밖에 없었다. 센트럴 할렘에 위치한 한인 소매점들은 1992년 55개에서 2006년 같은 자리에 14개만 남게 되었다(Min, 2008: 89-90). 또한, 인도, 파키스탄, 중동, 아프리카 출신의 비-한국인 이민자 사장들은 소상기업과 행상을 하러 할렘으로 갔다. 할렘에 남은 소수의 한인 가게들은 다른 이민자 가게들이 있기 때문에 더 이상 배제의 대상이 아니었다.

저소득 흑인 지역의 도시 개혁과 대기업의 대량 이주로 인해 미국에서 태어난 백인들과 라틴계와 흑인 이주자들이 흑인 동네에 많이 살게 되었다. 이러한 변화로 할렘과 다른 저소득 흑인 동네는 다양한 인종이 사는 동네로 탈바꿈했다. 〈표 5-10〉은 한인 이주자들이 1980년대와 1990년대에 소매업을 많이 하던 센트럴 할렘의 거주자의 인종별 인구 구성 변화를 보여 준다. 1980년에는 거의 미국 태생 흑인이 센트럴 할렘 인구의 94%를 차지했다. 하지만 시간이 지나면서 흑인 인구는 점점 감소했고 2010년에는 63%까지 줄었다. 흑인 인구 중 아프리카와 카리브해 이민자와 자녀들이 많기 때문에 미국 흑인 인구는 2010년 63%보다 적을 수도 있다. 반대로, 라틴계와 비-히스패닉 백인들은 각각 10%와 22%인데 향후에 점점 증가할 것이다. 뉴욕시의 다른 흑인 동네의 인종별 인구 구성도 비슷한 변화 양상을 띠었다. 수년 사이에 할렘과 다른 흑인 동네의 인종이 다양해지면서 아프리카계 미국인들은 자신들만의 영역이라고 생각하기 어려워졌다. 더 이상 이민자 사업주들한테 '나의 동네'에서 나가야 된다고 주장할 수 없었다.

〈표 5-10〉 할렘 중심(맨해튼 지역 10구역) 거주자들의 인종별 인구 구성 변화(1990~2010)

| 연도 / 인종 범주 | 1980 | | 1990 | | 2000 | | 2010 | |
|---|---|---|---|---|---|---|---|---|
| | 수 | % | 수 | % | 수 | % | 수 | % |
| 전체 인구 | 108,160 | 100.0 | 99,519 | 100.0 | 107,109 | 100.0 | 115,723 | 100.0 |
| 비-히스패닉계 흑인 | 101,830 | 94.1 | 87,149 | 87.6 | 82,750 | 77.3 | 72,858 | 63.1 |
| 히스패닉 | 4,540 | 4.2 | 10, 055 | 10.1 | 18,019 | 16.8 | 25,692 | 22.2 |
| 비-히스패닉계 백인 | 1,058 | 1.0 | 1,511 | 1.5 | 2,189 | 2.0 | 11,050 | 9.5 |
| 아시아인 | 575 | 0.5 | 382 | 0.4 | 938 | 0.9 | 2,833 | 2.4 |
| 그 외 | 157 | 0.2 | 422 | 0.4 | 3,213 | 3.0 | 3,290 | 2.8 |

출처: New York City Department of City Planning. "Community Data."

할렘과 다른 흑인 동네에서 소매업을 운영하는 어려움 말고도 다른 선택권들이 있기에 흑인 지역에서 사업을 하고자 하는 새로운 한인 이주자들은 거의 없었다. 더 많은 초기 자본금으로 보험, 대출과 부동산 분야와 같은 준전문직에 투자할 수 있었다. 미국에서 대학이나 대학원을 마친 젊은 세대 한인들은 주류 경제에서 취업을 할 수 있게 되었다. 앞에서 언급한 바와 같이 한인 이주자들은 두 가지 개인 서비스 사업인 네일숍과 세탁소를 중점적으로 하고 있다. 1980년대와 1990년대 흑인 지역에서 소매업을 운영하던 한인 여성들은 현재 한인 네일숍에서 일을 한다 (Min, 2008). 한인 이주자들의 달라진 미국사회 적응방법이 시사하는 바는 한인 교민 상인들과 직원들은 비-한국인 고객들과 사회적으로 교류를 더 많이 해야 한다는 점이다(Min, 2013a).

마지막으로 주목할 점은 젊은 세대의 한인 성인들은 대부분 전문직이나 관리직 직종에 근무하면서 이전 세대보다 훨씬 더 많은 비율이 미국의 주류 경제에 참여하고 있다는 것이다. 앞의 〈표 5-9〉에서 보듯이 한인 1.5세와 2세대들은 한인 이주자보다 자영업 비율이 훨씬 낮다. 미국 출생 한인들의 자영업 비율이 다른 미국 출생 아시아인들만큼 낮은 반면, 아시아 주요국 이민자들의 자영업 비율은 한인 이주자보다 훨씬 낮다. 즉 젊은 재미한인들에게서 직업적 동화(occupational assimilation)가 빠르게 진행된 것이다. 한인 이민자들과 미국 출생 한인들은 과거 20~30년 전보다 미국 주류 사회에 사회경제적으로 참여하는 정도가 훨씬 강해졌고 결과적으로 미국 주류 사회로의 통합이 빠르게 진행되고 있다.

### 5) 사업 관련 집단갈등이 한인 결속력에 미친 긍정적인 영향

한인 상인들은 사업 관련 집단갈등으로 재정적 손해, 신체적 위험, 스트레스와 같은 피해를 겪었다. 하지만, 노동시장에서 특정한 지위를 점유한 동일한 이민자 · 소수자 집단의 구성원들이 경제적 혹은 신변의 위협을 겪게 된다면 집단 구성원들은 그에 대항하기 위해 결속력을 강화하게 된다(Hechter, 1975; 1978). 백인 도매 납품업자 산하의 직원들과 매니저들로부터 차별을 받고 신체적 폭행을 당한 한인 소매업자들은 사업과 신변의 안전을 보호하기 위해 한인들 간의 집단행동을 취했다. 흑인 지역에서의 한인 업소 불매운동은 한인 상인들뿐만 아니라 지역단체 범위로의 결속력을 다지게 했다.

앞의 내용처럼 뉴욕 뉴저지 부근의 한인 청과상 소매업자들은

Hunts Point 시장의 청과상 공급업자들과 가장 심각한 형태의 갈등을 빚었다. 필자의 2008년 도서에서 소개됐듯이 한인 청과상 업소 주인들은 뉴욕 한인청과협회(Korean Produce Association of New York)를 통해 재정과 신변을 지키기 위해 공동 구매, 정치적 · 행정적 로비, 집회와 불매운동과 같은 다양한 집단행동을 했다. 그중 효과가 가장 뛰어났던 것은 백인 납품업자들에 대한 피켓 시위와 불매운동이었다. 뉴욕 한인청과협회는 한인 농산품 업자에 부당 대우를 하거나 신체적 폭행을 가한 농산품 납품업자들에 대응하기 위해 열 번의 집회와 불매운동을 조직했다(Min, 2008). 모든 불매운동은 납품업자들의 사과를 받아 내고 서비스 개선을 하라는 한인 청과협회의 요구를 수용하게 만들었다.

한인 청과상이나 소매점에 대한 흑인 불매운동은 백인 납품업자들의 차별보다 한인 교민 경제에 더 큰 위협이었기 때문에 한인 지역 사회 전체의 결속력이 강해졌다. 앞서 언급된 뉴욕시 브루클린의 청과상 업소 두 군데에 대한 흑인 불매운동은 한인 이주자들이 다양한 형태로 뭉치게 했다(Min, 1996; 2008). 한인들은 두 업소 주인들을 돕기 위해 기부 캠페인도 벌이고 두 업소에서 공동 구매를 하거나 불매운동을 빨리 끝내기 위해 뉴욕 시장, 브루클린 자치구장, 지역 국회의원들에 다양한 로비활동을 벌이고 시청 앞에서 대규모 집회를 열어 데이비드 딘킨스(David Dinkins) 뉴욕 시장이 불매운동 종결을 하게끔 압력을 불어넣었다. 한인 청과상 주인 이외에도 다른 한인 상인들과 한인단체 대표들은 기부 캠페인으로 약 15만 달러를 모금했다(Min, 2008: 88). 약 7천 명의 한인들이 집회에 참가했는데 이는 뉴욕 한인 이민자들이 조직한 가장 큰 규모의 한인 집회였다(Min, 1996: 151). 필라델피아와 워싱턴 디시로부터 뉴욕 집회에 참가하러 온 한인들도 많았다.

한국 상인들이 가장 큰 피해를 입은 기간은 1992년 로스앤젤레스 폭동 동안이었다. 그 기간에 전체 폭동 피해의 40% 정도인 2,300개의 한인 소유 업소들이 방화, 절도, 파괴되어 한인 지역사회에 매우 큰 재정적 피해를 입혔다. 게다가 로스앤젤레스 경찰서의 늑장대응, 한인-흑인 간의 갈등에 대한 왜곡된 언론 보도, 미국 연방 정부와 지방 정부의 적절한 피해 보상 조치 실패는 한인 상인 피해자들과 한인단체 지도자들의 가게 피해로 받은 분노보다 훨씬 더 큰 화를 키웠다.

폭동이 끝나 갈 때 한인들은 평화적인 방법으로 집단행동을 이어 갔다. 폭동이 끝난 다음 날 한인타운 아드모어 파크(Ardmore Park)에서 3만 명 정도의 한인들이 참가한 대규모 집회를 열었다(Min, 1996: 155). 또 피해자들을 돕기 위해 미국 각지의 한인들은 기부 행사에 참여해 50만 달러의 금액을 모금했다. 한국인 유학생들을 포함한 폭동 피해자들과 다른 한인단체들은 로스앤젤레스 시청, 코리아타운을 방문했을 때 부시 대통령, 지역 ABC 텔레비전 계열사들에 맞서 항의 집회를 열었다. 가장 중요한 것은, 폭동으로 인한 한인 상인들의 희생과 한인 상점을 보호하고 피해자들에게 보상을 하지 못한 정부의 대처를 보면서 한인단체 지도자들은 미국에서 한인들의 정치적인 힘이 얼마나 없는지 깨달았기에 한인들에게 정치의식을 고취시켰다. 그에 따라 폭동 이후 한인 지역사회 곳곳에 한인 정치기구들이 설립되었다.

### 6) 경제적 상황

〈표 5-11〉에서는 재미한인의 세대 간 경제적 상황 차이를 미국에서 출생한 아시아인들 및 다른 인종 집단들과 비교했다. 한인들의 교육 수

준은 미국 출생 비-히스패닉계 백인 미국인들보다 높지만 수입은 조금 낮다. 이런 이유에는 언어 장벽이 한몫 차지할 수도 있다. 하지만 한인 이민자들의 거의 절반이 자영업을 한다는 점을 고려할 필요가 있다.

**〈표 5-11〉 단일인종 재미 한인의 경제적 특성**

| 구분 | 경제활동 참가율 (%) | 연간 소득b($) | 연간 가구 소득c($) | 빈곤선 이하 d(%) |
|---|---|---|---|---|
| 전체 단일인종 한인 인구 | | | | |
| 1세대 | 66.9 | 47,538 | 72,289 | 17.7 |
| 1.5세대 | 83.5 | 66,542 | 106,529 | 14.8 |
| 2세대 | 83.7 | 65,462 | 98,670 | 15.2 |
| 다른 인종 — 미국 출생만 | | | | |
| 비-히스패닉계 백인 | 78.5 | 50,535 | 74,570 | 11.3 |
| 비-히스패닉계 흑인 | 69.0 | 34,787 | 46,216 | 31.1 |
| 히스패닉 | 76.6 | 38,827 | 60,384 | 24.5 |
| 다른 2세대 아시아계 미국인 | | | | |
| 중국인 | 84.8 | 73,598 | 111,344 | 12.8 |
| 일본인 | 82.7 | 63,436 | 92,431 | 7.7 |
| 필리핀인 | 85.8 | 48,936 | 86,963 | 8.3 |
| 인도인 | 84.2 | 76,150 | 118,231 | 9.3 |
| 베트남인 | 82.4 | 47,008 | 75,819 | 16.1 |

출처: U.S. Census Bureau. "The 2007-2011 American Community Surveys."

주: a. 샘플은 다른 참고사항이 없는 이상 핵심 생산인구(25~64세)에 제한되어 있다.

b. 흑자만 기입했다.

c. 가장의 소득만 참고했다.

d. 모든 샘플에 근거했다.

한인이건 한인이 아니건 간에 자영업자들의 수입은 보통 회사에 취업한 사람들보다 낮게 보고되기 때문에 자영업 비율이 높은 한인들의 수입이 낮게 보고됐을 가능성이 크다. 미국에서 태어난 백인 미국인들보다 수입이 더 높을지도 모른다. 한인 회사에서 일하는 한인 직원들이 정부에 보고를 하지 않는 경우가 많기 때문에 한인 이민자들의 빈곤율 수치 또한 실제보다 더 높게 측정됐을 수도 있다.

그럼에도 불구하고 젊은 세대 한인들의 경제적 상황은 한인 이민자들보다 훨씬 유리하다. 미국에서 출생한 백인계 미국인들보다도 훨씬 더 많은 소득을 번다. 경제활동인구에 속한 대부분의 젊은 한인들은 20~30대인 반면 한인 이민자들의 대부분은 중년이기 때문에 한인 이민자들이 더 많은 수입이 있어야 한다. 그럼에도 불구하고 젊은 세대의 수입이 이민자보다 훨씬 높다. 특별히 1.5세 한인은 〈표 5-11〉에서 나타난 바와 같이 미국 출생 한인보다 대학 졸업률은 낮을지라도 개인 및 가구 소득은 조금 더 높은 수치를 보인다.

## 6. 21세기의 추가적 변화

필자는 앞에서 한인 이민, 정착, 비즈니스 패턴을 21세기에 일어난 변화에 초점을 두고 살펴보았다. 이 절에서는 21세기에 재미한인 사회에서 발생한 추가적 변화를 간략하게 소개하고자 한다. 최근의 변화를 설명하기 위해 뉴욕 뉴저지 부근 한인사회에서 발생한 변화들을 사례로 들겠다. 이 지역의 변화는 대부분의 재미한인 사회에서도 적용될 것으로 보인다.

### 1) 한인 커뮤니티와 고국을 잇는 더 큰 연결고리

고전 동화 이론에 따르면(Park, 1950; Warner and Srole, 1945), 미국사회로의 동화와 민족 응집력(ethnic attachment)은 상호 배타적 관계라고 한다. 그러므로 동화지수가 높으면 민족 응집력은 낮아질 수밖에 없는 것이다. 하지만, 오늘날 한인 이민자들이 미국사회에 깊이 통합되었다고 해도 한인 단체나 고국에 대한 애착도는 낮아지지 않았다. 다소 모순적이지만 이와 반대로 몇십 년 전보다 오히려 한인 네트워크, 한국문화와 고국에 애착심이 더 크다. 이런 현상에는 두 가지 이유가 있는데 첫 번째 이유는 미국의 10여 개 한인 지역사회들이 더 활발해진 한국 언론과 더 커진 한인 상권과 함께 더 커졌다는 것이다. 또 다른 이유는 한인 이민자들과 자녀들이 고국인 한국과의 연계가 기술 발전 덕분에 더 강해졌다는 점이다(Min, 2012a; 2013c). 한국의 친척, 친구들과 통화하고 얼굴 보는 것이 20년 전에 비해 쉬워지고 저렴해졌다. 요즘에는 스카이프(Skype)나 인터넷 채팅 메시지로 한국에 있는 사람들과 소통할 수 있다. 한국의 뉴스나 정보를 보려면 한국어로 된 한인 일간지 신문을 읽거나 TV · 라디오 프로그램을 찾아 시청한다(Min and Kim, 2009). 한국에 방문하는 것 또한 20년 전에 비해 훨씬 저렴하고 용이해졌다. 뉴욕 뉴저지 부근에서 진행한 설문조사에 따르면 영주권자와 미국인으로 귀화한 한인 15%만이 한국을 방문한 적이 없다고 한 반면, 54% 정도의 다수의 한인은 세 번 이상 방문한 적이 있다고 응답하였다(Min, 2013c: 145).

젊은 재미한인 세대는 부모 세대보다 모국에 대한 유대감이 더 낮은 건 당연하다. 그럼에도 불구하고 이들 세대의 대부분이 한국과 신체적으로, 사회문화적으로 연결되어 있다. 우선 젊은 한인들은 한국 TV 프로그램(요즘에 케이블과 인터넷으로 볼 수 있음)에서 방영되는 한국 드라마나 한국문화 프로그램을 주기적으로 보곤 한다. 그리고 유년기에 뿌리 찾기 교육 프로그램으로 한국을 가본 어린 한인 세대가 많기 때문에 젊은 한인 세대의 대부분은 한국을 두 번 이상 방문했다(Min, 2013c: 145). 그중 많은 인구는 한국에서 1년이나 그 이상 머물면서 초등학교, 중학교, 학원이나 대학교에서 시행하는 국제 하계 학교 등에서 영어를 가르친다(Min, 2013: 136-146). 한국의 경제, 외교, 체육, 문화적 영향이 커지면서 더 많은 젊은 한인들이 한국을 방문하게 되었다.

### 2) 한인기업협회의 권한과 영향력 감소 및 사회서비스와 역량 강화 단체의 증가

필자가 수행한 다른 연구에서 주장한 것처럼 뉴욕의 한인상인협회(business association)는 사업상 집단 간의 갈등을 해결하는 과정에서 한인단체 내에서의 힘과 영향력을 키웠다(Min, 1996: 202-209). 장기간의 흑인 불매운동, 백인 납품업자와의 갈등, 기업활동에 가해진 정부의 강한 제재를 해결하기 위해서 한인기업협회는 한인의 집합행동을 위해 한인단체들의 힘을 동원했다. 이 과정에서 한인단체에서의 영향력은 커졌다. 하지만 사업 관련 집단갈등이 없어지면서 한인 상인들 간의 연합은 약해졌고 주요 사업협회의 영향력 또한 약해졌다. 한인 청과물 업자와 흑인 고객이나 백인 납품업자들과의 갈등이 거의 없어졌기 때문에 2006년 한인청과협회 일원들로부터 제기된 불만사항은 거의 없었다(Min, 2008: 133). 한인청과협회 일원의 서비스 요청이 없어짐에 따라 회원과 예산도 줄어들었다. 그 결과, 집단갈등이 잦았던 기간에 비해 이제는 협회 인원도 크게 줄어들었고 한인단체에 서비스를 제공할 자원도 없게 되었다. 다른 한인상인협회들도 비슷한 감소를 겪었다. 상인협회들은 다른 아시아 지역단체보다 한인단체에서 중요한 역할을 맡았지만 최근 몇 년간 영향력이 낮아졌다.

그 대신 한인사회서비스와 역량강화 단체(empowerment organization)들은 수적으로뿐만 아니라 권한과 영향력도 증가하였다. 뉴욕 뉴저지 지역을 예를 들자면 1990년대 후반만 하더라도 뉴욕 뉴저지 지역의 한인사회서비스 단체는 40개였다. 그 수는 2013년에 약 100개로 늘어났다. 그중 10개는 한 해 예산이 30만 달러가 넘는 대형 단체다. 대표적으로 한 해 예산이 250만 달러인 코리안 복지센터(Korean Community Services), 민권센터(Minkwon Center for Community Action), 한미연합회(Korean American Civic Coalition), 한인가정상담소(Korean Family Counseling Center), 기독교여자청년회(Young Women's Christian Association), 아시안여성기독연합(Asian Women's Christian Association), 한인커뮤니티재단(Korean American Community Foundation), 아름다운재단(Beautiful Foundation)이 있다. 마지막 두 단체는 2002년과 2006년에 설립되었는데 한인단체와 미국 기업에서 기부금을 걷고 정부 보조금을 받으며 한인사회서비스 단체들에 기금을 나누어 준다. 미국의 유대인 사회는 한인사회에 앞서 이런 재단들을 이미 많이 보유하고 있다.

모든 한인상인협회들이 뉴욕 뉴저지 지역의 한인 이민자들에 의해 운영되는 반면 주요한 한인사회서비스 단체들은 1.5세나 2세들이 이끌며 직원들은 대부분 젊은 한인들이다. 뉴욕 뉴저지 지역에서 한인단체 중 아마도 가장 영향력 있다고 볼 수 있는 기관인 한인커뮤니티재단은 젊은 한인들이 설립했다. 주요한 한인사회서비스와 역량강화 단체들은 정부기관에서 보조금을, 사기업으로부터 기금을 받고 지역단체들로부터 기부금까지 받는다. 젊은 한인 주도의 한인단체들은 미국 기업들로부터 기부금을 받는다. 예를 들어, 한인커뮤니티재단이 맨해튼 첼시 피어(Chelsea Piers)에서 주최한 2010년 연말 자선기부 갈라쇼 티켓이 400달러였는데 1천여 명이 참석했다. 이 갈라쇼에서 대략 100만 달러의 기금을 걷었다. 대부분의 한인 참가자는 1.5세와 미국에서 태어난 한인들이었으며, 비-한국인 참가자들도 상당히 많았다. 한인 2세 지도자들은 개인적인 친분으로 미국 기업 대표들을 많이 데려올 수 있었다.

필자는 한인기업협회를 대체한 뉴욕 뉴저지 지역의 가장 영향력 있고 강력한 종족단체로서 한인사회서비스와 역량강화 단체들의 부상을 소개했다. 그 외 지역에서도 한인단체들은 사회서비스 단체의 부상과 한인단체의 대표직 자리의 세대교체에 있어서 비슷한 변화를 겪었을 것이라고 생각한다. 동부의 한인단체들보다 더 오랜 이민 역사를 가진 로스앤젤레스, 샌프란시스코, 호놀룰루의 한인단체들은 이러한 조직 및 세대 변화를 1990년대에 겪었다.

## 7. 결론

1965년 이민법의 수혜로 대규모 미국행 이민이 시작된 지 어느덧 45년이 되었다. 앞의 분석에 따르면 이민의 자유화를 가능케 한 개정된 이민법 이후 지난 40~50년간 미국의 다양한 한인단체들은 많은 변화를 겪어 왔다. 더 이상 한인사회에는 소수자 지역에서 사업을 하면서 경제적으로 전전긍긍하는 신규 이민자들이 없어졌다. 재미한인 사회는 장기체류자, 노령 인구, 미국에서 태어난 한인들이 주요 구성원인 종족 공동체가 되었다. 유학생, 방문교수, 인턴 연수생, 가족 관광객으로 이루어진 단기 체류자의 수와 비율은 해가 갈수록 증가하면서 한국에 할당된 연간 이민 쿼터의 거의 대부분을 채웠다. 도심에 설립된 한인 밀집지역이 확장되었음에도 불구하고 재미한인들은 모든 대도시 전역에 흩어져 살고 있으며 교외 이주를 많이 한다.

한인사회 인구 특성에서 눈여겨볼 만한 중요한 변화는 다인종 인구가 증가했다는 점이다. 1.5세대와 미국 출생 한인이 비-한국인 배우자와 만나는 경향이 크므로 다인종 한국인 인구 비율은 계속 증가할 전망이다. 다인종 한인은 다른 다인종 미국인과 마찬가지로 고유의 정체성을 지니는데, 미국 인구통계국(American Census Bureau)이 2000년부터 이들을 별도의 다인종 범주로 채택한 것이 고유한 정체성을 강화하는 데 기여하였다. 재미한인 사회와 한인의 정부기관들도 다인종 한인을 재미한인으로 포용하려는 노력을 기울여야 한다. 미국의 유대인 사회는 생물학적 부모 1명이 유대인이거나 양부모 중 1명이 유대인이기만 해도 유대인 인구에 포함한다. 지난 20여 년 동안 일어난 중요한 인구 변화는 노년 인구의 가파른 증가이다. 최근 몇 년간 한인 노년 인구가 경이적으로 증가한 반면 전반적인 한인 이주자 수는 1990년대 초반부터 감소했다. 따라서 노년층을 돌보는 것이 단순 백인 미국인에만 국한된 문제가 아니고 재미한인 사회의 문제이기도 하다.

지난 20년 동안 한인사회에서 일어난 가장 중요한 인구 변화는 젊은 성인 한인 인구의 급증과 한인사회에서 그들의 존재가 급부상한 것이다. 역사적으로 보면 미국에서 출생한 한인 2세 성인들이 한인단체에 들어오면 세대 간의 갈등이 생겼다. 1992년 폭동 이전에 한인-흑인 간의 갈등과 한인 상인들이 폭동 기간 동안 피해를 받은 계기로 많은 젊은 한인 지도자들과 한인단체들이 로스앤젤레스 한인 지역사회 문제에 개입하게 되었다. 그러면서 한인 이민자 상인들과 젊은 한인단체 지도자들 간의 갈등을 많이 빚었다(Chung, 2007; Min, 1996). 하지만 다행히도 뉴욕 뉴저지 지역의 한인 이민자 지도자들은 한인 2세 지도자들을 훈련하여 청년재단(Youth Foundation)과 코리안 아메리칸 시민활동연대(KALCA)와 같은 한인 2세들만의 한인단체를 설립하도록 도와주었다. 그 결과 세대 간의 대표직 전환과정이 점진적이고 부드럽게 진행되었다. 이민자와 젊은 한인단체 지도자들은 상대방의 장점을 인식하고 한인사회 활동에 있어서 협력해야 한다.

앞에서 살펴본 바와 같이 한인사회는 20년 전과는 달리 이제 미국사회와 고국인 한국과 연결되어 있다. 이 점은 한인 이민자들이 전에는 절대로 예상하지 못했던 일이지만 이제는 기꺼이 받아들일 행복한 발전이다. 미국에서 성공하기 위해서 우리, 혹은 한인 2세는 문화적 전통과 한인이라는 점을 포기해서는 안 된다. 기술 진보로 국경을 초월한 한국과의 연결과 미국 정부의 강력한 다문화 정책으로 두 나라에 발을 딛고 사는 삶이 가능해졌다. 재미한인은 미국에서 한국을 외교적, 문화적, 경제적 혹은 다른 방법으로 도울 수 있는 좋은 조건에 있다. 예로 20년 전에 뉴욕에서 한국문화 축제가 크게 열렸는데 한인 이민자들과 그 자녀들만이 참여했고 비-한국인 참가자는 거의 없었다. 하지만 요즘 한국문화 축제가 열리면 지역 정치인과 비-한인 참가자들이 많이 참석한다. 그러면서 한국문화 축제를 통해 한인 이민자들은 뉴욕 시민들에게 한국 음식이나 한국문화 요소를 알려 주게 된다. 젊은 재미한인은 모국에 대한 애착이 낮은 편이지만 많은 이들은 한국문화와 한국에 대해 자랑스러워한다. 한인 이민자들보다 비-한인 친구들이 훨씬 많기 때문에 한국과 한국문화를 한인이 아닌 미국 시민들에게 알릴 더 좋은 조건을 가졌다. 이 점은 한국 정부가 미국에 귀화한 한인 이민자들뿐만 아니라 한인 2세에게도 이중국적을 허용해주어야 하는 설득력 있는 근거가 된다.

많은 연구 결과에 따르면 종족 정체성이 강하고 이중언어를 구사하는 이민자 자녀의 학업성적이 종족 정체성이 약하고 영어만 사용하는 자녀보다 높다고 한다(Gibson, 1988; Rumbaut and Cornelius, 1995; Zhou and Bankston, 1998). 이는 한인 2세에게 모국어인 한국어와 한국문화를 가르치는 것이 부모와 한국과의 관계를 위해서뿐만 아니라 학교와 직장에서의 성공을 위해서도 중요하다는 점을 시사한다. 하지만 전 세계에 미국 문화의 영향력이 너무 강해 한인 부모가 따로 자녀에게 한국어와 문화를 가르치기가 어렵다. 그러므로 한인사회와 한국 정부는 어린 한인 자녀들에게 체계적으로 민족교육(ethnic education)을 제공할 수 있는 제도를 마련해야 한다.

# 참고문헌


Ablelmann, Nancy. and Lie, John. 1995. *Blue Dreams: Korean Americans and Los Angeles Riots.* Cambridge, MA: Harvard University Press.

Bonacich, Edna. 1973. "A Theory of Middleman Minorities." *American Sociological Review.* 38: 583-594.

Chang, Edward. and Diaz-Veizades, Jeanette(Eds.). 1999. *Ethnic Peace in the American City: Building community in Los Angeles and Beyond.* New York: New York University Press.

Choy, Bong Yeon. 1979. *Koreans in America.* Chicago: Nelson Press.

Chung, Angie. 1907. *Legacies of Struggle: Conflict and Cooperation in Korean American Politics.* Stanford, CA: Stanford University Press.

Eitzen, Stanley. 1971. "Two Minorities: The Jews of Poland and the Chinese of the Philippines." In D. Gelfand., and R. Lee.(Ed.). *Ethnic Conflict and Power: A Cross-National Perspective.*

Gibson, Margaret. 1988. *Accommodation without Assimilation: Sikh Immigrants in an American High School.* Ithaca, NY: Cornell University Press.

Jo, Moon H. 1999. *Korean Immigrants and the Challenge of Adjustment.* Westport, CT: Greenwood Press.

Joyce, Patrick. 2003. *No Fire Next Time: Black-Korean Conflicts and the Future of America's Cities.* Ithaca, NY: Cornell University Press.

Kim, Claire Jean. 2000. *Bitter Fruits: The Politics of Black-Korean Conflict in New York City.* New Havens, CT: Yale University Press.

Kim, Illsoo. 1981. *New Urban Immigrants: The Korean Community in New York.* Prcineton, NJ: Princeton University Press.

Kim, Kwang Chung. (Ed.). 1999. *Koreans in the Hood: Conflicts with African Americans.* Baltimore, MD: Johns Hopkins University Press.

Kim, Warren. 1971.

Lee, David. 2009. "Changing Landscape: Locating Global and Local Factors in the Development of Los Angeles Koreatown." In Yu, Eui-Young., Kim, Hyoujoung., Park, Kyeyoung., and Oh, Moonsong. (Eds.). *Korean Economy and Community in the 21st Century*, Los Angeles: Korean-American Economic Development Center, pp. 349-368.

Lee, Jennifer. 2002. *Civility in the City: Blacks, Jews, and Koreans in Urban America.* Cambridge, MA: Harvard University Press.

Light, Ivan., and Bonacich, Edna. 1988. *Immigrant Entrepreneurs: Koreans in Los Angeles.* Berkeley, CA: University of California Press.

Min, Pyong Gap. 1984. "From White-Collar Occupations to Small Business: Korean Immigrants' Occupational Adjustment." *The Sociological Quarterly,* 25: 333-352.

______. 1988. *Ethnic Business Enterprise: Korean Small Business in Atlanta.* Staten Island, NY: Center for Migration Studies.

______. 1990. "Problems of Korean Immigrant Entrepreneurship." *International Migration Review,* 13.

______. 1991. "Cultural and Economic Boundaries of Korean Ethnicity: A Comparative Analysis." *Ethnic and Racial Studies,* 14: 225-241.

______. 1996. *Caught in the Middle: Korean Communities in New York and Los Angeles.* Berkeley, CA: University of California Press.

______. 2006a. "Korean Americans." In Min, Pyong Gap. (Ed.). *Asian Americans: Contemporary Trends and Issues,* Second Edition, pp. 230-259. Thousand Oaks, CA: Pine Forge Press.

______. 2006b. "Settlement Patterns and Diversity." In Min, Pyong Gap. (Ed.). *Asian Americans: Contemporary Trends and Issues,* Second Edition, pp. 32-53. Thousand Oaks, CA: Pine Forge Press.

______. 2008. *Ethnic Solidarity for Economic Survival: Korean Greengrocers in New York City.* New York: Russell Sage Foundation.

______. 2009. "Patterns of Korean Immigrant Businesses in New York." In Yu, Eui-Young., Kim, Hyojoung., Park, Kyeyoung., and Oh, Moonsong. (Eds.). *Korean American Economy & Community in the 21st Century,* Los Angeles: Korean American Economic Development Center, pp. 134-155.

______. 2011. "The Immigration of Koreans to the United States: A Review of 45 Years

(1965-2009)." *Development and Society,* 40: 195-223.

______. 2012a. "Twice-Migration Koreans in the U.S.: Their Countries of Origin, Socioeconomic Characteristics, and Ethnic Attachment." *Journal for Diasporic Studies,* 6: 155-176.

______. 2012b. "Transnational Cultural Activities among Korean Immigrants in the New York- New Jersey Area." *Studies of Koreans Abroad,* 28(October): 49-83.

______. 2013a. "Changes in Korean Immigrants' Business Patterns." In Min, Pyong Gap. (Ed.). *Koreans in North America: Their Twenty-First Century Experiences,* Lanham, MD: Lexington Books, pp. 57-74.

______. 2013b. "Koreans: Changes in New York in the Twenty-First Century." In Foner, Nancy. (Ed.). *One out of Three: Immigrant New York in the Twenty-First Century,* pp.148-175. New York: Columbia University Press.

______. 2013c. "Korean-American Residents in Korea: Transnational Lives between the United States and Their Homeland." In Cho, Younghee. (Ed.). *Emigration Trends and Policies of Major Sending Countries to Korea,* Korea: IOM Migration Research and Training Center.

Min, Pyong Gap., and Joo, Dong Wan. 2010. "The Koreatown in the New York Flushing - Bayside Area." *The Journal of Global Cultural Contents,* 5: 7-40.

Min, Pyong Gap., and Kim Chigon. 2009. "Patterns of Intermarriages and In-marriages among Native-Born Asian Americans." *International Migration Review,* 43: 447-470.

______. 2012. "The Korean American Family." In Wright, Roosenvelt Jr., Mindel, Charles., Tran, Thanh Van., and Habenstein, Robert. (Eds.). *Ethnic Families in America: Patterns and Variations,* pp.194-198. Boston: Pearson.

Park, Keyyoung., and Kim, Jessica. 2008. "The Contested Nexus of Los Angeles Koreatown: Capital Restructuring, Gentrification, and Displacement." *Amerisia Journal,* 34(3):127-150.

Park, Linda. 2013. "Authenticity Dilemma among Pre-1965 Native-Born Koreans." *In Min, Pyong Gap. (Ed.). Koreans in North America: Their Twenty-First Century Experiences,* pp.173-194. Lanham. CT: Lexington Books.

Park, Robert E. 1950. *Race and Culture.* Glencoe, IL: The Free Press.

Patterson, Wayne. 1988. *The Korean Frontier in America: Immigration to Hawaii, 1896-*

*1910*. Honolulu: University of Hawaii Press.

Rumbaut, Ruben., and Cornelius, Wayne. 1995. *California's Immigrant Children: Theory, Research, and Implication for Educational Policy.* San Diego: Center for U.S.-Mexican Studies, University of California at San Diego.

Warner, W. Lloyd, and Srole, Leo. 1945. *The Social Systems of American Ethnic Groups*. New Haven: Yale University Press.

Yoon, In-Jin. 1997. *On My Own: Korean Businesses and Race Relations in America.* Chicago: Chicago University Press.

Yu, EuiYoung, Kim, Hyoujoung., Park, Kyeyoung., and Oh, Moonson. (Eds.). 2009. *Korean American Economy and Community in the Twenty-First Century.* Los Angeles: Korean American Economic Development Center.

Yu, Eui-Yong, Choe, Peter., Han, Sang Il., and Yu, Kimberly. 2004. "Emerging Diversity: Los Angeles Koreatown." *Amerasia Journal,* 30: 235-52.

Zenner, Walter. 1991. *Minorities in the Middle: A Cross-Cultural Analysis. Albany,* NY: State University of New York.

Zhou, Min, and Bankston, Carl III. 1998. *Growing up American: How Vietnamese Children Adpt to Life in the United States.* New York: Russell Sage Foundation.

Zhou, Min, and Kim, Rebecca. 2003. "A Tale of Two Metropolises: New Immigrant Chinese Communities in New York and Los Angeles." In Halle, David. (Ed.). *New York and Los Angeles: Politics, Society, and Culture,* pp.124-149.

# 제6장
# 캐나다 한인의 사회인구학적 특성 : 2016년 센서스 결과를 중심으로

박정위(캐나다 통계청/오타와대)

## 1. 서론

이 장은 캐나다에 거주하는 한인들의 인구 통계적 프로필을 제공함을 목적으로 하였다. 캐나다 내 한인커뮤니티 구성원의 기본적인 사회경제적 특성을 설명하였는데, 분석에 포함된 특성은 인구 변화, 이민 신분, 지리적 분포, 연령 분포, 언어 능력, 가족 상태, 종교, 교육 수준, 고용, 직업 및 소득 등이다. 이 장에 제시된 대부분의 정보는 가장 최근의 센서스 데이터인 캐나다의 2016년 인구 조사에 근거하였다.[1] 캐나다 통계청(Statistics Canada)은 5년 주기로 실시하는데 2016년의 전체적인 응답률은 98.4%였고, 전체 가구의 25%를 대상으로 실시한 Long form 센서스(민족 이민 교육 등의 정보를 수집)의 응답률은 97.8%였다(Statistics Canada, 2017).

이 장에서 캐나다 내의 '한인'은 시민권에 관계없이 캐나다에 통상

1 개인의 종교에 대한 조사는 매 10년마다 이루어져서 2011년 자료에 근거하여 분석하였다.

적인 거주지를 가지고 자신을 한국계 후손으로 명시하였거나 문화적인 뿌리를 한국이라고 응답한 모든 사람들을 지칭한다(Lindsay, 2001).

## 2. 인구학적 특성

### 1) 인구 구성 및 증가

2016년 캐나다의 한인 인구 중 여성의 수는 남성의 수를 상회하는 것으로 나타났다(53% 대 47%)(〈표 6-1〉). 이는 캐나다 평균(51% 대 49%)보다 높은 여성비율이며, 25~54세 한인의 약 56%가 여성이었다. 이 같은 여초현상은 35~44세의 연령집단에서 가장 뚜렷하게 나타났다(60%가 여성).

〈표 6-1〉 캐나다 한인의 성별 분포

| 구분 | 25세 이하 | 25~44세 | 45~64세 | 65세 이상 | 전체 한인 | 전체 캐나다인 |
|---|---|---|---|---|---|---|
| 남성 | 52.4 | 44.4 | 43.5 | 49.1 | 47.2 | 49.3 |
| 여성 | 47.6 | 55.6 | 56.5 | 50.9 | 52.8 | 50.8 |

출처: 2016년 캐나다 센서스

캐나다의 한인은 전체 인구보다 훨씬 젊은 인구 구성을 보이고 있다. 한국계 캐나다인 중 65세 이상의 노인층은 8%인 반면 전체 캐나다 인구의 노인 인구는 16%에 이르고 있었다(〈표 6-2〉). 또한 55~64세의 그룹도 한인의 경우에는 5%, 캐나다 전체 인구 중엔 10%를 차지하고 있었다.

캐나다의 한인 사회는 빠르게 성장해 왔다. 2016년의 경우 190,800명의 한인이 캐나다에 살고 있는 것으로 파악되었다. 이 수치는 2011년에 비해 약 2만 2천 명이 증가한 것이다. 지난 35년 동안 캐나다 내의 한인의 수가 10배 이상 증가했다(〈그림 6-1〉).

〈표 6-2〉 캐나다 한인과 기타 인구집단의 연령분포와 중간연령(2016)

| 구분 | 25세 이하 | 25~44세 | 45~64세 | 65세 이상 | 중간 연령 |
|---|---|---|---|---|---|
| 한인 | 33.2 | 32.6 | 25.8 | 8.4 | 35.0 |
| 소수민족(한인 제외) | 36.0 | 31.6 | 23.5 | 9.0 | 33.0 |
| 비소수민족(백인) | 27.2 | 24.9 | 30.0 | 17.9 | 43.0 |
| 전체 캐나다인 | 29.1 | 26.3 | 28.6 | 15.9 | 40.0 |

출처: 2016년 캐나다 센서스

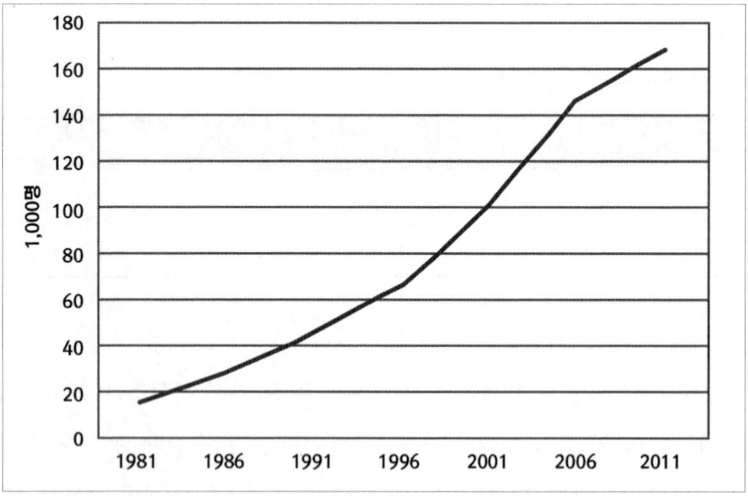


〈그림 6-1〉 캐나다 한인 인구(1981~2016)

출처: 1981, 1986, 1991, 1996, 2001, 2006 센서스 20% 표본자료; 2011 전국가구조사

지난 두 번의 인구 조사에서 총 캐나다 인구 증가율이 5.9%(Statistics

Canada, 2016)이고 지난 10년간 연평균 성장률이 약 1%였던 점을 감안하면 한인의 증가세는 두드러진 것이라 할 만하다(Statistics Canada, 2012a; 2012b). 2016년 한인 사회는 증가율에서 모든 민족집단 중 14위를 차지했다. 다른 민족집단과는 다른 또 다른 특성은, 거의 모든 한인들이 한국을 유일한 민족집단으로 여겼다는 사실이다. 출신 민족집단에 관한 질문에 단일 응답을 한 경우만 따지면 캐나다의 한인 인구는 중국인, 인도인, 필리핀인에 이어 비 유럽계 국가 중 네 번째로 많았다.

그러나 지난 35년간 8회의 센서스를 바탕으로 5년 주기의 인구 성장률을 보았을 때 최근 들어 한인들의 인구성장 속도가 현저히 감소했음을 알 수 있다. 예를 들어 1996년에서 2001년 사이의 증가율은 53%였고 2001년과 2006년 사이의 증가율은 44%였다(〈그림 6-2〉). 반면 2006년 이

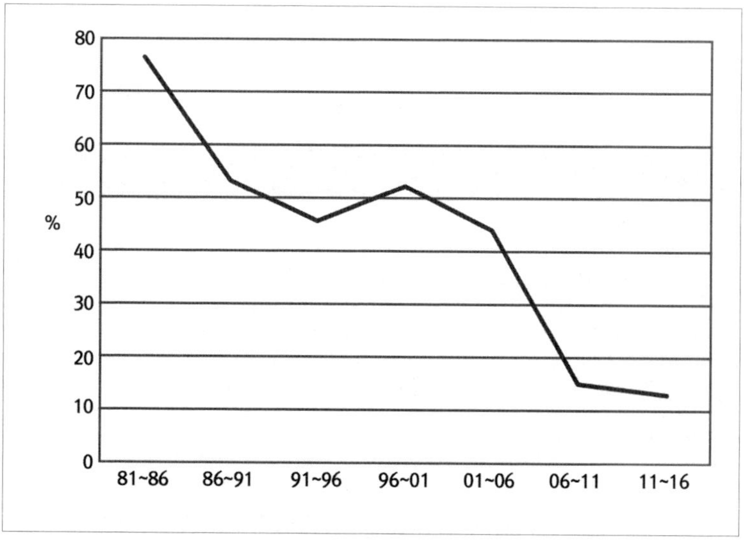


**〈그림 6-2〉 캐나다 한인 인구 5년 단위 증가율(1981~2016)**

후로는 증가율이 15% 이내에 머무르고 있다. 이는 최근 몇 년 동안 한국인의 해외 이주가 전반적으로 감소했기 때문일 것이다. 뿐만 아니라 젊고 언어능력을 갖추며 숙련된 이민자를 선호하는 캐나다 정부의 이민 개혁 시도와도 관련이 있을 것이다(Citizenship and Immigration Canada, 2012).

### 2) 이민 상황

캐나다 한인 중 67%는 이민자이고 20%는 캐나다 태생이다. 비 영주권자는 13%를 차지했다(〈표 6-3〉). 비 영주권자는 학생 허가서, 취업 허가서 또는 이민성 장관 허가증을 소지한 사람들과 그들의 동반 가족을 포함한다. 비 영주권자 한인의 비율은 다른 민족집단에 비하여 현저하게 높다. 한인 다음으로 높은 비율을 보인 민족집단은 일본계인데 8%에 불과하다. 비 영주권 한인들 중의 상당수는 이민으로 전환할 가능성이 있는데 센서스 자료만으로는 측정할 수 없는 부분이다.

〈표 6-3〉 캐나다 한인과 기타 인구집단의 이민지위(%)(2016)

| 구분 | 캐나다 출생 | 이민자 | 비 영주권자 |
|---|---|---|---|
| 한인 | 19.8 | 67.1 | 13.2 |
| 소수민족(한인 제외) | 32.1 | 63.3 | 4.6 |
| 비소수민족(백인) | 89.5 | 10.0 | 0.5 |
| 전체 캐나다 인구 | 76.7 | 21.9 | 1.5 |

출처: 2016년 캐나다 센서스

영주하는 한인을 세대별로 보면 절대다수인 78%가 1세대 한국계 캐나다인이었고(그중 18%는 12세 이하 때 이민 온 1.5세대), 20%는 2세대였으며 나머지 2%만이 3세대였다(〈표 6-4〉). 이 같은 한인 1세대의 비중은 다른 소수민족에 비하여서도 높고 캐나다 평균보다 세 배 이상 높은 수치다. 따라서 캐나다의 한인 대다수는 캐나다 밖에서 태어난 1세대들인데 그 중 대다수(97%)의 출생지는 물론 한국이다. 세대분포를 좀 더 자세히 보면(Oh and Min, 2011) 이민 당시 연령별로 6세 미만(1.75세대라고 불림)은 7%, 6~12세는 11%, 13~17세(1.25세대)는 9%, 18세 이상인 경우는 전체 한인의 51%였다.

〈표 6-4〉 캐나다 한인과 기타 인구집단의 세대지위(%)(비 영주권자 제외, 2016)

| 구분 | 1세대(1.5세) | 2세대 | 3+세대 |
|---|---|---|---|
| 한인 | 78.2(18.4) | 20.0 | 1.8 |
| 소수민족(한인 제외) | 66.8(14.0) | 29.5 | 3.8 |
| 비소수민족(백인) | 10.1(2.9) | 15.0 | 74.9 |
| 전체 캐나다 인구 | 22.3(5.3) | 18.1 | 59.6 |

출처: 2016년 캐나다 센서스

시민권의 관점에서 보면, 캐나다 한인의 67%는 캐나다 시민권자다. 20%는 캐나다에서 출생한 경우이고 나머지 47%는 이민으로 영주권자가 된 다음 시민권을 취득한 경우이다(〈표 6-5〉). 연령이 낮을수록 출생으로 인한 시민권자 비율이 높고 이민 후 시민권을 취득하는 경우는 고령층에서 높게 나타났다. 65세 이상 노인층 시민권자는 대부분이 귀화에 의하여 시민권을 취득한 경우였다. 한인들의 경우 다른 소수민족이나 기타 인구집단과 비교해서 비 시민권자의 비율이 높은 편이다. 전체 캐나다 인구와 비교했을 때, 한인의 비 시민권 비율이 훨씬 높음을 볼 수 있다

(7% 대 33%).[2] 소수민족 집단의 비 시민권 비율도 한인보다 훨씬 낮은 23%였다.

캐나다에 거주하는 다수의 한인들은 한국 정부의 규제 때문에 캐나다 시민권을 취득하는 대신 영주권을 유지하는 것을 선호한다고 한다(Park, 2017). 한국의 현행법이 성인과 외국인이 다중 국적을 보유하는 것을 허용하지 않는 것과 관련이 있겠다. 하지만 2011년 조사에서 시민권자 비율이 57%였던 것을 감안하면 시민권 취득률은 시간이 갈수록 높아지고 있음이 파악된다.

**〈표 6-5〉 한인과 전체 캐나다인의 시민권 소지 분포(%)(2016)**

| 구분 | 한인 | | | | | 소수민족 (한인 제외) | 비소수 민족(백인) | 전체 캐나다 인구 |
|---|---|---|---|---|---|---|---|---|
| | 25세 이하 | 25~44세 | 45~64세 | 65세 이상 | 한인 전체 | | | |
| 출생으로 인한 시민권자 | 44.2 | 14.2 | 1.5 | 0.7 | 19.8 | 32.1 | 89.5 | 76.7 |
| 귀화로 인한 시민권자 | 24.3 | 42.2 | 70.5 | 86.4 | 47.3 | 45.2 | 8.0 | 16.3 |
| 비 시민권자 | 31.6 | 43.5 | 28.0 | 12.9 | 33.0 | 22.7 | 2.5 | 7.0 |

출처: 2016년 캐나다 센서스

이민 범주의 분포를 살펴보면, 1980년 이후 캐나다로 이민 온 한인의 경우 절대다수(83%)가 경제이민을 통한 이주를 하였음을 알 수 있다(〈표 6-6〉). 다른 소수민족 집단들과 비교했을 때 한인의 경제이민 비율이 가장

2 여기에는 한인들 중의 높은 비 영주권자들의 수가(앞에서 지적한 대로 전체 한인의 13%) 영향을 미치고 있다고 본다. 이민자들의 경우만을 살펴보았을 경우, 70%가 시민권을 취득하였다. 이는 다른 소수민족의 평균인 71%와 근사한 수치이다. 전체 캐나다 이민자들의 평균은 75%이고 백인 이민자들의 시민권 취득률은 80%에 이른다.

높은 것으로 나타났다. 중국인이나 필리핀의 경우 경제이민이 높은 편이지만(각각 64%, 76%) 한인의 수준에 이르지는 못한다. 상대적으로 가족 초청 이민의 비율이 낮고 그 외 범주는 거의 없었던 것으로 나타났다.

**〈표 6-6〉 캐나다 한인과 기타 이민자 집단(1980년 이후 이주)의 이민범주(%)(2016)**

| 구분 | 경제이민 | 가족 초청 | 난민 | 기타 |
|---|---|---|---|---|
| 한인 | 82.7 | 15.7 | 0.8 | 0.8 |
| 소수민족(한인 제외) | 50.5 | 32.5 | 15.7 | 1.3 |
| 비 소수민족(백인) | 56.1 | 28.8 | 14.2 | 0.9 |
| 전체 캐나다 인구 | 52.5 | 31.3 | 15.1 | 1.2 |

출처: 2016년 캐나다 센서스

2016년 센서스 자료에 따르면 1990년대 중반에서 2000년대 초반(1996-2005)에 이르는 기간 동안 이주한 한인의 수가 현재 한인 이민자의

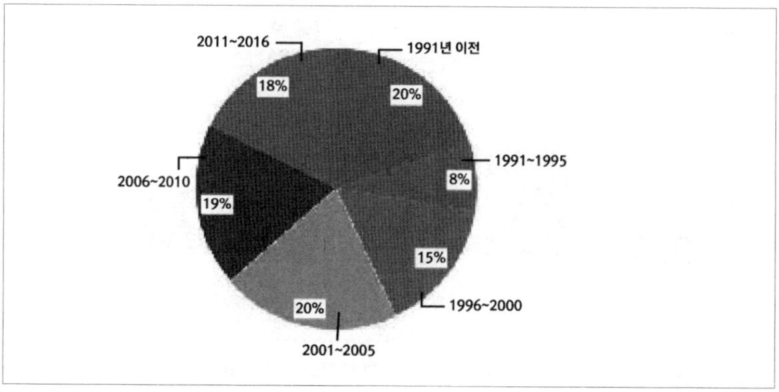


**〈그림 6-3〉 캐나다 한인 이민자의 이민 시기**
출처: 2016 캐나다 센서스

35%에 이른다. 캐나다 전국과 소수민족 전체의 이주기간 분포와 비교했을 때 높은 비율의 한인들이 이 기간에 이주하였음을 알 수 있다. 5년 단위로 보았을 때 2005년 이후의 이민자 코호트의 비율은 오히려 조금씩 줄어들고 있다(〈그림 6-3〉).

〈그림 6-4〉에서 볼 수 있듯이 이주 당시의 연령은 핵심 경제참여 연령이라고 할 수 있는 25~44세가 가장 높은 비율을 보이는데 이런 경향은 지난 세 번의 센서스 자료를 비교하면 점점 더 강화되고 있음을 알 수 있다. 이는 18세에서 35세 사이의 신청자들에게 가장 높은 점수를 부여하는 캐나다 이민 포인트 제도(Citizenship and Immigration Canada, 2013)와 관련이 있다고 할 수 있다. 다른 민족집단과 비교하면 한인 이민자들의 이주 당시 연령은 다소 높은 편이다. 한인보다 높은 연령을 보인 민족집단은 일본인과 필리핀인뿐이다. 이주 당시의 중간연령이 한인의 경우 28세, 소수민족은 26세, 캐나다 전체로는 25세, 백인 이민자는 23세였다.

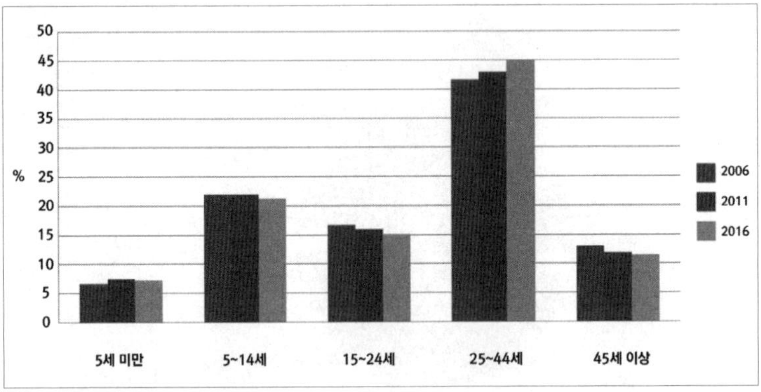


**〈그림 6-4〉 캐나다 한인의 이민 당시 연령(%)(2006, 2011, 2016)**

출처: 2016 캐나다 센서스

### 3) 지리적 분포

다른 많은 이민자 그룹과 마찬가지로 한국계 캐나다인은 지리적으로 집중되어 거주하는 경향이 있다. 2016년에는 한인 캐나다 원주민의 절반 정도가 온타리오주에, 35%가 브리티쉬컬럼비아(BC)주에 그리고 약 8%가 앨버타주에 살고 있었다(〈표 6-7〉).

**〈표 6-7〉 캐나다 한인과 전체 캐나다 인구의 주별 분포(%)(2016)**

| 주 | 한인 인구(%) | 캐나다 인구(%) |
|---|---|---|
| 온타리오 | 47.1 | 38.4 |
| 브리티시컬럼비아 | 32.0 | 13.2 |
| 앨버타 | 11.3 | 11.5 |
| 퀘벡 | 4.3 | 23.1 |
| 매니토바 | 2.3 | 3.6 |
| 노바스코샤 | 1.0 | 2.1 |
| 서스캐처원 | 0.9 | 3.1 |
| 뉴브런즈윅 | 0.8 | 2.6 |
| 프린스 에드워드 아일랜드 | 0.1 | 0.4 |
| 뉴펀들랜드와 래브라도 | 0.1 | 1.5 |
| 노스웨스트 테리토리스 | 0.0 | 0.1 |
| 유콘 | 0.0 | 0.1 |
| 누나부트 | 0.0 | 0.1 |

출처: 2016년 캐나다 센서스

이와 같은 한인 인구의 지리적 분포 패턴은 2006년 이후로 변하지 않았다(Park, 2017). 한인들의 두 주(온타리오주와 브리티쉬컬럼비아주)의 집중도는 전체 캐나다 인구의 분포와 비교할 때 상당히 특이한 것으로 보인다. 예를 들어, 한인 캐나다인의 4%만이 퀘벡주에 살고 있는 반면 캐나다 인구의 1/4이 그 지역에 거주하고 있다. 브리티쉬컬럼비아주에 거주하는 캐나다 전체 인구의 비율은 13%에 불과한데 한인인구 중 브리티쉬컬럼비아주 거주율은 32%에 이른다.

도시별로 보면 〈표 6-8〉에서 볼 수 있듯이 많은 한인들은 토론토(37%)와 밴쿠버(28%), 두 도시에 2/3에 해당하는 인구가 거주하고 있다. 토론토와 밴쿠버의 한인의 집중도는 두 대도시의 사회문화적 환경과 관련이 있다. 두 지역에 한인의 복합적인 경제 문화 네트워크가 가장 잘 구축되어 있다고 하겠다. 또한 밴쿠버는 쾌적한 기후와 자연환경에 더하여 한국과의 지리적 근접성을 갖추고 있다. 이런 요인들로 인하여 다수의 한인들은 밴쿠버를 선호 거주지역으로 삼게 되었다(Kwak, 2004).

**〈표 6-8〉 한인 인구의 분포: 주요 도시(2016)**

| 도시 | 한인 수 | 한인의 도시별 비율 |
|---|---|---|
| 토론토 | 70,400 | 36.9 |
| 밴쿠버 | 53,500 | 28.0 |
| 캘거리 | 11,100 | 5.8 |
| 에드먼턴 | 7,600 | 4.0 |
| 몬트리올 | 7,200 | 3.8 |
| 위니펙 | 3,900 | 2.0 |
| 런던 | 3,300 | 1.8 |
| 오타와-가티노 | 3,300 | 1.7 |
| 해밀턴 | 3,300 | 1.7 |
| 키치너-케임브리지-워털루 | 2,500 | 1.3 |

| | | |
|---|---|---|
| 빅토리아 | 2,100 | 1.1 |
| 애보츠퍼드-미션 | 1,500 | 0.8 |

출처: 2016년 캐나다 센서스

### 4) 가족 결혼지위

캐나다에 거주하는 한인의 가족 구성을 살펴보면 46%가 결혼 또는 사실혼 관계에 있는 사람들이고 35%는 가족과 함께 사는 자녀들이다(〈표 6-9〉). 가족이 없이 혼자 사는 한인은 14%인 것으로 나타났다. 이 수치는 캐나다 평균에 비하면 4% 포인트 낮은 것이다. 편부모의 비율은 5%(여성 8%, 남성 1%)로 캐나다 인구 전체와 비슷한 수준을 보였다.

〈표 6-9〉 캐나다 한인과 기타 인구집단의 가족 구성(%)(2016)

| 구분 | 기혼 성인 | 편부모 | 자녀 | 독신가구 |
|---|---|---|---|---|
| 한인 | 46.1 | 4.6 | 35.2 | 14.1 |
| 소수민족(한인 제외) | 42.9 | 4.9 | 38.0 | 14.3 |
| 비 소수민족(백인) | 49.2 | 4.6 | 27.5 | 18.7 |
| 전체 캐나다 인구 | 47.8 | 4.7 | 29.8 | 17.7 |

출처: 2016년 캐나다 센서스

25세 이상의 결혼지위를 보면 기혼자의 72% 중 이혼, 별거, 또는 사별이 9%였고 미혼이 19%였다. 캐나다 평균보다 기혼자의 비율이 5% 포인트 높고 이혼, 별거, 사별은 절반 수준인 것으로 나타났다(〈표 6-10〉). 이 차이는 한인사회의 많은 구성원들이 공유하는 가족에 대한 문화적 강조를 반영한다고 할 수 있다.

〈표 6-10〉 캐나다 한인과 기타 인구집단의 결혼지위(%), 25세 이상 성인(2016)

| 구분 | 독신 | 기혼 | 별거 | 이혼 | 사별 |
|---|---|---|---|---|---|
| 한인 | 19.2 | 72.1 | 2.3 | 3.6 | 2.9 |
| 소수민족(한인 제외) | 18.3 | 69.2 | 2.9 | 5.6 | 4.0 |
| 비 소수민족(백인) | 16.9 | 66.6 | 2.8 | 7.6 | 6.0 |
| 전체 캐나다 인구 | 17.2 | 67.1 | 2.8 | 7.2 | 5.6 |

출처: 2016년 캐나다 센서스

## 3. 사회문화 경제적 특성

### 1) 공용어 구사

캐나다의 한인 절대다수(91%)가 적어도 하나의 공용어를 말할 수 있다고 보고하고 있다. 불어만 구사하는 한인은 1%에 불과하지만 두 가지 공용어를 모두 사용하는 한인은 6%에 이른다. 대다수는 영어만 구사한다고 대답했다. 반면 캐나다 한인 커뮤니티 구성원 중 9%는 공식 언어로 대화를 할 수 없다고 보고했다(〈표 6-11〉).

〈표 6-11〉 캐나다 한인과 기타 인구집단의 공용어 구사능력(%)(2016)

| 구분 | 영어 | 불어 | 영어와 불어 | 공용어 구사 못함 |
|---|---|---|---|---|
| 한인 | 84.5 | 0.6 | 6.1 | 8.8 |
| 소수민족(한인 제외) | 76.6 | 4.8 | 12.0 | 6.6 |
| 비 소수민족(백인) | 66.0 | 13.9 | 19.6 | 0.5 |
| 전체 캐나다 인구 | 68.3 | 11.9 | 18.0 | 1.8 |

출처: 2016년 캐나다 센서스

한인들의 공용어를 구사하지 못하는 비율은 캐나다 평균이나 대부분의 다른 민족집단보다 높은 것으로 나타났다. 캐나다 전체 인구의 7%에 해당하는 전체 소수민족의 경우 공용어를 구사 못하는 비율은 2%였다. 여러 가지 이민 변수를 통제했을 때도 이 차이는 변하지 않았다. 다만 중국계의 경우, 한인보다 공용어 구사를 못한다는 응답비율이 높았다. 또 캐나다 전체 인구와 비교했을 때, 불어 구사가 가능한 사람의 수는 훨씬 적고(30% 대 7%). 이것은 퀘벡주의 한인 인구가 상대적으로 적다는 사실과 영어에 비하여 불어 습득의 기회가 적었던 것과 연관이 있을 것이다. 당연히 언어 장벽을 겪고 있는 사람들은 노인 이민자들 중에서 주로 발견되었다. 65세 이상 한인 노인 10명 중 3명 이상이 공식 언어를 사용하지 못한다고 응답했다(〈표 6-12〉). 25세 이하의 한인들 중에서는 이중언어 구사자가 12%에 이르고 영어와 불어를 모두 사용하지 못한다고 응답한 사람은 5%에 미치지 못한다. 공용어 구사에 어려움이 큰 것으로 나타난 또 다른 집단은 45세 이후에 이민을 온 사람들(36%)이었다.

**〈표 6-12〉 캐나다 한인의 공용어 구사능력(%)(2016)**

| 구분 | | 영어 | 불어 | 영어와 불어 | 공용어 구사 못함 |
|---|---|---|---|---|---|
| 성별 | 남성 | 86.2 | 0.7 | 5.6 | 7.5 |
| | 여성 | 83.0 | 0.5 | 6.6 | 9.9 |
| 연령 | 25세 이하 | 82.5 | 1.3 | 11.6 | 4.6 |
| | 25~44세 | 90.8 | 0.3 | 5.2 | 3.7 |
| | 45~64세 | 84.3 | 0.1 | 2.0 | 13.6 |
| | 65세 이상 | 68.6 | 0.1 | 0.7 | 30.6 |

| | | | | | |
|---|---|---|---|---|---|
| 이민연령 | 5세 미만 | 75.4 | 4.3 | 17.6 | 2.7 |
| | 5~14세 | 90.5 | 0.2 | 8.9 | 0.4 |
| | 15~24세 | 94.8 | 0.1 | 3.4 | 1.7 |
| | 25~44세 | 87.0 | 0.2 | 1.7 | 11.2 |
| | 45세 이상 | 63.1 | 0.1 | 0.7 | 36.2 |

출처: 2016년 캐나다 센서스

2016년 직장이나 가정에서 가장 많이 쓰이는 언어가 무엇인지를 알아본 결과, 대부분의 한인 이민자들은 직장에서는 공용어를, 가정에서는 한국어를 사용하는 것으로 나타났다. 직장에서 한국어를 가장 많이 쓴다고 답한 사람들은 13% 정도이고 집에서 공용어를 가장 자주 쓴다고 한 경우는 23%였다. 한국에서 태어난 한인들 중 가정에서 주로 한국어를 쓰는 사람들이 67%에 이르렀다. 캐나다에서 출생하지 않은 총인구의 평균을 보면(자신들의 모국어일 가능성이 높은) 비 공용어를 쓰는 비율이 가정에서는 56%, 직장에서는 7%인 것으로 나타났다(〈표 6-13〉).

〈표 6-13〉 캐나다 한인과 중국인 이민자의 언어 사용: 가장 자주 쓴 언어, 직장과 가정(%)(2016)

| 가족지위 | 직장(%) | | | 가정(%) | | |
|---|---|---|---|---|---|---|
| | 공용어 | 공용어+모국어 | 모국어 | 공용어 | 공용어+모국어 | 모국어 |
| 한인 | 81.4 | 5.3 | 13.2 | 22.7 | 10.1 | 67.0 |
| 중국인 | 73.7 | 6.7 | 19.6 | 17.6 | 8.9 | 73.5 |
| 모국어가 공용어가 아닌 외국 태생 | 89.6 | 3.9 | 6.6 | 29.5 | 14.5 | 56.0 |

출처: 2016년 캐나다 센서스

중국 이민자의 경우도 비슷한 패턴을 보이는데 모국어인 중국어의 사용률이 직장과 가정 모두에서 한인보다 6% 포인트씩 높은 것으로 보고되었다. 타민족에 비하여 한인이나 중국인들의 직장에서의 모국어(mother tongue) 사용이 높은데 이는 이들의 상당수가 동포들에게 서비스를 제공하는 비즈니스에 종사하고 있음을 반영하는 것이다.

## 2) 종교분포

2011년 한국계 캐나다인의 약 51%가 개신교 또는 다른 비가톨릭 기독교 교단에 소속되어 있다고 답했으며, 21%는 가톨릭 신자로 나타났다. 불교도는 3%였고, 나머지 약 27%는 소속한 종교가 없다고 응답하였다(〈표 6-14〉). 캐나다에 거주하는 한인의 총 기독교인의 비율은 1981년 약 80%에서 2011년 72%로 감소했다. 반면에 무교도인 사람들은 2001년 20%에서 10년 사이에 7% 포인트 증가했다. 45세 미만의 사람들, 최근 이민자, 그리고 캐나다에서 태어난 한인 중에서 무교의 비율이 높았다. 3세 한인들의 종교 구분에서 가장 큰 카테고리(39%)를 차지하는 집단도 역시 무교였다. 현재 무교의 비율이 젊은 연령층에서 높다는 것은 간접적으로 앞으로 한인들의 종교분포에서 무교의 비중이 더욱 커질 것이라는 점을 시사한다.

최근의 감소세에도 불구하고 캐나다 내 한인들의 기독교도 비율은 한국의 한국인들보다 훨씬 높다. 한국의 경우 2015년 16%의 사람들이 불교도라고 답했으며 56%는 종교가 없다고 응답했으며 28%만이 기독교 교단의 멤버들로 보고되었다. 20%는 개신교 신자이고 8%는 가톨릭 신자였다(대한민국 통계청, 2016). 캐나다에 있는 한인들의 높은 기독교인율에는 한국 이민교회들이 주요한 역할을 했다고 할 수 있다. 많은 한인들의 종교생활 뿐 아니라 이민 정착에 있어서도 중요한 사회적 지원을 제공하는 기관이 바로 소수민족 교회, 이민교회들이기 때문이다.[3]

〈표 6-14〉 캐나다 한인의 종교 분포(1981-2011)

| 구분 | 1981 | 1991 | 2001 | 2011 |
|---|---|---|---|---|
| 천주교 | 21.2 | 24.4 | 24.5 | 21.1 |
| 개신교 | 58.5 | 57.5 | 50.7 | 51.2 |
| 불교 | 2.2 | 2.2 | 3.9 | 3.2 |
| 기타 종교 | 0.6 | 0.3 | 0.6 | 0.3 |
| 무교 | 17.6 | 15.7 | 20.3 | 27.4 |

출처: 1981, 1991, 2001 센서스 20%, 표본자료: 2011 전국 가구조사

## 3) 교육 수준

한국계 캐나다인들은 평균 캐나다인에 비하여 교육 수준이 훨씬 높다. 2016년에는 25세 이상 한인의 4%만이 고등학교를 졸업하지 않았다고 보고되었는데, 전체 캐나다인의 경우에는 16%가 고등학교 중퇴 이하의 학력을 소지하고 있다(〈표 6-15〉). 또한 한국 출신의 사람들은 다른 캐나다인보다 대학 학위를 받는 비율이 두 배에 이르렀다. 예를 들어, 한인 중 54%는 학사학위 이상의 대학교 학위를 소지한 반면, 전체 캐나다 인구의 26%만이 동일한 교육 수준을 보였다. 캐나다 한인들의 거의 1/8은

3 2018년 현재 캐나다 내 한인교회의 수는 483개인 것으로 집계되었다(크리스천투데이, 2018. 1. 21). 캐나다 한인 400명당 교회가 한 곳 있는 셈이다.

전문학위(의학, 치의학, 수의학 등), 석사 또는 박사학위를 받았다. 한인의 교육 수준은 다른 대부분의 민족집단들보다 높았다. 예를 들어, 일본인 39%, 중국인 41%, 서아시아 44%, 아랍계 캐나다인 45%가 학사학위 이상의 대학 학위를 소지하고 있었다. 한인의 교육 성취도는 2세들 중에 특히 높다. 그들의 대학 졸업률은 59%에 이르고 17%가 전문직 또는 대학원 학위를 소지했다. 흥미롭게도 한인사회 구성원들은 견습과 도제와 같은 실용 교육을 받는 경우는 훨씬 적다. 캐나다 전체 남성의 15%는 견습생 지위나 기술 자격증을 소지한 반면 한국인 남성의 경우는 3%에 불과하다.

**〈표 6-15〉 한인과 캐나다 인구집단의 교육 수준 분포(%), 25세 이상(2016)**

| 학력 | 한인(%) | | | 소수민족 (한인 제외) |
|---|---|---|---|---|
| | 남성 | 여성 | 한인 전체 | |
| 무학 | 2.8 | 4.0 | 3.5 | 14.0 |
| 고졸 | 19.1 | 21.4 | 20.4 | 21.3 |
| 도제 실기 자격증 | 2.9 | 1.8 | 2.3 | 5.5 |
| 전문대학 졸 | 12.4 | 13.7 | 13.1 | 16.3 |
| 대학교-학사학위 미만 | 6.4 | 7.2 | 6.8 | 4.2 |
| 대학교-학사학위 | 37.7 | 38.7 | 38.3 | 24.8 |
| 대학교-학사학위 이상 | 3.4 | 3.6 | 3.5 | 2.4 |
| 의대, 치의대, 수의대 졸 | 1.5 | 0.9 | 1.2 | 1.5 |
| 석사학위 | 11.3 | 7.7 | 9.3 | 8.7 |
| 박사학위 | 2.6 | 1.0 | 1.7 | 1.4 |

출처: 2016년 캐나다 센서스

전공 면에서는 한인 남성의 경우 대학교 학위 소지자의 38%가 이공계(STEM) 전공이었고(〈표 6-16〉) 여자의 경우는 14%였다(남녀 통합 이공계 비율은 25%). 이 같은 이공계 전공의 비중은 여타 소수민족의 평균(28%)보다는 낮고 캐나다 백인들의 비율보다는 10%가량 높은 것이다.

〈표 6-16〉 한인과 캐나다 인구집단의 대학교육 이공계(STEM) 전공 비율(%), 25세 이상(2016)

| 구분 | 한인(%) | | | 소수민족 (한인 제외) | 비소수민족 (백인) | 전체 캐나다 인구 |
|---|---|---|---|---|---|---|
| | 남성 | 여성 | 한인 전체 | | | |
| 비 이공계 | 2.8 | 4.0 | 3.5 | 14.0 | 84.7 | 82.1 |
| 이공계 | 19.1 | 21.4 | 20.4 | 21.3 | 15.3 | 17.9 |

출처: 2016년 캐나다 센서스

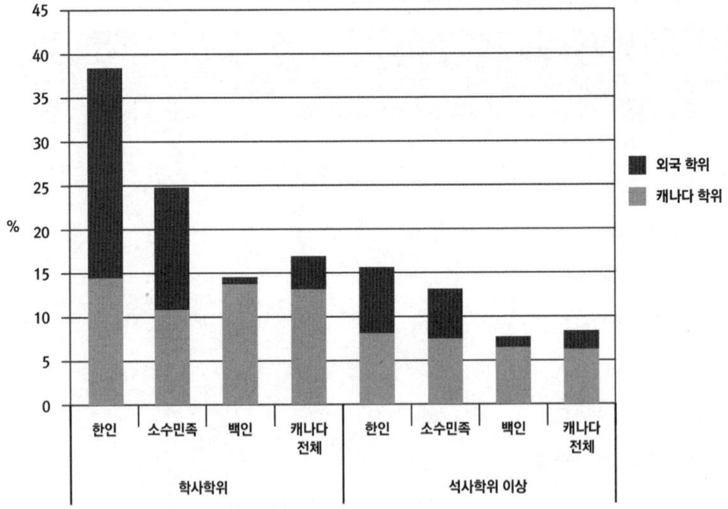


〈그림 6-5〉 한인과 캐나다 인구집단의 학위 취득국별 학사, 석사학위 이상 취득률(%), 25세 이상(2016)

한인들의 교육 수준이 높지만 1세들에 있어서의 최고 교육은 모국인 한국에서 이루어진 경우가 많다. 대학교나 대학원의 학위를 취득한 경우 2/3정도가 캐나다 밖의 교육기관에서 이루어진 것이다(〈그림 6-5〉). 이는 캐나다 전체 평균과 다른 민족집단과 비교해 볼 때 그 비중이 매우 높은 것으로 보인다. 캐나다 내에서 취득된 학위만을 포함시켰을 경우 학위 취득 비율은 한인, 백인 집단, 캐나다 전체가 엇비슷한 것으로 나타났다.

### 4) 고용 및 직업

높은 교육 수준에도 불구하고, 한국계 캐나다인들은 교육 및 경력에 상응하는 일자리를 캐나다 노동 시장에서 구하는 데 어려움을 겪고 있는 것으로 보인다(Yoon, 2006). 전체 캐나다 인구와 비교했을 때 캐나다의 한인 구성원은 낮은 노동 참가율과 높은 실업률을 보였다(〈표 6-17〉).

〈표 6-17〉 한인과 캐나다 인구집단의 고용률, 실업률 노동 참가율, 15세 이상(2016)

| 구분 | 한인(%) | | | 소수민족 (한인 제외) | 비 소수민족 (백인) | 전체 캐나다 인구 |
|---|---|---|---|---|---|---|
| | 남성 | 여성 | 한인 전체 | | | |
| 취업률 | 61.2 | 51.2 | 55.8 | 60.5 | 60.1 | 60.2 |
| 실업률 | 8.3 | 8.5 | 8.4 | 9.2 | 7.3 | 7.7 |
| 노동 참가율 | 66.7 | 56.0 | 60.9 | 66.7 | 64.8 | 65.2 |

출처: 2016년 캐나다 센서스

취업률은 센서스 기준 주간에(2016년 5월 1~7일) 일했다고 보고한 15세 이상 총인구 대비 비율이다. 실업률은 기준 주간에 일하지 않았다고 보고한 사람들의 노동 참가인구 대비 비율이다. 한편 노동 참가율은 15세 이상 인구 대비 노동 참가자(취업+실업)의 비율이다. 한인의 경우 다른 인구집단에 비하여 낮은 노동 참가율을 보이고 있다. 낮은 노동 참가는 비영주권 한인들의 낮은 율(44%)에 영향을 받고 있지만 한인 이민자들만을 볼 경우에도 노동 참가율은 62.5%로 다른 민족에 비하여 낮다. 15세 이상 한인의 실업률은 8.4%, 노동참여율은 61%였다. 캐나다 전체를 보면 실업률은 7.7%, 노동 참가율은 65%에 이르렀다.

캐나다 근로자의 대부분이(88%) 임금 근로자인 반면 상당수의 한국인(20%)이 자영업자였다(〈표 6-18〉). 여기에는 네 가지 자영업 범주가 포함된다. 법인화되지 않고 고용하지 않는 자영업자, 법인화되지 않고 고용하는 자영업자, 법인화되고 고용하지 않는 자영업자, 법인화되고 고용하는 자영업자가 그들이다. 다른 인구집단에 비교하여 한인들의 자영업 비율은 높고 네 가지 범주 모두에서 높은 비율을 보였다. 특히 법인화 · 비고용, 비법인화 · 고용 형태의 자영업에 종사하는 비율이 다른 인구집단에 비하여 두 배 이상 높았다.

**〈표 6-18〉 한인과 캐나다 인구집단의 자영업 종사 비율, 15세 이상 노동자(2016)**

| 구분 | 한인 | 소수민족<br>(한인 제외) | 비 소수민족<br>(백인) | 전체<br>캐나다 인구 |
|---|---|---|---|---|
| 비 자영업(임금노동) | 79.0 | 89.0 | 87.5 | 87.7 |
| 무급 가사 종사 | 1.0 | 0.4 | 0.4 | 0.4 |
| 자영업 | 20.0 | 10.6 | 12.2 | 11.9 |
| 법인화/고용 | 2.6 | 1.9 | 2.0 | 2.0 |
| 법인화/비고용 | 5.4 | 2.5 | 2.4 | 2.5 |
| 비법인화/비고용 | 7.0 | 3.9 | 5.9 | 5.5 |
| 비법인화/고용 | 4.9 | 2.3 | 1.9 | 2.0 |

출처: 2016년 캐나다 센서스

한인 자영업자 중 약 60%는 비법인 비즈니스에서 일하고 있었다. 즉 소매업체, 레스토랑 및 중소 호텔과 같은 이민 비즈니스에 종사하고 있는 것이다. 이와 같은 자영업자의 대부분은 한인 이민 1세들이다. 2, 3세대 한국인 근로자 중 10% 미만이 자영업자인 것으로 나타났다. 캐나다 총인구와 비교할 때 한인 중 무급 가족 종사자의 비율이 높았으며(0.9% 대 0.3%), 이러한 무급 종사자들의 다수는 가사뿐 아니라 가족 단위로 운영하는 스몰 비즈니스에서 일하고 있을 가능성이 높다.

〈표 6-19〉에서 볼 수 있듯이, 2016년 캐나다에 거주하는 한인 남녀에게 가장 큰 직업 범주는 판매업 및 서비스 직종으로 전체 한인 근로자의 1/3을 넘는다(34%). 남성들 중엔 30%가, 여성들 중엔 39%가 이 직종에 종사하고 있었는데 이는 캐나다 평균에 비하면 각각 10% 포인트 이상 높은 수치이다. 서비스업에서 많은 한인들이 일하고 있는 것은 그들의 높은 비율의 자영업 종사와 관련이 있을 것이다. 한인 남성의 경우 관리 직종에도 20%가 종사하고 있었는데 이들 중 다수는 역시 자영업자로서 자신들의 소규모 사업체에 대한 관리를 맡고 있는 경우일 것이다. 이와 같은 직종 분포의 특성은 한인들의 교육과 기술이 캐나다 노동 시장에서 인정받지 못하여 발생하는 직업이동의 결과로 볼 수 있다. 이 직업 패턴이 1세대 한인들에게 특별히 두드러지게 나타난다는 사실이 그 점을 반영하고 있다. 캐나다 한인사회의 2세대 구성원들에게 가장 큰 직업 범주는 비즈니스, 금융 및 행정 부문으로 나타났다.

캐나다 전체나 다른 민족집단의 근로자들과 비교했을 때 상당히 낮은 비율의 한인들이 기술, 제조 생산 관련직에서 일하고 있었다. 한인들이 종사하는 산업분포에서 나타나고 있는 특이점은 숙박, 요식업의 비율이 다른 인구집단보다 무척 높다는 것이었다(20% 대 7%). 한인 근로자들의 이 같은 직종과 산업의 분포는 한인들의 소득에 중요한 영향을 미칠 것이다.

〈표 6-19〉 한인과 캐나다 인구집단 노동자의 직업분포(%), 15세 이상 노동자(2016)

| 구분 | 한인 | 소수민족 (한인 제외) | 비 소수민족 (백인) | 전체 캐나다 인구 |
|---|---|---|---|---|
| 관리직 | 16.2 | 8.3 | 11.2 | 10.6 |
| 재무 경영 | 12.5 | 15.5 | 15.8 | 15.7 |
| 자연 응용과학 관련 | 7.3 | 8.9 | 6.2 | 6.8 |
| 건강 관련 | 6.0 | 7.8 | 6.3 | 6.6 |
| 교육, 법, 사회 정부 관련 | 11.3 | 10.0 | 12.1 | 11.7 |
| 예술 문화 관련 | 4.6 | 2.5 | 3.5 | 3.3 |
| 서비스 판매 | 34.3 | 29.1 | 22.6 | 24.0 |
| 통상 교통 | 5.6 | 10.6 | 15.5 | 14.4 |
| 천연자원 농업 | 0.5 | 1.0 | 2.8 | 2.4 |
| 생산직 | 1.8 | 6.3 | 4.0 | 4.4 |

출처: 2016년 캐나다 센서스

또 한 가지 살펴보아야 할 노동시장에서의 특성은 풀타임 · 파트타임의 근로형태이다. 전체 캐나다 근로자와 비교했을 때 연중 내내 풀타임으로 일하는 한인들의 비율은 41%로 9% 포인트 가량 낮고, 대부분 기간 파트타임으로 일한 비율은 28%로 캐나다 전체 수치에 비하여 5% 포인트 높다.

한인 근로자들이 자신들의 교육 수준에 걸맞은 직업에서 일하고 있는가를 살펴보는 것도 중요할 것이다. 대체적으로 이민자들이 높은 교육에 비하여 낮은 기술 수준의 직업에 종사하는 오버퀄리피케이션 현상, 즉 필요 이상의 자격을 갖춘 문제가 지적되어 왔다(Uppal and Larochelle-Côté, 2014).

〈표 6-20〉 한인과 캐나다 인구집단의 풀타임 · 파트타임 근로자 비율, 15세 이상 노동자(2015)

| 구분 | 한인 | 소수민족<br>(한인 제외) | 비 소수민족<br>(백인) | 전체<br>캐나다 인구 |
|---|---|---|---|---|
| 연중 내내 풀타임 | 41.4 | 44.6 | 51.1 | 49.7 |
| 대부분 기간 풀타임 | 71.9 | 75.7 | 77.1 | 76.8 |
| 대부분 기간 파트타임 | 28.2 | 24.3 | 22.9 | 23.2 |

출처: 2016년 캐나다 센서스

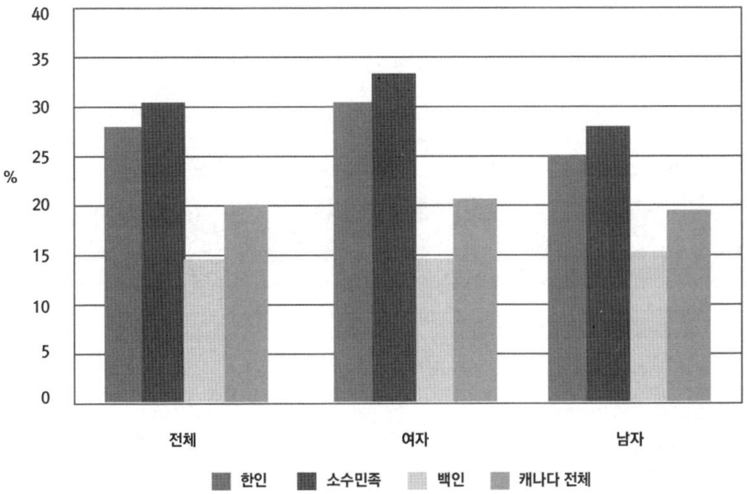


〈그림 6-6〉 대학교육을 받은 근로자의 오버퀄리피케이션(2016)

출처: 2016년 캐나다 센서스

예를 들자면 대졸 근로자가 고졸 또는 그 이하의 자격을 요구하는 직업에서 일하게 되는 경우이다. 한인들의 오버퀄리피케이션율은 전체 소수민족 집단에 비하면 낮지만 캐나다 전체와 백인 인구에 비하면 상당히 높은 것으로 나타났다(〈그림 6-6〉). 특히 여성의 경우, 캐나다 전체 여성

근로자에 비하여 10% 포인트 높은 31%의 오버퀄리피케이션을 보이고 있었다.

### 5) 소득 수준

캐나다에 거주하는 15세 이상 한인의 2015년 평균 소득은 31,900달러(중간 소득: 18,800달러)였다. 전국 평균 47,500달러(중간 소득: 34,200달러)의 70%보다 못 미치고 차이는 15,000달러 이상이다(〈표 6-21〉). 소득 격차는 모든 성별, 연령 집단에서 일관되게 관찰되었고 풀타임과 파트타임 상관없이 한인과 캐나다 평균에는 상당한 차이가 나타났다.

〈표 6-21〉 한인과 캐나다 전체 인구의 소득, 15세 이상(2015) (단위: 달러)

| 구분 | 한인 | | | 캐나다 전체 | | |
|---|---|---|---|---|---|---|
| | 전체 | 남성 | 여성 | 전체 | 남성 | 여성 |
| 평균소득 | 31,900 | 37,400 | 27,100 | 47,500 | 56,700 | 38,600 |
| 중간소득 | 18,800 | 22,500 | 16,900 | 34,200 | 40,800 | 28,900 |
| 과세후 저소득층 비율(%) | 25.6 | 25.1 | 26.1 | 9.2 | 9.0 | 9.3 |

출처: 2016년 캐나다 센서스

또한 다른 소수민족 집단의 평균 소득이 한인보다 높은 것으로 나타났다. 예를 들어, 중국계(38,600달러), 동남아시아계(34,700달러), 서아시아계(32,000달러), 필리핀계(37,400달러), 남아시아계(38,400달러), 흑인(35,300달러), 라틴아메리카계(35,400달러), 일본계(47,400달러)는 한인보다 높은 소득 수준을 보이고 있다. 한인들의 저소득층 비율도 높게 나타났다. 과세후의 소득이 저소득층에 속하는 한인이 26%에 이르렀는데 캐나다 전체의 비율은 9%

였다. 한인 가구들의 저소득층 비율은 다른 인구집단들보다 높은 것이었다. 예를 들어, 소수민족 전체의 수치는 16%, 백인의 경우는 7%였다.

교육 수준이 높음에도 한인들의 소득 수준이 낮은 것은 상당히 모순적인 일이다. 캐나다 고용주들은 미국 내 고용주들과 비교해서 이민자들에게 거주국에서의 직업 경험과 학교 교육을 더욱 강조하고 요구하는 경향이 있는 것으로 보고되었다(Yoon, 2006). 한인들의 평균 소득이 낮은 데는 그들 대다수가 캐나다 밖에서 교육을 받았고, 언어능력이 제한적인 1세대가 주요 구성원이라는 사실과 분명히 관련되어 있다. 반면 25세 이상 한인 2, 3세의 소득은 캐나다 전체 평균과 소수민족 평균보다 높다. 이들의 대다수가 젊은 층으로 현재 소득이 절정에 다다르지는 않았으므로 앞으로도 수년간 한인 2, 3세의 평균소득은 더 오를 것으로 기대된다. 하지만 상대적으로 짧은 한인들의 이민 역사로 인하여 캐나다에서 태어나고 교육받고 성장한 2, 3세의 수는 아직 상대적으로 적고 이들의 소득이 전체 한인 평균에 미치는 영향은 크지 않을 것이다.

다른 민족보다 한인 중에 높은 비중을 차지하는 비 영주권자들은 매우 낮은 소득 수준을 보인다. 노동에 참여하고 있는 25세 이상 비 영주권자들만을 보더라도 가계소득의 평균은 한인 이민자에 비해서 60%에도 미치지 못한다(캐나다 평균에 비하면 절반 이하). 전체 한인의 13%인 비 영주권자들을 제외하고 분석할 경우 평균 · 중간 가계소득이 5,000달러 정도 상승한다. 하지만 비 영주권자들 다수가 캐나다 정착을 원하고 있고 그 수가 13%에 이르는 점을 고려할 때 그들의 삶은 배제할 수 없는 중요한 캐나다 내 한인의 프로파일의 일부일 것이다.

한인 이민자들의 76%, 전체 한인의 절반 이상을 차지하는 이민 1세대는 캐나다 평균에 비하여 20,000달러 정도의 소득 격차를 보인다(〈그

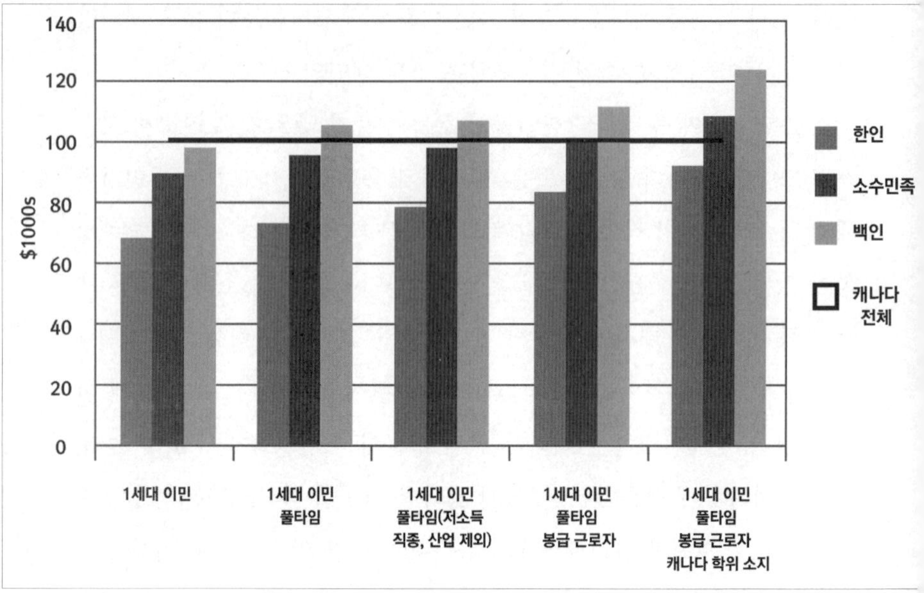


〈그림 6-7〉 25세 이상 캐나다 인구의 중간 가계소득(2015)

출처: 2016년 캐나다 센서스

림 6-7〉). 공용어 구사를 못한다고 보고한 한인들을 제외하더라도 격차는 크게 줄어들지 않는다. 한인 이민자라고 하더라도 얼마나 일찍 이주하였는가가 소득에 영향을 준다. 1.75세대라고 불리는 6세 이전 이주자들은 캐나다 전체 중간 가계소득보다 15,000달러 정도 높은 소득을 보이고, 6~12세 때 이주한 이들도 캐나다 전체보다 약간 높은 정도를 보인다.

교육 수준이 높을수록 소득이 상승하지만 한인 이민자일 경우 대학원 이상의 교육을 받았더라도 캐나다 전체 평균보다도 낮은 소득을 보인다. 다만 캐나다에서 교육받은 경우는 전체 평균을 조금 웃도는 소득 수준을 보인다. 하지만 같은 수준의 캐나다 교육을 받은 캐나다 전체 평균, 전체 이민자 평균에 비하면 격차는 줄어들지 않는다(20,000달러 정도).

한인들의 비교적 낮은 노동 참가율, 낮은 풀타임 근로 등이 평균소득 수준에 영향을 미친다. 또 한인 근로자들, 특히 이민자들이 종사하고 있는 일의 종류도 낮은 소득 수준과 관계가 있다. 높은 자영업의 비율, 특히 종업원을 둔 법인화된 자영업이 아닐 경우 한인 집단 내에서도 자영업자들은 평균보다 다소 낮은 소득 수준을 보인다. 또 한인들이 많이 종사하는 산업(숙박, 요식)과 직종(판매 · 서비스)에 종사하는 근로자들은 한인 평균에서 2만 달러 정도 낮은 소득을 보이고 있다.

요약하면 한인들의 낮은 소득의 경향은 비교적 길지 않은 이민 역사의 배경과 1세대 위주, 비 영주권자 상당수라는 인구 구성적 특성, 캐나다가 아닌 한국에서의 교육경력, 판매 · 서비스, 숙박, 요식업종 등 평균소득이 낮은 업종에 종사하는 사람이 많고 자영업자의 비율이 높다는 점들이 복합적으로 작용하는 것으로 설명될 수 있을 것이다. 하지만 이런 특성들을 통제해도 캐나다 전체, 소수민족 전체와의 소득 격차는 설명되지 않는다. 예컨대 비슷한 조건, 25세 이상의 이민 1세 봉급자로 저소득의 직종에 종사하지 않고 캐나다에서 교육받은 사람들로만 국한시켜도 한인 1세대들은 여타 소수민족 1세대나 캐나다 수치에 비하여 2~3만 달러의 소득격차가 있는 것으로 나타났다. 이와 같은 소득 격차에 대해서는 보다 세밀한 연구가 필요하다고 본다.

이렇듯 한인들의 낮은 소득 수준은 해석이 간단하지 않다. 특히 상대적으로 높은 교육 수준에도 불구하고 나타나는 현상이기 때문에 더욱 그렇다. 원인에 대한 설명이 어렵다 보니 한인들의 소득이 과소평가된 면은 없는가라는 의문이 제기되기도 한다.

캐나다에 거주하는 한인들의 높은 자영업 종사 비율에 근거하여 소득이 과소 보고되었을 가능성이 있다는 주장이 있다. 실제로 자영업자는

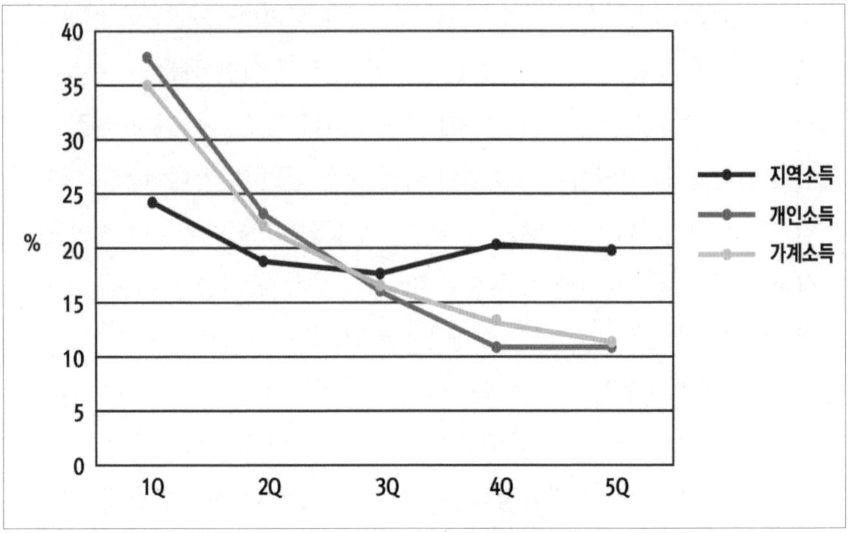


**〈그림 6-8〉 캐나다 한인의 지역소득, 개인소득, 가계소득, 5분위 분포(2015)**

출처: 2016년 캐나다 센서스

제3자 보고소득이 없기 때문에 절세의 목적으로 소득을 감추고 세금을 줄이기 위해 비용을 늘릴 수 있다(Schuetze, 2002). 그러나 소득의 과소보고는 꼭 자영업자에 국한되는 것이 아니라 취업 유형에 관계없이 널리 퍼져 있음도 연구에 의하여 밝혀졌다(Dunbar and Fu, 2008).

한인들의 소득이 과소평가됐는지를 간접적으로 확인하기 위하여 한인들이 거주하는 지역의 소득을 측정해 보았다. 센서스의 지리 단위 중 가장 작은 것이 dissemination area(DA)인데 캐나다 전국에 5만여 개의 DA가 설정되어 있다. 이는 흔히 neighborhood(근린)의 대체개념으로 사용된다. 가구수, 가족 규모 등을 고려하여 각 동네의 중간소득을 정하고 동네가 위치한 지역의 특성을 감안하여 이들을 소득 크기대로 5분위로 나누었다. 한편 개인소득, 가계소득도 5분위 분포를 구한 다음 세 가지 소득분위를 비교해 보았다(〈그림 6-8〉).

보고된 개인소득이나 가계소득에 있어선 한인들이 소득이 낮은 1, 2 분위에 몰려 있음을 볼 수 있다. 대부분 다른 소수민족 집단과 비교해도 한인들은 더 높은 저소득층 분포를 보인다. 반면 한인들이 거주하는 동네의 소득 5분위를 보면 1분위의 비율이 조금 높긴 하지만 4, 5분위 고소득층은 전국 평균과 거의 차이가 없는 것으로 나타난다. 또 상대적으로 대부분 여타 소수민족 집단보다 한인들이 높은 소득지역에 거주하고 있음이 나타났다. 또 자영업자의 지역소득 5분위 분포가 상위에 몰려 있음도 파악되었다. 높은 비율의 한인들이 개인이나 가계소득보다 높은 소득지역에 거주하고 있다는 사실은 그들이 통상 소득으로 잡히지 않는 다른 소득원을 갖고 있는 것을 뜻할 수도 있다. 하지만 높은 소득지역에 거주하는 것이 소득의 과소평가를 전적으로 증명하는 것은 아니다. 또 다른 설득력 있는 설명은 한인들의 다수는 자녀 교육을 위한 학군의 고려, 주택에 대한 전통적인 가치 부여 등으로 인하여 자신들의 소득 수준보다 높은 지역에서 거주하는 경향이 있다는 점이다(Noh, 2018).

한인들의 과소평가된 소득에 대한 또 다른 지적은 한국에서 수입을 올리는 사람들에 관한 것이다. 최근의 이민자들 중에는 한국에 있는 부동산이나 사업체를 유지하거나 한국에서 일하는 가족의 지원을 받는 사람들이 상당히 있다고 한다(Noh, 2018). 즉 그들의 중요한 소득원은 한국 내에서의 소득인데, 이는 센서스에서 캐나다 소득으로 보고되지 않을 수 있다는 것이다. 또한 이러한 개인 중 일부는 자발적으로 캐나다에서 일하지 않거나 일하더라도 적은 시간 동안만 노동에 참여할 수 있다. 결과적으로 그들은 한국계 캐나다인의 노동 참가율과 평균 소득을 낮추게 된다. 그러나 이 유형의 소득 과소 보고가 정말로 어느 정도 발생했는지, 그리고 다른 이민자 그룹보다 한국계 출신 그룹에서 더 자주 발생하는지 여부는 파악되지 않았다.

## 4. 결론

캐나다의 한인 인구는 꾸준히 증가해 왔다. 2001년 이후 한국에서 다수의 새로운 이민자가 유입됨에 따라 인구는 두 배 이상 늘어났다. 2016년 센서스 자료는 한인의 수가 거의 20만 명에 이르고 있음을 보여준다. 캐나다에 살고 있는 대부분의 한인은 핵심 근로 연령층에 있을 때 이주하였다. 전체 캐나다 인구와 비교했을 때, 캐나다 한인 인구 구조는 훨씬 젊어서 25세 미만 인구 비율은 40% 이상으로 나타났다. 90%가 넘는 한인들이 공용어인 영어나 프랑스어를 구사할 수 있다고 보고하였다. 결혼지위로 보았을 때, 한인들은 평균적인 캐나다인에 비하여 기혼자일 가능성이 높았고, 각 연령대별로 나누어 비교해 보았을 때 한인들이 다른 캐나다인보다 가족을 이루고 살 가능성이 훨씬 큰 것으로 나타났다. 한국계 캐나다인의 50% 이상이 대학교 학사 이상의 학위를 취득했다. 간단히 말해, 전체 캐나다 인구와 비교했을 때 한인 커뮤니티의 멤버들은 상대적으로 젊고, 가족 중심의 삶을 영위하면서 상당히 높은 교육 수준을 소지하고 있었다.

높은 교육 수준에도 불구하고 캐나다에 거주하는 한인들은 공정한 대가를 얻지 못하는 것으로 보인다. 노동 시장에서의 성과는 그리 성공적이지 못하여서 2016년 한인 캐나다 성인의 평균 수입은 평균 캐나다인 수입의 약 70%에 불과하며 다른 대부분의 소수민족 그룹보다도 낮은 것으로 나타났다. 전체 캐나다 인구와 비교했을 때 한인 캐나다인의 노동 참가율은 훨씬 낮았으며 가지고 있는 일자리도 한인 가정의 1/4 이상이 저소득 업종에 종사했다. 이러한 추세는 한국계 캐나다인의 대다수인 1세대 멤버들 사이에서 특히 두드러지게 나타났다. 교육 수준이 높은 2세 한인들은 이제 막 노동 시장에 들어오기 시작하였는데 이들의 수가 증가함에 따라서 한인의 캐나다 사회에서의 기회와 기여는 늘어날 것으로 기대된다.

# 참고문헌


대한민국 통계청. 2016. "2015 인구주택총조사 표본 집계 결과 인구 · 가구 · 주택 기본특성항목."

크리스천투데이. 2018. "미주한인교회 현황 통계." 1월 21일.

Citizenship and Immigration Canada. 2012. "Canada: Facts and Figures. Immigration Overview, Permanent and Temporary Residents." Research and Evaluation Branch, Citizenship and Immigration Canada.

______. 2013. "Six Selection Factors: Federal Skilled Worker program." http://www.cic.gc.ca/english/immigrate/skilled/apply-factors.asp.

Dunbar, G. R., and Fu, C. 2008. "Income Illusion: Tax evasion in Canada." Working Paper. Department of Economics, Simon Fraser University.

Kwak, M. J. 2004. "An Exploration of the Korean-Canadian Community in Vancouver." Vancouver Centre of Excellence. Research on Immigration and Integration in the Metropolis. Working Paper Series 04-14.

Lindsay, C. 2001. "The Korean Community in Canada." *Statistics Canada.* Ottawa, ON: Statistics Canada.

Noh, S. 2018. "Personal communication." July 23.

Oh, S., and Min, P. G. 2011. "Generation and Earnings Patterns among Chinese, Filipino, and Korean Americans in Ney York." *International Migration Review,* 45(4): 852-871.

Park, J. 2012. "A Demographic Profile of Korean-Canadians." In Noh, Samuel., Kim, Ann H., and Noh, Marianne S. (Eds.), *Korean Immigrants in Canada.* University of Toronto Press.

______. 2017. "A Demographic Profile of Koreans in Canada: Selected findings of the 2011 Census." In Yoon, In-Jin., and Jeong, Young-Hun., (Eds.), *The Korean Diaspora: A Source Book.* The Academy of Korean Studies Press.

Schuetze, H. J. 2002. "Profiles of Tax Noncompliance among the Self-employed in Canada: 1969 to 1992." *Canadian Public Policy,* 28(2): 219-237.

Statistics Canada. 2012a. "The Canadian Population in 2011: Population Counts and

Growth." Statistics Canada Catalogue no. 98-310-X2011001. Ottawa, ON: Statistics Canada.

______. 2012b. "Population Growth in Canada: From 1851 to 2061." Statistics Canada Catalogue no. 98-310-X2011003. Ottawa, ON: Statistics Canada.

______. 2017. "Guide to the Census of Population, 2016." Ottawa, ON: Statistics Canada.

Uppal, S., and Larochelle-Côté, S. 2014. "Overqualification among Recent University Graduates in Canada." Insights on Canadian Society April, Statistics Canada.

Yoon, I. J. 2006. "Understanding the Korean Diaspora from Comparative Perspectives." Paper presented at the Asia Culture Forum, Korea: Gwangju.

# 제7장
# 브라질 한인사회의 문제점과 향후 전망
# : 이민 55주년을 맞이하며

최금좌(한국외대)

## 1. 서론

브라질 한인사회는 대한민국 수립 이후 공식적으로 송출된 첫 번째 이민 집단으로 형성되었다.[1] 1963년 2월 12일 103명의 한인들이 집단농업 이민으로 네덜란드 선박 치차렌카(Tjitjalenka)호를 타고 브라질 산토스(Santos)항에 도착했다. 그들은 3년이라는 계약기간이 끝나기 전에 대부분이 농촌을 떠나 도시 상파울루에 정착했다. 그 근본 원인은 다음의 두 가지 사실에 기인한다. 첫 번째는 내적인 요인으로, 그들이 농민이 아닌 중산층 출신의 고학력자였다는 점이고, 두 번째는 외적인 요인으로, 1960년대 초반 브라질이 도시화 및 산업화 현상을 한창 겪고 있었기 때문에 자체적으로 인구이동 — 농촌에서 도시로의 이주 —

1 이 글은 『포르투갈-브라질 연구』 제15권 2호(2018)에 게재된 논문 "최근 브라질의 경기침체와 한인사회의 도전"을 수정 보완한 것이다.

이 활발히 일어나고 있었다는 점이다.

식민 시대부터 대서양 해안지대를 중심으로 발전해 온 브라질은 1930년대부터 내부 식민지화에 대해 우려했다. 이에 주셀리노 쿠비체크(Juscelino Kubitschek, 1956~1961) 대통령은 '50년의 발전을 5년에'라는 슬로건으로, 세계가 깜짝 놀랄 만한 국토균형발전 계획을 수립했다. 그리고 브라질 영토 한 가운데에 위치한 고원지대에 인공도시 브라질리아를 건설하고, 1960년 수도를 그곳으로 옮겼다.

그 결과 오늘날 브라질리아는 정치의 도시, 리우데자네이루는 관광의 도시, 그리고 상파울루는 상공업의 도시가 되었다. 상파울루주(州)의 수도인 상파울루시(市)는 라틴아메리카 최대의 메트로폴리탄이다. 이 도시가 성장하게 된 원인은, 상파울루주(州)가 원래 부(富)의 원천인 커피의 산지였기 때문이다. 19세기 후반부터 상파울루주(州)정부는 상파울루 커피농장에서 일하던 흑인 노예들을 이탈리아 이민으로 대체시켰다. 그리고 20세기 초에는 일본 이민으로 대체했는데, 이들 역시 1960년대 산업화 및 도시화의 물결을 타고 도시 상파울루로 이주했다.

브라질 한인사회 내에서는 가끔 한인들의 우수성을 강조하기 위해서 "일본인 후세들이 상파울루 대학교(USP)에 입학하기까지 60년이 걸렸다면, 한인들은 6개월밖에 걸리지 않았다"는 말을 들을 수 있는데, 이것은 도시 상파울루에서의 일본인들의 존재가 당시 브라질에 막 도착한 한인들의 브라질 사회로의 적응에 절대적으로 기여했다는 사실을 간과한 것이다. 필자는 2013년 브라질 한인사회가 이민 50주년을 기념하는 글에서, "세계 이민 역사상 가장 짧은 기간에 경제적으로 가장 성공한 이민 집단"이라고 정의한 바 있는데(최금좌, 2007; 2013; 2018), 그

것이 가능했던 것은 브라질 한인사회의 역사를 1908년에 시작된 브라질 일본사회 역사의 연장선상에서 보았기 때문이다.

하지만 2013년 후반기부터 브라질 한인사회의 모습은 완전히 바뀌었다. 2008년 미국발 세계 재정 위기가 이때부터 브라질 경기에 악영향을 미쳤기 때문이다. 오늘날 브라질 한인사회는 그동안 여성의류 제조업을 기반으로 마련한 삶의 터전을 위협받고 있다. 따라서 본 논문은 브라질의 경기침체 현상이 가시화된 이후, 최근 5년 동안 브라질 한인사회의 변화된 모습과 당면과제, 이를 타개하고자 하는 브라질 한인사회의 대응 노력, 그리고 그것에 대한 향후 전망 및 대안을 제시해 보고자 한다.

## 2. 2013년 브라질의 경기침체

브라질 산업화는 1930년대 제툴리오 바르가스(Getúlio Vargas, 1930~1945, 1950~1954) 정부의 수입대체산업(ISI)으로 시작되었다. 브라질은 아르헨티나와는 달리, 1929년 세계 경제공황 이후 빠른 기간에 경제를 회복하여 미국과 맞먹는 대국으로 인정받았다. 하지만 브라질의 현대사는 브라질 역시 정치 · 경제 · 사회구조적으로 불안정한 라틴아메리카 국가 중의 하나라는 사실을 여실히 보여 주었다.

브라질은 군정시대(1964~1985)에 연평균 7~8% 성장했다. 하지만 1978년부터 경제 성장률이 점차 떨어짐에 따라서 노동운동이 활성화되고, 또한 그 결과로 1986년 민정이 수립되었다. 그런데 민정이 실시한 정책 중 브라질 사회에 가장 큰 변화를 가져온 것은, 당시 한창 진행 중이던 세계화 현상에 발맞춘 1990년의 시장 개방이었다.

하지만 민정 수립 이후 약 8년 동안 브라질 사회는 연 1,000~2,500%에 이르는 초-인플레이션으로 매우 혼란스러웠다. 따라서 민정의 최대과제는 인플레이션 억제였다. 1994년 민정의 여섯 번째 인플레이션 억제정책인 '헤알 플랜(Plano Real)'[2]이 비로소 성공하자, 브라질 경제는 안정되기 시작했다. 하지만 브라질은 이후 매 10~20년마다 경제 위기를 반복하고 있는데, 그것은 브라질의 경제구조가 식민 시대와 마찬가지로 오늘날에도 농산물 및 광산물 위주의 원자재 수출에 의존하고 있기 때문이다.

### 1) 원인

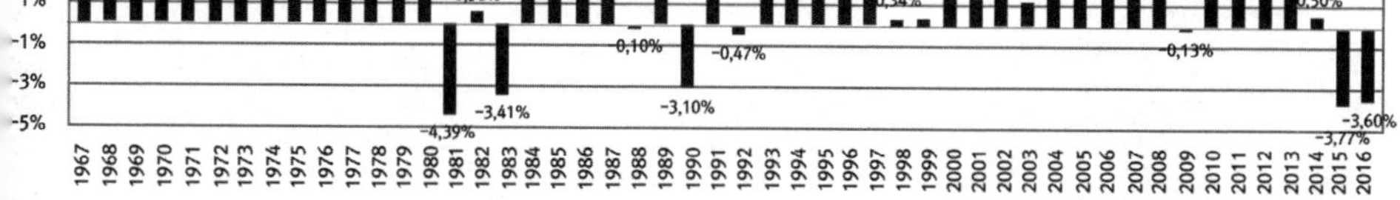


**〈그림 7-1〉 브라질의 국내총생산(GDP)(1967~2016)**

출처: 브라질 통계청 IBGE.

---

2 달러(Dollar)와 헤알(Real)을 1:1로 묶은 것

2013년 후반기부터 시작된 브라질 경기침체의 원인은 2008년 미국의 리만 브라더스(Lehman Brothers Holdings Inc.) 사건이다. 이 사건은 즉각적으로 세계 재정 위기를 촉발시켰지만, 그것이 브라질 경제에 악영향을 끼치기까지는 약 5년이라는 시간이 걸렸다. 그것은 당시 브라질 경제가 상대적으로 탄탄했다는 것을 의미하는 것으로, 21세기 첫 10년 동안 브라질이 대내외적인 호황으로 경제가 얼마나 성장했는지 짐작할 수 있다.

〈그림 7-1〉에서 알 수 있듯이, 브라질이 2015~2016년 2년 연속 마이너스 성장을 보인 것은 1930년 이후 두 번째이다. 원인을 살펴보면 다음과 같다. 첫 번째, 중국의 경제 하락으로 브라질의 1차 상품에 대한 세계적 수요가 급감했다는 점, 두 번째, 브라질의 좌파 정부, 즉 노동자당(PT-Partido dosTrabalhadores) 정부가 재집권에 성공함에 따라서 룰라 대통령이 집권 초기 도입한 '볼사 파밀리아(Bolsa Família)'와 같은 사회보장제도를 지속적으로 유지했다는 점(즉 재정 지출이 지속적으로 확대되었다는 점),[3] 세 번째, 2010년 룰라 대통령이 임기 말에 유치한 월드컵(2014)과 리우 동계올림픽(2016)과 같은 대형 국제 스포츠 이벤트 준비로 재정 적자의 폭이 급증했다는 점이다.[4]

3 대표적으로는 '볼사 파밀리아'라는 조건부 소득이전 프로그램과 도시빈민 주택정책 '미냐 까자 미냐 비다(Minha Casa, Minha Vida, '나의 집, 나의 삶'이라는 뜻)'를 들 수 있다.

4 위의 브라질 위기 징조는 2013년 6월부터 있었다. 최근 한국의 촛불시위처럼, 당시 버스 및 지하철과 같은 대중교통 요금이 인상되자, 고통을 받던 시민들이 거리로 뛰쳐나와 국가를 상대로 대규모의 반정부 · 반부패 시위를 일으켰다.

**〈그림 7-2〉 The Economist의 브라질 관련 표지들**

출처: *The Economist*. 2009. 11. 14.; 2013. 09. 27.; 2016. 04. 23.

## 2) 결과

2013년 6월 상파울루 시(市)정부가 버스요금 인상을 발표하자, 이에 불만을 품은 시민들이 거리로 뛰쳐나와 시위를 시작했다. 이 시위는 곧바로 브라질 전국적으로 확산되었는데,[5] 3년 후인 2016년 8월에는 마침내 지우마 호세프(Dilma Rousseff) 대통령의 탄핵으로 이어졌다.[6]

위의 영국 시자잡지 '더 이코노미스트(The Economist)'의 표지들은 최근 브라질의 정치 · 경제적 변화를 잘 표현하고 있다. 첫 번째는 2008년 미국발 세계 재정 위기에도 불구하고, 브라질이 다른 나라들에 비해 별 타격을 받지 않고 신흥대국으로서 경제적으로 승승장구하고 있던 모습이고, 두 번째는 브라질의 경제가 2013년 9월부터 침체되고 있

5 브라질의 이 현상에 대해, 당시 세계 언론들은 터키의 시위와 함께 '중산층의 반란'으로 분석했다.

6 참고로, 그녀는 룰라의 후계자로 2014년 10월 대선에서 성공했지만, 취임한 지 세 달 만에, 시민들의 탄핵시위가 점화되었다.

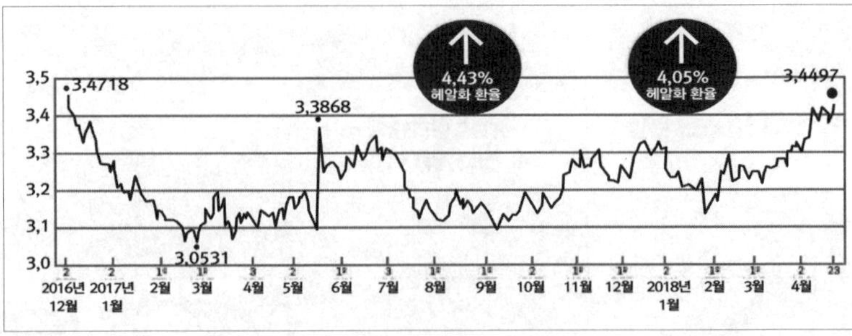


**〈그림 7-3〉 최근 브라질의 환율 추이(2016. 12~2018. 4)**

출처: *Estado de São Paulo*, 2018. 4. 24.

는 모습이다. 그리고 세 번째는 호세프 대통령이 2016년 4월 의회로부터 직무가 정지되자, 그것이 '의회 쿠데타'라고 주장하며 세계를 향해 SOS를 외치고 있는 모습이다. 즉 브라질의 경제적 위기가 정치적 위기로 번진 것이다.

브라질 화폐인 헤알(Real)의 가치도 급속히 절하되었다. 예를 들면, 2018년 4월의 경우, 한 달 동안 미국 달러화 대비 브라질 헤알화 환율이 4.43% 상승한 것이다. 이것은 2018년 10월 대선을 앞두고 브라질 경제의 불확실성이 더욱 커졌다는 것을 의미한다. 따라서 새로이 취임한 테메르(Temer) 대통령이 가장 먼저 취한 정책 중의 하나는 좌파 정부의 사회보장제도 및 연금제도 축소였다. 그리고 좌파 정부가 야심차게 추진했던 '국경 없는 과학(Ciência Sem Fronteira, 2012년 6월 개시)'이라는 정부 장학제도도 폐지했다. 그런데 브라질의 경기침체가 장기화되면서 새로운 사회문제들이 대두되고 있다. 그중 강도 및 살인사건의 증가와 해외로의 이주 증가 문제는[7] 최근 브라질 한인사회도 피할 수 없는 문제

7 최금좌(2017). "브라질인들의 해외 이주 증가 현상"을 참고할 것.

가 되고 있다.

## 3. 브라질의 경기침체가 한인사회에 끼친 영향

### 1) 2013년 이전의 브라질 한인사회

다음의 〈표 7-1〉에서 확인할 수 있는 것처럼, 1963년 한국의 집단 농업 이민자들이 정식으로 브라질에 도착하기 이전부터 브라질에는 두 그룹의 한인들이 존재했다. 한 그룹은 1926년 이후 일본 국적으로 일본 이민과 함께 브라질에 도착한 한인들이고, 또 다른 그룹은 중립국이었던 인도에서 2년의 생활을 한 반공포로(중립국 포로) 51명으로, 1956년 비행기로 도착한 사람들이다. 이 두 그룹의 한인들은 모두 1960년대 이후 브라질에 도착한 한인들의 브라질 생활 정착에 기여했다.

그리고 브라질 한인사회는 1990년대 이후 경제적으로 성장했다. 즉 브라질 한인사회는 브라질의 시장 개방정책으로, 두 번째 시기(1990~2009)와 세 번째 시기(2010~2013)를 거치면서 성장했다. 양국 간의 무역도 증가했는데, 한국이 흑자를 내기 시작한 것은 2006년부터였다. 이후 5년 동안 한국의 흑자 규모는 기하급수적으로 증가했다(하지만 2011년부터는 감소했다).[8] 이 시기 한국의 대(對)브라질 직접투자(FDI)도 증가했다. 예를 들면, '동국철강'과 '포스코'가 브라질 기업 '발리두히우도시(Vale do Rio Doce)와 3:2:5로 합작하여, 2017년에 총 110억 달러가 드는

8 양국의 무역증가 시기는 노동자당(PT)의 룰라(Luiz Inácio Lula da Silva, 2003~2006, 2007~2010) 정부의 경제 성장 시기와 일치했다.

세계 최대 규모의 제철소 '페셈(CSP: Companhia Siderúrgica do Pecém)'을 브라질에서 가장 낙후한 북동부에 완성했다.[9]

한국기업의 브라질 진출은 그동안 원심력을 발휘하며 브라질 사회로 동화되고 있던 한인 2세들이 브라질 한인사회로 흡수되는 계기가 되었다. 브라질 한인사회 내에서 한국어 실력이 신분 상승의 무기로 작용하게 되자, 토요한국학교나 상파울루대학교 문과대학에 특별활동(USP, FFLCH, Curso de Extracurricular) 과정으로 개설된 한국어 과정에 많은 학생이 등록하는 '한국어 붐' 현상이 나타났다.[10]

이 시기 브라질 한인사회는 경제적으로 중추산업인 여성의류 제조업,[11] 즉 '제품'의 범위를 국제적으로 확대시켰다. 그리고 그것을 2008년 미국발 재정 위기가 오기 전까지 성장시켰다. 브라질 한인사회는 상파울루-로스앤젤레스-서울로 '제품'의 영역을 확대시킨 것인데, 그것은 한국원단 및 부속품(단추, 지퍼, 라벨 등) 수입으로 가능했다.

2010년 상파울루 시(市)정부는, 한국기업의 활발한 브라질 진출을 환영하고 브라질 사회가 가장 닮고 싶어 하는 모범 소수민족인 한인들의 생활터전이자 주거지인 봉헤치루(Bom Retiro)구(區)를 '코리아타운(Korea Town)'으로 지정했다.

9 이 제철소의 건설은 2001년부터 추진되어 2011년에서야 공사가 시작되었다.

10 이 과정은 1988년 서울올림픽의 성공으로 한국 정부(교육부의 학술진흥재단)가 해외 한국학 보급을 위해서 1989년 설치한 것으로, 타 대학 학생들의 등록이 가능했다.

11 브라질에서는 여성의류 제조업을 '물건을 정성스럽게 만들다'라는 뜻의 포르투갈어 '콘펙상(confecção)'이라 부르는데, 한인들은 이것을 '제품'이라 부르고 있다.

**〈표 7-1〉 브라질 한인사회의 55년 역사와 시기적 구분(경제 및 문화적 측면에서)**

<table>
<tr><td colspan="2">1926년 이후 일본 국적의 한국인이 브라질에 도착</td></tr>
<tr><td colspan="2">1956년 51명의 반공포로(중립국 포로)들이 리우데자네이루에 도착</td></tr>
<tr><td colspan="2">1963년 2월 12일 103명의 한국 이민 도착</td></tr>
<tr><td>첫 번째 시기<br>(1963~1989)</td><td>여성의류 제조업으로 경제적 터전을 닦은 시기<br>- 한인 3만 5천 명 중 97%가 상파울루주(州)에 집중,<br>그중 90%가 의류제조업에 종사<br>- 브라질 한인 후세들의 결혼이 주로 파라과이, 아르헨티나 한인 후세들과 이루어짐<br>- 미국으로의 재이주가 꾸준히 증가</td></tr>
<tr><td colspan="2">1990년 브라질 정부의 시장 개방정책</td></tr>
<tr><td>두 번째 시기<br>(1990~2009)</td><td>양국 간의 교역 확대로 브라질 한인사회가 한국과 가까워짐<br>- 대신 계층화 및 다변화를 겪음<br>- KAL과 VASP의 직항로가 개설됨<br>- 한국기업의 진출이 활발해지고, 또한 한국 상품을 쉽게 구할 수 있게 됨<br>- 한인 의류업이 상파울루-LA-서울-NY로 확장됨<br>- 브라질의 한인 후세 결혼이 주로 미국 한인 후세들과 이루어짐</td></tr>
<tr><td colspan="2">2010년 상파울루 시(市)정부의 봉헤치루의 K-Town 지정</td></tr>
<tr><td>세 번째 시기<br>(2010~2013)</td><td>한인 5만 명 중 80%가 상파울루주(州)에 집중,<br>그중 98%가 상파울루시(市)에 거주하며, 그중 60%가 의류제조업에 종사<br>- 한인 후세 제품업계로의 흡수로 전문화와 고급화 추구<br><br>브라질이 3대 아시아 교역국-중국, 일본, 한국-과의 인적 · 물적 교류를 확대함에 따라, 3국이 정책적으로 자국의 문화 우수성을 알리기 위해 적극적으로 '문화전쟁'이 시작되는 시기<br>- 2011년 한류 브라질 도착 (K-Invasion)<br>- '문화 한류'가 '경제 한류'로 승화되는 시기<br>- K-Food가 브라질 전역으로 확산되는 시기<br>- 2013년 3월 상파울루대학교에 '한국어학과' 신설<br>- 2013년 10월 한국문화원 개원</td></tr>
<tr><td colspan="2">2013년 세계 이민 역사상 경제적으로 가장 성공한 그룹으로 평가됨</td></tr>
</table>

| | |
|---|---|
| 네 번째 시기<br>(2014년 이후) | 브라질의 정치적 · 경제적 혼란으로 한인사회 역시 고통을 받게 됨<br>주재상사 철수<br>- KAL 직항로 폐쇄<br>- 한국으로의 역이민 증가<br>- 브라질 한국학교 폴리로고스(Polilogos) 폐교(2017)<br><br>제품업계의 붕괴로 한인 후세들의 진로 불확실<br><br>2014년 브라질 월드컵 대회와 2016년 리우 올림픽 대회 개최를 전후로 한국의 대(對)브라질 접근전략이 강화된 시기<br>- '문화전쟁'이 본격적으로 심화된 시기<br>- 한류의 소개와 확산을 위한 브라질 한국기업의 탄생<br>- 한류를 앞세운 새로운 업종(한국식 빵집, 찻집, 미장원 등)의 등장 |

브라질 한인사회는 세 번째 시기(2010~2013)에도 태평성대를 구가했다. 브라질 한인사회는 전략적으로 여성의류업의 고문화와 고급화를 추구했는데, 그것이 가능했던 것은 자녀들이 부모의 사업을 이어받기 위해서 패션학교나 디자인학교로 진학하여 전문가로서 역량을 발휘했기 때문이다. 그리고 한국 정부는 2013년 브라질 한인사회가 이민 50주년을 맞자, 이를 기념하고자 2013년 3월 상파울루대학교에 '한국어학과'를 정식으로 신설하고, 또한 10월에는 한국문화원을 개원했다.

### 2) 2014년 이후의 브라질 한인사회

2013년 이전까지 대부분의 브라질 한인들은 여성의류 제조업에 종사했다. 하지만 2014년 봉헤치루의 한인업체의 수는 절반으로 감소했다. 약 1,000여 개의 한인업체 중 옷가게 800개, 식당 100개, 미장원이나 뷰티숍 등 30개, 치과 및 병원 50개, 한의원 20개, 식품점 10개, 자동차 정비소 등 차량 관련 업체 10개 그리고 커피숍 8개 등으로 다양화되었다(2014년 2월 조사). 위의 결과 중 주목할 만한 것은, 1년 사이에 한국 식당의 수가 100개로 갑자기 증가한 것이다.

브라질 한인사회의 경제적 어려움이 얼마나 악화되었는지는 다음의 사실에서도 확인된다. 천주교 브라질 한인 이민 성당(Associação Brasileira Católicos Coreanos) 소속의 '작은 예수회'의 경우, 그동안 봉헤치루의 브라질 노숙인들을 위해 매일 점심을 제공하고 있었으나, 최근에는 그 대상을 한인들로 확대했다. 그리고 '노인회'의 경우, 아클리마써웅(Aclimação) 구(區)에서 봉헤치루구(區)로 이주한 이후부터, 매일 약 20명 정도의 한인들에게 점심을 제공하고 있다.[12] 그리고 '한인회'의 경우, 최근 끼니를 거르는 한인들을 돕기 위해 '쌀 모으기' 운동을 전개하고 있다. 한인회가 일정 금액의 성금을 한국 식품점인 '오뚜기'에 입금하면, 심사를 통과한 사람들이 자존심 상하지 않게 쌀을 그 식품점에서 찾아가는 방식으로 운영하고 있다.

브라질의 경기침체는 한국기업의 철수로 이어졌다. 가장 대표적인 예가 대한항공(KAL)의 직항로 폐쇄이다. 그리고 그동안 한인사회의 자부심이었던 '브라질 한국학교 폴리로고스(Polilogos)'가 개교 19년 만인 2017년 11월 폐교했고, 또한 많은 한인들이 한국으로의 귀환을 선택하기 시작했다. 최근 브라질 한인사회의 변화된 모습을 주제로 한국 요리사로 활동하고 있는 손정수의 2017년 2월 8일 신문 칼럼을 소개하면 다음과 같다.[13]

---

12 '노인회'의 여직원 1명이 실제로 밥만 준비하고 있다. 나머지 국과 간단한 반찬은 인근의 한국 식당이 제공하고 있다.

13 손정수(2017). "봉헤치루 한인촌은 변했다: 외형보다 내형을 살려야 한다". 『한인투데이』 2017. 2. 8.

"우리 한인촌은 이미 변했다. 지난 몇 년간 수차례 한인촌이 급격한 변화를 맞고 있으며 언젠가는 우리 터전을 잃을 수 있음을 알리는 글을 쓴 바 있다. 그러나 지금은 완전히는 아니지만 정말 많이 변했다. 먼저 큰 길 프라치스 거리(R. Prates)를 위주로 주위 거리를 돌아보면 예전 한식당 외에 한국식 빵집, 닭튀김, 햄버거, 어묵 등 여러 가지 먹거리 가게가 새롭게 문을 열고 있다. 물론 이런 변화는 좋지만 너무 한쪽으로 몰리면 열매를 맺기도 전에 시드는 꽃처럼 작은 시장을 두고 싸우며 손해 보는 한인이 속출할까 걱정도 된다.

거의 40년간 이어져 오던 옷가게는 요즘 정말 안 된다. 물론, 이런 불황 속에서도 성장하는 사람도 있지만, 대다수 옷가게를 정리하는 추세인 것은 분명하고 새로운 업종 변화를 꾀하는 사람이 많다. 일전에 두 번에 걸쳐 봉헤치루 변화를 내다본 적이 있다. 먼저 지난 2011년에 주변 140명을 임의로 선정하여 조사했는데 벌써 반 이상이 의류업에 종사하지 않아 이들은 곧 다른 업종에 종사할 것을 내다봤다. 두 번째는 리베르다지(Liberdade) 일본촌과 같이 우리 한인촌도 결국 먹거리 문화사업으로 변신하는 것을 내다본 것이다.

지금 보면 예상대로 대다수 한인이 먹거리 사업에 도전 중이다. 위에서 언급한 것 외에 팥빙수 전문업체도 그렇고 요즘 SNS에서 한인을 상대로 생긴 '사고팔고' 페이지에는 집에서 만든 반찬과 음식을 배달한다는 광고가 꾸준히 올라오고 있다. 그러나 여기서 정말로 이 모든 먹거리 식당이 잘 될까 하는 의문점이 든다. 한인촌에 있던 기존 60여 개의 한식당, 포장마차 외에 새롭게 문을 여는 식당은 분명 브라질 사람에게도 꽤 매력적으로 느껴질 것이다. 그러나 안타깝게도 지금은 역사상 최악의 불황 시기라 누구도 돈을 쓸 사람이 없다.

또한, 한식당뿐만 아니라 봉헤치루 지역이 브라질 사람에게 많이 알려지지 않은 점이 가장 큰 문제다. 요즘 한식당을 찾은 브라질 사람들이 매운 감자탕과 불고기에 소주를 마시는 모습이 심심찮게 보인다. 그러나 아직도 대부분의 브라질 사람들은 한인촌이 어디 있는지조차 모르는 경우가 많다. 또 다른 문제는 브라질 손님에 대한 거부감으로 광고도 하지 않고 오히려 손님을 받지 않는 곳이 많다는 것이다. 얼마 되지 않는 우리 한인만 상대하기보다 더 많은 숫자의 브라질 시장을 뚫어야 진정한 한인촌으로 성장할 수 있지 않을까 하는 생각이 든다.

[나는] 일전에 TV 방송에서 '커피의 거리'라는 이름으로 프라치스 거리의 [한국] 빵집들을 소개한 적이 있다. 이를 보고 당장 그 주말에 많은 사람이 몰렸고 지금도 많이 홍보되고 있다. 그러나 요즘에는 TV나 잡지가 아닌 페이스북이나 인스타그램, 유튜브 등 SNS 광고가 대세이다. 대부분 스마트폰을 통해 정보를 구하고 어디 어느 집에서 무엇을 먹어야 하는지 모든 정보를 공유하고 있다. 이런 추세에 맞추어 [나는] 작년 초부터 [한국] 반찬가게, 식당, 빵가게 몇 개를 선정하여 무료로 가장 활발하게 사용되는 페이스북 페이지를 만들어 주고, 사진도 찍어 주고, 홍보도 해주었다.

예전에는 이런 페이지를 열려면 전문적인 지식이 필요했고 돈이 들었지만, 이제는 손쉽게 누구나 무료로 열 수 있다. 지금도 페이지를 뚝딱 열어 두고 꾸준히 관리하면 가만히 앉아서 광고 효과를 누릴 수 있다. 우리 가게 제품은 무엇인지, 새 제품은 무엇인지, 배달은 가능한지 더 나아가 주문도 받아 온라인 판매도 가능하다. 문제는 이런 페이지를 만들어 주었음에도 불구하고 대부분의 가게 주인들은 관심도 없고 관리할 의지도 없다. 기껏 만들어 주었지만, [누군가] 주문하려 해도, 예약하려 해도 답이 없어 점차 찾는 사람이 줄어드는 것이다.

한인촌은 확실히 변했고 그중심에는 우리 한인뿐만 아니라 중국인도 다수 있다. 한인촌에 버젓이 중국이 문화원을 설립하고 있고, 중식당과 술집도 생겨나고 있다. 이들을 우리가 거부할 필요는 없다. 똑같이 상대하고 장사하면 매출도 올리고, 브라질 소비자에게는 한식과 중식을 맛볼 수 있어 더욱 매력적이게 될 것이다. 이제 한인촌은 가게 숫자와 크기를 따지는 외면(하드웨어)보다 제품 설명과 안내를 하는 내면(소프트웨어)을 살려 한인촌 홍보 내용에 더 주력해야 할 시기가 온 것이다."

그런데 브라질 한인사회의 어려움은 타민족-특히 중국인과 볼리비아인들-과의 관계로 더욱더 악화되고 있다. 중국인들은 저가 상품으로 의류시장을 공략하고 있고, 그동안 한인 밑에서 봉제를 배운 볼리비아인들은 1998년과 2008년 브라질의 불법체류자 사면령으로 구제받아 여성의류 생산 분야에서 한인들의 경쟁자로 부상했다. 다음의 인터뷰는 오늘날 브라질 한인들의 경제적 어려움과 문제점을 잘 드러내고 있다.

(2013)

- "나의 46년 이민생활에서 이렇게 어려워 본 적은 없다. 최악이다."

(2014)

- "나는 봉헤치루에 있는 브라데스코(Bradesco)은행에서 돈을 찾은 다음, 다섯 살짜리 딸을 데리러 인근의 이화유치원으로 갔다. 유치원 앞에 도착했을 때 권총을 든 강도가 내게 다가왔다. 은행에서부터 나를 쫓아온 것이다. 대낮에 봉헤치루 한복판에서 이런 일이 일어난다는 것은 상상할 수 없는 일이다. 수업이 끝난 아이들이 곧 나올 것 같아서, 그리고 아이들에게 피해를 주지 않기 위해서. 나는 가지고 있던 돈을 모두 그에게 주었다."
- "나는 길거리에서 절대로 핸드폰을 사용하지 않는다. 그런데 서울로부터 아주 중요한 전화가 왔기 때문에 평소와는 달리 가방

에서 핸드폰을 꺼내 통화를 했다. 그런데 갑자기 오토바이를 탄 강도가 내게 가까이 다가와서 그것을 채갔다. 이런 일이 벌써 세 번째다. 모두 1,000달러가 넘는 삼성 폰이다."

(2015)

- "나는 28년 운영하던 가게를 어제 폐업신고 했다."
- "폐업신고 하는 데에도 약 5천 달러의 비용이 든다. 지금 나의 형편으로는 폐업조차 엄두가 나지 않는다."
- "작년 한 해 동안 상파울루 8개 지역에서 총 50여 건의 아파트 절도 사건이 일어났다. 발생지역은 한인들이 밀집해 살고 있는 봉헤치루(Bom Retiro), 아클리마싸옹(Aclimação), 캄부시(Cambuci)구(區) 등이다. … 브라질 최대 글로부(Globo) 방송국은 2015년 1월 20일 한인사회가 이를 어떻게 대처할 것인지 알기 위해서 홍영종 총영사와 인터뷰하는 장면을 내보냈다. … 그런데 이 범행에는 한인 청년들도 포함되어 있었다. 그들이 정문을 통해서 아파트로 들어갈 수 있는 것은 경비원에게 자신이 집주인의 친척이라고 말하기 때문이다."

(2017)

- "나는 우리 영감의 계획대로 2017년 10월 한국으로 영주 귀국했다. 그것은 2015년 한국으로 역이민을 한 딸 가족과 함께 살기 위해서다."
- "경기는 점점 악화일로를 걷고 있다. 따라서 강도사건 증가는 물론, 치안도 극도로 불안해지고 있다."
- "한국학교가 문을 닫게 되다니 … 매우 비극적이다."

(2018)

- "그동안 한인들의 특징은 자녀들을 최고의 사립학교에 보내고, 100만 달러의 저택에서 살며, 자동차도 눈에 띄는 BMW와 같은 것을 타고 다닌다는 것이었다. 하지만 이들이 밤사이 몰래 도망가는 사례가 증가하고 있다. 그것은 이들이 월사금이 높은 사립 중 · 고등학교에 자녀들을 보내기 때문이다. 1년 동안 자녀 1명의 학비는 약 2만 달러이다. 그러나 만일 부모가 학비를 내지 못하면, 좀 더 자세히 말하자면, 만일 부모가 2년 연속 학비를 내지 못하게 되면 학교는 학부모를 상대로 고소절차에 들어갈 수 있다. 오늘날 브라질 한인의 평균 자녀의 수는 3명이다. 따라서 중 · 고등학교에 다니는 자녀가 1명이면 2만 달러, 2명이면 4만 달러, 3명이면 6만 달러를 한 해에 내야 한다. 따라서 학비를 내지 못한 한인 학부형들이 해외로 도주하고 있다."
- "한인들은 몇 년 전만 하더라도 새벽시장에서 일하는 것을 매우 부끄럽게 생각했다. 그것은 완전히 파산했다는 것을 의미했기 때문이다. 하지만, 최근에는 봉헤치루의 가게를 없애고 브라스(Brás)의 복스(box, 1m x 1m 규모)로 옮겨 가는 사람이 늘고 있다."
- "오늘날 한국으로 영주 귀국한 사람들은 주로 노인들과 젊은 청년들이다. 노인들은 한국에서 노후를 보내기 위해서, 젊은 청년들은 한국에서 일자리를 찾기 위해서이다. 그런데 그 수는 1만 명에 이를 것으로 추산되고 있다. … 2017년 말 이종원 경찰영사가 한국으로 귀국할 때, 한국으로 귀환한 사람의 수를 8천 명이라 했기 때문에, 이 숫자는 어느 정도 신빙성이 있다."

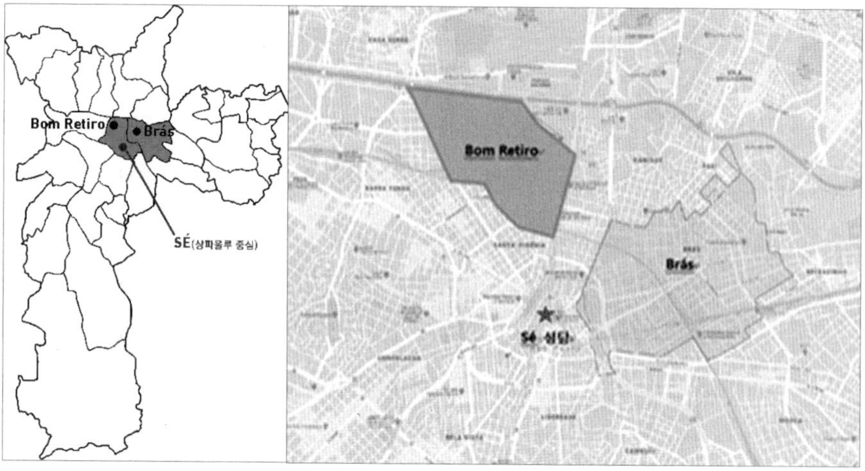

〈그림 7-4〉 상파울루시(市): 봉헤치루구(區)와 브라스구(區)

### 3) 경제중심축 이동:<br>봉헤치루(Bom Retiro)구(區)에서 브라스(Brás)구(區)로

그동안 봉헤치루는 서울의 동대문 시장으로, 그리고 브라스는 남대문 시장으로 인식되었다. 한인들이 '제품'에 본격적으로 진출할 때만해도 봉헤치루는 유대인 지역으로 좀 더 고급의류를 취급했고, 브라스는 아랍인 지역으로 좀 더 값이 싼 의류를 취급하는 곳이었다.

따라서 봉헤치루에는 좀 더 여유 있는 한인들이, 그리고 브라스에는 상대적으로 조건이 나쁜 한인들이 진출했다. 그런데 오늘날 이러한 상황은 완전히 바뀌었다. 그것은 브라질 의류시장의 중심 자체가 봉헤치루에서 브라스로 바뀌었기 때문이다. 그 결과 한인 3명이 봉헤치루에서 일을 한다면, 7명이 브라스에서 일을 하고 있다. 바로 이러한 이유 때문에 2018년 1월 새로이 부임한 총영사(김학유)가 가장 먼저 방문한 곳이 브라스였다.

브라스 역시 상파울루 시내 중심(Sé 성당)과 가까운 곳에 위치한다. 18세기 중반 이 지역의 지주였던 주제 브라스(José Brás)의 이름을 딴 브라스는 원래 포도주와 리코르 생산지역이었는데, 19세기 후반 맥주와 생필품 — 양동이와 말안장 — 을 생산하는 산업지역으로 바뀌었다. 그런데 이 지역은 세계에서 가장 큰 개신교 교회들이 밀집되어 있어서[14] 오늘날 교통의 요지 — 지하철 3호선과 수많은 시내버스 노선 통과 — 가 되었다. 따라서 많은 사람들이 왕래하는 상업지역으로도 각광을 받고 있다.

브라스에는 여러 민족이 시대를 달리하며 진출했다. 즉 20세기 초반에는 이탈리아인, 그리스인, 아르메니아인이,[15] 1930년대 초반에는 아랍인이,[16] 1970년대에는 한인이, 1990년대에는 볼리비아인이 진출했다. 그리고 21세기 초에는 중국인이 진출했는데, 그들의 수는 절대적으로 우위를 차지하고 있다.

그리고 최근에는 2011년 아이티 지진의 피해자들을 브라질 정부가 인도적인 차원에서 북부 파라(Para)주(州)에 정착시켰는데, 그들 역시 브라스로 집결하는 모습을 보이고 있다.

---

14 참고로 2010년 브라질 지리통계청 자료에 의하면, 브라질의 종교는 가톨릭(64.6%), 개신교(22.2%), 무교(8%), 영성주의(2%) 그리고 기타(3.1%)인 것으로 나타났다(Censo de 2010. IBGE). 따라서 이 지역은 20세기 초까지 '브라스 봉 제주스 개신교회(Igreja de Bom Jesus do Brás)'를 중심으로 발전했고, 이후에는 '브라질 기독교 집회모임(Congregação Cristã no Brasil)', '하나님이 지배하는 '세계 도시'교회('Cidade Mundial' da Igreja Mundial do Poder de Deus)', '신의 왕국 유니버설 교회의 '솔로몬 사원'('Templo de Salomão' da Igreja Universal do Reino de Deus), 등을 중심으로 발전했다.

15 이탈리아인들은 카살루체(Casaluce) 성모와 비토(Vito) 성인을 기념하는 가톨릭 축제로, 그리스인들은 그리스 정교회로, 그리고 아르메니아인들은 특히 철도역 근처에 형성된 산업단지에서 자신의 존재감을 강력하게 드러내고 있다.

16 아랍인들은 청바지를 생산 · 유통시켜, 최근에는 미국으로 수출하여 유명세를 떨치고 있다.

〈그림 7-5〉 브라스의 '새벽시장'

출처: https://noticias.uol.com.br/cotidiano/ultimas-noticias/2017/11/30/maior-mercado-informal-da-america-do-sul-tem-almoco-a-r-3-pechincha-e-ameacas-da-mafia.htm?cmpid=copiaecola.

### 4) 라틴아메리카에서 가장 큰 브라스의 '새벽시장'

브라스에 형성된 새벽시장은 새벽 1시부터 7시까지 운영된다. 그런데 이 시장을 장악한 사람들은 볼리비아인들과 중국인들이다. 이들은 이 지역의 관리를 맡고 있는 브라질의 마피아 '뻬쎄쎄(PCC: Primeiro Comando Capital)'에게 매달 일정 금액을 상납하고 있다.[17] 이에 대해서 '한인회' 전임 박동수 회장은 다음과 같은 의견을 피력한 바 있다.

> "그동안 브라질 노동자당(PT) 정부의 정책은 시장의 원리를 완전히 무시한 것이다. 중도좌파인 브라질 사회민주당(PSDB)이 정권을 잡았

17 오늘날 이 PCC는 이탈리아 마피아와 손을 잡고 일하고 있다. 참고: Elyssa Pachico(2014). "Brazil's PCC Gang Worked with Italian Mafia." Insight Crime, 2014. 11. 4. https://www.insightcrime.org/news/brief/brazil-pcc-gang-worked-with-italian-mafia.

을 때만 해도 최소한의 시장의 원리는 지켜졌었다. 브라질의 노동자당은 브라스(Brás)구(區)의 새벽시장에서 중국인들의 횡포를 묵인하고 있다. 왜냐하면 중국인들이 5~6년 전부터 노동자당이 장악한 상파울루시(市)정부에 정치자금을 대고 있기 때문이다. 바로 이러한 이유로 브라질의 중산층이 무너지고 있다. 한인들도 마찬가지다. …

브라질 노동자당은 볼리비아인들이 열악한 주거 환경 및 작업 환경 — 화장실에서 밥 먹는 장면 — 을 보고, 고용주인 한인들을 비난한다. 왜냐하면 한인들이 그들을 '노예노동'으로 혹사시키고 있다고 확신하고 있기 때문이다. 하지만 오늘날 볼리비아인들의 경제사정은 그들이 도요타의 코로나와 혼다 모델을 타고 다닐 정도로 매우 좋아졌다. 그것은 순전히 한국인들 덕분이다(2015. 2. 10. 인터뷰)."

그럼에도 불구하고 이 시장이 성장하게 된 원인은 현금으로만 거래하기 때문이다. 즉 세금계산서 없이 현금으로만 거래하는 '비공식' 시장이기 때문이다. 5년 전만 하더라도 한인들은 이 시장에서 일하는 것을 매우 부끄럽게 생각했다. 그것은 파산을 의미했기 때문이다. 그러나 오늘날에는 그 상황이 달라졌다. 봉헤치루에 버젓한 가게를 가진 한인들 역시 브라스로 진출하고 있다. 그런데 그들은 길거리 좌판에서 물건을 파는 다른 민족들─특히 볼리비아, 페루, 파라과이, 중국인들─과는 달리, '복스'를 얻어 장사한다. 그런데 이 시장은 과거의 번화가였던 밀러(R. Miller), 실바 텔레스(R. Silva Teles), 카지미르 데 아브레우(R. Casemire de Abreu) 거리 대신 그동안 후미졌던 거리에 형성되어 잠차 확대되고 있다.

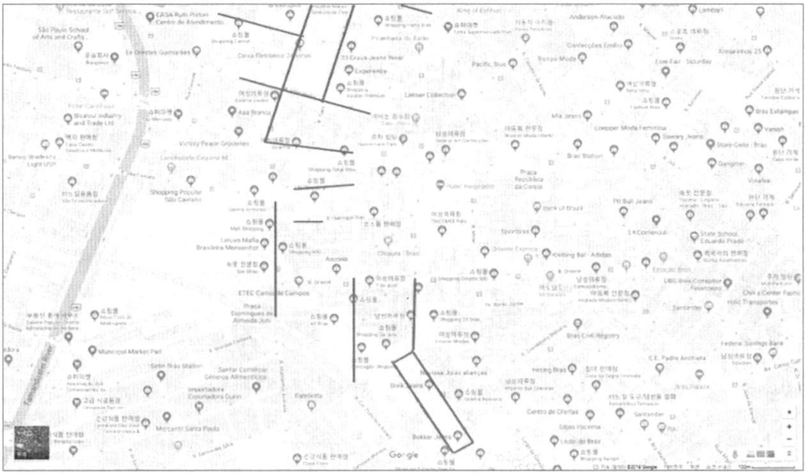

〈그림 7-6〉 브라스 새벽시장이 형성된 거리들

## 5) 한인 경제기반을 위협하는 볼리비아인과 중국인들

한인들의 여성의류 제조업을 위협하고 있는 타민족은 볼리비아인과 중국인이다. 그들의 수는 공식적으로 각각 30만 명으로 증가했다. 이 두 민족의 숫자가 급증한 이유는 브라질과 볼리비아의 두 나라의 이해관계 때문이다.

볼리비아인의 경우, 볼리비아의 천연가스를 파이프를 통해 값싸게 공급받는 대신, 브라질은 불법으로 브라질 국경을 넘는 볼리비아인을 눈감아 주었다. 그들 불법체류자들이 한인 의류 제조업에서 바느질을 담당한 비율은 80%가 넘었다. 하지만 1998년과 2008년 사면령으로 약 20만 명이 영주권을 취득하여, 오늘날 한인들의 강력한 경쟁자로 부상했다. 그들의 공급가격은 한인들 가격의 50% 정도밖에 되지 않는다.

그리고 중국인들의 경우, 20세기 내내 그 수가 20만 명을 넘지 못했다.[18] 하지만 21세기 중국의 대(對)브라질 투자증가로 오늘날 불법체류자들을 포함한 비공식 통계는 200만 명에 이르는 것으로 나타났다. 하지만 브라질 정부는 이들 중국인 불법체류자들을 눈감아 주고 있다. 오늘날 중국인들은 브라질 북쪽 끝인 몬치 카부랄(Monte Cabural-RR)에서부터 남쪽 끝인 아호이우 추울(Arroio Chul-RS)까지 진출하지 않은 곳이 없다. 그들 대부분은 요식업에 종사하고 있지만, 상파울루에서는 여성의류 제조업과 유통에 종사하고 있다. 사실 중국인들은 얼마 전까지 한인들이 필요로 하는 원단이나 부속품을 공급하는 정도의 보조역할을 했다. 하지만 최근에는 자기들끼리 카르텔을 만들어 중국으로부터 좋은 모델의 물건을 한인들보다 훨씬 싸게 수입하고 있다. 그들의 수입규모와 공급가격은 오늘날 한인사회의 경제적 기반을 위협하고 있다. 그리고 여성의류 제조업자들이 사용하는 지퍼나 단추 등의 액세서리를 빈치 싱쿠 데 마르수(25 de Março) 지역에서 공급해 온 약 700명의 조선족 역시, 중국인들의 위상이 높아짐에 따라서 오늘날 한인들 위에 서 있다.

### 6) 심각한 브라질 한인 청년 문제들

브라질의 경기침체는 브라질 한인사회를 강타했다. 따라서 한인 청년들의 범죄율도 증가했는데,[19] 가장 대표적인 예가 2015년 말 한인

18 그중 13만 명이 상파울루에 거주하고 있다. "Brasil por trás da História," http://brasil--historia.blogspot.kr/2012/11/imigracao-chinesa-no-brasil.html. 2012. 11. 20(2015. 2. 12 검색).

19 https://www.youtube.com/watch?v=XfVCBMn7Kal 2015. 1. 21 참고.

거주지에서 일어난 강도사건이다. 이에 대해서 한 브라질 교민신문은 다음과 같은 칼럼을 내놓고 있다.

> "저임금으로 한인들의 모방 의류를 만들어 내는 볼리비아인들, 중국에서 저가에 의류제품을 수입하여 판매하는 중국인들, 거기에다 인터넷 시장의 성장 등이 겹쳐 교민 의류 도매시장은 활기를 잃어 갔다. 문을 닫는 옷가게들도 늘어났다. 장사가 안 되다 보니 자연스럽게 아이들의 학비도 밀렸고 심지어는 학교를 중퇴하는 한국 교민 자녀들도 생겨나게 됐다.
>
> 브라질에서 대학을 졸업한 후 받는 초봉을 한인 의류사업체에서 버는 수입과 비교하면 아주 적은 액수다. 때문에 부모들은 대학을 졸업하고 브라질 사회에 취직을 하려는 자녀들을 자신의 옷가게에서 일을 시켰다. 직장 생활보다 훨씬 더 많은 돈을 벌 수 있으니까. 하지만 의류제조업은 하향 길로 접어들었고 옷 만드는 것만 아는 우리 아이들은 갈 곳이 없어졌다.
>
> '이민 2세'인 아이들의 경우, 현지에서 태어났기 때문에 현지어를 능통하게 하지만 청소년 시기에 이민을 온 아이들은 언어적인 장벽과 문화적인 차이 때문에 적응하지 못하고 방황한다. 학교를 가도 알아듣지도 못하고 또한 브라질인들과도 어울리지 못한다. 이들은 끼리끼리 모여 학교도 가지 않고 방황하고 심지어 마약을 하기도 한다.
>
> 이런 우리의 아이들이 성인이 되면 무슨 일을 할 수 있을까? 부모의 의류사업도 좋지 않아 사업도 이어받지 못하고, 학교도 제대로 졸업하지 못하고, 배운 기술도 없는 우리의 아이들은 어떤 일을 할 수가 있을까? 근본적인 해결책은 마련하지 못하면서 용의자로 지목된 우리 아이들을 잡아서 감옥 보내면 된단 말인가? (중략)
>
> 한인들의 경기가 어려워지면 어려워질수록 먹고 살기 힘들어서 이

〈그림 7-7〉 최근 상파울루 총영사관 및 단체들의 사업 변화

런 절도행각을 벌이는 아이들은 늘어날 것이다. 또 이들은 감옥을 다녀온 후 또다시 범죄를 저지를 것이다. 수배 중인 우리 아이들을 체포해 감옥에 보내는 것에만 신경 쓰지 말고, 이런 우리 아이들이 더 이상 생

> 기지 않게 노력해야 할 것이다. 총영사관 그리고 한인회는 공부 못하고, 할 줄 아는 게 없는 우리 아이들도 우리 교민이고 대한민국 국민이란 것을 잊지 않았으면 좋겠다(『오마이뉴스』 2015. 11. 24).

한인사회의 중추산업인 여성의류 제조업의 붕괴는 한인 청년들의 일자리도 앗아 갔다. 더군다나 그동안 부모 밑에서 여유로운 생활을 하던 그들이 브라질 사회에 나아가 낮은 월급을 받고 직장 생활을 하는 것이 여의치 않기 때문에 최근 상파울루 총영사관과 관련 단체들도 이들의 취업지원을 위한 행사들을 주최하고 있다.

이 외에도 또 다른 단체-한국 정부의 여성가족부 소속 세계한민족네트워크 '코윈(Kowin)'의 브라질 지부(회장 김정수)-는 한인 청년들의 취업이나 창업지원뿐만 아니라, 그들의 이혼율을 줄이기 위해서 한국으로부터 전문가를 초빙하거나 혹은 그들의 성교육 강의를 영화처럼 번역하여 자막으로 넣는 방식을 고민 중이다(2018. 4. 28. 인터뷰).

## 4. 최근 '한인회' 차원의 대응

경기침체로 브라질 한인사회는 '한인회'에 별 관심을 보이지 않고 있다. 하지만 2016년부터 '한인회'를 이끌고 있는 김요진 회장 — 제34대(2016~2018), 제35대(2018~2019) — 은 34대 '한인회'의 성과를 다음과 같이 피력했다.[20]

20 『좋은아침』 2018. 4. 13. http://bomdianewsbr.com.br/zbxe/board_MaSb48/7727.

첫 번째, KBS '가요무대' 공연을 성공적으로 치러 낸 것, 두 번째, 평창올림픽 지원행사를 차질 없이 해낸 것, 세 번째, 2017년 '한국문화의 날' 행사에서 한국문화의 우수성을 알린 것(약 20,000명 참가), 네 번째, 2013년 이민 50주년 기념행사로 한국 정부가 지원한 50만 달러 중 남은 자금으로[21] '한 · 브 장학재단'을 만들어 우수한 한인 청소년들이 경제적 어려움 속에서도 학업을 지속하게 한 것,[22] 다섯째, 상파울루 시(市)정부 및 시(市)의회의 협조로 봉헤치루에 '리틀 서울 프로젝트'를 단계적으로 실천해 나가고 있다는 것이다.

위의 다섯 가지 성과는 모두 한국과 밀접한 관계가 있다. 마지막의 '리틀 서울 프로젝트'는 2017년 서울시(市)와 상파울루시(市)가 자매결연 40주년을 맞아 상파울루의 주앙 도리아(João Doria) 시장이[23] 4월 13일 서울의 박원순 시장을 방문하여 명예 시민상을 수상한 것을 계기로 '한인회'가 새롭게 계획한 프로젝트이다.[24] 양국 정치인들의 왕래가 증가함에 따라서 '한인회' 지도자들의 브라질 정치인들과의 접촉은 자연스

---

21 최금좌(2013)의 "2013년 이민 50주년을 맞이한 재브라질 한인사회의 현황과 문제점"을 참고.

22 사실 이 재단의 창설은 당시 총영사 홍종영이 적극 제안한 것으로 알려졌다.

23 언론인 출신인 주앙 도리아는 서울 방문의 전 과정을 직접 녹화하여 상파울루 시정부 홈페이지에 올렸다. 그리고 현재 그는 2018년 10월 상파울루 주지사 선거에 나가기 위해서 이미 시장직을 사임한 상태이다.

24 참고로 라틴아메리카에서 제일 큰 도시 상파울루(면적 1,530㎢, 인구 1,100만 명)는 서울(면적 605㎢, 인구 1,032만 명)의 2.5배의 면적에 거의 비슷한 인구가 살고 있다. 그동안 서울과 상파울루 시(市)정부는 도시교통, 문화, 인적 분야에서 꾸준한 교류를 해왔는데, 상파울루가 관심을 갖는 분야는 특히 서울의 교통정보 시스템, 전자정부 등 서울시 도시정책이다. 박원순 서울시장은 2012년 상파울루시를 방문해서 양 도시 간 자연환경 보존방안과 교통 · 대기오염 관련 정책을 논의한 바가 있다.

〈그림 7-8〉 한인타운 상징물 기공식 포스터 및 향후 완성된 '우리'의 모습

럽게 증가했다. 태권도 사범 출신인 김요진 회장은 그의 특유한 친밀감으로 정기적으로 봉헤치루 입구에 위치한 루스공원(Jardim da Luz)은 물론 공원 앞 길거리 청소를 통해 한인들에 대한 이미지 개선 및 공감대 형성에 기여하고 있다. 그리고 상파울루 시(市)정부 인사들, 주(州)정부 인사들, 그리고 경찰 관계자들과 돈독한 관계를 맺으며 브라질 한인사회의 난제들을 하나씩 해결해 나가는 기지도 발휘하고 있다.

참고로 김요진 회장의 35대 '한인회' 사업의 일정 및 성과를 정리해 보면 다음과 같다. 첫 번째, 봉헤치루 입구에 한국을 상징하는 조형물 '우리'의 설치이다. 이 조형물은 한글의 자음과 모음을 형상화한 얼굴을 한 두 사람이 걷는 모습을 하고 있다. 2010년 봉헤치루를 코리아타운으로 지정한 상파울루 시(市)의회가 이곳을 2018년 '한국전통문화관광특구'로 지정함을 기념하기 위한 것이다.[25] 한국의 '장승'을 모델로

25 이 사업은 재외동포재단의 20만 달러의 재정적 지원으로 가능했다.

삼은 이 상징물의 설치에는 디자인에서부터 제작, 설계 및 공사까지 모든 작업이 브라질 한인들에 의해 이루어졌다. 더군다나 '세계 물포럼'에 참석차 브라질을 방문한 이낙연 국무총리가 3월 17일에 참석하여 상징물 기공식을 개최하여 그 의의를 더했다.[26]

두 번째, 봉헤치루에 제13경찰대대의 지구대 이전이다. 코리아타운의 치안을 위해, 브라질 치안국과 보건국의 협의를 거쳐 봉헤치루의 주도로인 주제 파울리누(R. José Paulino) 끝부분에 파출소를 이전하기로 합의했다. 봉헤치루 지구대에는 차량 22대, 경찰 100여 명, 오토바이 20여 대, 자전거 10대 등이 배치될 것인데, 건물 이전 및 건립에 따르는 비용은 한인사회가 부담할 것으로 알려졌다. 현재 주지사 서명만 남아 있는 상태이다.[27]

세 번째, 봉헤치루의 전선 지중화 사업이다. 이것은 봉헤치루 내에 존재하는 모든 전봇대를 없애고 모든 전선을 땅속으로 묻는 사업으로, 봉헤치루의 '리틀 서울 프로젝트' 혹은 '리틀 코리아 프로젝트(Pequena Coreia)'로 결정된 사업의 일환으로 볼 수 있다.

네 번째, '한국문화의 날'을 8월 15일로 확정시킨 것이다. 2006년

---

26 참고로 2017년 4월 11일 조성위원회(위원장 고우석)가 발대식을 했으며, 공사는 4월 12일 시작되어 8월 11일 완성되었다. "한인 상징물 공사, 6월 30일 완료 예정". 『좋은 아침』 2018. 5. 4. http://bomdianewsbr.com.br/zbxe/board_MaSb48/8014. 주 상파울루 대한민국 총영사관 Consulado Geral da República da Coreia em São Paulo의 홈페이지와 Facebook을 참고.

27 제13경찰대대에는 3개의 지구대가 있는데 제1지구대는 봉헤치루, 제2지구대는 산타세실리아, 제3지구대는 브라스로서, 제2 · 3지구대는 이미 산타세실리아와 브라스 지역으로 파견하고 있기도 한데, 제1지구대는 본부와 함께 생활을 하고 있으나 장소가 협소하고 시설이 낙후되어 대원들 모두 이전을 강력히 희망하는 것으로 알려지고 있다(『좋은 아침』. 2017. 12. 12).

상파울루 주(州)정부의 요청으로 시작된 '한국문화의 날' 행사는 그동안 5월 마지막 주말에 열기로 결정되어 있었으나, 그동안 한국의 형편에 따라서 날짜가 계속 바뀌었다. 하지만 2017년부터 이 행사를 광복절에 하는 것으로 확정했다.

## 5. 결론 및 제언

지금까지 살펴본 것처럼, 브라질의 경기침체가 시작된 이후 브라질 한인사회의 모습과 특성은 과거와 많이 달라졌다. 전 세계가 미국발 세계 재정 위기로 몸살을 앓는 동안 브라질 한인사회는 그동안 쌓아 놓았던 삶의 터전을 잃고, 후손들의 장래를 걱정해야 하는 상황에 처해 있다.

브라질 한인사회를 직접적으로 위협하는 존재는 여성의류 제조업에서 경쟁해야 하는 볼리비아인들과 중국인들이라고 할 수 있지만, 좀 더 광의적인 의미에서 살펴보면 중국의 대(對)브라질 정책으로 급증한 중국인들이 위협이 되고 있다.

중국은 1895년 브라질과 외교관계를 수립하고 난 후 100년 이상 동아시아 최대 교역국의 지위를 누렸던 일본을 2009년에 제치고 브라질의 최대 교역국이 되었다. 그리고 중국은 최근 2014년 시작된 시진핑의 '일대일로(一帶一路, One Belt and One Road)' 정책을 달성하기 위해서, 브라질을 대(對)라틴아메리카의 진출 교두보로 삼으며, 장기적인 안목에서 대(對)브라질 투자를 증가시키고 있다. 즉 브라질 기업들을 대대적으로 인수합병 하고 있는데, 이에 따라서 중국인들의 브라질로의 이주도 급증하고 있다.

이 글을 마치면서, 브라질 한인사회가 직면한 문제점들을 어떻게 해결해 나가야 할 것인지 그에 대한 대안을 다음과 같이 제시해 보고자 한다.

### 1) 브라질 한인사회의 새로운 성장전략: 코리아타운 봉헤치루의 한류 전파기지 역할 강화

미래학자 피터 드러커(Peter Drucker)가 '21세기에는 문화산업에서 각국의 승패가 결정될 것'이라고 언급했듯이, 문화산업의 중요성이 나날이 커지고 있다. 브라질 한인사회가 올해 이민 55주년을 맞이하여, 상파울루 주(州)정부 및 시(市)정부와 함께 봉헤치루 입구에 상징물 '우리'를 건립한 것도 봉헤치루가 코리아타운으로서 한류 전파기지의 역할을 본격적으로 시작하겠다는 의미로 받아들일 수 있다.

브라질 한인사회가 이러한 움직임을 보이는 것은 브라질 일본인 사회의 경우를 잘 이해하고 있기 때문이다. 올해로 이민 110년을 맞이한 브라질 일본인 사회는 이민 4~5세대를 거치면서 브라질 사회에 완전 동화되었다. 더군다나 브라질 사회의 특징인 인종 간의 혼합으로, 원래의 모습도 찾아볼 수 없다. 따라서 일본촌 '리베르다지'구(區)는 오늘날 일본 음식 및 문화 체험이 가능한 곳으로 전락했다.

그런데 코리아타운 봉헤치루의 경우, 브라질의 경기침체와 브라질의 2014년 월드컵 대회와 2016년 올림픽 대회 개최가 한류 전파기지 역할을 앞당겼다.[28] 브라질 방송 및 언론이 한국 음식, 한국 음악, 한

28 이때 한류 및 한류 행사와 관련된 사이트들, 잡지들, 업체들이 대거 등장했다.

국어에 관심을 보임에 따라서, 향후에도 봉헤치루를 계속 찾게 될 것이다. 따라서 이를 뒷받침할 만한 이론적 근거와 자료들을 차분하게 준비할 필요가 있다. 그것을 준비하는 과정에서, 브라질 한인사회가 또다시 경제적으로 도약할 수 있는 발판을 마련할 수 있기 때문이다.[29]

### 2) 동양계 이민들과의 통합 성장전략: 일본계, 중국계, 한국계의 공동 문화행사 개최 및 정치역량 강화

최근 중국의 대브라질 진출과 함께, 동양의 3국인 중국, 일본, 한국은 문화전쟁에 돌입했다. 중국은 정부정책의 홍보뿐만 아니라, 브라질의 주요 도시에 공자학당을 설립하고 있고,[30] 일본은 이에 질세라 2017년 11월 상파울루 시내에 '일본 하우스(Japan House)'를 개관하고, 브라질의 오지를 찾아다니며 문화 페스티벌을 꾸준히 개최하고 있다.[31]

---

29 브라질 한인들은 브라질 문화의 특성상 브라질 사회로의 동화가 매우 빨라서 한국어를 구사하는 청소년 비율이 이웃 파라과이나 아르헨티나의 경우와 비교해 볼 때 상당히 낮다. 따라서 한국어 교재의 경우, 초 · 중 · 고 과정의 학생을 위해서는 종교기관에서 운영하는 토요한국학교 및 사설 한국학교에서 쓰는 교재의 통합 · 개발이 시급하고, 대학생들을 위해서는 일본문화재단(Japan Foundation)의 경우처럼, 꾸준히 후손들을 한국으로 데려와 전공은 물론, 한국어와 한국문화를 익힐 수 있는 장학제도의 수립이 시급하다고 할 수 있다.

30 2014년 5월 19일에는 남부 히우그란지 두 술(Rio Grande do Sul)주(州)의 포르투알레그리시(市)에서 '브라질에서의 중국문화산업전시회(China Cultural Industry Exhibition in Brazil)'를 개최하며 100명 이상의 주정부, 브라질 문화산업계, 언론 및 방송 관계자들을 초청했다. http://www.chncia.org/en/news-detail.php?mid=13&id=39.

31 예를 들면, 2015년 8월 15일 북부의 토칸칭스(Tocantins)주(州)의 팔마스(Palmas)시(市)에서 열린 페스티벌이 제7차 일본문화 페스티벌이었다. http://cultura.to. gov.br/noticia/2015/8/15/abertura-do-7o-festival-da-cultura-japonesa-reune-grande-publico -na-praca-dos-girassois.

〈그림 7-9〉 제1회 한국문화의 날 포스터
[왼쪽: 2006년 상파울루시(市), 오른쪽: 2014년 북동부 헤시피시(市)]

한국 역시 이 문화전쟁에 뛰어들었다고 할 수 있는데, 그것은 한국 기업이 브라질 전 지역으로 진출함에 따라서 그 지역에서 자연스럽게 K-Pop을 비롯한 '한국문화의 날' 행사가 열리고 있기 때문이다.

첫 번째 한국문화 행사는, 상파울루 주(州)정부의 요청으로 2006년 상파울루시(市)에서 열렸다. 이를 계기로 코리아타운 봉헤치루에서는 해마다 '한국문화의 날' 행사가 개최되고 있다. 그리고 2014년에는 북동부에 '페셍' 제철소가 건설되고 있음에 따라서, 페르남부쿠주(州)의 수도 헤시피시(市)에서 교민 7명이 주정부를 설득하여 제1회 '한국문화의 날'을 개최했다.[32] 그리고 2015년 7월 17~19일에는 북동부의 가장

32 이 행사는 순전히 그곳에서 오래 거주한 최공필옹의 개인적 노력으로 시작된 것으로, 이곳에

〈그림 7-10〉 2013년 일본인촌 리베르다지구(區)를 점령한 중국인들의 '오리엔탈 카니발 축제'

큰 동양문화 축제인 사나 페스티벌(Sana Festival)에 한인들이 참여했다.[33]

이것은 한국기업이 진출한 지역에 한국문화 행사가 개시된다는 것을 의미하는데, 이때 한류가 한몫했다. 브라질 언론과 방송 역시 기회가 있을 때마다 한국, 브라질 한인사회 그리고 한국문화 관련 프로그램을 방영하고 있다. 최근 대표적인 예는, 2018년 1월 25일 상파울루시(市)가 건립 464주년을 맞자, 글로부(Globo) TV방송국이 '상파울루의 새 얼굴'이라는 프로그램을 편성했는데, 이때 한인들의 경제활동, 생활 모습 그리고 한국문화를 다루었다.

그런데 5만 명으로 이루어진 한인사회가 한국문화를 브라질 사회에 알리기 위해서는, 혹은 일본이나 중국이 대대적으로 벌이는 문화전쟁에서 살아남기 위해서는 필자가 이미 다른 글에서 언급했듯이[34] 한국

서도 매년 개최하고 있다.

33 이 행사는 전적으로 주 브라질 한국 대사관의 지원으로 이루어졌다.

34 필자의 "브라질에서의 '한류': 현황과 활성화 방안에 관한 연구"(최금좌, 2015c) 참고.

〈그림 7-11〉 2017년 '오리엔탈 카니발 축제'에 참여한 한인사회

문화의 차별화도 중요하지만 그들과의 동질성을 강조해야 한다는 것이다. 예를 들면 2013년 구정에 중국인들이 일본인촌 리베르다지구(區)를 점령하며 '오리엔탈 카니발 축제'를 개최한 것은 일본사회뿐만 아니라 한인사회도 놀라게 했지만, 함께 동양의 문화 행사를 시작했다는 사실은 매우 중요하다. 따라서 2017년 2월 브라질 한인사회는 일본 및 중국사회 — 이때 참여한 사람들은, 대만 출신이었다 — 와 함께 '동양인의 축제'에 참가했는데, 그것은 평창올림픽을 홍보하기 위해서였다.

그리고 브라질에서 동양 3국이 협력해야 하는 분야는 후세들의 정계 진출이다. 그동안 브라질 한인사회는 비록 적은 수에도 불구하고,[35] 브라질 일본사회와 중국사회가 배출한 정치 후보자들이 브라질 정계에 들어갈 수 있도록 돕기도 하고,[36] 또 다른 한편으로는 한인 정치 후

35 2017년 재외동포재단의 자료에 의하면, 브라질 한인사회의 구성원은 총 51,531명으로, 시민권자 29,231명, 영주권자 21,302명, 일반체류자 998명이었다(재외동포재단, 2017).

36 특히 중국계 윌리엄 우(William Woo)가 상파울루 시의원에 당선된 경우가 이에 해당하는데, 이때 한인 1.5세 2명이 보좌관으로 들어가서 활동했다.

보자들을 배출하려고 꾸준히 노력해 왔다.[37] 그런데 2016년 지방선거, 특히 상파울루 시(市)의원 선거에서 한인 후보 4명이 출마함에 따라서 표가 분산되었다.[38] 따라서 한인 후세들의 브라질 정계 진출을 위해서는 내부적으로 당선 가능성이 높은 인물을 후보로 내보내는 시스템을 구축해야 한다.

### 3) 한국계 후손들의 경쟁력 강화전략: 한국 정체성 및 문화 유지를 위해서 한국계 국제학교 설립 필요

브라질 사회가 한국에 가장 관심 있는 분야는 교육 시스템이다. 브라질의 경제학자이자 TV 및 라디오의 진행자, 그리고 경제잡지 『이스투 에』(*Isto É*)의 칼럼니스트인 히카르도 아모링(Ricardo Amorim)[39]은 한국의 경제발전 배경에 관심을 갖고, 2014년 10월 8일 '탄식할 정도의 다른 현실에서 사는 주엉과 김 (João e Kim: Duas Realidades Diferentes! Lamentável)'이라는 제목의 동영상을 제작하여 유튜브에 올렸다.

---

37 주로 상파울루 시(市)의원에 입후보했는데, 그 대표적인 인물은 1970년대 의사로서 한인회장을 역임했던 이영만이다. 그리고 또 다른 사람은 리우데자네이루 주(州)의원에 입후보한 반공포로 출신의 백영훈이다. 그가 리우데자네이루시(市) 빈민촌에 설립한 기술학교의 성공을 인정한 결과였다. 그리고 최근 브라스(Brás)에서 병원을 운영하던 의사 김성수가 6만 표를 얻은 적도 있다.

38 브라질 한인유권자협회(Comité da Comunidade Coreana no Brasil)의 분석에 의하면, 히카르도 김(Ricardo Kim) 3,432표, 넬슨 홍(Nelson Hong) 2,877표, 브루노 김(Bruno Kim) 1,095표, 주제 안(José An) 362표를 받은 것으로 나타났다. 이들 한인 후보들이 받은 총 득표수는 7,766표로, 한인사회는 이 결과를 매우 안타깝게 생각하고 있다. 『투데이닷컴』, "한인 시의원 총득표", 2016. 10. 2.

39 그는 글로부 TV(Globo TV)의 주간 시사경제 프로그램인 맨해튼 커넥션(Manhattan Connection)과 엘도라도 라디오 방송국의 경제 프로그램 진행자이다.

〈그림 7-12〉 경제학자 히카르도 아모링(Ricardo Amorim)의 〈João e Kim〉

출처: https://www.youtube.com/watch?v=AOcenPfFn6c.

이 동영상의 주인공은 1970년생 동갑내기 브라질인 주엉과 한국인 김인데, 김은 브라질에 진출한 한국계 다국적 기업에서 주엉의 상사로 일하고 있다. 그런데 한국인 김이 어떻게 브라질에서 주엉의 상사가 된 것일까? 이 동영상이 전하고자 하는 메시지는 그 원인이, 그리고 한국 발전의 근본원인이 한국 정부의 교육투자와 효율적인 교육제도에 있다는 것이다. 방법론으로 그는 1960년대부터 지금까지 브라질과 한국의 경제발전 상황을 비교 · 분석했는데, 이 동영상이 브라질 사회로부터 좋은 반응을 얻어 브라질 한인사회의 자긍심을 고취시키고 있다.

여기에서 필자가 주장하고자 하는 것은 한국계 국제학교 설립이다.[40] 브라질 사회에 진작 뿌리를 내린 미국, 영국, 이탈리아인 사회가 학교를 통해 자신의 정체성을 유지 · 확산시키고 있는 것처럼, 한국계 국제학교의 설립은 한국의 국위선양과 정체성 유지에 가장 좋은 방법 중의 하나가 될 수 있기 때문이다.

40 최금좌(2014) 참고.

**〈그림 7-13〉 2018년 8월 새롭게 오픈할 미국계 '아베뉴스 국제학교(Avenues: The World School)'**

출처: "상파울루에 새로운 국제학교가 등장하다! 아베뉴스 국제학교 8월 오픈". 『좋은아침』.

최근 브라질의 경기침체에도 불구하고, 미국계 '아베뉴스 국제학교(Avenues: The World School)'가 상파울루시(市)의 중산층이 주로 사는 이타잉(Itaim)구(區)에 2018년 8월 새롭게 오픈하여[41] 브라질 사회로부터 주목받고 있다. 이것은 최근 몇 년 동안 브라질의 잠재력에 투자한 미국 기업의 흐름을 타고 브라질로 이주하는 미국인의 증가와도 밀접한 관계가 있다.

41 참고로 이 학교는 브라질 한인을 대상으로 학교 교육 프로그램에 대한 설명회를 지난 3월 개최한 바 있다. "상파울루에 새로운 국제학교가 등장하다! 아베뉴스 국제학교 8월 오픈". 『좋은아침』(학교 홈페이지. https://www.avenues.org/en/sp/?gclid=Cj0KCQiA2o_fBRC8ARIsAIOyQ-kDYMG0MFWRzyHLj-YJVsJ4fuZ0q9BgB7St2nzwVOz6akuF3aqFBH4aAksqEALw_wcB).

### 4) 브라질 사회와의 융합 성장전략: 겸손하게 새로운 먹거리 산업 창출

지금까지 지적한 문제점보다 더 중요한 것이 있다. 첫 번째는 브라질이 여러 민족이 모여 사는 다인종 사회로, 그들과 함께 조화롭게 살아가기 위해서는 한인사회가 좀 더 겸손한 생활을 영위해야 한다는 것이다. 오늘날 한인사회가 경제적으로 어려워짐에 따라서, 과거와는 반대로 볼리비아 의류 제조업자들의 바느질을 해줄 처지에 있다고 말하는 사람도 있는데, 이들 볼리비아인들이 브라질 사회로부터 비난받지 않는 이유는 그들이 부를 축적한 이후에도 드러나지 않는 생활을 유지하고 있기 때문이다.[42]

그런데 이 겸손의 문제를 넘어서 해결해야 할 아주 중요한 문제가 있다. 브라질에서 한류가 강세를 보임에 따라서 봉헤치루에는 한국식 빵집, 찻집, 미장원이 이미 들어서서 성업 중인데, 이것은 브라질 한인사회를 대상으로 하는 제한된 사업이다. 따라서 브라질 사회를 대상으로 하는 한인사회의 새로운 먹거리 사업을 찾아내야 하기 때문에, 브라질 한인사회는 우선 브라질 여성의류 시장의 30%를 제공해 온 과거의 경험을 되살려 새로운 개성과 방식을 도입한 혁신전략을 검토할 필요가 있다. 그것은 브라질의 일식당처럼 한식당의 고급화를 추구하는 것일 수도 있고, 또는 아랍 식당처럼 브라질 전 지역을 대상으로 한 요식

---

42 이에 대해 '한인회' 전임 나성주 부회장은 다음과 같은 의견을 피력하고 있다. "볼리비아인들은 근본적으로 근면하며, 또한 맨땅에 헤딩하는 정신, 즉 무조건 돌격하는 강한 추진력을 갖추고 있다. 그런데 그들이 부(富)를 축적한 이후에도 브라질 사회로부터 주목받거나 비난받지 않는 것은 헝그리 정신을 유지하고 있기 때문이다. 그들은 절대 안 먹고 안 쓴다. 따라서 브라질 사회에 전혀 두드러져 보이지 않는다." (2018. 4. 21. 인터뷰)

업의 대중화일 수도 있을 것이다. 따라서 지금 이 순간, 모든 가능성을 열어 놓고, 진지하게 검토해 볼 필요가 있다.

# 참고문헌


대외경제정책연구원. 2018. "브라질 난민 문제로 비상사태 선포 … UN과 공동으로 대책회의 개최". 『Emerics 이슈 & 트랜드』, 2018. 2. 23.

최금좌. 2000. "삼바 춤을 출 수 없었던 재 브라질 한인 교포사회". 『국제지역연구』 4(2): 43-68.

______. 2004. "세계화 시대 자유무역과 이민: NAFTA를 중심으로". 『라틴아메리카연구』 17(1): 161-196.

______. 2005. "세계화 시대 자유무역과 이민: Mercosur를 중심으로". 『라틴아메리카연구』 18(1): 181-222.

______. 2007a. "재브라질 한국이민사회: 세계화 시대 도전과 성취 그리고 전망". 『중남미연구』 25(2): 267-306.

______. 2007b. "신자유주의 시대 브라질한인사회의 성격과 전망". 국사편찬위원회 엮음, 『재외동포사총서』, pp. 214-260.

______. 2008. "이야기 브라질 한국이민사: 전 보사부 차관 한국진과 초기 이민자 고광순을 중심으로". 『포르투갈-브라질 연구』 5(2): 69-131.

______. 2011a. "도시 쌍빠울로에서의 생활." 브라질 한인 이민사 편찬위원회 엮음, 『브라질 한인 이민 50년사』, pp. 272-367.

______. 2011b. "브라질 상파울루市의 코리아타운 '봉헤찌로(Bom Retiro)'". 『재외한인연구』 24: 235-277.

______. 2011c. "포르투갈어 한글 표기 어떻게 해야 할 것인가?: 『브라질 한인 이민 50년사』 출판기념회를 마치고". 『포르투갈-브라질 연구』 8(2): 157-186.

______. 2012a. "재브라질 한인사회와 문화정체성". 『디아스포라 연구』 6(1): 123-153.

______. 2012b. "브라질 상파울루시의 코리아타운 '봉헤치루'". 임영상 외 엮음. 『코리아타운과 한국문화』, 북코리아, pp. 358-395.

______. 2013. "2013년 이민 50주년을 맞이한 재브라질 한인사회의 현황과 문제점". 『중남미연구』 33(2): 49-87.

______. 2014. "브라질 동포사회의 현황과 K-Pop시대 동포 청소년을 위한 한국어 교육의 방향".

재외동포재단 재외동포 사회 실태조사 보고서.

______. 2015a. "상파울루 코리아타운과 한국문화축제". 임영상 외 엮음. 『코리아타운과 축제』, 북코리아, pp. 295-328.

______. 2015b. "카니발을 통해 본 브라질 사회와 문화". 전남대학교 박물관 엮음. 『세계 축제의 향연』, 심미안, pp. 219-249.

______. 2015c. "브라질에서의 '한류': 현황과 활성화 방안에 관한 연구". 전략지역심층연구 논문집 III(인도 · 남아시아 · 중남미), 대외경제정책연구원(전략지역심층연구), pp. 517-570.

______. 2017. "브라질인들의 해외 이주 증가 현상". 『Emerics 이슈분석』(사회 2017-430).

______. 2018. "21세기 일본의 대 브라질 접근전략 변화: 상호보완적 관계에서 전략적 경제파트너로 전환". 『포르투갈-브라질 연구』15(1): 171-197.

Abrahamson, Mark. 2005. *Urban Enclave: Identity and Place in the World.* New York: Worth Publishers.

Albuquerque, José Lindomar C. 2009. "A dinâmica das fronteiras: Deslocamento e Circulação dos "brasiguaios" entre os limites nacionais.", *Horizontes Antropológicos,* 15(3): 137-166.

Aranha, Ana. 2017. "Maior mercado informal da América do Sul tem almoço a R$ 3, pechincha e ameaças da máfia." 11. 30. http://noticias.uol.com.br/ cotidiano/ultimas-noticias/2017/11/30/maior-mercado-informal-da-america-do-sul-tem-almoco-a-r-3-pechincha-e-ameacas-da-mafia.htm#fotoNav=14.

Avansini, Carolina. 2017. "Japão volta a atrair dekasseguis.", *Folha de Londrina,* Folha Especial(ÊXODO), 2017. 2. 18. http://www.folhadelondrina.com.br/ reportagem/japao-volta-a-atrair-dekasseguis-970488.html(2017. 10. 17 검색).

Barreto, Renata. 2012. "Multiplicação das Fronteiras e Práticas de Mobilidade." São Paulo: Dessertação da Universidade de São Paulo(para Mestrado).

Buechler, Simone. 2003. "Koreans and Bolivians in the Brazilian Garment Industry: The Interconnection Between the Global and Local." New York University Metropolitan Studies, http://lasa.international.pitt.edu/Lasa2003/ BuechlerSimone.pdf.

Caccdiamali, Maria Cristina and Azevedo, Flavio Antonio Gomes de. 2006. "Entre o Tra-fico Humano e a op,cão da mobilidade social: a situa,cão dos imigrantes bolivianos na cidade de São Paulo." www.usp.br/prolam/downloads/2006_1_7.pdf.

Campo, Eduardo. 2017. "Estrangeiros remetem recorde de US$ 181 milhões a famílias no exterior." *Valor Econômico,* 2. 28. http://www.valor.com.br/financas/4882216/estrangeiros-remetem-recorde-de-us-181-milhoes-familias-no-exterior ou as ferramentas oferecidas na página(2017. 10. 17 검색).

Castles, Stephen and Miller, Mark J. 2003. *The Age of Migration: International Population Movements in the Modern World.* New York: The Guilford Press.

Cavalcanti, L. 2012. "Novas configurações da imigração brasileira para a Europa na atualidade II: relações interpessoais." Mesa redonda no 2.º seminario sobre imigração brasileira na Europa, Lisboa: Universidade de Lisboa.

Choi, Keum Joa. 1991. "Além do Arco-íris: A Imigração Coreana no Brasil." 상파울루 주립대학교(USP) 역사학과 석사논문.

______. 1996. "Aspectos fonético-fonológicos do português falado por coreanos: evidências de transferências/interferências da língua materna na segunda língua." 상파울루 주립대학교(USP) 기호학 및 일반언어학과 박사논문.

Conway, Dennis. 1998. "International Migration and Refugees in Latin America." In Hopkins, Jack W(org). *Latin America: Perspectives on a Region,* New York, London: Holmes & Meier.

Elyssa, Pachico. 2014. "Brazil's PCC Gang Worked with Italian Mafia." *Insight Crime.* https://www.insightcrime.org/news/brief/brazil-pcc-gang-worked-with-italian-mafia. 11. 4.

Guimaraes, Lytton L. 2006. "The Korean Community in Brazil: Challenges. Achievements and Prospects." Presented at the 3rd World Congress of Korean Studies about "Cultural Interaction with Korea: From Silk Road to Korean Wave," Cheju National University, October 27–30, 2006. http://www.unb.br/ceam/neasia/boletins/artigo_lytton041006.pdf(December).

Lazo, Alvino Luís. 2003. "Migration far and wide: From the Andes to São Paulo." Fernand Braudel Institute of World Economics. *Braudel Paper,* 27.

Patarra, Neide Lopes(Ed.). 1995. *Emigração e Imigração Internacionais no Brasil Contemporâneo,* 1. Campinas: FNUAP.

______. 1996. *Migrações Internacionais: Herança XX, Agenda XXI 2*, Campinas: FNUNP.

Rios-Neto, Eduardo L. G. 2005. "Managing Migration: The Brazilian Case." Texto para Discussao, no. 249. Belo Horizonte: UFMG/Cedeplar. http://www.cedeplar.ufmg.br/pesquisas/td/TD%20249.pdf.

Silva, Sidney Antônio da. 1997. *Custrando Sonhos: Trajetoria de um grupo de imigrantes bolivianos.* São Paulo: Edit. Paulinas.

Veiga, Edison. 2018. "A nova face da imigração nos 464 anos de São Paulo: São Paulo." *Estadão*, 7. 25. https://sao-paulo.estadao.com.br/noticias/geral, a-nova-face-da-imigracao-nos-464-anos-de-sao-paulo,70002158825.

브라질 Globo TV 방송자료

브라질 한인회(『한인회보』). http://www.haninbrasil.com.br.

『오마이뉴스』. http://star.ohmynews.com.

『좋은아침』. http://bomdianewsbr.com.br.

『한인투데이』. http://www.hanintoday.com.br.

KBS TV 방송자료

*The Economist*

# 제3부

# 유럽과 오세아니아의 재외동포 사회

# 제8장
# 독일 한인의 어제와 오늘

나혜심(성균관대)

## 1. 서론

독일 한인은 한국사회에 매우 특별한 의미로 기억되는 해외 한인에 속한다. 1980년대 말 이후 한국에 외국인 이주자들이 늘어나고 있고 사회 안에 이전에 보기 힘들었던 다양한 인종, 언어, 문화들이 목격되면서 역으로 해외 이주 한인들에 대한 관심이 전반적으로 증가하고 있는 상황이긴 하지만 독일에 정착한 한인에 대한 관심은 특별하다.

이주가 시작된 지 50여 년이 흐른 2010년 이후에서야 그들의 독일 이주 배경과 과정을 궁금해하고 독일에서의 삶에 급격하게 많은 관심을 갖기 시작했다. 새삼스럽게 그들의 역사적 흔적을 찾는다며, 또는 그들의 목소리를 듣는다는 이유로 국가기관이나 개인 연구자의 독일 방문도 증가했다. 그 한 측면에서는 각종 언론매체들이 그들이 이방인으로서 독일에서 외로운 삶을 살고 있고 고향에 대한 외로움을 느낄 것이라는 생각으로 그 그리움을 위로한다는 명분의 프로그램을 앞다투어 제작하고 방영하기도 했다.

다른 국가로 이주한 한인을 대상으로 하는 프로그램 제작이나 방영도 드물지 않은 일이지만 독일 한인을 대상으로 하는 경우에는 독특한 특징이 있다. 그런 방식의 행사를 통하여 확산하려는 이미지 안에 일관되고 동일한 하나의 주제가 있다는 점이 그것이다. '한국경제 발전을 위해 자신을 희생한 이들'이라는 주제가 그것이다. 다른 나라로 이주한 이들의 많은 경우가 정착을 목적으로 한 이민이었던 것과는 달리 단기간 이주노동를 갔던 이들이기에 가족을 한국에 두고 혼자 가는 경우가 대다수였다. 따라서 소득의 상당 부분을 한국에 남은 가족에게 송금했던 이들이 많았던 까닭에, 그리고 그들이 독일로 이주노동를 갔던 시기에 한국의 경제개발이 본격화되었던 이유로 한국경제 발전에 대한 그들의 '기여'와 같은 것들이 자주 언급된다.

한동안은 그들이 이주하게 된 계기를 일종의 국가 기획으로 묘사하고 그런 연장선상에서, 자발적으로 한국에 남은 가족에게 보낸 그들의 임금을 국가의 경제적 근대화를 위한 공적기금으로 의미전환을 시키기까지 했다. 심지어 이들의 개인적 호의를 정권의 치적과 연관시키는 묘사들도 적지 않았다. 결국 '희생'과 '기여'라는 레퍼토리는 독일로 이주노동를 한 한인의 역사적 가치가 아닌, 정권의 신화적 의미를 부여하기 위한 것이었다. 그런 의미를 부여하기에 독일로 이주한 한인의 조건은 상당히 유용했던 것이다.

하지만 현재 독일 한인의 범주에 속하는 사람들이 모두 이주노동자들은 아니다. 또한 이주노동자라고 하더라도 그들 모두 국가를 위하여 개인을 희생하려는 의식을 애초에 가졌던 것은 아니다. 게다가 모든 이들이 허리띠를 졸라매며 한국에 돈 보내는 일에 삶의 의미를 두었던 것도 아니다.[1] 그럼에도 불구하고 '독일 한인'이라는 말에서 떠오르는 이미지가 한국의 급격한 경제 성장과 연결되는 이유는 그들 중 다수가 1960년대와 1970년대에 독일에 취업 이주를 갔던 이주노동자들에게서 시작되었기 때문이다. 1950년대 말부터 1977년까지 독일에 계약 노동자로 갔던 광부, 간호사 그리고 간호조무사들이 여기에 포함된다. 통상 1963년 12월을 광부 이주노동의 역사 시작으로, 그리고 1966년을 간호여성의 집단적 독일 이주노동의 시작으로 파악한다. 이들의 신규 고용이주는 1977~78년에 이르면 끝이 난다.

그러나 그들의 이주가 시작되기 전인 1950년대 말부터 이미 독일로의 한인 이주가 진행되고 있었다. 교육을 목적으로 진행된 이주의 물결이 그것이다. 교육 분야는 간호, 여성 의류업, 침대커버나 베갯잇 자수, 염색 등의 분야로 상당히 다양했다. 교육을 시키고 나면 한국으로 돌아와 한국의 경제발전에 기여하게 한다는 목적이었으나 많은 이들은 교육을 받은 후 독일에서 일했고 특히 간호학생의 경우는 더욱 그러했다. 이들의 이주는 개별적인 방식으로 1950년대 후반, 주로 가톨릭 사제, 수도회, 또는 그들과 연관된 기업가나 개발원조 활동가의 중개에 의해서 진행되었다. 광부와 간호인력이 중심이 된 한인 이주노동자의 규모는 약 2만 명 정도로 알려져 있지만 이들 이전의 이주자나 그 업종 이외의 이들을 포함하면 독일의 한인 이주노동자의 숫자는 좀 더 많아진다. 게다가 931명의 한국인이 1971년과 1975년 사이 병아리 감별사 등 특수 직종에

1 "간호사 파견이 당시 우리나라 경제발전에 도움이 되었다고 하는데 나 개인으로서는 알지 못하는 일이다. 당시 나는 국가를 위하여 일한다는 생각은 하지 못하였고, 오직 나 자신과 나의 가족을 위하여 힘껏 일했다." 간호사 시절을 회고하는 귀국한 이주노동자의 증언. "파독광부, 간호사, 간호조무사 48주년 기념 특별세미나 및 총회 자료집". 2011. 42쪽.

종사하기 위해 독일로 갔던 점, 오늘날까지 60명에서 100여 명이 한국으로부터 독일로 정치적 망명을 한 예가 있던 점을 포함시키고 1970년대 이후 한국경제의 발전을 토대로 더 다양한 경제 교류가 진행되면서 상사의 진출이 활발했던 점 등을 생각하면 독일에 거주하고 있는 한인의 구성은 더 다양해진다.[2] 거기에다 활발했던 독일로의 유학 물결도 독일 한인사회 구성원을 더 다양하게 만드는 배경이 된다.

독일 대부분의 대도시에서는 마치 인종 전시장처럼 수많은 외국인들이 오고가는 것이 관찰되고, 최근의 난민 문제에 대한 독일 정부의 대책을 통해서도 독일사회의 개방적 분위기를 느낄 수 있지만 실제 이런 이미지와는 달리 독일은 오랜 세월 동안 단일민족 정서가 강했던 나라이다. 지리적 위치상 주변국과의 교류가 활발했고 19세기 산업화 과정에서 주변국으로부터 이주노동자를 받았던 나라임에도 불구하고 2005년에 가서야 이주사회가 되었음을 선언할 만큼 외국인 정착에 엄격한 나라였다. 따라서 1955~73년 사이의 단기 외국인 고용정책을 실시했고 1973년에 외국인 노동자의 신규 고용을 공식 중단한 이후에는 이주노동 자체가 용이하지 않았다. 뿐만 아니라 그 이전에 이주노동을 갔던 이들이나 그 이후의 유학생, 그리고 상사 근무자들이 정착을 시도하는 것도 그리 간단하지 않았다. 그러므로 오늘날 독일에 살고 있는 한인의 인적 토대는 1977~78년의 체류권 투쟁을 통해 체류권을 보장받게 된 간호여성 인력이나 1980년대에 정착의 안정성을 획득한 광부들에서 시작된다고 볼 수 있다. 그렇기 때문에 한국의 경제적 근대화가 진행되던 시기에 독

2 특수업종 종사자의 독일 이주에 대해서는 한 · 유럽 연구회. 2003. 『유럽한인사』. 재외동포재단, 445-447쪽을 참조.

일로 이주노동를 해서 가족에게 송금을 했고 그 과정을 통해 한국사회에 일정한 금전적 여유를 제공한 독일 이주노동자의 이미지는 독일 한인 전체에 대한 이미지와 겹쳐져서 우리 안에 그들에 대한 기억을 구성한다.

이 단순화된 이미지는 오늘날 그들의 독일에서의 삶이나 심지어 그들의 후손을 이해하는 데에까지 그대로 이어지고 있다. 가난한 집안에서, 가정과 심지어 나라를 위하여 고된 노동을 선택한 이들, 오로지 돈을 벌기 위해 험한 일까지 기꺼이 선택한 억척스러운 이들이라는 이미지와 동시에 희생자라는 이미지가 그것이다. 하지만 1960년대와 1970년대에 이주노동를 떠났던 그때의 그들은 물론이고 오늘날 독일사회의 일원으로 살아가는 독일의 한인, 특히 이미 독일문화를 자신의 것으로 받아들이고 살아가는 2세나 3세의 삶을 이런 이미지로 이해하는 것은 그들 개인들에게뿐만 아니라 이 시기에 진행되었던 역동적 삶의 모습인 이주를 이해하는 데에도 큰 오류가 될 것이다. 더구나 광부와 간호인력이라는 직업적인 공통성에도 불구하고 이주를 선택하던 시기에 그들의 경제적, 사회적, 정치적 배경은 다양했고 50~60년의 기간 동안 독일에서의 삶은 더욱 다채로워졌다. 그러므로 이런 천편일률적인 이미지는 수정될 필요가 있다. 독일 한인사회의 구성원으로 살면서 오랫동안 그 사회에 대해 연구해 온 유정숙 박사 역시 이 부분에 대하여 지적했던 바 있다.[3]

본 장은 독일로 이주가 이루어지던 시기의 한국사회에 대한 영향과 역할을 중심으로 독일 한인사회에 대해 덧씌워진 그들에 대한 이미지를 수정하고 그들의 이주사와 독일에서 이주자로 살아가는 삶의 다양하고

3 유정숙. 2012. "독일 한인사회의 현안과 전망". 국사편찬위원회. 『유럽 한인의 역사(상)』, 174-175쪽.

역동적인 모습을 제대로 드러내려 하였다.

## 2. 독일 한인사회 형성의 역사적 기원

독일 한인과 관련된 그동안의 연구는 크게 두 방향에서 진행되었다. 하나는 오늘날 독일 한인사회의 기초가 되었던 이주노동사와 관련된 연구들이다. 주로 이주 계기와 진행과정, 이주노동자로서 독일에 적응하는 과정 등이 그 구체적인 내용이다. 특히 독일 한인의 이주가 처음부터 정착을 목적으로 한 것이 아니라는 점이나 그들의 이주가 제2차 세계대전 이후 황금시대라고 일컬어지는 경제적 호황 시기에 단기적으로 발생한 자국 노동시장의 인력 부족 때문에 독일이 외국인 노동자 고용정책을 진행하고 있던 때라는 점은 독일 한인의 정착과 한인사회 형성을 이해하는 데 중요한 의미를 갖는다. 정착을 전제로 하지 않는 단기 계약직 노동자로서 한인들이 이주했다는 사실은 약 50여 년 이상 독일에 정착해서 살고 있는 한인들의 독일 생활 이해에 중요한 전제이다. 손님 노동자로 계약된 기간 동안 노동력을 제공하고 귀국해야 한다는 전제에도 불구하고 그들이 어떻게 독일에 정착했는지, 그 정착과정은 어떻게 가능했는지 등에 대한 설명을 필요로 하기 때문이다.

또한 그들의 독일 노동 고용과정이 제2차 세계대전 이후 황금의 30여 년을 보내고 있던 서구 유럽 국가 중의 한 나라와, 당시 식민지에서의 독립과 전쟁을 경험하고 쿠데타로 집권한 독재정권이 추진하는 경제적 근대화를 경험하고 있던 다른 한 나라 사이에서 진행되었다는 점 역시 중요하다. 그들의 이동이 한국과 독일 양국 사이의 아주 특별한 관계 때문에 가능했던 역사가 아닌, 당시 많은 선진 자본주의 국가와 저개발 국가 사이의 노동력 이동의 역사 중 하나이기 때문이다. 또한 단순히 경제적 이익을 얻기 위한 정부나 한국 젊은이들의 일방적 욕구만이 그것을 추동한 것이 아니라 양국 모두의 현대사적 배경과 경제적 · 외교적 관계가 이주노동자로서의 한인의 독일 이주를 가능하게 했다는 점을 이해하는 것도 그들의 이주사를 이해하는 데 필요하다. 바로 그 점들을 중심으로 이들에 대한 연구는 진행되어 왔다. 2000년대 들어 한인의 독일 이주에 관한 사료들이 발굴되면서 이주노동에 대한 전문적인 역사 연구들이 진행되어 오고 있다.[4]

다른 한편, 1990년대 이후 급속하게 증가하는 한국사회의 이주민 유입과 그로 인한 사회문화적 변화는 이 현상을 설명하기 위한 많은 이주 연구들을 촉진시켰다. 특히 글로벌라이제이션의 진행으로 이주는 '여성화' 현상을 띠고 있고 그런 이유에서 이주는 여성이라는 주제어와 함께 사회과학의 연구 열기를 높였다. 이런 상황에서 독일로의 이주, 특히 간호여성의 이주에 대한 이해는 현대 세계의 이주 전반을 이해하는 일종의 선례로서 받아들여졌다. 더 나아가 이에 대한 이해는 세계 자본주의의 변화에 대한 학문적 이해를 넘어 한국사회의 변화에 대처하기 위한 실용적 목적에서도 필요로 하였고 그런 이유에서 정치학, 사회학, 지리학, 그리고 젠더분석과 같은 다양한 사회과학적 연구의 대상이 되었다. 그리하여

---

4 예를 들면 Yoo, Do-Jin. 1975. *Die Situation Koreanischer Krankenpflegekräfte in der Bundesrepublik Deutschland und Ihre Sozialpädagogischen Problem.* Kiel; 나혜심. 2009. "파독 한인여성 이주노동자의 역사". 『서양사론』 100(3월); 나혜심. 2012. 『독일로 간 한인간호여성』. 신과글 등.

1960~70년대의 이주사 일변의 연구는 이주가 진행되고 난 후, 한인들의 조직화 문제, 한국과의 관계, 독일사회에서의 문화 갈등이나 문화 융합의 양상, 그리고 2세와 3세의 문제들을 연구하는 것으로 내용적 확장이 진행되고 있다.[5] 이 과정에서는 많은 구술 채록이나 인터뷰 등 새로운 자료 발굴의 성과가 있었으며 관심 영역의 확장 속에서 주제나 연구 자료의 생산이 계속해서 이루어지고 있어 독일 한인에 대한 이해를 확장하는 데 도움이 되고 있다.

### 1) 한국인의 독일 이주노동사

1883년에 조독수호통상조약이 체결되어 조선과 독일 간에 외교관계가 성립되었지만 그 기간은 길지 않아 일제강점이 이루어지면서 단절되었다. 1959년에 공식적인 외교관계가 재개되었고 그 사이에 한인의 독일 이주는 시작되었다. 자료가 허락하는 선에서 그 최초의 예는 1957년 김천의 한 독일인 신부의 소개로 한인 여학생들이 간호학생으로 이주한 것이었다. 물론 이 계기는 독일에 한인사회가 형성되는 데에 의미를 줄 수 있는 경우라는 점에서 그러하다. 왜냐하면 사실 그 이전에도 한인의 유럽으로의 이주가 간간히 있었고 독일로 향하는 이들도 있었기 때문이다. 1880년대 서양국가들과 통상조약이 체결된 이후에도 유럽을 방

5 예를 들면, 한 · 유럽 연구회. 앞의 책; 유정숙. 앞의 책; 이수안. 2007. "이주여성의 타자성과 관용의 상호발현에 대한 이론적 모색". 『사회와 이론』 12; 이수자. 2006. "지구화와 이주과정에서 발현되는 문화혼성성". 『한독사회과학논총』 16(2); 이수자. 2004. "이주여성디아스포라: 국제 성별분업, 문화혼성성, 타자화와 섹슈얼리티". 『한국사회학』 38(2); 김용찬. 2007. "여성노동자 국제이주와 이주수용국가에서의 조직화관계연구". 『사회과학연구』 15; 김학선 · 홍선우 · 최경숙. 2009. "파독간호사 삶의 재조명". 『한국산업간호학회지』 18(2) 등이다.

문한 한국인은 극히 드물었지만 일제강점기, 자주적 외교권의 박탈 상황 속에서 일제 침략의 부당성을 알리기 위한 한인의 유럽 출입이 이루어졌다. 그리고 유학을 목적으로 한 유럽 체류 한인들이 다수 있었고 독일에도 예외는 아니었다. 하지만 그것은 단기 체류를 위한 것이었고 아주 예외적인 소수만이 독일에 거주하고 있었다.

그런 의미에서 본격적인 한인의 유럽 이주는 제2차 세계대전 이후부터 시작되었는데 서구 유럽의 단기계약직 이주노동자 유입의 과정 속에서였다. 한국의 경우에 처음에는 훈련되거나 자격을 갖춘 노동자로서의 유입이 아니었다. 독일에서 교육을 시켜 자격을 갖춘 노동자로 양성한 후 고용한다는 조건하에서 초기 인력의 이주는 진행되었다. 이 과정은 1966년에 시작된 본격적인 간호 노동자 이주에 관한 관심과 그 연구성과 속에서는 잘 다루어지지 않았지만 실제로 독일의 한인 사회 형성에서 이 간호학생의 존재감은 적지 않다. 주로 가톨릭 사제나 수도회 측의 중개에 의해서 고등학교 졸업 즈음의 어린 여성들이 독일 간호교육기관으로 이주하는 방식이었는데 이들이 정식 노동자로서가 아니라 간호학생으로 갈 수 있었던 것은 한국인에게 제공하는 독일의 교육지원이라는 시스템이 작동하고 있었기 때문이다. 이른바 개발원조라는 관계였다.

독일이 한국에 개발원조를 시작한 것은 1960년부터지만 '개발도상국 및 지역의 경제개발을 위한 UN의 확대된 지원 프로그램'으로 이미 더 이른 시기부터 진행되고 있었다. 하지만 한인 간호여성의 독일 이주, 특히 간호학생으로서의 이주는 공적 원조가 아닌 민간 원조, 특히 종교기관의 개발원조 과정을 이해했을 때 더 잘 파악할 수 있다. 한국전쟁 직후, 전후 복구를 위해 민간기구들이 해외로부터 한국에 유입되었을 때 독일에서 온 가톨릭의 활동이 시작되었다. 독일 가톨릭의 한국에서의 개발원조 활동은 1959년 가톨릭 내의 전담기구인 AGEH(Arbeitsgemeinschaft für Entwicklungshilfe)가 만들어지면서 본격화되었다. 금전적 지원뿐만 아니라 기술지원도 개발원조의 한 부분이며 교육지원은 바로 기술지원의 하부 범주에 속하는 것이었다. 독일 정부에서의 공적인 지원과는 별개로 민간에서도 국가의 재정적 지원을 받거나 교회의 자금, 또는 시민들의 기부금 등을 토대로 독립적으로 활발하게 지원활동을 하고 있었다. 가톨릭의 교육지원도 그런 차원의 것이다.

지원을 주고받던 당시의 한독 관계는 일찍부터 한국에 선교활동을 하기 위해 유입되어 있던 종교기관 관계자나 또는 전후 복구를 위해 활동하고 있던 수도회로 하여금 교육생의 독일 중개를 가능하게 했다.[6] 그들이 간호교육생의 중개에 적극적이었던 이유는 당시 독일 가톨릭이 처한 현실적인 어려움 때문이기도 했다. 19세기 말 이래로 독일의 간호나 요양, 양로 등의 사회 보장 프로그램의 운용에서 종교기관은 중요한 역할을 맡고 있었다. 그런 역사적 배경 위에서 20세기에 이르러 종교기관은 사회적 서비스를 제공하는 가장 규모가 큰 민간기관으로서의 역할을 담당하고 있었다.[7] 따라서 20세기 중반, 이 분야의 노동력 부족 현상이 발생했을 때 종교계에 가해진 타격은 매우 컸다.

간호학생이란 간호교육을 받고 있는 학생을 이야기한다. 독일은 19세기 말 이후 직업교육에서 실습 부분을 중시하기 시작했다. 그런 교육방식이 간호교육에서도 적용되었는데 그런 이유에서 간호교육은 정식

---

6 이에 대해서는 나혜심. 2014. "독일의 대한개발원조와 한인여성의 이주노동: 개발원조 담론과 그 실체 사이에서". 『독일연구』 28: 40-41 참고.

7 가톨릭과 그들의 사회사업 분야에서의 역할에 대해서는 Gatz, Erwin. 1997. *Caritas und soziale Dienst*. Freiburg, Basel, Wien 참고.

학교가 아닌 병원에서 주로 실습을 통해서 진행되었다. 하루의 많은 시간을 병원에서 실습을 받으며 잡다한 일들을 수행하기 때문에 오늘날도 간호학생은 독일 병원에서 일종의 보조 노동력으로 활용되고 있다. 한인 여성이 이주했던 시기는 말할 것도 없다. 더구나 당시에는 간호인력이 교육을 어느 정도 받았는지, 직급이 무엇인지에 상관없이 모든 역할을 같이 수행해야 할 만큼 병원 내의 인력은 부족했다. 게다가 당시 독일이 외국인 노동자를 받아들이는 기준은 대부분 보조 노동력이었고 단순한 청소나 돌봄 등의 분야에서도 노동력이 부족했기 때문에 이들이 독일에 도착하고 본격적인 교육이 시작되기도 전에 일을 시작하는 경우가 비일비재했다. 물론 지방자치의 전통이 강력하고 또 병원이나 기관들마다 사정이 다르기 때문에 모든 한인 여성의 경험이 동일하지는 않다. 그럼에도 불구하고 이들 간호학생의 역할은 명백하게 당시 독일이 필요로 하고 있던 노동력에 속하는 것은 분명하다.

이들의 독일 이주는 '유학'으로 신문에 보도되곤 했고 선발과정에서 성적 우수학생들이 주로 대상이 되었기 때문에 이들의 스스로에 대한 자부심은 매우 높았다. 또한 간호학생으로 이주하여 교육을 성공적으로 마친 경우에, 독일에서 쉽지 않은 교육과정을 마쳤다는 사실만을 가지고도 자신들의 능력과 간호 일에 대한 자부심은 매우 높은 편이다.

그러다가 1966년경부터 독일사회에서 활동하던 한국인 의사들, 한국에 있던 어학원의 외국인, 그리고 독일 간호협회의 활동 등을 통해 한국에서 간호교육을 마친 면허 간호사들이 이주노동자로 가게 되었다. 그러나 임상 경험을 갖춘 숙련 노동력들이 독일로 가면서 한국 의료 기관 내의 일터를 집단적으로 비우는 경우가 발생했고 이는 의료 공백으로 이어졌다. 또한 당시 단기 이주노동력을 받았던 나라로 독일만 있었던 것은 아니어서 숙련된 노동력을 선진국에서 빼앗아 간다는 비난 여론은 이 시기 국제 이주노동 현상을 둘러싼 담론의 한 부분을 차지하고 있었다. 특히 세계체제론이나 종속이론 등의 담론을 통해 개발이라는 명분이 실제로 서구 선진국이 제3세계를 착취하는 데 기여한다는 인식에 집중하는 학문적 경향이 확산되고 있던 상황이었기 때문에 면허를 갖추고 임상 경험이 있는 간호여성의 독일 고용행위는 국내외적인 비판에 당면했다. 그런 비난을 피하면서 여전히 한인을 노동력으로 활용할 수 있는 대안을 모색하게 되었고 실제적으로는 간호조무사(당시에는 간호보조원)를 육성하는 것에서 대안을 찾게 되었다. 결국 면허 간호사와 간호조무사가 같이 독일로 가는 것으로 하여 이 문제는 해소되었다.

이런 이유로 한인 간호인력은 독일에 간호학생 신분으로 갔다가 교육을 받고 간호사가 된 경우, 이미 한국에서 면허 간호사, 간호보조원, 그리고 간호장교로 이주한 이들 등, 사실상 같은 간호 직업을 갖고 있다고 하더라도 직업 조건은 다양하게 구성되어 있었다. 또한 면허 간호사라고 하더라도 간호고등학교 졸업자, 대학 졸업자 등으로 교육 경험의 차이는 같지 않았다. 독일에서 간호교육을 받은 이들 중에는 면허를 따서 면허 간호사가 된 경우와 간호조무사로 일을 한 경우로 또 나누어진다. 그리고 업무 기간과 교육의 지속을 통해서 상위 간호사로 진급한 경우 등 실제로 매우 다양한 직업과 수준의 간호 인력으로 독일의 한인 간호인력은 구성되어 있다. 뿐만 아니라 근무기관의 경우에도 대학병원 규모의 거대기관에서부터 아주 작은 시골에서 다른 한인 동료 없이 일을 하는 경우도 있었다. 또한 병원이 아니라 양로원에서 근무한 경우나 결핵 환자나 정신병자 수용시설에서 근무하는 등 직업적 경험도 다양했다. 그 이외에 집으로 직접 방문하는 방문 간호사나 호스피스에서 근무하는 경우도 있어서 각기 경험하는 직업 환경이 동일하지 않았다. 이런 이유에서 한인 간호인력들의 이주 경험을 사실상 한 가지 형태로 이해하는 것은 그들의 삶의 경험에 대한 오해로 이어질 수 있다.

한국사회에서 이들 독일로 간 한인들에 대해서 갖고 있는 전형적인 인상은 그들이 매우 가난한 가정 출신이며 가족의 생계 유지를 위해 이주를 선택했고 가족의 경제적 지원을 위해 자신을 희생했다는 것이다. 물론 이종수 박사에 의해서 중개된 초기 간호학생의 경우, 고아 출신인 것도 사실이며 대부분의 인력들이 한국에 남은 가족의 생계를 도와주어야 했던 것도 분명히 실재했던 바이다. 전반적으로 한국이 독일과 비교했을 때 상대적으로 가난했기 때문이다. 하지만 그런 이유 때문에 독일로 이주노동을 갔던 이들을 모두 가난한 집안 출신이라고 일반화할 수는 없다. 그들의 이주 시 직업적 상태가 달랐고 교육의 정도가 달랐듯이 개인들 간에 경제적 차이도 매우 많았기 때문이다. 또한 한국사회에서 여성들에게 부과하는 가부장적 문화에 대한 거부감이나 독재정치하에서의 정치에 대한 환멸, 새로운 세계에 대한 호기심 등 실제로 그들의 이주 선택 동기는 매우 다양했다. 다양한 동기 속에서도 한 가지 분명한 공통점이 있다면 그것은 자신의 새로운 삶을 스스로 선택한 이들이라는 점이다.

한인 남성이 독일에서 이주자로 살아가게 된 계기는 대부분 1963년 12월 시작된 광산 노동자로서의 독일 취업과정이었다. 독일은 1950년대 마셜플랜의 지원을 받아 시작된 경제 회복과 급속한 성장 속에서 광산업과 같은 험한 일에는 많은 외국인 노동자를 고용하고 있었다. 이는 경제 성장으로 일자리가 많아서이기도 했지만 석유자원이 주요 에너지원이 되면서 광산업이 비록 당장은 폐쇄되지 않는다고 하더라도 언제 문을 닫을지 모르는 불안정한 상황에 있었고 이런 종류의 일자리에 대한 본국인의 선호도가 떨어지고 있었기 때문에 벌어진 일이었다. 광산 노동자들의 보수가 상대적으로 높았기는 하지만 그 대우는 광산노동이 얼마나 고되고 높은 위험도를 가졌는가 하는 것을 반증하는 것이기도 했다.[8] 광부라는 직업에 대한 한국에서의 이미지 역시 이와 크게 다르지 않았다. 그럼에도 불구하고 우리가 익히 알고 있듯이 당시 독일 광부로 가는 이들의 사회적 · 교육적인 정도는 상대적으로 낮지 않았다. 특히 1차(1963~66) 때는 전체 광부들 중 대학(전문대 포함)졸업자가 24%, 고졸자가 50%에 이를 정도로 학력이 높았다(한국파독광부총연합회, 2009: 37). 물론 후기로 가면서 광부 지원자의 학력과 사회적 배경에서의 다양성이 더 커졌지만 적어도 독일에 이주노동을 간 다른 나라 노동자들에 비해서 이들의 학력은 높은 편이었다.

원칙적으로 이들은 노동자라기보다는 광산에서 실습을 하고 한국으로 귀국하여 한국 광산업에 기여하는 노동자가 되도록 하는, 이른바 개발원조의 방식이었기에 이들의 고용기간은 일반 이주노동자의 그것처럼 연장될 수 있는 것이 아니었다. 따라서 체류권에 있어서 상당히 불안정한 상황이었지만 이들은 독일에서 다양한 방식으로 정착기간을 늘려갔다. 생활은 대개 기숙사나 또는 정해진 주거지역 안에서 수십 명 내지는 수백 명 단위로 모여 생활을 했다. 그것은 그들의 작업장이 주로 광산이었고 광산이 있는 지역이 특정한 지리적 영역일 경우가 많았기 때문에 가능한 것이었다. 그러므로 처음에는 간호여성들의 경우와 비교해서 일정한 지역 내에 모여 있는 경우가 대부분이었다. 그런 과정을 통해 그들 자체의 유대감은 강해졌다.

8 제2차 세계대전 후의 독일 루르 지역 광부에 대한 정보는 정용숙. 2013. “제2차 세계대전과 루르 노동자 가족”. 『독일연구』 25(6월): 117 참고.

기술 실습생으로서 3년 계약이 끝나면 일부는 한국으로 귀국했지만 다양한 업종으로 전환하면서 독일에 계속 머무는 이들이 많았다. 적지 않은 이들이 대학에 지원하고 그중 일부는 박사학위를 받아 귀국 후 한국 대학에서 근무하기도 했다.[9] 더 많은 경우의 사람들은 자동차 공장 등 다양한 일자리를 찾아서 재취업했다.[10] 그런 과정을 통해서 정착기간을 연장했기 때문에 1990년대 들어 진행된 인터뷰에 의하면 이 시기 남성들이 종사하는 일은 다양했다. 17명의 한국 남성들 중 학계와 사무직 봉급생활자가 3명, 간호인력 2명, 광부 1명, 자영업 4명, 기술노동자 4명, 전문적 노동자 1명, 엔지니어 1명, 생산분야 전문직 노동자 1명 등 업종은 다양했다(Yoo, 1996: 45). 물론 이들 중 북아메리카로 이주한 한인의 경우처럼 대단한 사회적 · 경제적 성공으로 판단할 만한 정도의 모습을 갖춘 이주자들은 그다지 눈에 띄지 않는다. 자영업의 경우에도 요식업, 호텔 숙박업, 간이음식점, 간이매점, 여행사, 태권도장 등 비전문적이고 규모가 작은 업종들에 한정되어 있다. 반면, 화이트칼라라 할 수 있는 기술자와 사무직이 극히 적은 수를 차지하는 편이다(한 · 유럽 연구회, 2003: 458-459). 이는 기본적으로 이주자로서 짧은 시간 안에 사회적 성공을 이루어낼 수 있었던 아메리카와는 달리 이주민 정책이나 사회 전반의 안정적인 특징을 갖고 있는 독일사회라는 여건이 작용했기 때문이다. 이들 이외에

9 한국파독광부총연합회에서는 그들의 백서에 약 30여 명의 광부 출신 학자들이 대학 강단에 섰다고 쓰고 있다. 위의 책, 157쪽.

10 유정숙 박사의 학위논문에 의하면 1984년의 경우 7,554명의 한국인 중 203명만이 광산에 남아 있었다. 그리고 3,225명이 공장 노동자로 이직을 했다. 이 중 여성들의 경우 간호 일이 더 안정적이었기 때문에 공장 이직자의 대부분은 남성들로 판단하는 것이 그리 사실을 왜곡시키는 것은 아닌 것으로 보인다. Yoo, Jung-Sook. 1996. *Koreanische Immigranten in Deutschland: Interessenvertretung und Selbstorganisation*. Dr. Kovac. p. 34.

초청 노동자들의 독일 이주노동와 병행하여 건설 노동자나 병아리 감별사 등 특수업종 종사자의 독일 이주가 소수 이루어지고 있었다.

위와 같은 한인 여성과 남성의 독일 이주노동는 예외적인 경우도 있지만 대부분 결혼을 계기로 독일에 장기 체류하게 되었다. 그리고 수십 년의 세월이 지나며 '해외 한인'으로서의 존재감을 갖게 되었다. 특히 그들은 예정된 계약기간이 끝나고 나서도 여전히 자신들에게 장래에 대한 희망을 제공해 주지 못하는 한국의 상황을 보며 좀 더 장기 체류를 시도했고 경우에 따라서는 제3국으로 다시 이주를 감행하기도 했다. 실제로 미국, 캐나다, 호주, 그리고 유럽의 다른 나라에는 이런 방식으로 재이주한 독일 한인이 살고 있다. 제3국으로 재이주하지 않고 광부들이 독일에 더 체류하기 위해서 노력할 수 있는 방법 중의 하나는 간호사들과 결혼하는 것이었다. 지속적으로 간호 인력 부족현상을 겪었던 독일에서 간호일을 하는 한인 여성이 일자리를 찾는 일이나 체류 연장을 하는 것은 상대적으로 쉬웠다. 물론 지역마다 차이가 있기는 했지만 적어도 베를린이나 노르트라인-베스트팔렌주(州) 등 도시가 발달하고 인구가 밀집되어 있는 곳에서 간호 일자리를 구하는 것은 그리 어렵지 않았다. 반면 한인 남성의 경우 적당한 직업을 구하거나 학업을 지속하는 방법을 통해 체류 권한을 얻거나 결혼을 통해 체류의 문제를 해결하는 이들도 있었다. 실제로 한인 이주자들 사이에서 간호사들과의 결혼은 안정성을 확보하는 가장 대표적인 수단이 되었다. 한인들의 결혼은 체류를 목적으로 취하는 수단이었다고 단정하기에는 무리가 있기는 하지만 자연스럽게 일정 기간만을 머물다 돌아가겠다는 처음의 의지와는 달리 독일에 정착하는 계기가 되었다.

한국인 남성이나 여성이 독일인 여성 또는 남성과 결혼하는 경우는 더 말할 나위도 없다. 정확한 통계자료가 알려져 있지는 않으나 2011년도의 통계에 의하면 독일에서 가족을 이룬 한인 24,669명 중에서 결혼을 한 경우가 9,393명이고 그중 1,661명이 독일인과 결혼하였다고 되어 있다(Statistisches Bundesamt, 2011).

이렇게 결혼을 통하여, 그리고 보다 안정적인 직업을 통하여 체류에 성공한 초기의 이주노동자들은 자녀를 낳고 양육하는 과정에서 독일이라는 사회를 자신의 삶의 중심으로 받아들이게 되었다. 그 아이들이 성장하면 할수록 독일사회에서 자녀가 성공적으로 자리잡기를 원하게 되면서 귀국은 그들의 인생 계획표 상에서 점점 더 멀어지게 되었다. 처음에 단기계약직으로 이주했던 것이나 기술 습득을 위한 단기체류자의 신분으로 갔던 바와는 상당히 상황이 달라진 것이다. 하지만 정주를 결심하게 된 이러한 개인적인 삶의 경과말고 그들의 실질적인 정착을 도왔던 것은 그들의 체류권 획득 투쟁이었다.

독일은 주변의 다른 나라의 경우와 마찬가지로 1973년에 외국인 이주노동자 신규취업을 더 이상 허용하지 않겠다는 선언을 하게 된다(Anwerbenstopp). 이는 석유가격의 급등으로 인한 경제적 위기 도래와 더불어 10여 년 동안 유입된 외국인 노동자들이 애초의 독일 정부의 예상과는 달리 자신의 나라로 돌아가지 않고 유럽에 정착하게 되면서 이와 관련된 다양한 사회적 비용을 발생시켰기 때문이다. 독일 전역에서 외국인의 신규고용은 급격히 제한되었을 뿐만 아니라 독일의 병원이나 양로원 등 그동안 한국 여성들을 받아들였던 곳에서는 이들의 체류 연장을 허가하지 않고 해고나 귀국을 종용하기에 이르렀다. 이런 상황을 인지한 한인 여성들은 수년 전부터 만들고 있던 여성모임을 중심으로 이런 독일의 조치에 대한 항의운동을 시작하게 되었다. 바로 1970년대 중반의 일이다. 이들의 움직임은 당시 한국이나 독일의 종교 관계자, 유학생은 물론 독일의 시민단체들이 지원했다. 특히 언론에서 이들의 움직임을 포착하고 보도를 통해 독일사회의 관심을 산 것이 체류권 투쟁을 성공으로 이끈 중요한 계기가 되었다.

결국 연방의회에 이 문제를 논의하기 위한 청원운동이 한인 교회를 중심으로 진행되었고 이에 필요한 서명운동이 전개되었다. 그 결과 이들의 목소리는 독일의 언론에 알려지고 많은 이들이 항의운동을 지지하면서 마침내 독일 내 체류허가 조치를 받게 되었다.[11] 강제귀국 조치는 철회되고 5년 이상 일한 간호사는 무기한 체류허가를 받을 수 있었다. 8년 이상 일한 사람에게는 영주권도 주어졌다.[12] 물론 이와 같은 성과는 한인 간호여성 노동력을 계속해서 필요로 하고 있던 고용주들의 요구와 결합되었기에 가능한 일이었다. 어쨌든 이런 과정을 거쳐서 계약을 통해 단기간 머무는 것을 전제로 한 손님 노동자였던 그들은 정착해서 살아가는 존재들로 성격 전환을 하게 된 셈이다. 광부의 경우에 간호사들의 체류와 고용 연장이 이루어지면서 1979년 말경에 '인권을 위한 한인 광산 근로자들의 모임'을 중심으로 해서 역시 체류 연장을 위한 움직임을 시작했다. 그리고 1980년에 김대중 납치사건이 발생하면서 이에 관심을 갖게 된 독일 정부기관에서 한인 광산 이주노동자들의 무기한 체류 허가를 하

---

11 독일 한인 여성들의 체류권 투쟁에 대해서는 이희영. 2018. "이주여성들, 정치를 관통하다: 재독 한인여성들의 1970년대 체류권 투쟁을 중심으로". 『사회와 역사』 17 참고.

12 1978년 외국인법 시행령 개정으로 5년 이상 계속해서 체류하고 세금을 충실하게 납부했다면 무기한 체류 연장이 가능하게 되었다. 무기한 체류 연장을 받은 상태에서 다시 5년에서 10년이 지나면 독일 시민권 취득도 가능해졌다. 결국 독일에서 5년 이상 근무한 사람은 무기한 체류를 할 수 있고 8년이 되면 영주권을, 10년이 되면 시민권을 신청할 수 있다. 하병구. 2001. 『재외한국인의 국적문제』 열린책들. 194쪽.

게 되었고 이로서 남아 있던 광산 근로자들의 체류 역시 가능해졌다(Yoo, 1996: 177).

### 2) 이주노동자 이외의 독일 한인들

2011년 12월 31일을 기준으로 만들어진 독일연방통계청의 자료에 의하면 독일의 한인은 24,669명이다. 이들은 소위 외국출신인(Ausländische Bevölkerung)로 분리되는 이들이다. 하지만 우리가 독일에 사는 한인이라고 칭하는 이들이 모두 이 숫자에 포함되는 것은 아니다. 한인 2만 4천여 명의 숫자 안에는 태어나면서부터 독일인으로 법적인 지위가 인정되는 아이들이 포함되지 않으며 또한 독일의 시민권을 획득한 이들 역시 이 범주 안에 들어 있지 않다. 이런 점을 감안하면 독일 한인의 숫자가 한국 외교통상부의 통계에 의해 2011년 31,518명으로 되어 있는 것은 어느 정도 설득력이 있다.

하지만 우리가 한인이라고 할 때에는 그들이 독일 시민권을 가졌건 아니건 간에 한국적인 뿌리를 가지고 있는 모두가 포함된다. 또한 한국인의 뿌리를 가지고 있는 부모에게서 태어난 이들이나 심지어 한-독 가정에서 태어나 독일어나 문화에 익숙하지만 그중 한 부분이 한국적인 것으로 이루어져 있는 이들 역시 이 범주에 집어넣을 수 있다. 게다가 경우에 따라서는 한국인과 결혼한 독일인 역시 한인들의 다양한 모임에 같이 참여하므로 형식적인 의미에서 독일 한인의 집단적인 범주 안에 들어간다. 따라서 독일 한인의 숫자를 규정하는 일은 그리 간단하지 않으며 방금 언급한 다양한 요인들을 포함하여 우리는 통상 3만 5천여 명의 한인들이 있는 것으로 보고 있다.

이 숫자에 포함된 이들은 간호인력이나 광산 노동자로 이주했던 이들 이외에도 여러 형태의 공장에 기술교육생으로 간 이들, 건설 노동자, 그 이외에 더 다양한 유형의 직업을 가진 이들을 포함한다. 하지만 그 규모에서 가장 비중이 있는 이들은 단연 간호인력이나 광산 노동자와 그 후손들이다. 1970년대 증가하기 시작한 유학생과 역시 그즈음 증가한 상사 직원들 역시 비록 대개는 일시적인 체류가 예정되어 있는 이들이긴 하지만 독일 한인사회를 채우는 또 다른 부류의 사람들이었다. 한국의 외교부에서도 전체 독일 재외동포의 숫자를 2011년 기준 31,508명으로 명시하면서 그중에 시민권자 7,814명, 그리고 재외국민(여기에는 유학생도 포함) 23,704명으로 정리하였다. 일시적으로 머물기 때문에 역시 독일의 한인으로서 한시적 의미를 갖는 상사 직원들의 경우 1980년대에 들어서 활발해진 유럽과 한국의 경제교류에 의해서 독일로 유입되었다. 이들 유학생과 상사 직원들 중에서 현지에서의 삶을 선택하여 자영업으로 전환하고 이를 기반으로 정착하는 경우가 드물지 않게 발생하고 있어 이들의 비중 역시 간과할 수 없다(유정숙, 2012: 180).

소위, '파독'된 한인들이 돈을 벌기 위해서 떠났던 이들이라는 하나의 정형화된 이미지는 그들이 간호인력과 광부라는 매우 제한된 직업을 가졌다는 이유로 더 강화되는 경향이 있다. 하지만 이미 한국에서 독일로 떠나는 그 상황에서부터 이주노동자로서의 한인들의 상황이나 교육적 배경, 사회, 정치의식 등은 동일하지 않았다. 또한 독일에서 다른 업종으로 전환하거나 또 다른 교육기회를 통하여 독일사회의 다양한 직업으로 전환하면서 이들의 삶은 더 다양하게 변화해 갔다. 특히 한국의 간호인력이나 광부들의 교육 수준이 이미 다른 나라에서 온 이주자들에 비해 상대적으로 높았고 여성들의 경우, 한국사회가 여성에게 제한적으로 제공했던 교육의 기회에 목마른 이들이 많았기 때문에 독일에서 교육의 기회를 선택한 이들이 많았다. 그리고 자연스럽게 더 다양한 직업으로의 전환이 이루어졌다.

물론 오늘날까지의 역사적 과정을 통해, 타국인 독일에서 소수 이주자 집단으로 살았던 그들의 정체성은 그들을 하나로 만드는 근본적인 요인이다. 따라서 한국적 뿌리를 기반으로 하는 동질성은 다양한 모임이나 행사에서 이들을 한데로 모으는 역할을 한다. 종교단체나 다양한 문화단체와 모임들, 특히 한인학교 등을 중심으로 하여 이들의 모임이 만들어지고 한인회를 중심으로 하는 전국적인 모임이 이루어진다. 또한 한국 내에서 발생하는 다양한 정치 · 사회적 이슈에 적극적으로 관심을 보이고 가능한 일들을 통해서 그들의 해외한인으로서의 존재감을 드러내곤 한다. 하지만 중요한 것은 이들이 한인 이주자로서, 독일의 소수문화인으로서 동일한 국가출신으로서 하나의 정체성을 보이기는 하지만 적어도 독일사회 속에서는 이 정체성을 매개로 괴리되지 않고 성공적으로 조화를 이루면서 살아가고 있다는 점이다. 이런 모습은 오늘날의 한인사회의 몇 가지 특징들을 통하여 더 자세하게 살펴볼 수 있다.

## 3. 독일 한인의 현재

한인의 독일 이주가 진행되던 때, 독일이 외국인 노동자를 받아들인 것은 손님 노동자로서였다. 즉 손님이 방문하고 반드시 돌아가는 것처럼 정착을 전제하지 않으며 계약기간을 채우면 귀국하는 조건 속에서 이주가 이루어졌던 것이다. 따라서 한인의 독일 이주는 단기 체류가 예정된 이주노동자로서의 삶에서 출발했지만 다양한 사정을 거치면서 독일사회에 정착했고 이런 방식으로 조성된 독일의 한인사회는 독일사회 내의 이주자 집단 중에서 두드러진 특징을 보이고 있다. 예를 들면, 이주노동자 가정 자녀들의 학력이 독일 가정 출신 학생들의 그것과 비교했을 때 현저하게 떨어진다는 판단이 독일의 교육계나 이주자 연구자들에게 널리 확산되어 있던 때에도 유독 한국 이주노동자들의 자녀들은 매우 높은 학업 성취도를 보이고 있었던 점이 그 하나이다.[13]

최근 이탈리아, 터키, 독일 그리고 한국 젊은이들의 가족에 대한 생각을 비교하는 한 연구에서 가족에 대한 생각이 교육의 정도와 밀접하게 연관되어 있다는 주장이 제기되면서 각 이주자 집단 자녀들의 상급학교 진학률에 대한 비교가 시도되었다. 그런데 한국의 이주노동자 가정 출신의 2세나 3세가 독일 가정 출신 아이들의 경우를 능가하는 것으로 나타났다(Roehr-Sendlmeier and Yun, 2006: 94). 여기서 분석의 기준이 된 것은 이주노동자 가정 출신 아이들의 김나지움(Gymnasium) 진학률이다. 독일에서는 초등학교 4학년 때부터 실업학교나 그 이외의 기초적인 전문기술을 가르쳐 사회로 바로 진출하도록 교육하는 학교로 갈 것인지, 아니면 대학에 진학하기 위한 김나지움으로 갈 것인지가 정해진다. 대학교육에 필요한 지적이고 논리적인 능력을 갖춘 아이들이 주로 김나지움으로 진학하

13 OECD 학생들 간의 학력을 비교하는 PISA 테스트에서 독일은 2000년 하위 30%의 성과를 얻고 이를 계기로 교육적인 성취도에 대한 고민이 시작되었다. 그리고 그 원인을 이주노동자 가정의 자녀들에게서 찾았는데 이는 1990년대 중반의 미국의 고민과 유사하였다. 이에 대해서는 나혜심. 2011. "탈국경화 시대의 진전과 독일 역사교육: 상호문화 간 역사교육의 문제의식을 중심으로", 『사회과교육』 50(2). 6월. pp. 135-136 참고.

는데 이런 면에서 한인 가정의 아이들은 두드러진 지적 역량을 보이고 있다는 것이다. 뿐만 아니라 한인은 독일사회에 비교적 성공적으로 자리 잡은 이주노동자들로 평가되는데 이는 이들이 독일사회에 매우 잘 적응하였다는 의미로 보인다. 특히 다수를 차지하는 외국인 공동체인 터키 출신 이주자들이 독일 대도시의 대부분에 그들만의 주거공간을 형성한 것과 비교하면 그들만의 주거공간을 만들지 않는 한인들의 모습은 성공적으로 독일사회에 스며들어 있는 것으로 이해되고 있다.

독일사회의 손님 노동자 고용정책에서는 한인 광부나 간호 인력들처럼 이른바 손님 노동자들이 독일에 정착할 수 있다는 것을 염두에 두지 않고 고용을 허용했었다. 그러나 1973년, 외국인 노동자 신규고용을 중단하면서 오히려 이주노동자의 정착이 증가하고 있음을 목격하게 된다. 그 이전까지 어차피 일시적으로 있을 이들이라는 생각에 언어나 문화교육 등에 대한 열의를 보이지 않던 독일 정부는 1970년대 후반에 이르러 이주자들에게 독일사회에 적응하도록 유도하기 위한 교육정책을 시행하게 된다. 처음에 잠시 머무르고 있는 외국인이라는 데에서 독일사회의 한 일원이 될 수도 있다는 생각으로 변화가 일어난 것이다. 1980년과 1990년에 들어서면서 이주자들은 독일 내에 다양한 문화로 존재하는 이들이라는 생각으로 또다시 이주자를 보는 눈이 변화되었고 결국 정책은 독일의 다수문화(Mehrheitskultur)와 소수문화(Minderheitskultur)의 공존을 꿈꾸는, 이른바 다문화사회 지향으로 전환하게 되었다. 하지만 이주자들 중 일부 구성원들이 보여 주는 폐쇄성과 자신의 문화를 고수하려는 경향이 드물지 않게 사회적 주목을 끌었다. 특히 명예살인이나 일부다처제와 같이 독일이 속한 서구사회가 바라보았을 때 수용하기 어려운 점들까지 자신들의 문화적 특수성이라며 고수하려는 경향이 나타났고 독일사회와의 조화로운 공존에 대한 부정적 인식이 고개를 들었다. 이런 상황 속에서 이른바 평행사회(Parallelgesellschaft)라는 용어로 다양한 문화적 구성원을 받아들인 독일사회가 맞는 부정적 측면을 강조하는 학자들이 1990년대 이후 등장하게 되었다.

이런 상황을 고려해 보면, 문화적 고유성이 그다지 두드러지지 않고, 집단거주지를 따로 구성하지 않으며 교회가 한인의 생활에서 중요한 중심역할을 담당하곤 하는 한인에 대한 독일인들의 인식이 다소 다르리라는 것을 쉽게 짐작할 수 있다.[14] 실제로 미국이나 일본의 경우에 흔히 있는 코리아타운과 같은 것이 독일에는 형성되어 있지 않다. 또한 많은 기업들이 모인 국제적 경제도시인 프랑크푸르트를 제외하고 독일의 한인들은 전국적으로 고루 분산되어 살아가고 있다.

### 1) 분산성

독일 통계청 자료에 의하면 한인들의 주거지는 독일 전역에 고루 분산되어 있다. 그 구체적인 내용은 다음과 같다.

---

14 평행사회는 그 의미가 명확하게 정리되지 않은 상태에서 매우 광범위하게 사용되고 있는 용어로 대체로 이주민으로 유입되었으나 주류 사회와 통합되기를 꺼리는 소수의 이주민 사회를 일컫는 말로 사용되고 있다. 1990년대 초에 독일 빌레펠트의 사회학자가 '이주와 통합'이라는 주제로 학술적인 논의를 하며 쓰기 시작하였다. 처음에는 별 반향을 얻지 못하였지만 2003~2004년 사이에 이슬람인들이 유럽 내에서 테러와 연관되면서 본격적으로 논의 중심으로 들어와 언론이나 학술적인 수준에서 사용되고 있다. 대체로 이슬람권 이주자를 대상으로 사용하는 경향이 있으며 특히 이슬람권이 자신의 고유문화로서 유지하기를 바라지만 탈근대화한 세계가 보기에 문제가 많은 전통들, 예를 들면 명예살인, 일부다처제 등을 논의하는 과정에서 자주 표출된다. 독일사회에서 이 용어가 모두에게 동의되는 것은 아니며 그것 자체가 독일 이주민 정책의 실패 증거라고 보는 이들도 있다.

〈표 8-1〉 독일 한인의 주거 분포

| 독일의 주 | 명 | 독일의 주 | 명 |
|---|---|---|---|
| 바덴-뷔르템베르크 | 2,336 | 니더작센 | 966 |
| 바이에른 | 1,999 | 노르트라인-베스트팔렌 | 5,974 |
| 베를린 | 3,528 | 라인란트-팔츠 | 733 |
| 브란덴부르크 | 87 | 자를란트 | 243 |
| 브레멘 | 277 | 작센 | 659 |
| 함부르크 | 1,330 | 작센-안할트 | 158 |
| 헤센 | 5,671 | 슐레스비히-홀슈타인 | 369 |
| 메클렌부르크포어포메른 | 100 | 튀링겐 | 239 |
| 계 | 24,669 | | |

출처: Statistisches Bundesamt. 2011. "Bevölkerung und Erwerbstätigte."

주로 간호, 양로 등 의료적 돌봄 영역이나 공장, 또는 자영업 등에 종사하는 이들이 많기 때문에 독일 한인들은 주로 도시에 거주한다. 하지만 한 도시 내에서 한인들은 공간적으로 밀집 거주지역을 만들지 않고 독일인들의 거주지역에 분산되어 개별적으로 사는 모습을 그들의 특징으로 보이고 있다. 위의 경우처럼 독일 전역에 분산적으로 살게 된 것은 한인 공동체 형성의 역사적 기원이 되었던 광부나 간호인력의 이주과정과 일정하게 연관되어 있다. 광부의 경우에는 주로 초기에 노르트라인-베스트팔렌과 같이 광산이 있던 지역에 이주하여 생활공간을 형성했다. 그런 이유에서 오늘날 독일 에센지역의 캄프린트포르트(Kamp-Lintford) 지역과 같이 이전에 광부로 갔던 한인들 중 일부가 다수 생활하는 지역이 있기는 하지만 대부분은 광부로서의 고용기간이 짧았고 그런 이유에서 다른 지역의 공장에 취직하거나 자영업 영위가 가능한 곳으로 분산된다.

또한 적지 않은 광부들이 체류와 취업에서 상대적으로 안정적이던 간호인력과 결혼해서 한인가족을 이루었는데 간호인력이 취업해 있던 지역으로 이주하는 경우가 거의 대부분이었다. 또한 간호 인력의 경우에도 지방자치단체가 발달해 있고 경제적 상황들이 조금씩 상이한 독일에서 취업이 가능한 지역으로 이주했던 이들도 많기 때문에 공동체는 전국적으로 확산되었다. 이런 이유에서 간호인력으로 이주한 한인들이 비록 초기에는 주로 집단적으로 생활했고[15] 광산이 있는 지역이 주로 일정 지역에 집중되어 있음에도 불구하고 장기적인 체류가 진행되면서 한인들은 분산되었다.

위의 지역 중에서 노르트라인-베스트팔렌 지역은 독일의 광산이 모여 있었던 지역이기도 했지만 도시가 많이 발달되고 집중되어 있는 곳이라 병원 시설 역시 많았다. 그런 이유로 다른 주에서 계약 연장이 어려운 경우, 이곳으로 향하는 경우가 적지 않았다. 또한 한-한 부부 모두 일을 하는 것이 일반적이어서 일자리를 구하기 쉬운 이런 대도시에 한인의 숫자가 많은 것은 당연했다(Yoo, 1996: 40-41). 베를린의 경우 통일되기 전에 한국인이 독일의 동쪽 중에서 체류허가를 받을 수 있는 유일한 지역이었던 점, 그리고 헤센주의 경우 이수길 박사가 1966년, 집단적으로 면허간호사들의 고용을 중개했고 주로 그 지역 대규모 병원에 여성들이 근무하여 한인들이 집중되어 있는 편이다. 더구나 헤센주에 속한 프랑크푸르트는 유럽의 다른 나라로 이동하기에 용이한 중심지였기 때문에 해외로부터 온 많은 기업들이 자리잡고 있고 기업활동의 중심지 역할을 하는 관

15 이들의 인터뷰 기록에 의하면 여성들은 많아야 20여 명의 한국인이 함께 생활한 반면 남성 광부들은 200명 이상이 함께 생활하는 것이 일반적이었던 것으로 보인다.

계로 한국기업이 많이 진출해 있다. 따라서 그곳에 근무하는 한인의 주거 집중도가 높은 편이다.

물론 베를린의 경우도 많은 기업들이 진출해 있고 그런 까닭에 독일 내에서 취업을 위한 이주 시에 선호되는 도시에 해당하기 때문에 일자리를 찾는 한인들이 모여들곤 한다(Yoo, 1996: 41). 이런 특별한 경우를 제외하고 한인들이 독일에서 생활하는 지역은 전국적으로 분산되어 있는 편이다. 이런 현상은 이미 언급했듯이 그들의 직업적인 특수성이나 한인 구성원들의 문화적 향유 양상과도 연관되어 있지만 적지 않은 독일 도시에 터키인들이 집단적인 거주지를 만드는 상황과 대비를 이루며 특성의 하나처럼 보인다. 많은 도시에 터키인들의 거주지가 만들어지는 것은 주로 일정 지역출신들이 독일로 이주했고 또 가족이나 친인척들이 연쇄적으로 이주한 터키인 독일 이주의 역사적 특징에서 연원한다. 또한 주로 이주노동자들이 모여 일하는 곳에 취업하는 터키인들이 많은 것도 터키인들이 더욱더 그들끼리의 공동체에 모여 살게 만드는 이유가 되었다. 일단 일정 지역에 터키인들이 모여들면 언어는 물론 종교적 차이가 큰 독일인들은 점차 그 지역에서 이탈하게 되고 결국 독일 안에 터키인의 주거지가 만들어진다. 독일 도시의 한 부분에 전혀 독일어를 사용하지 않고도 생활이 가능한 일종의 게토가 생겨나는 것이다. 또한 남편의 이주노동에 이어 가족 초청의 형태로 이주한 터키 여성들이 그들의 문화적 관습에 따라 타인들과 일정한 거리를 두고 생활하는 가운데 독일어 체득의 기회도 적기 때문에 독일어가 필요치 않은 그들끼리의 문화적 · 생활적 공간에서의 생활을 선호한 것도 이런 경향에 일조했다. 이는 환자들과 직접 대면하면서 독일어를 급속하게 습득했던 한인 여성들의 경우와 분명히 대조된다.

한인 이주자들의 이런 생활 모습은 독일사회에 상대적으로 잘 스며들어 가서 살아가는 것처럼 보이기도 한다. 실제로 독일에서 외국인을 언급할 때, 특히 독일 내에 거주하는 이주자군으로 먼저 떠오르는 이들은 대부분 터키인이다. 그 이유는 우선적으로 그들의 숫자가 압도적으로 많다는 점에 있기는 하다. 터키인의 경우 2011년 현재 약 120만 명이 독일에 살고 있어 외국인 이주자들 중 가장 그 규모가 크다(Statistisches Bundesamt, 2011: 8). 하지만 더 다양한 이유가 작용하는데 앞에서 언급했듯이 그들과 독일 주류 사회 사이에 문화적인 괴리감이 더 큰 것처럼 보인다는 점, 많은 도시들이 터키인들의 공동 주거지역 및 상업지역을 갖고 있고 그 안에서 독일인이나 독일사회와의 교류 없이 살아가고 있는 이들이 적지 않은 것이 그중 다른 이유이다.[16] 물론 독일에서 출생하고 독일문화를 자신의 문화로 받아들인 2세나 3세들이 독일 내 터키 공동체사회를 변화시키고는 있지만 아직은 그들의 분리현상이 더 두드러진다. 이런 이유로 집단거주지가 따로 있지 않은 한인들의 경우에는 상대적으로 독일사회와 괴리를 이루거나 그로 인해 갈등을 겪는 것처럼 보이지 않는 경향이 있다. 어떤 면에서는 규모나 문화적 차이 면에서 두드러진 터키인들과 비교되면서 한국인들의 이질성은 상대적으로 축소되는 경향이 나타나기도 한다.[17]

---

16 독일사회가 자신의 고유한 문화 유지를 고집하면서 주류 사회와 동화되는 것을 꺼리는 이주민들의 문화를 비판하면서 평행사회라는 용어를 사용하고 그럼으로써 독일사회가 이주민으로 인해 조화를 이루지 못하고 있음을 지적하는 이들이 증가하고 있다.

17 작은 일화에 속하는 경우이지만, 한 간호인력의 다음과 같은 언급은 그런 경향을 잘 보여 준다. "그러니까 직장동료가 그러더라고. 야, 너 독일말 좀 제대로 안 해?라고 그러는 거예요. 야, 나 외국인이거든? 내가 그랬거든, 그랬더니 정말 고맙게도 뭐라 그래 주냐 하면 … 야, 네가 모습만 한국 사람이지 네가 뭐 한국 사람이야? 너는 독일 사람이야. 독일사람 다 됐어. 그 얘기를 하더라

독일 전역에 분산되어 살고 있는 한인들은 비록 문화적 고유성을 고수하는 폐쇄성은 보이지 않지만 타국에서의 생활에서 서로를 의지하기 위한 모임을 활발하게 만들고 운용하고 있다. 한인이 독일의 거의 모든 도시에 한인회를 만들었고 현재 독일 전역에 약 38개의 한인회가 존재한다. 한인회 이외에 체육단체, 문화단체, 한글학교, 종교모임 등 매우 다양한 모임들이 더 존재하며 이를 통하여 서로 간의 문화적 교류의 기회를 갖고 있다. 하지만 이런 중심들이 존재함에도 불구하고 한인들의 삶은 그들의 직업적, 지역적, 또는 학적인 유대들 속에서 좀 더 가까운 부분들끼리 더 강한 유대관계를 맺고 있으며 이미 약 60년 이상의 역사 속에서 그들의 이주자로서의 삶은 매우 다양하게 변화 · 발전하였다.

### 2) 한인사회의 양적인 증가

독일 한인사회는 앞에서 언급했듯이 1950년대 말부터 어린 여성들이 가톨릭 사제들에 의해 간호교육생으로 중개되어 가고 그 후 1960년대 광부와 간호사, 간호조무사들이 이주하면서 그 인적인 구성은 물론 한인사회의 특징이 될 토대가 만들어져서 형성되었다. 오랫동안 이주민의 자국 내 정착을 막으려고 했던 독일의 이주정책 때문에 실지로 그 이전이나 그 이후에도 단기간의 계약노동을 제외하고 정착이 가능하지 않았기에 한인사회의 형성 자체가 그리 순조롭게 진행되지는 않았다. 제2차 세계대전 이후 독일의 외국인 단기계약 노동자 고용계획은 애초에 지중해 주변이나 남부 독일인들을 대상으로 했었기에 그들의 정책상으로

---

구요….” 1952년 전남 해남에서 출생하여 1972년 독일로 이주해 정착한 한인 간호여성의 증언. 2008년 국사편찬위원회 『구술자료수집사업보고서』 중.

봐도 독일사회에 아시아 국가 출신 이주자들이 유입되는 일은 물론이고 더 나아가 정착하는 것이 쉬운 일이 아니었다. 독일의 사회, 정치, 경제적 상황의 변화와 더불어 한인 광부나 간호인력의 이주가 상당히 예외적인 방식으로 진행되었기에 그들이 오늘날 독일 한인의 주요 구성원이 된다. 시간이 지나며 유학생과 상사 직원이 증가했고 비록 단기적인 체류자들이기는 해도 한인사회를 구성하는 데 중요한 인적 구성이 된다.

독일로 유학 간 첫 사례는 1908년에 베를린(Berlin)으로 유학을 가서 철학과 고전학을 전공하고 1923년에 박사학위를 취득한 박중세 박사인 것으로 알려지고 있다. 그리고 그 이후에도 유학생은 비록 숫자는 적지만 지속적으로 있었다. 하지만 오늘날의 한인사회 형성에 영향을 미칠 만한 규모의 의미 있는 유학생 증가는 1970년대 후반부터라고 볼 수 있다. 뮌스터(Münster)대학에서 한인가족에 대한 연구로 박사학위를 받은 이장섭의 연구에 의하면 1975년을 시작으로 독일에서 한인들의 고국으로의 귀국 현상이 증가하기 시작했다. 1973년 독일에서 이주노동자 고용중지 선언이 있고 나서의 현상이다. 당연히 독일에 있는 한인들의 숫자는 급속하게 줄어들었다. 그러나 곧 그 현상은 변화되기 시작했는데 1979년부터 한인의 숫자가 급격하게 증가하고 있었던 것이다. 그 이유는 바로 한인 유학생들의 증가에 있었다. 한국의 독일 유학생 수는 1978년부터 1988년까지 급격하게 증가하였다(이장섭, 1990: 30-31). 이 시기 동안 712명에서 3,492명으로 약 5배가 증가한 것이다. 물론 이들은 유학생이기 때문에 독일사회에 정착하려는 이들은 아니었다. 더구나 1990년대나 적어도 2000년대 초반의 유학생들은 유학을 마치면 대부분 한국으로 귀국하는 것으로 생각하였기 때문에 이들이 독일 한인 충원의 의미를 갖기는 하지만 그 의미는 시간적으로 제한적인 경향을 갖고 있다. 이런 경향은 오늘날에도 여전하다. 하지만 독일에서의 유학기간이 다른 나라에 비하여 긴 것을 고려하면 일시적이나마 이들이 한인사회를 채워 주는 역할을 하는 것은 분명하다.

하지만 최근에는 이러한 경향이 다소 변화되는 추세가 나타나고 있다. 독일사회에 정착할 목적으로 유학을 떠나는 일들이 증가하고 있다. 단기 체류를 목적으로 했던 유학생들 중에도 정착하는 이들이 증가하고 있는 것이다. 이는 독일사회에 전문 인력들이 점차 부족해지면서 2007년부터 국적취득 테스트라는 것을 통해 외국인의 국적취득을 제도화하기 시작했기 때문이다. 유학생들이 한인사회와 관련해서 더 이상 잠시 머물다 가는 이들이 아닐 수 있게 되었다는 것이다.

1980년대부터 독일을 비롯해서 유럽으로 진출하는 한국기업들이 증가한 것에서도 또 다른 유형의 한인 충원을 이야기할 수 있다. 특히 1990년대에 기업 진출과 더불어 상사 근무자의 수가 폭발적으로 증가하였는데 이들 역시 한인사회의 임시구성원이 되는 셈이다. 하지만 위에서 언급한 유학생의 경우와 마찬가지로 이들 중에서도 자영업으로 전환하여 독일에 정착하는 이들이 증가하는 현상이 나타나고 있다.

독일 한인사회의 인적 기초를 이루었던 이주노동자들의 독일 유입이 1970년대 후반 이후 거의 중단되었고 그들 중 귀국하거나 또는 제3국가로 재이주한 이들도 있었기 때문에 사실상 이미 형성된 한인사회 내에서의 자연증가율 이외에 한인사회를 양적으로 증가시킬 가능성은 거의 없어 보였다. 하지만 독일사회의 정착 가능성 증가와 양국 사이의 경제교류의 증가 속에서, 그리고 글로벌라이제이션의 진행 등으로 독일의 한인사회는 큰 규모는 아니더라도 소규모적인 증가가 진행되고 있다.

실제로 독일 통계청이 한인들의 숫자를 다음과 같이 연대별로 발표한 바 있다.

광부와 간호인력이 독일의 한인사회를 구성하는 기본적이고도 중심이 되는 틀을 이루고 있지만 한국사회의 사회경제적 상황이나 독일 이주정책의 변화 등 다양한 요인들로 인해서 한인사회는 인적인 보충이 진행되고 있다. 이는 독일 한인사회 구성원의 평균나이를 통해서 볼 때 더 분명하게 드러난다. 독일 통계청의 자료에 의하면, 한인들의 연령별 구성에서 평균연령이 34.1세이다.

**〈표 8-2〉 독일 한인 인구 변화(2004~2011)**

| 연도 | 명 |
|---|---|
| 2004 | 20,658 |
| 2005 | 21,671 |
| 2006 | 22,789 |
| 2007 | 23,595 |
| 2011 | 24,669 |

출처: Statistisches Bundesamt. 2011. op. cit.

독일로 한인이 이주노동을 가기 시작한 것이 여성의 경우 1950년대말, 그리고 남성의 경우 1963년경이다. 그리고 양자 모두 1977년을 전후한 시기에 신규 이주가 중단된 것을 염두에 두고 그들이 대개 20대 나이에 국경을 넘었다는 점을 생각하면 그들의 연령은 2018년 현재 최소 65~75세를 넘어가고 있다. 하지만 〈표 8-3〉의 통계에 의하면 독일 한인들의 평균연령은 현저하게 낮게 나타나는데 그런 이유에서 그들의 2, 3세는 물론 이후에 젊은이들의 증가분이 상당한 비중을 차지하고 있음을 나타내고 있다고 할 수 있다.

〈표 8-3〉 독일 한인의 연령 분포

| 구분 | 남자 | | 여자 | | 전체 | |
|---|---|---|---|---|---|---|
| | 명 | % | 명 | % | 명 | % |
| 5세 미만 | 487 | 4.7 | 448 | 3.1 | 935 | 3.8 |
| 5~10 | 490 | 4.8 | 431 | 3.0 | 921 | 3.7 |
| 10~15 | 514 | 5.0 | 425 | 2.9 | 939 | 3.8 |
| 15~20 | 555 | 5.4 | 590 | 4.1 | 1,145 | 4.7 |
| 20~25 | 788 | 7.7 | 1,908 | 13.2 | 2,696 | 10.9 |
| 25~35 | 2,766 | 27.0 | 4,497 | 31.2 | 7,263 | 29.4 |
| 35~45 | 2,431 | 23.7 | 3,067 | 21.3 | 5,498 | 22.3 |
| 45~55 | 949 | 9.3 | 1,391 | 9.7 | 2,340 | 9.5 |
| 55~65 | 664 | 6.5 | 1,210 | 8.4 | 1,874 | 7.6 |
| 65~75 | 545 | 5.3 | 370 | 2.6 | 915 | 3.7 |
| 75~85 | 61 | 0.6 | 56 | 0.4 | 117 | 0.5 |
| 85세 이상 | 5 | 0.0 | 21 | 0.1 | 26 | 0.1 |
| 전체 | 10,255 | 100 | 14,414 | 100 | 24,669 | 100 |

출처: Ibid.

이런 한인사회 인구 구성의 변화를 고려하지 않고 독일에 있는 한인들을 모두 이주노동자들과 연관해서 바라보는 것은 한인사회가 갖고 있는 다양성을 간과하는 일이 될 수도 있다. 더구나 이주노동자들이 독일사회에서 교육과 재교육을 거쳐 다양한 업종으로 전환하면서 정주에 성공했음을 고려하면, 오늘날의 독일 한인은 처음 출발했던 시기에 비하여 변화된, 매우 다양한 모습으로 살고 있다는 점을 인지할 필요가 있다.

### 3) 독일 한인의 사회경제적 상황

독일의 한인들은 한국사회가 자신들을 '한국사회를 위해 자기 희생을 감행한 이들'이라고 묘사했음에도 불구하고 이주를 선택한 동기에서부터 독일에서 소수문화인으로서 살아가는 모습까지 '희생자'라는 표현으로 묘사할 수 없는, 매우 다양한 삶의 모습을 보이고 있다. 오랫동안 직업적인 안정성과 특히 체류의 안정성을 확보하기 위해 다수의 사람들이 간호에 관련된 일을 했기 때문에 직업에서 연원한 유사한 정서와 인생경험을 가진 것으로 보인다. 그리고 일정한 정도의 직업 연한이 축적된 이들의 경제적 사정도 큰 차이를 보이지 않아 대체로 비슷한 정도의 경제적 수준에서 생활한다. 광부의 경우, 고용 안정성이 부족한 이유로 대부분 다양한 업종으로 전환했지만 대개 단기 고용의 경우가 많았다. 또한 종사한 업종들이 대개 자동차 공장이거나 아니면 소규모의 자영업인 경우가 많기 때문에 경제적인 상황이나 사회적 지위가 현저하게 높은 것은 아니다. 하지만 일부 광부들을 제외하고는 독일에서 간호 인력과 결혼하거나 아니면 초청한 부인이 역시 간호업에 종사하여 경제적인 안정을 이루는 경우도 적지 않다. 다음은 1996년에 학위논문을 위해 진행된 설문조사에서 약 41명의 한인가족이 응답한 자신의 수입이다.

설문대상자 41명 중 27명이 답변을 했고 그들의 평균적인 수입은 약 5,500DM에 이른다. 이 논문이 1996년에 쓰였다는 것을 염두에 두면 세후와 세전이 모두 포함되어 있는 것으로 판단할 만큼 높은 정도를 보이고 있다. 위 조사결과를 분석한 논문에서는 노르트라인-베스트팔렌 지역 한국인들의 60% 이상이 약 3,500DM의 세후 수입을 보이고 있다고 쓰여 있다.

**〈표 8-4〉 독일 한인가족의 수입**

| 금액 | 명 |
|---|---|
| 1,000DM대 | 1 |
| 2,000DM대 | 1 |
| 3,000DM대 | 3 |
| 4,000DM대 | 2 |
| 5,000DM대 | 10 |
| 6,000DM대 | 3 |
| 7,000DM대 | 0 |
| 8,000DM대 | 2 |
| 9,000DM대 | 3 |
| 10,000DM대 | 1 |
| 11,000DM대 | 0 |
| 12,000DM 이상 | 1 |
| 무응답 | 14 |
| 계 | 41 |

출처: Yoo, Jung Sook. op. cit, Interviews 부분.

물론 이 지역이 다른 지역보다 상대적으로 경제수준이 높다는 점을 염두에 두어야 한다. 1990년에 서독의 노동자 평균소득이 약 3,800DM이었던 점을 고려하면 한국인의 수입은 그리 낮은 것으로 볼 수 없다.[18] 이런 소득 수준 정도가 상대적으로 낮지 않다는 지표는 독일사회에서 한인들이 경제적 수준에서 일정한 안정적인 집단에 속한다는 것을 알 수

18 당시 동독 노동자 수입인 1,360DM이 당시 서독인 수입의 35%라는 것에서 계산한 결과 3,8857 DM이 나왔다. 당시 동독 노동자 수입 등에 대한 정보는 정용길. 2005. "통일이후 총선 이슈를 통해 본 독일사회의 변화연구". 『통일문제연구』 17(2): 262.

있게 한다. 하지만 위의 박사학위 논문을 위해 진행된 설문의 결과에는 한인의 소득에 대한 정보보다 더 중요한 내용이 들어 있는데 그것은 자신을 독일사회의 중산층 정도에 속하는 이로 소개하고 있는 이들이 적지 않다는 점이다. 자신의 거주지역에는 외국인이 별로 없다고 표현하거나 중산층 독일인이 살고 있는 곳이라는 것을 밝힘으로써 자신들의 사회경제적인 상황을 긍정적으로 표현하고 있다. 외국인이 별로 없고 독일인이 살고 있는 곳에 거주한다는 점은 그 설문조사자가 독일사회에 잘 어울려 살고 있음을 이야기하는 것이기도 하다(Yoo, Jung-Sook, 1996). 물론 모든 한인들이 경제적 여유를 가지고 독일사회에 잘 적응하고 사는 것은 아니다. 한국의 가족을 초청할 수 있었던 광부들의 경우, 연금 생활자가 되었을 때 다른 한인가족에 비해 경제적으로 어려운 경우가 많다. 특히 혼자서 광부로 갔지만 나중에 한국에서 가족을 초청하여 살게 되면서 부인이 전업주부로 있었던 가정의 경우에는 경제적으로 어려운 이들이 대부분이다. 연금은 일을 했던 연한과 그때 받았던 임금이 비례하기 때문이다.[19] 그 이외에 교육과 재교육을 통해 다른 직업으로 발전한 경우들이 있어 경제적 · 사회적 상황은 다양하다. 물론 그들의 상황은 그들이 한국인과 결혼했는지 아니면 독일인과 결혼했는지, 그들 자신이나 배우자의 직업이 무엇인지에 따라서 매우 다양하다. 또한 부부가 같이 생활하며 양육을 했는지, 아니면 혼자서 아이를 키우며 살았는지, 그리고 원래의 직

19 2008년 독일에 광부로 갔다가 다른 업종 등의 전환을 통하여 연금생활자가 된 이들을 조사한 재독한인글뤽아우프회의 자료에 의하면 현재 약 10%의 사람들이 월 약 350유로를 받고 있으며 그 이외에 500~700유로, 700~850유로, 900~1,000유로 정도에 한인 광부출신자들이 있다고 한다. 2003년 현재 4인 가족을 기준으로 월 2,350유로가 필요하다는 유럽연합의 통계를 들어 상대적으로 한인 광부출신자들 가정이 어려운 사정에 있음을 강조하고 있다. 재독한인글뤽아우프회. 『파독광부45년사』. 198쪽.

업 이외에 어떤 업종으로 전환했는지에 따라서도 경제적 상황은 물론 사회적 지위 등에서도 많은 차이를 보인다. 이런 다양한 한인들의 삶의 모습 속에서도 자녀 교육의 측면에서 한인들은 다른 이주자들의 후손들과 비교해서 상당히 성공적이라고 평가받고 있다.

독일의 교육계에서는 한때 학생들의 학업성취도가 점차적으로 저하되는 것을 목격하고 그 원인을 이주 배경을 가진 학생들에서 찾는 경향이 있었다(나혜심, 2011: 137; Straubhaar, Thomas., 2008). 하지만 그중에서도 한국인들의 교육적인 성과는 아주 예외적인 것으로 평가되고 있다. 특히 대학 진학을 위한 상급학교인 김나지움에의 한국인 후세대의 진학률은 매우 높다. 그 원인을 한국이 속한 동아시아 내의 유교적 전통에서 찾는 연구들도 있지만 사실상 한인의 주요 구성원이 되었던 광부나 간호인력들이 애초에 독일에 이주한 이탈리아나 터키 등 다른 나라 이주자들과 교육적 수준이 달랐던 점을 감안하면 그것은 그리 특별한 결과라고 볼 수는 없다.

대부분의 한인들이 한인회나 한인교회 또는 과거 광부들의 모임이나 재독 간호인력들의 다양한 조직들을 통해서 다른 한인들과의 유대를 형성하고 있기는 하지만 독일사회의 조직에 적극적으로 가입해서 활동하는 경우는 눈에 띄지 않는다. 그런 의미에서 1977~78년 사이에 간호사들의 체류권 투쟁을 성공적으로 추진해서 성과를 얻고 난 후 조직되어 그 후 다양한 한국과 독일 내의 노동, 여성, 빈민 문제 등과 관련한 활동에 활발하게 개입하고 있는 '재독한인여성모임'은 상당히 주목할 만한 조직이다. 한인회나 한글학교 또는 각 지역별 모임 등을 기반으로 해서 한국의 다양한 정치 · 사회적 이슈들에 대해 자신들의 의견을 개진하는 경우나 한국문화를 독일사회에 알리고자 하는 모임 등은 꾸준히 독일사회 내 한인의 존재감을 드러내는 데 기여하고 있다. 그 숫자가 급격하게 증가추세에 있지 않고 다른 나라의 한인에 비해 상대적으로 소수이며 일찍부터 사회적으로 안정도가 높아 경제적으로 급속한 성공이 근본적으로 불가능한 독일사회에 살고 있는 한인들이지만 다른 어떤 나라의 한인들과 비교해도 강력한 존재감을 보여 주고 있다.

## 4. 결론

독일의 한인사회는 1950년대 말에서 70년대 후반까지 진행된 한인 노동자의 이주 역사로부터 시작되었다. 당시의 많은 한국 젊은이들이 떠나고자 했기에 그만큼 경쟁률도 높았다. 당시 한국에서는 독일에 정착한 한인 이주자 친척이 방문하면서 가져온 신기한 물건이나 그들의 송금으로 땅을 사는 주변 사람들의 상황을 간접적으로 지켜보며 독일이라는 나라에 대해 희망을 갖는 이들도 적지 않았다. 하지만 그에 비해 독일로의 이주노동사 연구나 그 이주가 갖는 역사적 의미의 파악은 상당히 뒤늦게 시작되었다. 그들의 존재감은 가족에 대한 희생자이자 한국경제에 대한 기여자라는 담론이 확산되던 1980년대에 사회적으로 확산되었고 그 이미지는 연구가 지체되는 만큼 강하게 각인되었다. 하지만 그 이미지가 그들의 삶 전체가 아니기에 적지 않은 독일의 한인들은 자신들에 대해 각인된 한국사회에서의 이미지에 당혹스러움을 드러내고 있다.

대체로 당시 한국사회가 독일에 비해 경제적으로 열악한 상황이었다는 점은 분명하나 그들의 이주노동 선택 동기나 개인적 경험 역시 그렇게 단일한 이미지로 묶일 만큼 동일하지 않다. 스스로의 삶을 선택하기 위해 그 먼 길을 떠났던 그때의 각오들은 낯선 땅에서의 삶을 헤쳐 나가는 데에도 영향을 주었고 삶의 모습은 더 다양해졌다. 그리고 한국과 독일의 사회 · 경제적 그리고 정치적 변화들 속에서 한인사회는 좀 더 다양한 구성원들로 충원되었고 세대를 이어가면서 독일 한인사회의 모습은 좀 더 다양해지고 있다.

그들 중 일부는 유럽의 다른 국가나 또는 남북아메리카 지역으로 재이주해서 독일에서의 삶을 바탕으로 또 다른 이주생활을 시작하여 그곳에서 한인사회를 만드는 데 토대가 되었다. 그리고 다른 어떤 나라의 한인들과 비교해서도 한국과의 관계에서 적극적으로 의사를 표현하며 한국의 바깥에서 바라보는 한국사회의 변화와 발전에 기여하고 있다.

# 참고문헌


김용찬. 2007. "여성노동자 국제이주와 이주수용국가에서의 조직화관계연구". 『사회과학연구』 15: 182-215.

김학선 · 홍선우 · 최경숙. 2009. "파독간호사 삶의 재조명". 『한국산업간호학회지』 18(2): 174-184.

나혜심. 2009. "파독 한인여성 이주노동자의 역사". 『서양사론』, 100: 255-285.

______. 2011. "탈국경화 시대의 진전과 독일 역사교육: 상호문화간 역사교육의 문제의식을 중심으로". 『사회과교육』 50(2): 133-149.

______. 2012. 『독일로 간 한인간호여성』. 산과글.

______. 2014. "독일의 대한개발원조와 한인여성의 이주노동: 개발원조 담론과 그 실체 사이에서". 『독일연구』 28: 37-68.

유정숙. 2012. "독일 한인사회의 현안과 전망". 『유럽 한인의 역사(상)』, 국사편찬위원회.

이수안. 2007. "이주여성의 타자성과 관용의 상호발현에 대한 이론적 모색". 『사회와 이론』 12: 73-108.

이수자. 2004. "이주여성디아스포라: 국제성별분업, 문화혼성성, 타자화와 섹슈얼리티". 『한국사회학』 38(2): 189-219.

______. 2006. "지구화와 이주과정에서 발현되는 문화혼성성". 『한독사회과학논총』 16(2): 191-228.

이장섭. 1990. *Koreanischer Alltag in Deutschland zur Akkulturation der koreanischen Familien.* Münster, Diss. pp. 30-31.

이희영. 2018. "이주여성들, 정치를 관통하다: 재독한인여성들의 1970년대 체류권 투쟁을 중심으로". 『사회와 역사』 117: 237-286.

재독한인글뤽아우프회. 2008. 『파독광부45년사』.

정용숙. 2013. "제2차 세계대전과 루르노동자 가족". 『독일연구』 25: 97-125.

하병구. 2001. 『재외한국인의 국적문제』. 열린책들.

한 · 유럽 연구회. 2003. 『유럽한인사』. 재외동포재단.

한국파독광부총연합회. 2009. 『파독광부 백서』.

Gatz, Erwin. 1997. *Caritas und soziale Dienst*. Freiburg, Basel, Wien.

Roehr-Sendlmeier, Una M., and Yun, Jenny. 2006. "Familienvorstellungen im Kulturkontakt: ein Vergleich italienischer, türkischer, koreanischer und deutscher junger Erwachsener in Deutschland." *Zeitschrift für Familenforschung,* 18.

Statistisches Bundesamt. 2011. "Ausländische Bevölkerung-Fachserie 1. Reihe 2."

Straubhaar, Thomas. 2008. *Einwanderungsland Deutschland*. Friedrich Naumann Stiftung.

Yoo, Do-Jin. 1975. *Die Situation Koreanischer Krankenpflegekräfte in der Bundesrepublik Deutschland und Ihre Sozialpädagogischen Problem*. Kiel.

Yoo, Jung-Sook. 1996. *Koreanische Immigranten in Deutschland: Interessenvertretung und Selbstorganisation*. Dr. Kovac.

# 제9장
# 뉴질랜드, 호주 한인들의 주류 사회 진출 : 경제생활과 정치 참여

송창주(오클랜드대)

## 1. 서론

한인 이민자들이 수민국의 '주류 사회'로 '진출'한다는 것은 무엇을 의미할까? 이민사회에 따라 다르겠지만, 백인들이 다수인 서양사회 ― 북미, 오세아니아, 유럽 등지 ― 에서는 아마도 다수자인 유럽계 사람들과 경제력, 정치권력 등에서 상대적으로 대등한 관계를 유지하며 살아가는 것을 의미할 것 같다. 그런데 여기서 경제생활이란 에스닉 공동체 밖인 주류 사회의 경제에 참여하고 여기서 발생하는 소득을 갖는 것을 의미하며, 정치권력에서의 대등이라 함은 현지 사회의 정치와 공공영역에 적극적으로 참여하고 특히 선거를 통한 공직에 진출함으로써 정치적으로 평등한 권리를 누리는 것을 의미한다고 할 수 있다.

그리 대등하지 않으면서도 주류 사회와 깊은 관계를 유지하며 사는 경우도 있을 수 있는데, 최근까지 꾸준히 늘고 있는 한인 여성들의 주류 사회 백인들과의 결혼이 그 예가 될 수 있다. 한인 여성들은 백인들과의 결혼을 통해 그들 사회에 깊숙이 '들어가' 살므로 어떤 의미에서는 '주류 사회로의 진출'을 한다고 할 수도 있고 또 실제로 이들은 주류 종족인 백인들과 대등한 관계를 형성하기도 한다. 하지만, 이는 일종의 특수한 예로서 일반 한국 이민자 사회 전반에 (특히 남성들에게는) 적용시킬 수는 없으므로 이런 경우를 '대등한 관계'라고 말할 수 있을 것 같지는 않다.

이민자들은 처음에는 에스닉 그룹의 공동체 내에서 경제생활을 하는 경우가 많다. 이들의 경제생활과 사회적 교류는 거의 모두 에스닉 공동체 안에서 이루어지며 그 대상도 같은 언어를 쓰는 사람들이다. 시간이 지나면서 이민자들은 현지 사회의 문화를 학습하고 언어를 배우고, 법과 제도에 적응하면서 점차 자신감을 갖게 된다. 그리하여 주류 사회의 경제로 진입하고 공동체에 참여하면서 다수자인 주류 사회의 구성원들과 대등한 관계로 살게 되는 것이다. 여기서는 '주류 사회로의 진출'을 경제적으로 에스닉 공동체의 좁은 범위를 벗어나 주류 사회의 경제권 내에서 생활하며, 정치적으로도 주류 사회에서 의미 있는 정도의 참여를 유지하는 것으로 규정해 보고자 한다. 그러므로 현지 사회에서 이민자들이 가진 직업과 소득을 살펴보는 것이 좋은 지표가 된다. 덧붙여, 투표 등 현지 사회에서의 정치 참여와 정부의 일 등 공무를 담당하는 정도가 주류 사회로의 진출에 좋은 지표가 될 수 있다.

특히 호주와 뉴질랜드 양국에서는 공히 한인 이민들이 시민권을 가진 경우가 많다. 특히 뉴질랜드의 경우 호주 등으로의 재이민을 위해 시민권을 가진 사람이 많다. 그리고 남자들의 경우 한국에서의 군대 문제 등의 현실적 문제 때문에 시민권을 갖는 사람도 많다. 그러므로 시민권을 가진 사람이 많다는 것이 이들이 정치적으로 주류 사회에 진출했다는 것을 말하지는 않는다.

호주와 뉴질랜드의 경우 미국 등 한인들이 일찍 이주해 간 나라들과는 달리 이민의 역사가 아직도 짧아 (겨우 한 세대의 역사라고 할 수 있다) 경제적으로도 그렇고 정치적으로도 주류 사회로의 진출이 아직도 많이 진행되지 않았다고 할 수 있다. 그러나 호주와 뉴질랜드를 비교해 보면 전자의 이민 역사가 좀 더 길고 또 이민자들의 수도 훨씬 더 많아 주류 사회로의 진출도 그만큼 더 많이 진행되고 있다. 또한 2세대가 자라서 사회에 진출하면서 경제생활이나 정치적인 참여 면에서 주류 사회로의 진출이 급격히 나아지고 있는데 이는 호주와 뉴질랜드에서 공히 나타나는 현상이다.

호주에 거주하는 한인의 수는 2017년 현재 약 180,004명이다. 거주 지역별로 나누어 보면 가장 많은 사람들이 뉴-사우스웨일스주(98,655명, 55%)에 거주하는 것으로 나타났다. 다음으로 퀸즐랜드주(31,342명, 17%), 빅토리아주(25,068명, 14%)가 뒤를 이었다. 이들은 대개 시드니와 멜버른 등 대도시에 주로 거주한다. 뉴질랜드에 거주하는 한인들의 수는 2017년 3만 명 미만(2013년의 통계에 따르면 30,171명으로 전체 450만 인구의 1% 미만)으로 전체 한인의 70% 정도(약 22,000명)가 오클랜드 지역에 거주한다.

## 2. 주류 사회로의 진출 조건

한인들을 비롯한 이민자 소수민족 출신들이 서양사회에서 주류 사회로 들어가기 위해서는 몇 가지 조건이 있는 것 같다. 첫째로 어느 정도 긴 이민 역사가 있어야 한다. 우선 이민 온 지 얼마 안 되는 1세대들에게는 주류 사회로 진출하는 것이 상대적으로 어렵다. 언어는 물론이고 현지 사회의 제도와 문화에 대한 이해가 아직 낮기 때문이다. 그러나 이민

2세들의 경우 이런 문제가 상대적으로 적으며, 이들의 주류 사회로의 진출은 그 비율이 높다. 실제로 한인들의 이민 역사가 긴 미국(하와이를 포함하여), 중국(조선족), 그리고 구소련 등에서는 한인들이 주류 사회의 문화와 제도에 완전히 적응하여 그 후세들은 경제적 · 정치적으로 주류 사회의 일원으로 살아가고 있다. 그러므로 2세가 성인이 될 정도로 이민 역사가 길어야 주류 사회에 진출하는 정도가 높아진다. 호주나 뉴질랜드의 경우 북미지역 등에 비해 이민 역사가 짧으므로 아직도 주류 사회로의 진출 정도가 낮지만 그 수가 계속 늘어나는 2세들의 경우 직업, 소득, 그리고 정치 참여 등에서 주류 사회로 진출하는 정도가 계속 높아지고 있다.

둘째로는 이민자들의 생활이 지나치게 에스닉 커뮤니티에 의존하지 말아야 한다. 에스닉 커뮤니티가 크고 부유하여 이민들이 주류 사회로의 진출 없이도 에스닉 커뮤니티 내에서 경제생활을 영위할 수 있다면 주류 사회로의 진출은 상대적으로 늦을 것이다. 뉴질랜드에서 상대적으로 에스닉 커뮤니티가 작고, 발달의 정도가 미약한 소말리아 난민 같은 경우 적극적으로 주류 사회에서 직업을 구하고, 또 주류 사회구성원들과 접촉을 많이 함으로써, 또 남녀 모두 결혼 등을 통해 주류 사회로의 진출이 빠른 편이다. 반면에 아르헨티나 등 남미에서 의류업에 종사하는 한인들은 1세나 2세 모두 의류업계 밖에서 기회를 찾는 것이 어렵다고 판단하여 (또는 그럴 필요가 없다고 여겨) 교육이나 언어 등의 문화 자본의 소유에 관계없이 의류업계에 머무르는 경우가 많다. 심지어는 의사나 변호사 등의 전문적인 직업을 위해 교육을 받은 사람들조차도 이 분야의 소득 수준이 의류업계에서보다 낮다고 판단하여 부모 세대가 운영하는 의류업계로 회귀하는 경우도 있다. 이런 현상은 한인 커뮤니티가 잘 발달된 지역에서 자주 보인다. 자치주를 갖고 강력한 에스닉 커뮤니티를 이루고 살아

온 연변 조선족의 경우도 그 예인데 이들과 한족과의 교류는 상대적으로 적었고, 따라서 언어도 조선어를 주로 사용했다. 비록 소득 수준이 높았다고는 하지만 주류 사회로의 진출이라는 면에서 자치주 내에서는 그 정도가 낮았다고 할 수 있다.

반면에 한인들이 거의 없는 미국, 오세아니아, 유럽의 소도시 등에서 성장한 한인 2세들 가운데는 한인 커뮤니티가 주는 기회가 없기 때문에 일찍부터 주류 사회로 진출하는 경우가 자주 보인다. 이들은 일찍부터 모국 문화와의 단절을 경험하고 자연스럽게 주변의 주류 사회로 나가게 된다. 주류 가정에 입양된 한인 입양아들의 경우는 이런 경우의 극단적인 예이라고 할 수 있다. 이민 1세들의 경우에도 한인들이 거의 없는 소도시나 지방에 거주하며 자영업을 하는 경우 (간혹 다른 한인과의 상업적 경쟁을 피해 전략적으로 이런 곳을 선택하는 경우가 있다) 빠른 시간 내에 주류 사회에 편입된다.

또 하나의 조건은 수민국가의 수용적 문화와 태도이다. 예를 들어 수민국의 사회가 이민자들에게 경제적 · 정치적 자유를 주어야 주류 사회로의 진출이 쉬워진다. 이민자들이 아무리 노력을 해도 수민국 사회가 이들의 주류화를 허락하지 않으면 주류 사회로의 진출은 제약될 수밖에 없다. 예를 들어 중국의 조선족들의 경우에도 경제적으로는 일정한 자유를 누렸지만 정치적으로는 보이지 않는 견제를 받았다. 또한 1980년대까지 구소련의 고려사람들은 '민족의 적'으로 구분되어 주류 사회로의 진출에 제약을 겪는 경우가 있었고, 또 사할린에서는 한국계 무국적자들은 모든 사회활동에서 참여가 제한되었다.

반면에 호주와 뉴질랜드는 모두 정치적으로 민주적이며 자유주의적인 전통이 강하고, 또 정책적으로 다문화주의를 실천하고 있어 이민들이 경제적 · 정치적으로 현지인들과 대등한 관계를 맺을 조건이 좋은 편이다. 현지 사회가 이민자들을 잘 대해 주고 이들이 새로운 환경에 잘 적응하도록 돕는 경우 이민자들은 그 사회에 대한 충성심도 갖게 되며 공동체에 대한 참여의식을 갖게 되고, 이것은 자연히 정치참여로 연결된다. 이들은 현지 언어를 습득하고 이로써 현지 문화에 대해 자신감을 가지며 투표 등의 행위뿐만 아니라 자연스럽게 공동체의 일에 관심을 갖고 관여하게 되는 것이다. 호주와 뉴질랜드의 경우 국가와 사회가 모두 이주민들이 시회에서 소외되지 않고 살 수 있게 하기 위해 여러 가지 프로그램을 운영하고 있다. 그럼에도 불구하고 한인들은 타 인종들과 관계를 맺는 정도가 낮고 에스닉 커뮤니티 안에 머무는 경우가 많다(Ng et al., 2011).

## 3. 직업과 소득

이민자들이 이민사회에서 어떤 직업을 갖고 얼마만한 소득을 올리며 살고 있는지는 확실히 주류 사회로의 진출에 대한 하나의 중요한 지표이다. 이민자들은 초기에는 대개 종족 공동체 내에서 생활하며 경제생활도 여기에서 벗어나지 않는다. 호주와 뉴질랜드에서 한인들은 한인 커뮤니티에서 요식업, 식품점, 여행사, 유학산업, 미용실 등 한인들을 주 고객으로 삼는 소규모 사업자들이 대부분이다. 물론 한류의 영향으로 중국인 등 아시아계 이민자들 중에서도 한인 사업자들의 이런 서비스를 이용하는 사람들이 많은데, 이것은 주류 사회의 진출과는 거리가 있다. 흔히 한인들 가운데 큰 비율이 자영업을 한다는 사실이 한인들의 '기업가 정신'을 대변하는 것처럼 알려 있기도 하지만, 이것은 역설적으로 이들이 그만큼 주류 사회의 경제로 진출하지 못하고 있다는 것을 반증한다고도 볼 수 있다. 따라서 한인들이 임금노동자로 일하는 비율이 이들의 주류 사회로의 진출 정도를 나타내 주는 하나의 척도가 될 수 있다.

또한 소득도 아주 중요한 척도인데, 주류 사회로 진출한 정도가 높을수록 소득 수준이 주류 사회의 그것에 가깝게 오른다고 가정할 수 있다. 따라서 여기서는 호주와 뉴질랜드 한인 이민자들의 직업과 소득을 살펴봄으로써 이들의 주류 사회 진출의 정도를 알아보고자 한다.

### 1) 뉴질랜드

다른 여러 나라들과 마찬가지로 뉴질랜드에서도 2006년과 2013년 사이에 실업률이 늘었다. 예를 들어 2006년에는 5.6%였던 실업률이 2013년에는 7.1%가 되었다. 그러나 그 후로 차츰 실업률이 지속적으로 낮아져 2018년 뉴질랜드 전체 실업률은 5%를 밑돌고 있다.

**〈표 9-1〉 오클랜드와 뉴질랜드의 15세 이상 성인의 평균소득**

| 연도 | 오클랜드($) | 뉴질랜드($) |
|---|---|---|
| 2001 | 21,100 | 18,500 |
| 2006 | 26,800 | 24,400 |
| 2013 | 29,600 | 28,500 |

오클랜드는 뉴질랜드의 다른 곳보다 물가도 높고 소득 수준이 높은데, 2013년 통계에 따르면 오클랜드 거주 15세 이상 성인의 소득은 29,600뉴질랜드 달러(이하 NZ달러)로 뉴질랜드의 전체 평균인 28,500NZ

달러 보다 높았다.

한인들의 평균연령은 31.2세이며 이들 중 11%인 3,300명 정도가 뉴질랜드 태생이고 그 나머지가 외국(주로 한국) 태생이다. 한인들 가운데 경제활동을 하는 연령대에 있는 사람들(15세 이상 성인)의 중간 소득은 11,500NZ달러로서 뉴질랜드 평균소득인 28,500NZ달러에 비해 크게 낮다. 한인 성인들의(15세 이상) 경우 임금노동이 소득의 원천인 경우는 38%로 2006년의 26.2%에 비해 늘었다.

또한 아래의 표에서 보는 바와 마찬가지로 2006년과 2013년을 비교해 보면 이 두 기간 사이에 한인들의 취업률이 조금 는 것을 알 수 있다. 그러나 다른 아시아인들이나 뉴질랜드 평균 취업률보다는 아직도 낮다는 것을 보여 준다.

**〈표 9-2〉 뉴질랜드 한인들의 직업상황(2008년과 2013년의 비교)**

| 구분 | 한인(%) | | 아시아계(%) | | 뉴질랜드 인구 평균(%) | |
|---|---|---|---|---|---|---|
| | 2006 | 2013 | 2006 | 2013 | 2006 | 2013 |
| 노동시장 참여자 | 46.4 | 55.5 | 62.2 | 64.4 | 68.5 | 67.1 |
| 노동시장 비참여자 | 53.6 | 44.5 | 37.8 | 35.6 | 31.5 | 32.9 |
| 전체 | 100 | 100 | 100 | 100 | 100 | 100 |
| 실업자 | 4.5 | 6.3 | 5.3 | 5.7 | 3.5 | 4.8 |
| 취업자 | 41.8 | 49.2 | 56.9 | 58.7 | 65.0 | 62.3 |
| 전업 취업자 | 28.8 | 34.9 | 42.4 | 45.9 | 50.1 | 48.0 |
| 파트타임 취업자 | 13.0 | 14.4 | 14.5 | 12.8 | 14.9 | 14.3 |

출처: 뉴질랜드 2006년, 2013년 센서스.

뉴질랜드 한인들의 산업별 고용상황은 아래의 〈표 9-3〉에서 볼 수 있다. 한인들은 대체로 농업, 어업 등 1차 산업과 제조업, 건설 분야 등 2차 산업에 종사하는 사람의 비율이 다른 아시아계 인민들이나 현지인들보다 낮고, 반면에 상대적으로 소매업, 숙박, 음식업 등에 종사하는 비율이 높다. 마찬가지로 임금 부문에 있어서도 자영업자의 비율이 높고 임금을 받지 않는 가족 노동자의 비율도 높다. 이것은 호주의 경우에도 어느 정도 마찬가지인데, 다만 호주의 경우 아무래도 한인 이민의 역사가 뉴질랜드에 비해 길므로 건설 또는 청소업 등의 2, 3차 산업 분야에 진출한 정도가 뉴질랜드에 비해 높다. 이 지역에서 한인들은 아직도 소규모 자영업에 종사하면서 가족들의 노동력에 의지하는 비즈니스를 운영하고 있다는 것을 보여 준다.

직업 중에서 주류 사회 진출의 지표로 볼 수 있는 전문직 · 관리직 종사 현황을 살펴보면 다음과 같다.

**〈표 9-3〉 뉴질랜드 한인, 아시아계의 산업별 고용상황(2013)**

2013년 통계(%)

| 산업 | 한인 | 아시아계 | 뉴질랜드 전체 |
|---|---|---|---|
| 농업, 산림, 어업 | 2.4 | 3.1 | 6.7 |
| 광업 | 0.0 | 0.1 | 0.3 |
| 제조업 | 5.8 | 9.7 | 9.8 |
| 전기, 가스, 수도, 하수도 서비스 | 0.2 | 0.5 | 0.7 |
| 건설 | 3.2 | 3.6 | 8.0 |
| 도매업 | 4.1 | 5.0 | 5.0 |
| 소매업 | 15.9 | 14.2 | 9.8 |
| 숙박, 음식업 | 23.1 | 13.5 | 5.8 |
| 운수, 우편, 창고업 | 3.1 | 3.9 | 4.3 |

| | | | |
|---|---|---|---|
| 정보, 미디어, 텔레커뮤니케이션 | 1.8 | 2.1 | 1.8 |
| 금융, 보험업 | 2.4 | 4.8 | 3.6 |
| 임대, 리스, 부동산 서비스업 | 2.0 | 2.2 | 2.6 |
| 전문직, 과학, 기술 | 6.6 | 8.9 | 8.7 |
| 행정, 보조 서비스 | 6.6 | 4.2 | 3.4 |
| 공공행정, 안전 | 1.5 | 3.3 | 5.1 |
| 교육, 훈련 | 6.4 | 5.5 | 8.4 |
| 의료, 사회 보조 서비스 | 6.9 | 10.9 | 10.0 |
| 예술, 레크리에이션 | 1.2 | 1.1 | 1.9 |
| 기타 | 6.8 | 3.4 | 4.0 |
| 전체 사람 수 | 100.0 | 100.0 | 100.0 |

1. 호주, 뉴질랜드 산업종류 구분기준 2006(ANZSIC06 V1.0).

출처: 뉴질랜드 통계청

고용상황

15세 이상 한인, 아시아계, 그리고 뉴질랜드 전체 고용인구

2006년과 2013년의 센서스(%)

| 고용상황 | 한인 | | 아시아계 | | 뉴질랜드 전체 | |
|---|---|---|---|---|---|---|
| | 2006 | 2013 | 2006 | 2013 | 2006 | 2013 |
| 임금노동자 | 47.9 | 63.0 | 78.8 | 81.7 | 78.4 | 79.4 |
| 고용주 | 15.4 | 11.6 | 6.5 | 5.7 | 7.4 | 6.6 |
| 자영업자 및 무피고용자 | 29.1 | 20.9 | 12.0 | 10.5 | 12.2 | 12.1 |
| 임금을 받지 않는 가족 노동자 | 7.6 | 4.5 | 2.7 | 2.0 | 2.1 | 1.9 |
| 전체 | 100.0 | 100.0 | 100.0 | 100.0 | 100.0 | 100.0 |

출처: 뉴질랜드 통계국

(1) 변호사

뉴질랜드에서는 많은 수의 한인 1.5세, 2세들이 변호사직을 갖고 있다. 한인들은 유독 변호사 같은 전문직을 선호한다. 여기에는 미국과 달리 뉴질랜드에서는 법률가가 되는 것이 상대적으로 쉽다는 점도 작용하지만 우수한 한인 1.5세, 2세들이 뉴질랜드 사회에서 다른 분야의 전문가로서 살아가기가 상대적으로 어렵다는 증거이기도 한 것 같다. 오클랜드의 한 한인 업소록을 보면 2014년에 무려 63개의 변호사 사무실을 찾을 수 있다. 이들의 절대다수는 한인들을 상대로 일을 하는데 오클랜드의 전체 한인 인구가 겨우 2만 2천 명인 것을 고려하면, 한인 350명에 한 사람의 변호사가 있는 것을 알 수 있다. 여기에 위의 광고에 나타나지 않은 변호사의 수를 고려하고, 또 현재 법대에서 공부를 하고 있는 상당수의 한인 학생들까지 고려하면 한인사회에서 얼마나 과다할 정도로 많은 수의 변호사들이 있는지를 알 수 있다.

호주에서도 사정은 어느 정도 비슷하다고 할 수 있다. 법학을 전공하는 학생들의 수도 많고 현재 호주에서 변호사로 일하고 있는 변호사의 수는 250명 이상으로 추정된다. 호주에서는 이민의 역사가 길어 한인 변호사들 가운데 2세가 많고 이들 가운데는 한인 커뮤니티를 벗어나 주류 사회의 다양한 인종들을 대상으로 서비스를 제공하는 사람들도 있다. 호주의 한인 변호사들은 호주 한인변호사협회(Korean Australian Lawyer's Association: KALA)를 결성하여 활동하고 있다. 호주와 뉴질랜드에는 한인 검사도 몇 사람이 있는데 이들은 정부에 고용되어 일을 하는 경우가 많아 한인 이민자들을 상대로 영업을 하는 변호사들에 비해 주류 사회 진입의 정도가 아주 크다고 할 수 있다.

(2) 의사

변호사의 경우와는 달리 호주와 뉴질랜드에서 의사가 되는 것은 훨씬 어렵고 제약이 많다. 일단 의사가 되기 위해서는 더 오랜 기간의 훈련이 필요하고(10년) 또 돈도 많이 든다는 점이 있다. 그러나 또한 여기에는 문화적 요소도 크게 작용한다. 서양의 의료 서비스는 그 제공 방식에 있어서 한국의 의료 서비스와 확실히 다르고 환자를 치료하고 돌보는 방식 등에서 큰 차이가 있다. 예를 들어 한국과 중국 같은 나라들에서의 의료 서비스는 대체로 과도한 주사와 약물 처방 등이 특징인 반면 서양의 의료 서비스는 이 두 나라의 그것에 비해 훨씬 더 '자연치유적' 방식을 선호하는 것을 볼 수 있다. 따라서 한국과 중국 등의 나라에서 이런 치료 방식에 익숙한 사람들은 흔히 서양 의사들이 약이나 주사를 처방하지 않는 것에 대해 '제대로 치료를 하지 않는다'고 여기는 경우가 많고, 이 중에는 그런 방식의 치료를 위해 아프면 아예 본국으로 가서 진료를 받는 경우도 있다.

특히 호주나 뉴질랜드의 경우 의료는 국가에 의해 통제가 되고 있으므로(모든 의사는 국가에 고용이 되었다고 볼 수 있다), 의사의 수도 국가에 의해 정해지는 경우가 많다. 뉴질랜드에서 의대(Bachelor of Medicine: MBchB) 의 경우 최소 대학 입학 기준만으로도 입학이 가능한 BSc, 자연과학대의 Biomedical Science나 보건과학대, Health Science의 1학년 과정을 평균 B+ 이상으로 이수한 사람에게 지원 자격이 주어진다. 오클랜드 대학의 경우 인성과 논리력 시험인 UMAT 점수를 합산하여 상위 200여 명을 선발하여 인터뷰 기회를 준다. 인터뷰야말로 아시아계 학생들이 가장 어려워하는 과정이다. 왜냐하면 언뜻 보기에 의사가 되는 자질과 전혀 관계가 없을 것 같은 현지인들의 스포츠, 문화 같은 내용도 있기 때문이다.

그러나 서양에서는 대체로 인터뷰가 의사가 되는 과정에서 크게 중요하다. 인터뷰는 45분간 2명의 교수와 한 학생의 비율로(2:1) 심층 면접을 본 후 이 가운데 성적순으로 100명이 선발된다. 인터뷰를 통과하여 선발되면 총 6년을 공부하며, 이 6년 과정을 성공적으로 졸업하면 영연방 국가들 어디서나 일을 할 수 있는 의사 자격을 받게 된다. 이 6년의 과정에서 2~3학년은 이론과 인성교육을 중심으로 공부를 하며 매주 5시간씩 인체 해부 실습을 한다. 그 후 4~5학년 때 병원 실습으로 경험을 쌓고 나서 국가시험 자격을 받는다. 마지막 학년인 6학년 과정은 Trainee Intern(견습생)이다. 졸업 후 2~3년가량 House Officer(한국의 인턴 과정), 그리고 또 2~3년 정도 레지스터, 레지던트 과정을 보내며 전공을 선택할 수 있다. 이렇게 하여 전문의가 되기까지는 약 10년이 걸린다.

의료과정의 훈련은 교육비도 많이 드는데, 한인 이민자들에게는 차세대를 위해 이렇게 상당한 교육비를 대는 것이 가장 큰 문제는 아니다. 위에서 언급한 대로 더 큰 문제는 이들이 서양식 의료에 대해 한국식의 오해를 하는 경우가 있다는 점이다. 의과대학에 진학할 때 뉴질랜드나 호주에서는(미국 등의 경우도 비슷하지만) 인터뷰가 아주 중요하다. 인터뷰에서는 주류 사회의 문화적인 지식을 측정하는데, 이것은 다른 민족들에게는 차별로 느껴지기 쉽다. 예를 들어 뉴질랜드의 경우 주류 사회에서(즉 유럽계와 마오리들을 포함하여) 인기가 있는 스포츠(럭비와 크리켓 등)에 대한 지식도 측정하는 경우가 많은데 대개 아시아계 사람들은 이런 스포츠에 대한 지식이 약하다. 한인이나 중국인들은 의사가 되는데 왜 이런 지식이 요구되는가 하는 의문을 가지면서 이것은 유럽계 다수자들이 소수자인 아시아계 이민자들을 경쟁에 참여하지 않도록 배제하는 정책이라고 생각하는 경향도 있다. 여기에 차별이 있는지는 알 길이 없다. 그러나 의료는 과학이나 기술이라는 측면 외에도 문화라는 측면이 강하므로 다른 문화권에서 온 사람들이 잘 적응을 못 하는 것은 부정할 수 없는 사실이다.

현재 오클랜드 지역에서 활동하는 한인 의사는 6~7명 정도로 파악된다. 이들이 활동하는 지역은 역시 한인들이 많이 거주하는 노스쇼어, 시 중심, 그리고 동쪽의 호윅 지역임을 주소를 통해 알 수 있다.

**〈표 9-4〉 뉴질랜드 오클랜드 지역 한인 의사들(2015)**

| 지역 | 한인 의사 |
|---|---|
| 노스쇼 | Dr Catherine Hong at Medical Centre at Apollo<br>119 Apollo Drive, Albany(Tel 09 477 3700)<br>Dr Hugh Sung at Glenfield Doctors on Chartwell<br>52 Chartwell Avenue, Glenfield(Tel 09 441 2352)<br>Dr Park at Greencross Clinic<br>4 Auburn Street, Takapuna(Tel 09 486 1001) |
| 시티 센트럴 | Dr Jung Park at Auckland City Doctors<br>415 Queen Street, Central Auckland(Tel 09 280 3555) |
| 호윅 | Dr Stephanie Nam at Millhouse Integrate Medical Centre<br>128 Millhouse Drive, Howick(Tel 09 537 4980) |

### (3) 교수

뉴질랜드와 호주의 한인 이민자들의 증가와 한국의 경제적 발전 등으로 인해 한국에 대한 교육과 연구의 필요성이 대두함으로써 이 지역의 대학들에서 1980년대부터 한국학 관련 학과들이 개설되었으며, 이 덕분으로 상당수의 한인들이 대학에서 교수직을 얻게 되었다. 특히 호주에서는 1980년대 후반부터 한국어와 관련하여 10여 명의 한인 교수들이 고용되었고, 뉴질랜드에서도 소수의 교수직이 신설되었다. 한국 관련 학과에는 비한국계 학자들이 고용되는 경우도 더러 있지만, 한국어 등의 경우에는 거의 한인들이 일하고 있다.

물론 한국과 관련된 이외의 학문 분야에도 호주와 뉴질랜드 공히 한국계 교수들의 수가 많이 늘고 있다. 호주의 시드니, 멜버른, 브리즈번, 애들레이드, 그리고 퍼스 같은 대도시들의 대학과 연구소는 물론, 뉴질랜드의 오클랜드 대학, 오클랜드 기술대학, 매시대학, 와이카토 대학, 캔터베리 대학, 더니든 대학 등에서 과학, 기술, 엔지니어링 등의 분야에서 일을 하는 한국계 교수들의 수가 상당히 되는데, 이것은 이들이 결성한 '재호주, 뉴질랜드 한인 과학자 협회(Korean Academy of Scientists and Engineers in Australasia)'라는 단체를 보아도 알 수 있다(http://kasea.org.au/).

### (4) 경찰

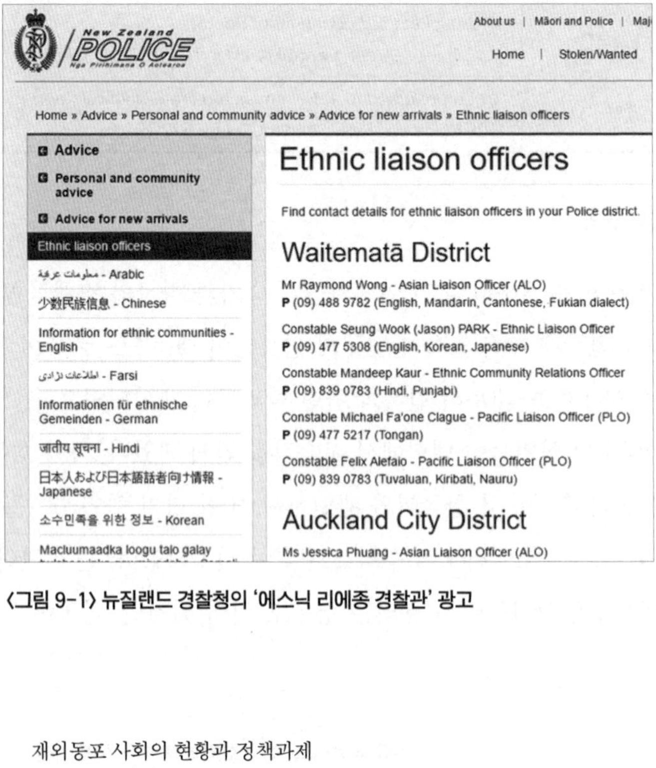


〈그림 9-1〉 뉴질랜드 경찰청의 '에스닉 리에종 경찰관' 광고

경찰도 전형적인 주류 사회의 직업이라고 할 수 있는데, 호주와 뉴질랜드의 경우 경찰청에서 늘어나는 이민사회의 에스닉 멤버들을 경찰로 충원하려는 노력을 기울인다. 예를 들어 한인 에스닉 커뮤니티에서 경찰 일을 하기 위한 사람들을 정부가 주도적으로 뽑는 경우가 많다. 호주와 뉴질랜드 모두 경찰청에서 적극적으로 소수민족 출신 가운데 경찰을 충원하려 노력하고 있다. 뉴질랜드의 경우 한인 경찰은 아직 많지 않은데, 뉴질랜드에서 태어나고 자란 한인 2세의 수가 늘면서 한인 출신 경찰의 수도 늘어 갈 것으로 예상된다. 아래의 그림에서 보는 바와 같이 뉴질랜드 경찰청에서는 '에스닉 리에종 경찰관'의 존재에 대한 광고를 여러 나라의 언어로 내고 있는 것을 볼 수 있다.

### (5) 기타 공무원

이민사회가 2세를 배출해 냄에 따라 이들 가운데 공무원이 되는 경우가 점점 늘고 있다. 공무원직은 뉴질랜드나 호주 어디서든 급여가 특히 높은 것은 아니지만, 안정된 직장이고 또 능력에 따라 진급할 수 있다는 면에서 아시아계 이민자들 사이에서 상대적으로 선호도가 높은 직업군에 속한다. 호주의 경우 연방 정부는 물론이고 지방 정부에서 일하는 한인들의 수가 늘고 있다.

오클랜드의 경우 시청에 근무하는 한인들이 하나둘 늘고 있다. 이들은 건축, 도시공학 등을 전공한 엔지니어이거나 또는 다른 기술직, 관리직 등이다. 또한 한인 이민들과 관련이 있는 다문화부서 등의 부서에 다른 민족과 함께 한인들이 배치되어 있다. 수도가 위치한 웰링턴에는 중앙 정부가 있는데 내무부, 외무부, 비즈니스부, 혁신부 등에서 일하는 한인들의 수가 꾸준히 늘고 있다. 그러나 아직도 그 수가 많지 않지만 앞으로 더 많은 2세들이 이런 부문에 진출할 것으로 예상된다.

이민 역사가 깊은 하와이에서는 일본계 이민자들이 태평양전쟁 후에 대거 공무원으로 진출함으로써 소득은 물론 정치적 영향력이 신장하고, 이로써 주류 사회의 일원으로 진입하는 데 성공한 역사가 있는데, 호주, 뉴질랜드의 한인들도 이런 분야에 더 많은 사람들이 진출함으로써 주류 사회로의 진입 속도를 높일 수 있다고 생각한다.

### 2) 호주

호주의 경우에도 한인들의 소득은 주류 사회보다 낮다. 2006년의 조사에 의하면 15세 이상 한국 이민자의 평균 주당소득은 238호주 달러(이하 AU달러)로서, 해외에서 태어난 사람들의 평균 431AU달러, 그리고 호주 태생자들의 평균인 488AU달러에 비해 크게 낮았다. 호주인 전체의 평균 주당소득은 466AU달러이다(Australian Government's Department of Immigration and Citizenship, 2006). 그로부터 5년 후인 2011년에는 15세 이상 한인 이민자의 평균소득이 주당 352AU달러로, 2006년의 238AU달러에 비해 올랐다. 그러나 해외에서 태어난 호주인들의 평균소득 또한 538AU달러로 올랐고, 또 호주 태생자들의 평균소득이 597AU달러로 오른 것을 보면 한인들의 소득도 전체 소득에 따라 오른 정도이다. 또한 호주 전체 인구의 평균소득이 577AU달러인 것을 보면 한인들의 소득은 아직도 호주인 전체의 평균소득보다 크게 낮은 것을 알 수 있다.

취업에 있어서도 한국에서 태어난 1세 이민자들 가운데 15세 이상 한인 성인들의 노동시장 참여율은 51.8%이며, 실업률은 9.5%이다. 전체 호주인들의 노동시장 참여율이 64.6%이며 실업률이 5.2%인 것을 고려하면 한인들의 주류 사회 진입은 아직도 그 정도가 낮다고 할 수 있다. 다만 스킬 레벨에 있어서는 아래의 표에서 보는 것처럼 한인들이 호주인 평균에 비해 낮지 않으며, 이들이 취업한 경우 소득 수준도 호주인 평균에 비해 그 수준이 낮지 않다.

**〈표 9-5〉 호주 한인들의 스킬 레벨 직업상황(2013)**

| 구분 | 한인 | 호주인 평균 |
|---|---|---|
| 스킬 레벨 1 | 28.9% | 28.7% |
| 스킬 레벨 2 | 11.8% | 10.7% |
| 스킬 레벨 3 | 14.4% | 15.1% |

**〈표 9-6〉 한국에서 태어난 이주자 가운데 노동자 11,985명의 취업 수준 상황표(2013)**

| 15세 이상의 노동자 인구 수(2013년 조사) | | | | | | |
|---|---|---|---|---|---|---|
| 태어난 곳 | 소득이 있는 피고용자 | 고용자 | 피고용인이 없는 자영업자 | 무임금 가족 노동자 | 대답 없음 | 피고용인의 총 수 |
| 한국 | 7,224 | 1,359 | 2,445 | 525 | 432 | 11,985 |

특기할 만한 사항은 호주에서 한인들의 노동시간은 대체로 현지인들에 비해 많다는 사실이다. 한국어를 구사하는 인구 대부분은 일주일에 40시간 정도의 노동을 하는 것으로 나타났다. 그러나 대부분의 호주인들은 일주일에 35~39시간의 노동을 하는데, 한인들의 평균 노동시간이 현지인들의 그것보다 높다는 것을 알 수 있다. 즉, 노동은 더 하면서 소득은 적은 구조를 가지는 것이다(SBS Korean, 2017).

호주에서 보이는 특이한 사항은 한인 이민 1세들이 청소업계에서 크게 두각을 나타냈다는 점이다. 이민 초기 언어 문제 때문에 다른 직업

〈그림 9-2〉 제마이 홀딩스 그룹 광고

을 구하기 어려웠던 이들 가운데는 청소가 소득이 높은 직업일 수 있었다. 특히 낮에는 평소의 일을 하고 밤에 건물, 가게, 학교 등의 청소를 맡아서 하는 일은 비록 힘은 들더라도 일하는 속도가 빠르고 부지런한 한인 이민자들에게 맞는 일이었다. 이것은 미국 등에서도 마찬가지인데 청소는 한인 이민들 가운데 언어 능력의 부족, 또는 자본의 부족 등으로 다른 직업을 구하기 어렵거나 사업을 시작하기 어려운 한인 이민들에게는 소득이 비교적 높은 일이었다.

현재까지 호주에는 전국에 걸쳐서 수많은 크고 작은 한인 청소업체가 성업 중이고 그 가운데는 비즈니스를 크게 확대하는 데 성공한 회사들도 있다. 예를 들어 한인 이민 1세가 시드니에서 시작한 제마이 홀딩스 그룹은(아래 〈그림 9-2〉 참조) 영업 매장 청소를 주업으로 하는데, 이 회사가 관리하고 있는 매장의 수는 2012년에 이미 450개가 넘었고, 직원의 수도 2,000명이 넘는 비교적 큰 회사이다. 다른 한인 이민들도 이런 대형 업체의 성공을 보고 이 업종에 뛰어들어 일을 하고 있다.

뉴질랜드와 마찬가지로 전문직과 관리직 진출 현황을 통해 호주 한인의 주류화 정도를 살펴보면 다음과 같다.

(1) 변호사

이민 역사가 깊어지면서 호주에도 전문직을 가진 한인들의 수가 늘어 가고 있는 추세이다. 그중에서도 특히 한인 변호사들의 수는 눈에 띄게 많다. 한인들이 밀집해 사는 뉴사우스웨일스의 경우 한인 변호사의 수가 2016년 현재 최소 60명을 넘고 있다(호주한인 변호사 리스트, 2016). 그 밖에 한인들이 거주하고 있는, 빅토리아주의 멜버른, 퀸즐랜드의 브리즈번, 사우스오스트레일리아의 애들레이드, 그리고 웨스트오스레일리아의 퍼스 등에도 한인 변호사들이 다수 개업하고 있다.

(2) 의사

뉴질랜드의 경우와 같이 호주에서도 의사가 되는 것은 긴 교육기간과 시험, 특히 인터뷰의 통과라는 과정이 있기 때문에 상대적으로 한인들이 진입하기 어려운 직업이다. 뉴질랜드에 비해 상대적으로 긴 이민역사에 비해 호주에서는 2003년에 최초의 한인 의학박사(시드니 대학 이은아 박사)가 탄생했다는 신문기사(2003. 1)가 있었는데 현재는 최소한 40명 정도의 한인 의사들이 일하고 있다.

이들이 개업한 지역을 보면 역시 스트라스필드, 이스트우드, 채스우드 등 한인들이 많이 거주하는 뉴사우스웨일스 지역이다. 호주의 한인 의사들은 호주한인 의사회(Korean Australian Medical Society)라는 단체를 결성해 네트워크를 형성하고 또 교민과 사회에 봉사하는 다양한 활동도 하고 있다.

〈표 9-7〉 호주 한인 의사들(2015)

| 지역 | 의사 | 주소 및 연락처 |
|---|---|---|
| 시드니 CBD | 월드시티병원: 일반진료(여의사),<br>치과, 한방, 피부 모두 한인 의사들 | 722 George St Sydney NSW<br>(+61) 02-9281-6744 |
| | 어드밴스 성형외과 | 9280-0111 |
| | 성심병원 | Level 2, 379 Pitt St. Sydney NSW<br>2000<br>(+61) 02-9267-7786 |
| | 사랑의 척추병원(시티) | 9262-7737 |
| | 시티 성형외과 | 0401-069-524 |
| | 이은아 내과전문의 | 9799-5557 |
| 스트라스필드 | 윤중병원 | Suite 1B, Redmyre House 9<br>Redmyre RD Strathfield NSW<br>(+61) 02-9746-2566 |
| | 고려병원 | 202/Strathfield Plaza, 11 The<br>Boulevarde Strathfield NSW<br>(+61) 02-9746-3000 |
| | 연세척추전문병원(스트라스필드) | 9746-0119 |

| | | |
|---|---|---|
| 이스트우드 | 강남병원 | 102/62-80 Rowe St, Eastwood NSW<br>(+61) 02-9804-0003 |
| | 김성갑물리치료병원(이스트우드) | 9858-4433 |
| | 사랑의 척추병원(이스트우드) | 9858-1995 |
| | 성심병원(이스트우드) | 9874-8306 |
| | 시드니 척추병원(이스트우드) | 9874-7788 |
| | 이스트우드병원 | 9804-0811 |
| | 이스트우드 쥬피터방사선병원 | 9804-1722 |
| 채스우드 | 채스우드병원(가정 전문의 최수진) | Shop 46A, Lemon Grove Shopping Centre, Victoria Ave, Chatswood NSW<br>(+61) 02-9411-1900 |
| 린드필드 | 린필드 메디컬병원(유상원) | 9416-1348 |
| 캠시 | 연세척추전문병원(캠시) | 9787-7788 |
| | 캠시패밀리방사선클리닉 | 9789-3033 |
| | 캠브리지재활병원(캠시) | 9718-8349 |
| | 박해성 관절내과전문의 | 9764-4222 |
| | 박홍준 병원 | 9438-2340 |
| | 백병원 | 9718-3466 |
| | 발전문치료(권종필) | 9438-2340 |
| | 손석훈 척추전문병원 | 9747-5653 |
| | 복음병원(이일성) | 9413-2222 |
| | 서원교/박진경 척추전문병원 | 9410-0333 |
| | 서울병원(최병훈) | 9787-2022 |

| | | |
|---|---|---|
| | 시드니 안과 병원 | 8302-1140 |
| | 이택호 발전문 크리닉 | 9874-9933 |
| | 임창호 척추병원 | 9868-1998 |
| | 정혜원 발전문 병원 | 9746-8090 |
| | 쥬피터 방사선 병원 | 9804-1722 |
| | 한국병원 | 9789-4911 |
| | 호주한인 정신건강 클리닉 | 9874-8830 |
| | 뉴잉턴 메디컬센터 | 9648-2777 |

### (3) 교수

위에서 말한 바와 같이 호주에는 한국학, 한국어 등의 분야를 비롯해 다양한 분야에서 한인 교수들이 여러 대학에서 일을 하고 있다. 주요한 대학만 뽑아 보더라도 브리즈번의 퀸즐랜드 대학, 시드니의 시드니 대학과 뉴사우스웨일스 대학과 시드니 기술대학, 멜버른의 멜버른 대학과 모나시 대학, 애들레이드의 남호주 대학, 그리고 퍼스의 웨스트오스트레일리아 대학 등지에 적어도 20명 이상의 한인 교수들이 활약하고 있다.

### (4) 경찰 등 기타 공무원

호주의 경우에도 한인들은 지방도시의 시청 등을 비롯하여 여러 정부기관에서 일하고 있고, 그 수 또한 늘고 있다. 정확한 통계는 없지만, 상당히 많은 수의 한인들이 공무원직을 맡고 있고, 한인 커뮤니티 내에서도 공무원을 지망하는 젊은이들이 많다.

뉴질랜드의 경우처럼 호주에서도 한인 경찰은 아직은 그 수가 많지

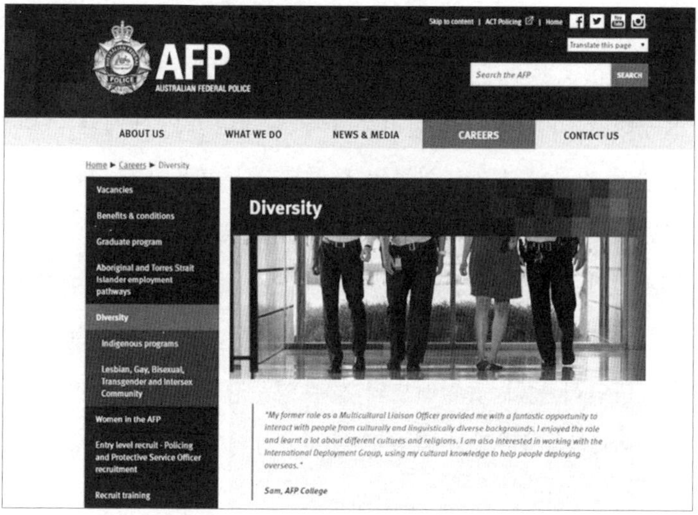


**〈그림 9-3〉 호주 연방 경찰청의 다양성 증진 노력 광고**

않다. 최근에 젊은 한인들 가운데 경찰직을 지원하는 경우가 늘고 있는데, 대체로 한인들은 아직 이런 직업을 크게 선호하지는 않는 것 같다. 그러나 한인 커뮤니티의 규모가 커가면서 미래에는 한인 출신 경찰관들이 더 많이 생길 것으로 예상할 수 있다. 뉴질랜드의 경우처럼 아시아계 이민의 수가 늘면서 호주 연방 경찰청에서도 경찰관들의 인종적, 문화적, 그리고 성적 '다양성'을 늘리려는 노력을 하고 있는 것을 볼 수 있다.

## 4. 정치 참여

### 1) 투표 참여

이민자들의 정치적 역량은 그 수에만 달려 있는 것이 아니라 그들의 교육 정도, 참여에 대한 자신감, 그리고 이민사회의 민주주의적 제도 등에 달려 있다(Park, 2007). 그들이 가진 지식과 뉴질랜드의 자유주의적 제도에도 불구하고 이 나라에서 한인들의 투표 참여율은 대체로 아주 낮다. 정부와 한인 커뮤니티 지도자들의 노력으로 투표율이 조금씩 높아지고는 있지만, 아직도 아주 낮은 투표율을 보이고 있다.

호주의 경우 강제선거주의를 택하고 있기 때문에 18세 이상의 시민들은 모두 선거에 참여해야 한다. 한인들의 시민권 비율이 높기 때문에 투표율도 당연히 높다. 뉴질랜드의 경우 영주권자도 투표권이 있기 때문에 시민권이 없는 사람들도 투표를 할 수 있다. 그러나 한인들의 경우 그 참여율이 아주 낮다.

### 2) 공무 담당

위에서 이미 언급한 대로 호주, 뉴질랜드 양국에서 공히 선거를 통해 공무 담당을 하는 한인들의 수는 아주 적다. 그럼에도 불구하고 이 나라들의 민주적 제도와 다문화주의는 한인 등 소수민족에게도 공무 담당을 통한 정치 참여의 기회를 준다. 양국 모두에서 다양한 정당에 가입하여 활동하는 한인들의 수가 늘고 있다. 그 가운데는 실제로 국회의원이 된 사람도 있다.

뉴질랜드의 한인 멜리사 리(이지연) 씨는 뉴질랜드 국민당의 후보로 2008년에 의원이 되었고, 소수 민족부 차관 등을 지내고 중진 정치인으로서 입지를 잘 다져 나가고 있다. 멜리사 리 의원은 2015년에 국민당 서열 18위로 뛰어올라, 그전의 당 서열 31위에서 크게 높아졌다. 리 의원이 2015년 선거 후에 맡은 소관 분야와 직책은 방송통신 디지털 미디어와 소수민족 문제 대변인이다.

그전인 2004년에는 뉴질랜드의 제2도시인 크라이스트처치에서 한인 윤용제 씨가 시의원에 당선되고, 2007년에 재선된 역사가 있다. 그 밖에 2015년 뉴질랜드 제52대 총선에는 한인 1.5세와 2세 출신의 정치 지망생들이 주요 정당의 후보자로 나섰다. 지난 2017년 뉴질랜드 총선에서는 멜리사 리 의원 외에 한인 여성 2명이 더 출마했다. 한인 1.5세대로서 법조계 출신 안진 씨는 노동당 오클랜드 지역구 어퍼 하버(Upper Harbour)에서 노동당 국회의원 후보로 뛰었다. 안 후보는 노동당 비례대표 순위 53번을 배정받았다. 오클랜드 대학 법학과를 졸업한 안진 후보자는 현재 웰링턴의 국가기관(Ministry of Business Innovation and Employment)에서 변호사로 근무하고 있다. 그 밖에 한인 2세대인 레베카 정씨는 녹색당 후보로 오클랜드 노스코트 지역구에 출마했다.

호주에서는 한인들이 많이 거주하는 뉴사우스웨일스 지역에서 지역의회의 한인 의원이 셋이나 된다. 2008년 노동당의 권기범 시의원이 연임 당선된 데 이어 2012년에는 3명의 한인 시의원이 당선되었다. 그 후 2016년 10월에는 최초의 한국계 주 의원이 탄생했는데 그는 한국계 1.5세대로서 변호사 출신인 엘리자베스 리(이슬기) 씨다. 리 의원은 2016년 캔버라에서 진행된 오스트레일리아 캐피털 테리토리(Australian Capital Territory: ACT) 주 총선에서 자유당 후보로 쿠라종 지역구에서 당선됐다.

시간이 갈수록 호주 내 한인들 가운데 더 많은 정치 지망생이 나올 것으로 예상되며, 언젠가는 뉴질랜드의 멜리사 리 씨처럼 전국의회 의원이 탄생할 것으로 기대된다. 뿐만 아니라 시의원, 주의원 등에 도전하는 한인 차세대들의 수도 계속 늘 것이다.

## 5. 결론

비록 이민의 역사가 짧지만 뉴질랜드와 호주에서 한인들은, 특히 교육 수준이 높은 1.5세와 2세 가운데서 의사, 변호사, 교수, 연구자 등 전문직을 가진 사람들의 수가 빠르게 늘고 있다. 그 밖에 선거를 통한 정치인, 그리고 경찰 등을 포함한 공무원 등 전형적인 주류 사회의 직업을 가지고 성공적으로 살고 있는 한인들의 수도 지속적으로 늘어나고 있다. 비즈니스에 종사하는 경우에도 한인 에스닉 커뮤니티를 벗어나 주류 사회로 진출하는 사람들이 늘고 있다. 특히 호주에서는 한인 청소업체들의 성공담이 늘고 있으며 이들 가운데 큰 회사들은 호주 전역을 대상으로 비즈니스를 하며 청소라는 서비스업뿐만 아니라 청소도구, 약품 등의 조달 등의 비즈니스를 모두 장악하고 있는 경우가 많다. 짧은 이민 역사에도 불구하고 한인들이 이렇게 주류 사회의 여러 분야에서 두각을 나타내고 있는 것은 한인들의 교육열이 강하고(다른 아시아계 이민자들처럼) 주류 사회로 들어가고자 하는 욕구가 특히 강한 탓도 있을 것이다.

물론 뉴질랜드와 호주의 경우 이민 역사가 짧은 탓으로 아직도 많은 한인들이 주류 사회로 진출하지 못하고 에스닉 커뮤니티에만 머무는 경우도 많다. 초기 이민자들에게 에스닉 커뮤니티는 분명히 중요한 자원이다. 그러나 이민자 사회에서 에스닉 커뮤니티가 너무 강한 것도 문제인데, 왜냐하면 이 경우 한인들의 주류 사회로의 진출 의도가 약해질 수도 있기 때문이다.

많은 한인들이 주류 사회로 진출하는 데 성공하면 이에 따라 한인으로서의 정체성이 약화될 수 있다는 우려도 있다. 특히 주류 사회에 진출하면서 나타나는 타민족과의 결혼 같은 것은 점차적으로 한인들의 정체성을 변화시킬 가능성이 많다. 그리고 타민족과의 결혼은 시간이 지남에 따라 한인 이민사회에서 더 잘 받아들여지고 있다. 예를 들어 2015년 12월 한호일보사에서 실시한 설문조사(2016. 1. 8. 한호일보에 발표)에 따르면 자녀의 결혼 상대에 대한 의견을 묻는 질문에서 '한국계' 선호 비율이 높은 가운데, 여성들이 자녀의 '비한국계' 배우자 선택에 대해 남성들보다 관대한 것으로 조사됐다. '(자녀가) 가능하면 한국계와 결혼하기를 바란다'는 대답이 62%(139명)로 다수를 차지했다. '비한국계 호주인이나 다른 이민자와의 결혼도 상관없다'는 대답은 27%(59명)이었다. 반면 '반드시 한국계와 결혼해야 한다'는 대답은 11%(25명)로 상대적으로 소수였다. 이런 추세는 앞으로도 계속될 것이다. 물론 시간이 흐르고 주류 사회에 참여하는 사람들이 많아질수록 이들의 한인 정체성이 약화될 수도 있지만 반드시 꼭 그런 것은 아니다. 예를 들어 서구 유태인들의 경우 주류 사회로의 진출도가 높으면서도 자신들의 종교와 종족 정체성을 잘 유지하고 있는 경우도 많은데, 한인들도 주류사회에 진출하면서 동시에 한인으로서의 정체성을 유지하는 것이 얼마든지 가능하고 또 이것이 바람직스럽다.

# 참고문헌


김태선. 2003. "Global Korean 이은하 호주한인 의학박사" 월간 리쿠르트 1. 30. http://www.hkrecruit.co.kr/news/articleView.html?idxno=6154.

설병수. 2001. "해외 이민의 명암: 호주내 한인들의 이민동기와 실제생활". 『재외한인연구』 11(1): 57-98.

호주 한인 변호사 리스트. 2016. http://blog.naver.com/PostView.nhn?blogId=sunbrisbane&logNo=220875779877.

호주 한인 의사회(Korean Australian Medical Society). http://findkorean.com.au/listing/kams-doctors.

Australian Bureau of Statistic. 2014. "Employee Earnings and Hours, Australia." http://www.abs.gov.au/AUSSTATS/abs@.nsf/DetailsPage/6306.0May%202014?OpenDocument.(May).

______. 2014. "Labour Statistics in Brief, Australia." http://www.abs.gov.au/ausstats/abs@.nsf/0/BD4FE0FED83D14BCCA257165000C9357?Opendocument.

Australian Government's Department of Immigration and Citizenship. 2006. "Community Information Survey."

Ng, Vivian et al. 2011. "Needs Assessment Report of the Korean Community in the City of Sydney." A partnership project between the Sydney Korean Women's Association and the City of Sydney. http://www.cityofsydney.nsw.gov.au/__data/assets/pdf_file/0011/109658/Report-Final-Needs-Assessment-Report-of-the-Korean-Community-in-the-City-of-Sydney-2011.pdf.

SBS Korean. 2017. "Census Explorer: Korean in Australia: Korean speakers work more hours in Australia." https://www.sbs.com.au/yourlanguage/korean/en/audiotrack/census-explorer-korean-australia-korean-speakers-work-more-hours-australia.

# 찾아보기

**[ㅈ]**

# 편저자 소개

**윤인진** yoonin@korea.ac.kr.

고려대학교 사회학과 교수. 미국 시카고대학교 사회학 박사. 미국 캘리포니아 샌타바버라 캠퍼스 아시안 아메리칸학과 조교수. 재외한인학회, 북한이탈주민학회 회장, 한국이민학회 부회장, 고려대 아세아문제연구소 부소장. 주요 논저로는 *On My Own: Korean Businesses and Race Relations in America, The Korean Diaspora: A Sourcebook*(공편), 『코리안 디아스포라』, 『북한이주민』, 『동북아시아의 국제이주와 다문화주의』, 『세계의 한인이주사』, 『한국인의 정체성: 변화와 연속, 2005~2015』(공편), 『디아스포라와 초국가주의의 이론과 실태』(편) 등이 있다.

**김희상** konu814@gmail.com.

고려대학교 사회학 석사. 도쿄대학 사회학 석사과정. 주요 논저로는 "미디어 접촉에 따른 북한이탈주민 수용성의 변화"(석사학위 논문), "재일 동포의 한국어에 대한 태도와 학습 동기 강도가 한국어 능력에 미치는 영향"(공저), *Hate Speech against Immigrants in Korea: A Text Mining Analysis of Comments on News about Foreign Migrant Workers and Korean Chinese Residents*(공저) 등이 있다.

**예동근** 99yegen@hanmail.net.

부경대학교 중국학과 교수, 고려대학교 사회학 박사. 미국 UCSD이민정책연구소 방문교수. 부경대 글로벌지역학연구소 중국센터장, 재외한인학회 편집이사, 한국사회학회 국제이사. 주요 논저로는 『트랜스로컬리티와 경계의 재해석』, 『조선족 3세들의 서울이야기』, 『차이나 핸드북』, 『글로벌이주와 조선족네트워크』(일본 문헌) 등이 있다.

**최영호** choiygho@ysu.ac.kr.

영산대학교 교수. 일본 도쿄대학 국제관계학 박사, 일제강제동원진상규명위원회 미수금 분과위원장, 재외한인학회, 한일민족문제학회 회장, 영산대 국제학연구소장. 주요 논저로는 *Institutionalizing Japan's Relief System for Repatriates: Koreans and Japanese at Hakata Port in 1945, The Korean Diaspora: A Sourcebook*(공편), 『일본의 공적개발원조와 기업의 인프라수출』, 『한일관계의 흐름 2015~2016』, 『일본인 세화회』, 『현대한일관계사』, 『재일한국인과 조국광복』 등이 있다.

**성동기** 214168@inha.ac.kr.

인하대학교 프런티어 학부대학 교수. 우즈베키스탄 국립과학아카데미 역사연구소 역사학 박사. 고려대학교 러시아-CIS 연구소 연구교수. 인하대학교 국제관계연구소 연구교수. 재외한인학회 총무이사. 주요 논저로는 『재외한인연구의 동향과 과제』(공저), 『유라시아지역 민족주의 정치』(공저), "재우즈베키스탄 고려인 민족 정체성의 현실과 과제", "체제전환기에 나타난 우즈베키스탄 고려인 독립세대의 정체성 문제와 대응방안 고찰: 국가정체성과 민족 정체성 확립을 위한 교육정책을 중심으로", "한반도 통일을 위한 우즈베키스탄과 해당국 고려인들의 역할 가능성 제고" 등이 있다.

**민병갑** pyonggap.min@qc.cuny.edu.

퀸즈칼리지 사회학과 석좌교수. Research Center for Korean Community 소장. 조지아 주립대학교 사회학 박사. 주요 논저로는 *Preserving Ethnicity through Religion in America, Korean Protestants and Indian Hindus in New York City, Solidarity for Economic Survival, Changes and Conflicts, Caught in the Middle.* 등 다수가 있다.

**박정위** jungwee@yahoo.com.

캐나다 연방정부 통계청(Statistics Canada) 사회통계분석관으로 건강, 이민, 노동, 종교 분야 연구, 오타와대학교 사회학과 외래강사, 미국 브라운대학교 사회학 박사, 전 인제대학교 사회복지학과 교수. 주요 논저로는 *Health in Rural Canada. Korean Immigrants in Canada. The Concept of Self in Medicine and Health Care. Eating Disorders in Adult Women*(공저), 『의료복지 서비스와 의료정책』 등이 있다.

**최금좌** poderosa2222@daum.net.

한국외국어대학교 강사. 브라질 상파울루 주립대학교(USP) 문학박사. USP 한국학 강사. 한-중남미협회, 한국라틴학회, 한국 포르투갈-브라질학회, 재외한인학회 이사. 주요 논저로는 『포르투갈어 회화사전』, 『브라질 한인 이민 50년사』, 『브라질 · 포르투갈어 첫걸음(I, II)』, "Além do Arco-Íris: A Imigração Coreana no Brasil(무지개를 넘어서: 브라질 한국 이민사)", "O papel da Igreja dentro da comunidade coreana no Brasil(브라질 한인사회에서의 교회 역할)", "세계화시대 자유무역과 이민: NAFTA를 중심으로", "세계화시대 자유무역과 이민: MERCOSUR를 중심으로", "The Characteristics and Prospect of the Korean Community in Brazil in the Era of Neoliberalism", "브라질 상파울루市의 코리아타운 '봉헤찌로(Bom Retiro)'", "브라질 한인사회와 문화정체성", "2013년 이민 50주년을 맞이한 재브라질 한인사회의 현황과 문제점", "카니발을 통해 본 브라질 사회와 문화", "상파울루 코리아타운과 한국문화축제", "브라질에서의 '한류': 현황과 활성화 방안에 관한 연구", "세계화시대 인구이동이 경제발전에 끼치는 함의: 재브라질 한인사회를 중심으로", "브라질의 재외동포 현황과 정책", "브라질 동포사회의 현황과 K-Pop시대 동포 청소년을 위한 한국어 교육의 방향"이 있다.

**나혜심** hsn6642@naver.com.

성균관대학교 사학과 초빙교수. 독일 지겐(Siegen)대학교 역사학 박사. 주요 논저로는 『독일로 간 한인 간호여성』, 『기록으로 보는 재외한인의 역사』(공저), 『유럽 한인의 역사(상)』(공저), "독일의 대한개발원조와 한인여성의 이주노동", "터키인의 독일 이주를 통해 본 이주자의 문화 적응방식, 그리고 이주의 의미", "국경을 가로지르는 과정으로서의 이주" 등이 있다.

**송창주** ch.song@auckland.ac.nz.

뉴질랜드 오클랜드대학 아시아학과 교수. 미국 하와이대학 정치학 박사. 라트비아 리가 스트라딘스 대학 및 우크라이나 리비프대학 교수 역임. 주요 논저로 『Diasporic Returns to the Ethnic Homeland: The Korean Diaspora in Comparative Perspective』(공편)가 있고 *Asian Ethnicity*, *Nomos*, *Journal of Ethnic Foods*, 『재외한인』, 『關西大學法學論集』 등의 저널에 논문을 발표했다.